OEUVRES

COMPLÈTES

DE PIGAULT-LEBRUN.

TOME XIII.

L'HOMME A PROJETS.

DE L'IMPRIMERIE DE FIRMIN DIDOT.

OEUVRES

COMPLÈTES

DE PIGAULT-LEBRUN.

TOME TREIZIÈME.

A PARIS,

CHEZ J.-N. BARBA, LIBRAIRE,

ÉDITEUR DES OEUVRES DE M. PICARD ET DE M. ALEX. DUVAL,
PALAIS-ROYAL, N° 51, DERRIÈRE LE THÉATRE-FRANÇAIS.

1822.

L'HOMME A PROJETS.

PREMIÈRE PARTIE.

CHAPITRE PREMIER.

Faisons connaissance avec notre héros.

« Vanitas *vanitatum, omnia vanitas.* Vanité
« des vanités, tout est vanité, nous dit, en mau-
« vais latin, la Sainte-Écriture, qui n'est pas écrite
« par Cicéron, mais qui, dans cet aphorisme, ne
« nous offre pas moins un trait sublime de morale,
« que nous ne méditons pas assez.

« En effet, mes très-chers frères, tout est va-
« nité. Quoi de plus vain que nos projets, qui
« souvent tournent à notre honte, ou dont le
« succès même n'est pour nous qu'un nou-
« veau moyen de perdition? Hé! à quoi aboutis-
« sent-ils ces malheureux projets auxquels vous
« sacrifiez votre salut? A la fortune? il faut l'aban-

« donner à la mort; la laisser à des enfans qui
« n'en connaissent pas le prix, parce qu'ils ne l'ont
« point acquise par leur travail ; qui la dissipent
« promptement, non en œuvres pies, ce qui se-
« rait méritoire, mais en péchés mortels, qu'on
« peut compter par sacs de douze cents francs,
« et même de quelque chose de moins, car il y
« a des péchés à tout prix.

« Vos projets vous poussent-ils vers l'amour?
« Trompés, tourmentés par votre maîtresse ou
« par votre femme, vous verrez que vous n'avez
« saisi qu'une ombre ; vous vous écrierez que tout
« est prestige et vanité, et cependant vous pè-
« cherez par pensée, si vous renoncez à pécher
« par action, car enfin, comment vous soustraire
« à la puissance du *croissez et multipliez?* Il est
« encore dit : *L'homme quittera son père et sa*
« *mère pour s'attacher à sa femme*, et ceux qui
« ont dit cela, savent bien que vous descendez
« toutes d'Ève, mes très-chères sœurs, qu'Ève a
« damné le genre humain, et que vous ressemblez
« plus ou moins à votre grand'-maman. Comment
« donc se marier, ou comment se passer du ma-
« riage? c'est ce que je ne vous dirai pas, parce
« que je n'en sais rien.

« Vos projets vous portent-ils à une grande
« place? Semblable à un danseur de corde, vous
« ne serez plus occupé qu'à garder l'équilibre,
« et vous n'aurez devant les yeux que la culbute,
« qui parfois a des suites fâcheuses.

« Arrivez-vous, en clochant, jusqu'au faîte des
« grandeurs? C'est alors que vous répèterez, et
« que vous répèterez encore : *Vanitas vanitatum,
« omnia vanitas;* car enfin notre divin maître a
« dit : *Il n'y aura parmi vous ni premier ni der-
« nier.* Il est vrai qu'il a dit aussi : *Rendez à César
« ce qui appartient à César*, et ces deux maxi-
« mes ne sont pas faciles à concilier. Ne concilions
« pas, et adorons. *Ave, Maria.*

« Ne formez donc point de projets, mes très-
« chers frères; c'est tenter la Providence, sans la
« permission de laquelle rien n'arrive jamais. Il
« est encore écrit : *Bienheureux celui qui s'a-
« baisse, car il sera élevé.* Attendons donc dans
« l'obscurité et la méditation ce qu'il plaira à la
« Providence d'ordonner de nous, et certes, la
« main qui, après avoir abaissé Job, le combla de
« richesses, saura nous trouver, comme lui, sur
« du fumier.

« Restons sur le fumier, mes très-chers frères,
« et jeûnons-y, ce qui est très-facile. C'est sous
« des haillons, des cheveux gras, des ongles longs
« et crasseux, que l'Eternel trouvera et exaltera
« celui sur lequel il aura laissé tomber un regard
« de miséricorde. Gardons-nous surtout... »

Ainsi parlait, le 15 août 1734, le révérend père
Salomon de Pontoise, capucin indigne, qui, en
agitant sa lèvre inférieure, donnait à sa barbe
grise un mouvement tout-à-fait gracieux. Digne
père Salomon! que n'eût-il pas dit sur le danger

des projets, si un ronfleur ne l'eût distrait d'abord, et ne lui eût fait perdre enfin le fil de son discours! Le père Salomon sua à grosses gouttes, s'essuya le visage à plusieurs reprises, et la mémoire lui manquant tout-à-fait, et n'ayant pas le talent d'improviser, et voulant finir par un coup d'éclat, il descendit de la chaire en s'écriant de toute la force de ses poumons : *Vanitas vanitatum, omnia vanitas*.

Le ronfleur qui avait privé l'auditoire de la suite de ce fameux sermon, que le père Salomon tenait du père Chrysostôme de Poissy, lequel l'avait reçu du père Bonaventure de Villers-Coterets, lequel l'avait escamoté de la manche du père Fiacre de Quimper, qui l'avait volé au père Ovide de Paris, qui en était réellement l'auteur, et qui, en raison de son rare talent, avait été promu à la dignité de Provincial de la province d'Artois, où il débitait une fois l'an le fameux sermon, qui n'empêchait pas les bons Artésiens de former le projet de devenir gens d'esprit, mais dont les vains efforts... Où en suis-je donc ?... Ah! le ronfleur était un petit bonhomme de dix ans, que madame sa mère menait régulièrement aux offices, les jours où les chaises n'étaient pas aussi chères que les billets de spectacle.

Ce n'est pas que madame Robert fût réellement une femme selon Dieu ; c'était une chrétienne, comme tant d'autres, qui mettent une grande différence de la profession à la croyance, et de la croyance à la conviction. Comme tant d'autres, elle ne s'était jamais donné la peine d'examiner sa religion. Elle ne voulait point que son directeur l'affligeât quand elle se portait bien; elle lui permettait de la consoler quand elle était malade. Du reste, elle tenait rigoureusement aux pratiques extérieures : cela aide à passer le temps, et donne une sorte de considération aux yeux de certaines gens. Or, chacun veut être considéré, et tel va chercher aux Vêpres ou au Salut ce qu'on lui refuse dans un salon.

Madame Robert s'était donc fait une haute réputation près de messieurs du bas clergé. En conséquence, ils avaient la bonté de trouver sa soupe succulente, son maquereau excellent, la poularde cuite précisément au degré nécessaire. A la fin du dîner, on déclamait contre les athées, les hérétiques; on les damnait de pleine autorité; on eût voulu les griller, *ad majorem Dei gloriam*, et madame Robert pleurait d'attendrissement en pensant aux plaies profondes que font ces malheureux à l'église *triomphante*.

Le moka venait ranimer les imaginations fatiguées. On parlait tous à la fois, ce qui est un sûr moyen de s'entendre, et quand on avait assez vociféré *anathême* sur ceux qui osaient être d'une autre opinion, on se quittait très-satisfaits les uns des autres. Le directeur de madame Robert restait, parce qu'elle était veuve, ce qui ne laisse pas d'être commode, et qu'elle était d'âge canonique, ce qui n'est pas sans quelques avantages.

Le petit Robert était un espiègle qui préférait la société à l'église, parce qu'il tenait un coin parmi ses camarades. Il se souciait fort peu des offices, parce qu'il ne les entendait pas ; des processions, parce que c'est toujours la même chose ; des sermons contre les projets, parce qu'il se trouvait fort bien d'en faire et de les exécuter.

Ses projets, à lui, n'étaient pas de ceux qui divisent, qui bouleversent un royaume ou une province. Ses vues ne s'étendaient pas encore si loin. Lorsqu'il s'endormit, il projetait une partie de barres, et il attendait, en ronflant, qu'il plût à madame sa mère de lui rendre l'usage de ses jambes.

Les choses ne tournèrent pas précisément selon ses projets. La partie de barres eut lieu ; mais le petit Robert fit une chute, d'où s'ensuivit une déchirure à sa culotte. La chute et la déchirure provoquèrent les railleries ; les railleries mirent en fermentation l'humeur bilieuse du petit Robert. Il cessa de jouer aux barres, pour jouer des poings. Il projetait de rosser son adversaire, et son adversaire lui pocha un œil et lui cassa le nez. *Vanitas vanitatum !*

On se console aisément, à dix ans, d'avoir reçu deux taloches et d'avoir déchiré sa culotte ; mais on ne sait trop ce qu'on dira en rentrant chez soi. Mentir est le premier moyen qui se présente ; mais une figure ensanglantée, un œil poché, déposent contre la violence du porteur, et le petit Robert projeta de ne rien dire du tout, et de laisser dire madame sa mère.

Madame Robert, très-échauffée d'une conversation mystique, qu'elle ne comptait pas terminer sitôt, eut à son tour beaucoup d'humeur en voyant rentrer son fils, et cette humeur trouvant un prétexte tout simple de s'exhaler, elle se répandit en reproches amers sur l'inconduite du petit bonhomme, qui ne répondait rien, ainsi qu'il l'avait projeté, parce qu'il n'avait rien de bon à dire. Son silence faisant supposer ses torts plus graves qu'ils n'étaient, les gourmades suivirent les reproches. Robert jeta les hauts cris, et madame sa mère cria au scandale.

Le directeur observa, d'un ton mielleux, à la dame, que son état approchait de la colère, qui est, comme on sait, un des sept péchés capitaux; qu'il suffisait d'envoyer le marmot dans sa chambre, de l'y tenir au pain et à l'eau, et, comme l'oisiveté est la mère de tous les vices, qu'il serait bon, pour qu'il employât bien son temps, de lui enjoindre d'apprendre un ou deux chapitres de l'Ange Conducteur, ouvrage excellent, très-propre surtout à former un jeune homme pour le monde.

Le conseil fut écouté, suivi dans toutes ses parties, et madame Robert et son directeur reprirent la conversation où elle en était restée.

Le petit Robert prit patience le premier jour, parce que ses arrêts le dispensaient d'aller à l'école. Le lendemain, il s'emporta contre le régime qu'on lui faisait suivre, et quant à l'Ange Conducteur, il forma le projet de ne pas l'ouvrir.

Le troisième jour, Robert regarda son pain et son eau, n'y toucha point pendant la moitié de la journée, et projeta enfin de punir madame sa mère en se laissant mourir de faim; mais un estomac irrité est plus fort que tous les projets : à la fin du jour, Robert dévora sa ration tout entière, se promettant de faire bonne chère le lendemain.

En effet, il se leva vers minuit, il ouvrit doucement sa porte, plus doucement encore celle de madame sa mère, qui couchait seule, à son grand regret, et qui réparait, au sein d'un profond sommeil, les fatigues de la journée. Il décrocha ses poches du grand fauteuil, fit passer la bourse dans son gousset, descendit sur la pointe du pied, entr'ouvrit la fenêtre de la cuisine, et sauta dans la rue.

CHAPITRE II.

Premier voyage de Robert.

Il commença par marcher tout droit devant lui, et plus il s'éloignait du toit maternel, plus il était leste et gai. Il allait sans savoir où, et il était près des Champs-Elysées lorsque la bienfaisante aurore vint guider ses pas incertains.

Il s'assit sur l'herbe, et commença l'inspection de ses finances. Cinq écus de six francs, deux petits écus, trente à quarante sous de monnaie!...

avec cela on peut commencer son tour de France.

Une laitière et une marchande de gâteaux de Nanterre passèrent à propos. M. Robert déjeuna comme un prince pour ses huit sous, et comme il avait passé la nuit à faire des projets et à les exécuter, il s'endormit profondément dès qu'il eut l'estomac garni.

Le soleil était déjà haut lorsqu'il s'éveilla, fortement tiraillé par un bras et une jambe. C'était le petit Rifflard, son camarade chéri, qui avait dormi tranquillement dans son lit, parce qu'il ne faisait pas de projets, qu'il était au mieux avec ses parens, dont il suivait aveuglément les conseils, et qu'ainsi il vivait toujours en paix avec lui-même, et sans inquiétude du lendemain.

Le petit Rifflard marchait d'un air délibéré, ses livres sous le bras, et il était entré aux Champs-Elysées pour y répéter encore une fois sa leçon du jour, afin d'obtenir de son maître le sourire d'approbation accoutumé.

Rifflard, plus âgé de deux ans que Robert, avait aussi plus de pénétration. Il avait jugé qu'on ne dort pas sur l'herbe à huit heures du matin, quand on a dormi ailleurs, et il venait de réveiller son camarade, pour lui faire des représentations amicales, s'il voulait les écouter, ou pour lui rendre service, si cela était en son pouvoir.

« Que fais-tu là ? — Je dors. — Que vas-tu faire ?
« — M'en aller. — Où ? — Je n'en sais rien. — Tu
« veux quitter Paris ? — Pour toujours. — Ta mère

« y consent-elle? — Non; je m'enfuis. — Et tu ne
« crains pas de lui faire de la peine? — A-t-elle
« craint de me nourrir trois jours de pain et d'eau?
« — Le méritais-tu? — Non. — Hé bien, ne parlons
« que de toi. — Oh! moi, je serai bien partout.
« — Mais de quoi vivras-tu? — J'ai de l'argent. —
« D'où te vient-il? — Je l'ai pris. — A ta mère? —
« A qui donc! — Robert, Robert, voler ses pa-
« rens! — Je n'emporte pas ce que je lui coûte en
« un mois. — Et quand cela sera dépensé? — Alors,
« je verrai. — Robert tu vas te perdre. — Oh! que
« non. — Je veux te prouver que je suis ton ami.
« — En partant avec moi? — En t'empêchant de
« faire une grande faute. — En ce cas, étudie ta
« leçon, et laisse-moi partir. Le beau temps, pour
« courir le monde!

« — Écoute-moi, Robert, ton affaire peut s'ar-
« ranger facilement. Notre maître a de l'affection
« pour moi; je lui parlerai, il ira trouver ta mère;
« elle t'aime, elle pardonnera. — Et à quoi cela
« me mènera-t-il? Il y a quatre ans que j'apprends
« à lire, à écrire et à compter; six ans à passer
« au latin et au grec; deux ans de logique et de
« théologie, et puis la tonsure, et puis les quatre
« mineurs, le sous-diaconat, le diaconat, la pré-
« trise : monsieur le directeur l'a décidé ainsi, et
« rien de tout cela ne me convient. — Hé! sais-tu
« à dix ans ce qui te conviendra à trente? Mon
« ami, nos parens voient pour nous, jusqu'à
« ce que nous puissions voir nous-mêmes. Il est

« possible qu'ils se trompent quelquefois ; mais
« nous devons nous tromper bien plus souvent
« qu'eux. Robert, mon cher Robert, reviens avec
« moi. Je te le répète, ton affaire s'arrangera... Tu
« t'éloignes ! tu ne m'aimes plus, tu ne m'as ja-
« mais aimé. »

Robert s'éloignait en effet, et il marchait très-
vite, parce que son camarade, beaucoup plus fort
que lui, pouvait employer la force, après avoir
épuisé le raisonnement. Robert se retourna, après
avoir fait une centaine de pas ; il vit Rifflard à la
même place, les bras étendus vers lui, ayant toujours l'air suppliant. Une larme coula des yeux
de Robert; il s'arrêta, il fut sur le point de ré-
trograder... Une chaise de poste passe ; le bruit
des fouets fixe son attention. La gaîté d'une jolie
dame qui folâtre avec un joli monsieur, ranime,
dans le cœur à demi vaincu de Robert, le goût
des voyages. Il court, il s'attache aux ressorts ; il
retombe une fois, deux fois; un effort plus puissant lui porte le pied à l'étrier de derrière, d'où
il s'élance sur une malle, aux courroies de laquelle il se cramponne avec les deux mains.

Robert avait cessé de voir ce monument auguste qui rappelle tant de choses ; et que tant de
rois n'ont pu finir. L'indépendance, ce premier
sentiment de l'homme, cette impulsion de la nature, à laquelle il est si difficile de renoncer entièrement, l'indépendance s'offrait à lui, parée des
charmes qu'y ajoutait son imagination. Plus d'é-

cole, plus de pain sec, plus de souvenirs du passé, point de regrets, moins d'inquiétudes encore de l'avenir. Parcourir l'espace avec rapidité, voir fuir derrière soi les hameaux, les forêts, les villages, les villes; tout admirer, jouir de tout avec cet abandon qu'inspirent la nouveauté et la possession de soi, tel était l'état de Robert.

La voiture avait pris un chemin à gauche; elle avait roulé une partie de la journée; elle s'arrêta enfin à Evreux. Les voyageurs avaient besoin sans doute de quelques restaurans, et Robert avait au moins autant d'appétit qu'eux. Il saute lestement à terre, parce que, si le sentiment de l'indépendance nous est naturel, celui de la propriété nous vient de la même source, et Robert craignait que les propriétaires ne lui prouvassent trop énergiquement qu'il n'avait aucun droit sur leur voiture.

Il est assez difficile de concilier le goût de l'indépendance absolue et le respect des propriétés. Aussi ceux qui n'ont rien ne les respectent-ils que pour s'épargner certains désagrémens dont la justice a soin de multiplier les exemples.

La jeune dame, jolie comme un petit ange, et légère comme l'hirondelle, s'était si prestement élancée de la voiture, que trois ou quatre pirouettes, suite nécessaire du saut précipité de Robert, ne lui avaient pas échappé. Elle l'interrogea avec cet air de bonté qui encourage toujours. Robert balbutia d'abord; mais le plus doux sourire lui arracha son secret. « Mon ami, ce pauvre enfant

« se sauve de chez sa mère. — Ah, ah! voilà un
« singulier rapport... — Rapport qui m'insipre un
« véritable intérêt. — Mais, Louison, tu ne te
« proposes pas de prendre avec nous ce petit
« garçon? — Pourquoi pas? — Il paraît bien né :
« tu n'en feras pas un jockei? — Fi donc! — Qu'en
« veux-tu donc faire? — Il courra avec nous, et
« nous chercherons les moyens de le placer en
« route. — Placer quelqu'un en courant la poste!
« — Je le veux, mon ami — Je n'ai rien à répli-
« quer à cela. Dis-moi, petit, sais-tu quelque
« chose? — Monsieur, je sais lire et écrire. — Il
« sait lire et écrire, mon ami! — Et compter, ma-
« dame. — Et compter! Si nous ne trouvons rien
« de convenable d'ici à Amsterdam, nous le met-
« trons, à notre arrivée, chez quelque négociant.
« — Mais, Louison, il est encore trop jeune... —
« Je vous dis, monsieur, que je le veux. — Allons,
« qu'on nous serve, et qu'il se mette à table. »

Robert s'applaudissait de son évasion; Robert
enchanté va faire bonne chère, et courir la poste
sans toucher à son petit pécule. Il s'inquiète peu
de ce qu'il fera chez le négociant d'Amsterdam :
il est loin de là, le présent lui suffit, et il n'a pas
d'autre projet que d'en profiter.

L'appétit passe comme autre chose, surtout à
une bonne table. Robert, las de manger, examina
le jeune monsieur. C'était un beau garçon de dix-
huit à vingt ans, qui, du moment où il était descendu de voiture, n'avait cessé de parler morale,

vertu, bienséances, et qui n'avait cessé de s'interrompre, de minute en minute, pour embrasser la séduisante Louison, qu'il appelait sa petite femme. La petite femme rendait exactement les baisers, et se mêlait de parler sagesse à son tour. Elle ne pardonnait pas une faiblesse à un individu de son sexe, parce qu'il est impardonnable de se donner autrement qu'en légitime nœud. Elle ne croyait pas à l'adultère, parce que ce crime affreux ne lui paraissait pas dans la nature. Tout ce qui est exagéré, est insignifiant, et tout cela était fort égal à l'hôtesse et aux garçons qui servaient. L'hôtesse, qui connaissait l'Évangile et le plaisir, trouvait assez étrange que la jeune dame fût plus sévère que le Dieu sauveur; mais, pensait-elle, en faisant sa carte d'avance, la jolie dame est nouvellement mariée, probablement, et elle en rabattra, comme bien d'autres.

Les valets retirés, on commença à parler folie. En parler, c'est n'être pas loin d'en faire, et on pria monsieur Robert de s'aller coucher.

Il allait gagner son modeste cabinet, lorsqu'on entendit dans la cour un bruit confus de voix et de chevaux. Le beau garçon tressaillit, sa petite femme s'évanouit, et Robert les regarda, incertain, et ne sachant quel projet former.

« Vous vous trompez, monsieur, disait une
« femme, ce sont de jeunes mariés, bien respec-
« tables, et qui ont édifié tous les gens de la mai-
« son par la moralité de leurs discours. — Oh ! je

« connais de ces moralistes-là. Qu'on me suive ;
« voyons ces jeunes mariés, et si je me suis trompé,
« j'en serai quitte pour des excuses. »

Le beau garçon, frappé du son de cette seconde voix, reste d'abord pétrifié. Il se lève ensuite, il va, il vient, il ne sait à quoi se résoudre, et comme on montait l'escalier, il sentit la nécessité de se décider, et promptement. Il prit les draps de son lit, il les attacha l'un au bout de l'autre, et il allait s'en servir pour se glisser dans la rue, lorsque la porte s'ouvrit brusquement.

« Ah! vous voilà donc, mon drôle! ah! vous
« avez cru faire impunément une telle équipée !
« Je vais vous apprendre ce qu'on gagne à se jouer
« à moi. » Le beau garçon, plus mort que vif, tombe aux pieds du harangueur, cherche à pallier sa faute, et à en obtenir le pardon. « Pas de
« défaites, pas d'excuses. Allons, messieurs, les
« menottes à cet égrillard-là. Qu'on le fouille et
« qu'on lui reprenne ce qu'il m'a volé. — Quoi !
« mon oncle !... —Votre oncle ! je ne vous suis
« plus rien. Je vous abandonne, je vous déshé-
« rite. Comment, morbleu ! vous m'emportez
« mille louis, et vous enlevez la femme de cham-
« bre de votre tante ! Vous êtes sans probité, sans
« mœurs, et vous osez m'appeler votre oncle !
« Mon argent, messieurs, mon argent d'abord,
« et qu'on le conduise ensuite à Saint-Lazare. »

Ces messieurs étaient quatre cavaliers de la maréchaussée, que le cher oncle avait demandés à l'exempt d'Evreux, de qui ils avaient reçu l'ordre de lui obéir exactement.

Pendant qu'ils exécutaient à la rigueur celui que venait de leur donner le cher oncle, celui-ci écrivait au supérieur de Saint-Lazare de garder son neveu, jusqu'à l'obtention de la lettre de cachet, que le ministre ne pourrait lui refuser. Il détaillait des faits si graves, si importans, qu'il était à présumer que le Lazariste ne se refuserait pas à ses instances. (1)

On avait retrouvé ce qui restait d'argent. La somme était un peu diminuée, parce qu'on ne va pas de Paris à Evreux pour rien, et le cher oncle, qui ne réfléchissait pas à cela, faisait continuer les plus sévères perquisitions.

Il aperçoit enfin Robert, toujours immobile, toujours incertain. Il l'interroge d'un ton à le faire trembler. L'air rebarbatif de l'oncle, l'aspect de la maréchaussée, les fers, la douleur du beau garçon, étaient plus que suffisans pour troubler une tête aussi jeune et obtenir la vérité. Le pauvre petit raconta son histoire, simplement, naïve-

---

(1) On recevait, pour un temps, à Saint-Lazare, de très-jeunes gens, sur le simple exposé des familles, et on les nommait pensionnaires. On leur faisait prier Dieu quatre heures par jour; on leur faisait apprendre de mémoire l'Imitation de Jésus-Christ, et on les fustigeait vigoureusement soir et matin. Quelques-uns y sont devenus fous, et sont restés pensionnaires le reste de leur vie.

ment. Il se repentait sincèrement, disait-il, et il formait le projet de rentrer avec sa mère, si on voulait le reconduire à Paris. L'oncle, qui avait ses vues, et qui n'aimait pas l'embarras, protesta que ce petit coquin ne pouvait être qu'un filou, pris sur le pavé par son neveu, pour l'aider à le voler, à transporter ses espèces, et à le servir en route. Cependant il se borne, par pitié pour son âge, à le prendre par une oreille, à le fouiller lui-même, et à lui ôter ses dix ou douze écus, qu'il met dans sa poche. Il lui applique ensuite un coup de pied dans le derrière, et le jette à la porte. La maréchaussée enlève le beau garçon, le fait remonter dans sa chaise, et prend avec lui le chemin de la capitale. Quelle nuit en comparaison de celle que se promettait l'impétueux jeune homme ! *Vanitas vanitatum !*

CHAPITRE III.

Mademoiselle Louison sera-t-elle toujours évanouie ?

Ces différentes opérations avaient pris une demi-heure au moins, et Louison ne retrouvait pas l'usage de ses sens, soit que la frayeur eût agi sur ses organes avec une extrême violence, soit, et ce qui est plus vraisemblable, qu'elle continuât à jouer l'évanouissement, pour se dispenser d'entrer en scène. Le cher oncle resta seul avec elle, et on n'eut pas l'air d'y prendre garde dans la maison. Argent et complaisance, voilà la devise qui n'est écrite sur aucune enseigne, mais qui est gravée dans le cœur de tous les cabaretiers, logeurs, traiteurs, restaurateurs, et que l'amateur découvre sous ces grandes lettres jaunes ou blanches, annonçant CABINETS PARTICULIERS.

Tout le monde sait combien les ligatures sont nuisibles dans tous les temps, et combien surtout elles sont dangereuses dans l'état où se trouvait Louison. Le cher oncle, pénétré de cette vérité, s'approcha de la jeune personne, s'empressa d'ôter des jaretières placées sur le genou ; il détacha très-lentement ensuite les rubans du corset. Louison jugeant, à ces soins affectueux, et au jeu d'une main caressante, que le ressentiment qu'inspirait le neveu ne s'étendait pas jusqu'à elle, Louison crut pouvoir ouvrir ses grands yeux, et, les tournant languissamment sur le parent officieux : « Quoi ! c'est vous, monsieur d'Estival !
« —Oui, mademoiselle, c'est moi, qui vous ai-
« mais tendrement, que vous avez dédaigné pour
« suivre un freluquet... —Je vous proteste, mon-
« sieur, qu'il m'a attirée hors des barrières sous
« un prétexte qui vous eût abusé comme moi, et
« qu'ensuite.... —Point de phrases, s'il vous plaît.
« Je ne vous en ai que trop fait, et les vôtres
« ne réussiront pas plus que les miennes. Vous
« êtes revenue à vous, vous avez soupé, vous

« n'avez besoin de rien. Voilà deux lits, ainsi
« point de scandale. Couchez-vous, croyez-moi,
« c'est ce que vous pouvez faire de mieux. —
« Comment, monsieur, vous prétendez.... —Oui,
« mademoiselle, je le prétends.—Et vous croyez
« que je me prêterai... —Finissons en deux mots.
« Vous avez deux ans de plus que mon neveu : donc
« vous êtes la séductrice. Vous avez égaré un en-
« fant de famille, vous l'avez porté à voler ses
« parens et à les fuir : vous savez où cela mène.
« Choisissez de ce gîte-ci ou de l'autre, et dépê-
« chez-vous. »

L'argument était pressant. La petite aimait le
beau garçon, mais elle aimait encore plus sa liberté. Je ne m'attendais pas à ce dénouement-là,
pensait-elle en mettant son bonnet de nuit. Quelle
différence, hélas! de l'oncle au neveu! *Vanitas
vanitatum*, eût encore dit le père Salomon.

Le petit Robert, chassé sans un sou, avait
gagné la rue, et, ne sachant où aller, il s'était
couché sur un banc de pierre qu'il avait trouvé
assez à propos à l'extérieur de la maison. Il s'é-
tait mis à pleurer : c'est la première ressource de
l'enfance. Bientôt il avait cessé de pleurer, parce
qu'il avait vu que cela ne lui servait à rien. « Ah!
« disait-il dans l'amertume de son cœur, si j'avais
« écouté mon ami Rifflard, je ne serais pas ré-
« duit à coucher sur une pierre, je ne serais pas
« exposé à mourir de faim demain, ou un autre
« jour. Malheureux projets! J'avais bien besoin

2.

« de m'ingérer d'en faire ! ah ! ah !... si jamais...
« ah !.... ah !.... » Et à force de faire ah ! ah ! la
bouche ouverte et les bras étendus, Robert avait
fini par s'endormir.

Sans doute le beau garçon faisait d'aussi tristes
réflexions sur le chemin de Saint-Lazare ; sans
doute il n'eût pas pensé au repos pendant cette
première nuit, si désirée, si attrayante auprès de
Louison, et qui s'était changée en une nuit de
deuil. Il n'en était pas de même du cher oncle,
petit homme de cinquante ans, aux joues rubi-
condes et au ventre rebondi. Son premier succès
avait provoqué un sommeil réparateur, et il s'y
livrait avec la sécurité que lui inspiraient les
droits qu'il venait d'acquérir, et les précautions
qu'il avait prises.

Il s'était endormi très-content de lui-même ;
mais sa compagne était loin d'être satisfaite ; elle
ne dormait pas. Vive, très-vive, elle aimait le
plaisir, et elle ne sentait que la dépendance à
laquelle les circonstances venaient de la soumettre,
et dont un coup d'éclat pouvait seul la tirer.

Quel coup imaginer, quel coup tenter ? imiter
la prude Judith était le plus court, et non le plus
sûr parti. Il n'est pas donné à toutes les femmes
de traverser impunément une armée ennemie
avec la tête de son général dans un sac, et les
gens d'Evreux pouvaient y voir plus clair que
ceux d'Holopherne. Louison, d'ailleurs était une
bonne fille, qui ne se souciait pas de couper le

cou à un homme, qui, après tout, avait fait ce qu'il avait pu.

Elle se glisse doucement, très-doucement hors du lit; elle cherche ses vêtemens; elle commence à s'habiller... Si M. d'Estival s'éveille, elle sera prise de certain besoin que nos élégantes françaises n'aiment pas à satisfaire dans leur chambre à coucher; s'il ne s'éveille pas, elle verra comment lui échapper.

Elle passe un bas, et prête l'oreille; elle passe sa robe, elle écoute encore; M. d'Estival ronfle toujours. La toilette se termine à travers ces alternatives d'espérances et de craintes. Enfin il ne reste qu'à sortir de la chambre, et pour cela il faut en avoir la clef, que l'oncle prévoyant a mis sous son chevet. Louison avance une main timide, elle retient son haleine, elle cherche, elle tâtonne, elle ne trouve rien. L'imperturbable dormeur la favorise enfin par des mouvemens répétés, qui semblent indiquer que l'instant du réveil n'est pas éloigné. Louison tremble de tous ses membres; mais, ferme dans son dessein, elle ne cesse de chercher. La bienheureuse clef se trouve enfin au milieu du lit, dérangée probablement par l'agréable exercice qui avait précédé le sommeil.

Louison marche sur la pointe du pied; elle craint de fouler le parquet. Elle va droit à la porte, et passe devant la table sur laquelle était l'or destiné à ses plaisirs, et qui avait si promptement changé de mains. Elle s'arrête, elle regarde à la lueur d'une bougie ; elle soupire. Laissera-t-elle cet or ? S'exposera-t-elle à la misère, ou se livrera-t-elle à un libertinage ouvert ? Partir les les mains vides, c'est se réduire à l'un ou à l'autre parti. Emporter quelques louis ne lui paraît pas un grand crime, car enfin elle a droit à une vacation. Mais on est puni pour prendre dix louis, comme pour en emporter mille. Où est alors l'inconvénient de tout prendre ? et puis, avec une jolie figure, de l'activité, de l'esprit, on doit faire fortune, et Louison ne manquera pas de rembourser le capital et les intérêts. Ainsi, M. d'Estival n'aura fait que prêter, et tout le monde emprunte.

Cet admirable raisonnement n'était pas terminé, que mademoiselle Louison avait déjà le sac sur le bras, et qu'elle avait fourré adroitement et sans bruit la clef dans le trou de la serrure.

Elle ouvre la porte, elle ôte la clef, elle se glisse, et n'oublie pas de mettre M. d'Estival dans l'impossibilité de la suivre de sitôt : elle l'enferme à double tour. Vive Louison pour la présence d'esprit !

Elle descend rapidement l'escalier, elle traverse la cour plus vite encore, parce qu'elle sait que dans les maisons de poste, quelques postillons dorment toujours habillés, en attendant les coureurs de nuit. La grande porte est ouverte selon l'usage ; Louison sort, elle rase le mur, elle s'élance, elle court. Des jambes s'embarrassent dans les siennes, quelqu'un tombe sur le pavé. Elle recule, elle retient un cri qu'allait arracher la frayeur. L'individu culbuté se relève.... c'est un enfant, Louison se rassure ; il s'approche ; elle reconnaît Robert.

Le petit la reconnaît de son côté. Il veut lui parler ; elle lui met une main sur la bouche : ce n'était pas le moment de causer. Il présente les siennes en suppliant ; elle continue de marcher, et Robert de la suivre. La ville d'Evreux est grande comme une table de dix couverts ; ils la traversent en un instant, l'un toujours suppliant, l'autre continuant à le forcer au silence.

Ils arrivent sous des arbres assez épais, à trente pas de la grande route. Louison pose son sac, s'assied dessus ; Robert se met auprès d'elle, et l'explication commence. « Où veux-tu aller, mon
« ami ? — Avec vous, madame. — Je ne sais moi-
« même où je vais. — N'importe, je ne vous quitte
« pas. — Tu m'embarrasseras, mon petit, et je ne
« peux te servir en rien. — Je ne vous embarras-
« serai pas, je vous obéirai. — Retourne plutôt
« obéir à ta mère. Je vais te donner quelques
« louis.... — C'est ce que je voulais faire tout à
« l'heure ; mais ma mère me met au pain sec,
« et vous me caressez. — Retourne, mon ami,
« retourne chez ta mère, puisque tu as le bon-
« heur de l'avoir, et suis aveuglément ses con-
« seils. — Vous avez déja le bras fatigué, madame ;
« vous êtes à pied, vous ne pouvez porter long-

« temps ce petit sac. Je le porterai à mon tour,
« et vous ne renverrez pas Robert après qu'il vous
« aura rendu service. Madame, ma belle dame,
« ne me repoussez pas! ne soyez pas insensible
« à mes prières! » Robert tenait les deux mains
de Louison, il les baisait, il les mouillait de
ses larmes. « Je ne résiste plus, dit-elle; mais
« nous faisons chacun une faute, toi de m'ac-
« compagner, et moi de le permettre. Allons,
« lève-toi, et marchons : nous ne sommes pas
« bien ici. »

Louison ne raisonnait pas ainsi dans les bras
de son amant, quand la fortune lui souriait, lui
présentait l'image du bonheur, et lui dérobait l'avenir. L'adversité nous force à descendre dans notre
cœur, et nous rend justes envers nous et envers
les autres. Louison, inquiète pour elle-même, ne
se dissimulait plus le tort qu'elle faisait à Robert;
mais sa raison était toujours soumise à son cœur.

Ils étaient à peine levés, qu'ils entendirent
plusieurs chevaux galopant sur le pavé et venant
droit à eux. Ils se jettent dans les terres, ils marchent à travers les champs, et le sac passe fréquemment du bras de Louison sur celui de Robert, et de Robert à Louison, trop faibles l'un et
l'autre pour le porter long-temps.

Le jour commençait à paraître, lorsqu'ils se
trouvèrent sur une grande route qui conduisait
ils ne savaient où. Un jeune berger commençait à
lever les claies de son parc, pour mener paître

ses moutons. Louison, excédée de fatigue, l'aborde et lui demande s'il n'y a pas d'auberge dans les environs. « Là, à cent pas, sur le che-
« min de Rouen, répond le pâtre, étonné de voir
« une belle dame courir à pied à cette heure. —
« Y est-on bien ? — Oh ! je le crois, madame :
« c'est là qu'arrête la diligence de Rouen. — Et
« quel est ce village, là-bas sur la droite ? —
« Pacy, madame. — Et quel en est le seigneur ?
« — Monsieur d'Amberville. »

Louison s'éloigne, et Robert la suit en haletant. Il ne lève plus les jambes qu'avec peine. Il faut marcher, ou languir là d'inanition, et cette réflexion lui rend des forces.

Ils arrivent à l'auberge. Louison vient de Pacy; elle est attachée à madame d'Amberville; un cheval de la maison l'a conduite jusqu'à la grande route; elle vient attendre la diligence de Rouen, et elle va déjeuner en l'attendant. Quoi de plus vraisemblable ?

On la fait entrer dans la plus belle chambre, et elle se met à table avec Robert. En allant et venant, l'hôte la regardait en souriant, et Louison ne voyait, dans ce sourire répété, qu'un hommage rendu à ses charmes : Louison se trompait. L'hôte était le filleul de M. d'Amberville; il connaissait la maison et tous les commensaux, et il y avait huit ans qu'il avait assisté aux funérailles de madame la comtesse. Il n'en servait pas Louison avec moins d'exactitude, parce que son argent valait celui d'une femme qui eût dit la vérité.

C'est ainsi que les gens du bon ton ne lèvent pas les épaules lorsqu'ils entendent un fripon d'importance parler probité, une prude s'échafauder sur sa vertu, un capitaine jurer que c'est à lui seul qu'est dû le gain de dix batailles, un magistrat protester qu'il a toujours été insensible aux charmes de ses solliciteuses, et cette modération de gens qui savent vivre n'a rien d'étonnant : il en est si peu qui n'aient à leur tour besoin de l'indulgence des autres !

La diligence se fit bientôt entendre, et un instant après, elle arrêta devant l'auberge. Quatre voyageurs en descendirent, et se disposèrent à déjeuner aussi. C'était un abbé d'une très-jolie figure, qui avouait qu'il n'avait pris le petit collet que par amour des bénéfices ; une marchande de modes, très-passable encore, et qui avouait avec la même franchise, qu'un joli homme est un meuble dont une femme ne peut se passer ; un officier qui s'appliquait le principe de la marchande ; enfin un marchand de bœufs qui ne parlait ni de son métier ni de ses ancêtres, mais qui disait à tout venant qu'il avait été à Paris acheter une charge de secrétaire du roi, pour faire entrer ses petits-enfans à Malte, avec *dispense*.

Point de voitures publiques qui n'aient un original servant aux plaisirs des autres. Le marchand de bœufs était le plastron de l'officier et de l'abbé, lorsqu'ils ne cajolaient pas la marchande de modes, qui leur répondait à tous deux avec esprit et vivacité, et qui n'attendait peut-être que la couchée pour mieux faire.

L'aspect de mademoiselle Louison changea tous les projets. L'officier s'attacha exclusivement à elle; la marchande de modes se trouva réduite à son abbé, et ne s'en plaignit pas : une connaisseuse sait ce que vaut un abbé. Le marchand de bœufs causa avec Robert, dont l'esprit était précisément à sa portée. On ne s'ennuyait pas, on allait grand train, et on ne prévoyait rien de fâcheux.

Laissons rouler la diligence, et retournons un moment à Paris. Nous avons laissé le petit Rifflard dans les Champs-Elysées, les bras étendus vers son ami, qui courait, juché sur la malle des jeunes amans.

CHAPITRE VI.

Voyons un peu ce qui se passe chez madame Robert.

Rifflard ne voyait plus Robert, et ses yeux le cherchaient encore. N'écoutant que son amitié, ne suivant que l'impétuosité de son âge, Rifflard fait un à-droite, et prend sa course. Il oublie sa leçon du jour, les prix qu'il a reçus l'année précédente, ceux auxquels il prétend à la distribution prochaine; Robert seul l'occupe; il n'a qu'un désir, qu'un but, c'est de le sauver.

Son maître le voit entrer, couvert de sueur, de poussière, les cheveux et les vêtemens en désordre. Il aimait sincèrement cet élève, qui répondait parfaitement à ses soins, et qui honorait son école par des succès distingués. Il s'inquiète, il interroge, il presse. Rifflard était aussi empressé de parler, que le maître de l'entendre; mais il fallait qu'il reprît haleine, avant de raconter ce qu'il avait vu, ce qu'il avait dit, ce que son ami lui avait répondu. Il finit par supplier son maître de courir chez madame Robert, et de la décider à prendre les mesures nécessaires pour retrouver le malheureux fugitif. Rifflard désigna la voiture derrière laquelle courait Robert, la malle sur laquelle il était perché; il n'oublia pas même la couleur des roues et des brancards.

M. Morisset, qui n'allait guère que de sa classe aux Champs-Élysées, et des Champs-Élysées à sa classe, présuma cependant qu'un exprès, de quelque manière qu'il partît, ne rejoindrait pas une chaise de poste qui avait deux heures d'avance, et qui pouvait avoir pris la route de Versailles, comme celle de Saint-Germain. Il pensait pourtant qu'on pourrait prendre des informations fructueuses dans les villes des environs, et que, puisque Ulysse avait retrouvé Achille, il n'était pas impossible de retrouver Robert.

M. Morisset fait sa barbe, et passe la chemise blanche : un maître d'école doit tout faire méthodiquement. Il se rend enfin chez madame Robert. Elle était mère, elle pleurait ; quoi de plus naturel ? Monsieur le directeur n'était point père ; il craignait même de le devenir, car s'il eût tenu à la société, il eût cessé d'appartenir exclusivement à l'église. Monsieur le directeur combattait froidement les affections douloureuses qui agitaient madame Robert, lorsque M. Morisset entra.

Monsieur Morisset avait épousé une petite mère fraîche et dodue, qu'il aimait bien, à qui il avait fait cinq enfans, qu'il élevait de son mieux, et auxquels il était très-attaché. M. Morisset devait partager les peines de madame Robert, et il commença par s'affliger avec elle : c'était le moyen le plus sûr de se faire écouter.

Il passa ensuite aux réflexions, aux maximes, et il convainquit madame Robert que l'excessive sévérité n'est propre qu'à aliéner le cœur des enfans, à leur aigrir le caractère, à leur monter la tête, et à les jeter dans une suite d'erreurs et de fautes que des leçons douces, des manières affectueuses préviennent communément.

Le directeur répliquait que, puisque Jephté avait sacrifié sa fille innocente, on pouvait abandonner un mauvais sujet à son sort. Madame Robert répondit très-sèchement, que Jephté avait fait ce qu'il lui avait plu, et qu'il ne lui plaisait pas, à elle, de sacrifier son fils, parce qu'il avait déchiré sa culotte. Le directeur, pénétré de cet axiome, qu'il faut savoir reculer pour mieux sauter, parut céder un moment. Mais comme l'administration d'une maison dévote appartient de temps immémorial au directeur, à commencer par Tartuffe, qui était le directeur d'Orgon, celui de madame Robert se hâta de prendre des demi-mesures suffisantes pour la rassurer, et propres à favoriser les petits projets qu'il formait pour la suite.

Il fit monter le portier, asthmatique et boiteux, lui donna ses instructions, une lettre ouverte et pathétique, adressée à tous les maires des villes et villages par où il passerait. Il lui mit douze francs dans la main pour ses frais de route, et pria Dieu de bénir ses recherches.

Madame Robert n'avait pas oublié cette autre maxime : Aidez-vous, et Dieu vous aidera. Elle suivit jusque sur l'escalier le messager boiteux, glissa quatre louis dans la poche de sa veste, lui recommanda de monter en lapin sur toutes les voitures qui le dépasseraient, de ne se laisser manquer de rien, et de faire diligence.

Monsieur le directeur, très-pénétrant, devina à peu près ce qu'elle venait de faire, et parut ne se douter de rien. Le fameux *compelle* n'est en usage qu'à l'égard de ceux qu'on peut et qu'on veut écraser. Or, une béate qui a une bonne table, l'esprit faible, du tempérament et des formes, est une femme à ménager : ainsi pensaient du moins messieurs les directeurs de l'an 1734.

Celui-ci se rapprocha mollement, bénignement, saintement des affections maternelles. Il flatta, caressa; il arracha un sourire qu'obscurcissait une dernière larme. Femme qui sourit n'est pas fâchée qu'on la console, et monsieur le directeur avait toujours une consolation à ses ordres.

Vous sentez que le portier voyageant tantôt à pied, tantôt à côté de l'humble conducteur d'une triste guinguette, ne devait pas joindre le petit bonhomme courant en poste et en diligence. Ajoutez aux moyens insuffisans de l'exprès, les visites qu'il rendait scrupuleusement à tous les maires existans sur la route, le temps perdu en colloques inutiles, et vous ne serez pas surpris qu'à la fin du troisième jour, le courrier, fatigué de ne rien voir, de n'obtenir aucun renseignement, s'en revint clopin-clopant, comme il s'en était allé.

Il ne restait qu'une ressource à madame Robert, c'était de faire insérer des avertissemens dans les Petites-Affiches, très-bien faites alors par l'abbé Aubert, j'entends la partie littéraire, car pour le reste il suffit de savoir à peu près l'orthographe. Ces avertissemens ne produisirent aucun résultat, parce qu'il est difficile de reconnaître un enfant à son signalement; parce qu'en arrivant à Rouen, Louison avait remplacé la culotte déchirée et l'habit crasseux, par un habillement complet et décent, enfin; parce qu'on prend peu d'intérêt aux maux qu'on n'éprouve pas, et que personne ne se donna la peine de s'enquérir du petit Robert.

Que fit madame sa mère? ce que tout autre eût fait à sa place. Elle prit son parti, et elle eut raison, car enfin son directeur lui restait, et une privation ne rend pas insensible à une jouissance.

Il y a toujours, d'ailleurs, un bon côté dans les évènemens les plus fâcheux. Il est clair qu'un enfant de dix ans, qui se permet une telle équipée, doit être à vingt un détestable sujet, et quel tourment plus cruel pour une mère, que d'être constamment témoin des déportemens de son fils? La Providence ne s'occupait-elle pas visiblement de cette mère infortunée, en lui épargnant un spectacle qui eût empoisonné ses derniers jours? Hé! quel moyen plus sûr de marquer sa reconnaissance à cette Providence, toujours attentive, que de donner chaque année aux pauvres ce qu'eût coûté un méchant garnement? Ainsi raisonnait monsieur le directeur, et les pauvres dont il parlait n'étaient pas ceux des hôpitaux, qui ne manquaient de rien alors, comme chacun le sait, mais ces pauvres qui ne sont connus que des ecclésiastiques, et auxquels ils remettent très-fidèlement les aumônes qu'ils reçoivent.

Madame Robert n'était pas précisément de l'avis de son directeur. Elle lui faisait observer que tous les jours elle mettait tant au plat des pauvres malades, tant à celui du saint Sacrement, sans parler de la broutille, telle que les plats de saint Roch, de saint Polieucte, et de sainte Marie l'Égyptienne. Elle voulait bien ajouter quelque chose à sa contribution journalière; mais sept à huit cents francs par an lui paraissaient un impôt exorbitant. Le directeur répliquait que plus grande est l'offrande, plus grand est le mérite. Madame Robert ne prétendait pas à un mérite transcendant; cependant, comme une femme qui prend un directeur se met en tutelle, celle-ci fut amenée insensiblement à transiger : il fut convenu qu'elle donnerait cinquante francs par mois pour aumônes secrètes, et elle paya le trimestre d'avance.

Cela n'empêchait pas d'envoyer à monsieur le directeur tantôt une pièce de toile de Hollande, tantôt quelques aunes de ras de Saint-Maur. Un autre jour, c'était le fin castor de Paris, ou la douzaine de rabats et la calotte luisante. Quant aux vins de dessert et aux liqueurs des îles, il les prenait à la maison, et madame s'en trouvait toujours bien.

Elle coulait doucement la vie entre Dieu et son ministre. Elle se trouvait si bien, qu'elle ne désirait rien de plus pour l'éternité. *Vanitas, vanitatum !* Ces douces illusions devaient s'évanouir avant l'âge où une femme renonce au plaisir ; âge malheureux, et pourtant inévitable, où on nous refuse inhumainement ce que nous ne pouvons plus procurer.

Madame Robert venait de congédier, avec une

pension honnête, une vieille cuisinière qui ne pouvait plus remplir ses importantes fonctions. Elle avait pris, pour la remplacer, la petite *Cocote*, sa filleule, poulette de dix-huit ans, qui venait de finir son apprentissage chez un fameux restaurateur de la rue St.-Honoré. Le chef de cuisine était un égrillard, et on sait quel ascendant a un supérieur sur ses subordonnés.

Cocote était jolie, et monsieur le directeur connaissait tant madame Robert! Il voulut s'assurer si la petite remplacerait dignement Géneviève, et il descendait vingt fois par jour à la cuisine. Il levait les couvercles des casseroles; il voyait Cocote opérer; il lui donnait des conseils, les joues enluminées et les yeux baissés; mais ces yeux se levaient furtivement; ils dardaient le feu du désir au fond du cœur de la jolie cuisinière, et si elle rougissait à son tour, notre béat cherchait un bras arrondi, une main qui n'était pas très-mal. Il fallait quelque prétexte : les gens d'une certaine espèce n'avancent qu'avec précaution. C'était quelquefois une piqûre dont il fallait étancher le sang; c'était une lardoire qui manquait de régularité, et qui avait besoin d'être guidée. Alors on faisait mettre des gants, pour ménager des doigts dignes d'être employés à un tout autre usage.

Homme qui attaque, et fillette qui aime le plaisir, sont bientôt d'accord. Monsieur le directeur prévit son triomphe, et il hasarda de passer du bras arrondi à la direction du fichu. L'épingle de modestie était toujours trop haut ou trop bas, et pour la placer précisément où il fallait qu'elle fût, une main hardie se glissait sous le tissu. Si Cocote avait l'air de s'en apercevoir, on n'avait d'autre intention que de garantir le plus beau sein de la traîtresse épingle, et quelle élève de la rue St.-Honoré peut prendre de tels soins en mauvaise part (*) ?

Pendant que tout cela se faisait en bas, madame récitait en haut le petit office de la Vierge, et comme monsieur n'avait encore rien de particulier avec Cocote, madame ne remarquait en lui aucun décroissement de ferveur.

Cependant un certain jour, ce jour-là madame assistait au Salut, monsieur le directeur rentra tout à coup, pour prendre son bréviaire... non, c'était pour prendre une pêche à l'eau-de-vie. Cocote, qui n'aimait pas que les affaires traînassent en longueur, le prit par la calotte, et... et... et... etc. etc.

Ce soir-là, l'abbé se retira de meilleure heure que de coutume, et madame s'étonna un peu. Elle réfléchit pourtant que le plus brave homme peut n'être pas en état de *biner* tous les jours. Elle se coucha, comptant pour le lendemain sur un dédommagement qu'elle n'obtint pas, et elle

---

(1) La rue Saint-Honoré était alors ce qu'est à présent le Palais-Royal.

s'étonna beaucoup. Le troisième jour, elle s'étonna bien davantage. Elle sentit qu'on la réduisait à l'unité en faveur d'une beauté qui distribuait une *circulaire*, et elle éclata.

Monsieur le directeur, très-embarrassé, essaya de se tirer d'affaire avec ses moyens usités. Il voulut persuader à madame qu'ils devaient tous deux s'applaudir d'avoir quelque rapport avec le saint homme Job. Madame répliqua vivement que Job, qui avait une femme acariâtre, avait pu courir la pretentaine; mais qu'elle, douce, belle et fraîche encore, ne devait pas attendre un tour aussi diabolique d'un homme pour qui elle avait trop fait. Le directeur se piqua, et madame, furieuse de la manière dont il prenait ses justes reproches, trouva dans sa colère la force de lui donner son congé.

Le directeur, désespéré de son imprudence, et pénétré de ce qu'il perdait, entra à la cuisine, aborda Cocote, et éclata.

Cocote exaspérée, fut trouver son chef de cuisine, et elle éclata.

Le chef fut trouver sa bourgeoise, et il éclata.

La bourgeoise fut au salon trouver un mousquetaire, et elle éclata.

Le mousquetaire fut trouver la femme d'un fermier-général, et il éclata.

La femme du fermier-général fut trouver un duc et pair, et elle éclata.

Le duc et pair fut trouver une marchande de modes, et il éclata.

La marchande de modes fut trouver un père carme, et elle éclata.

Le père carme ne fut trouver personne, parce que certaine ursuline était morte pour n'avoir pas osé éclater.

Après tous ces éclats, il fallut que chacun prît un parti conforme aux circonstances. Laissons le père carme, la marchande de modes, le duc et pair, la femme du fermier-général, le mousquetaire, la bourgeoise, et le chef de cuisine, qui nous sont étrangers. Cocote fut chassée, comme de raison, et un écrivain du charnier des Innocens, qui la prit sous sa protection, la fit entrer aux étuves de Bicêtre. Monsieur le directeur, après une retraite de quarante jours, fut obligé, par ses supérieurs, de quitter Paris; mais ils avaient eu soin de lui faire donner la direction d'un couvent de nonnes à Bordeaux. A la vérité, il fut obligé d'avoir quelques complaisances pour la vieille supérieure; mais, par reconnaissance, elle fermait les yeux sur les assiduités de l'abbé près de madame de la Conception, et de certaine novice qui annonçait de grandes dispositions : ainsi tout le monde était content.

Madame Robert, dégoûtée des amours clandestins, et convaincue que le commerce des gens du monde n'est pas plus dangereux qu'un autre, épousa, après le délai nécessaire, un payeur de rentes, qui lui rendit la vie si douce, que, quatre ans après, elle fut emportée d'une indigestion, contre laquelle l'émétique et le thé se trouvèrent impuissans. N'anticipons point sur les évènemens. Nous reviendrons à la succession de madame Robert, quand il en sera temps.

CHAPITRE V.

Retournons à la diligence.

Louison écoutait, avec beaucoup d'intérêt, les douceurs que lui débitait l'officier. Elle l'avait toisé d'un coup d'œil : c'est toujours par là que commence une femme qui a de l'usage, et l'examen avait valu au jeune homme un surcroît d'attention.

Il attaquait, Louison se défendait, et elle grillait de se rendre. Elle n'opposait plus que cette molle résistance qui prépare une défaite. Le jour tombait, on approchait de Rouen, et il est facile de prévoir les suites d'une pareille conversation.

Tout à coup on entend une voix forte crier : Arrête, arrête! Les postillons obéissent. Sont-ce des voleurs, ou la justice est-elle à la recherche de quelqu'un de ceux qui se sont réunis sans se connaître, et qui vont se quitter sans se regretter?

L'abbé pâlit, parce qu'il était poltron... comme un abbé.

La marchande de modes pâlit, parce qu'elle était femme.

Louison pâlit, parce qu'elle n'avait pas la conscience nette.

Le marchand de bœufs pâlit, parce qu'il avait une sacoche passablement garnie.

Robert pâlit, parce qu'il craignait d'être reconduit à l'école.

L'officier les prit tous sous sa protection, parce qu'il était brave.

La portière s'ouvre : c'est M. d'Estival qui se présente.

Il s'était éveillé, étendant les bras et cherchant sa Louison. Étonné de ne pas la trouver, il s'était mis sur son séant, et sa première remarque fut que son sac était disparu avec la belle. Louison lui plaisait beaucoup; mais il tenait plus encore à ses espèces, et il lui semblait que mille louis pour une nuit, c'était payer un peu cher.

Il s'était levé. Il avait tant frappé à sa porte, qu'enfin on était venu lui ouvrir. Il avait envoyé chercher des chevaux de poste, et pendant qu'on les mettait à sa voiture, il s'habillait, et réfléchissait au parti qu'il allait prendre.

Il n'était pas probable que Louison fût retournée à Paris. Elle y était connue, et la police sait y trouver ceux même qu'on ne connaît pas. Il n'était pas probable qu'elle eût pris des chemins de traverse, à pied, chargée d'un sac qui devait donner des soupçons. Il était plus vraisemblable qu'elle avait trouvé quelque occasion pour Rouen, d'où elle irait au Hâvre s'embarquer pour l'Angleterre. Ainsi raisonnait M. d'Estival, et il raisonnait juste.

Il avait fait partir un courrier en avant. Il payait bien les guides; il allait comme le vent, et il ne lui avait fallu que quatre heures pour rejoindre la diligence. Il s'était proposé d'abord de la suivre jusqu'au bureau, d'examiner ceux qui en descendraient, et de faire arrêter Louison, si elle s'y trouvait. Cette mesure était sage; mais l'impatience de se remettre en possession de sa belle et de son sac, et cette fatalité qui fait échouer les vains projets des hommes... *Vanitas Vanitatum!*

« Mademoiselle Louison est-elle ici? — Qu'est« ce que c'est que mademoiselle Louison? reprit
« l'officier. — Monsieur, c'est une jolie fille qui
« m'emporte mille louis, à qui je veux bien par« donner pour la dernière fois, si elle veut s'ar« ranger franchement avec moi. » Les mille louis firent ouvrir les oreilles à l'officier. « Il n'y a pas
« ici de Louison, fermez la portière, et fouette,
« cocher! — Pardonnez-moi, monsieur, mademoi« selle Louison est là, à côté de vous, une main
« dans la vôtre. Je la reconnais à merveille à la
« lueur du crépuscule. — Madame est mon épouse,
« monsieur. Allez rêver plus loin. — Ah! elle est
« votre épouse, monsieur? et mon argent est
« sans doute aussi à vous, ce sac qui est là-bas,

« dans le coin? — C'est une partie de la masse du
« régiment; c'est une somme destinée aux re-
« montes. — Le prouveriez-vous, monsieur? —
« Faquin, prouveriez-vous le contraire? — Qui
« êtes-vous, monsieur, qui me parlez ainsi? —
« Hé! morbleu, qui êtes-vous, vous-même? — Je
« suis d'Estival, fermier général, et même hon-
« nête homme. — Attendez, je vais vous parler à
« l'oreille. »

L'officier saute à terre, et tire le cher oncle à
l'écart. « Vous portez une épée. — Depuis trente-
« deux ans, monsieur. — Flamberge au vent, et
« en garde! — Mais je ne me bats jamais. — Vous
« vous battrez. — Cela vous plaît à dire. — Vous
« vous tairez donc? — Comme il vous plaira. —
« Ici et ailleurs? — Soit. — Votre parole d'honneur.
« — Je vous la donne. — Si vous y manquez,
« j'irai vous chercher jusqu'au tapis vert, et je vous
« couperai la figure en présence de tous vos con-
« frères. Vous vous nommez d'Estival : je ne l'ou-
« blierai pas.

Et en parlant ainsi, monsieur l'officier faisait
siffler son épée nue autour du corps tremblant
du pauvre financier. Il n'en fallait pas tant pour
lui imposer silence. Il se retira les mains jointes,
les genoux ployés, marchant à reculons jusqu'à
sa voiture, dans laquelle il remonta, et il reprit
aussitôt le chemin de Paris.

Il retrouva l'usage de ses sens dès qu'il fut
éloigné de son officier. Il pensa qu'en le désignant

aux bureaux de la guerre par son uniforme, sa taille, son âge, il serait facile d'en obtenir justice ; mais il réfléchit en même temps que sa position n'était plus celle où il se trouvait en arrivant à Évreux. C'était un oncle justement irrité des déportemens de son neveu, et qui le faisait arrêter pour prévenir les suites de son libertinage : quoi de plus moral? Ici, d'Estival n'était qu'un vieux libertin qui courait après une fille et de l'argent qu'elle lui avait escroqué. L'affaire ferait du bruit, les rieurs ne seraient pas de son côté, et madame d'Estival n'était pas endurante. C'était une fille de qualité, sans fortune, qui avait daigné descendre jusqu'à lui, qui avait pris dans sa maison le ton le plus tranchant, et qui ne lui permettait qu'une fois l'an d'user de ses droits de mari. Le pauvre d'Estival crut qu'il était prudent de se taire ; mais il résolut de se venger sur son neveu de cette série de disgraces. En effet, il l'eût laissé jusqu'à sa majorité à Saint-Lazare, si madame, qui avait des vues sur lui, n'eût exigé sa liberté après un mois de détention.

La marchande de modes et l'abbé trouvaient un peu extraordinaire que monsieur l'officier eût retrouvé tout à coup sa femme, qu'il n'avait point paru connaître au déjeûner, et à laquelle il faisait la cour d'une manière qui n'annonçait pas les habitudes conjugales, lorsque monsieur d'Estival parut. Cependant, comme il est toujours prudent de ne pas se mêler des affaires d'un tapageur, et qu'il était égal à madame et à l'abbé que l'officier fût ou non l'époux de Louison, ils voulurent bien avoir l'air de croire la fable assez mal arrangée qu'il leur débita à ce sujet. Le marchand de bœufs s'endormit pour s'épargner la peine de penser. Robert ouvrait les yeux et les oreilles : il croyait sa compagne mariée au beau jeune homme avec qui il avait couru la poste. Il n'y comprenait rien.

Louison, à qui l'officier venait de rendre un service signalé, ne pouvait lui donner un démenti sans blesser à la fois la reconnaissance et son cœur. Louison sentait l'avantage de marcher à l'avenir à l'ombre de cette redoutable épée; Louison enfin, consentant à passer pour épouse, ne pouvait plus se dispenser d'agir en conséquence, et elle bénissait la force des circonstances qui supprimaient les simagrées. Elle et son officier étaient parfaitement d'accord avant d'arriver à Rouen, et ils ne se doutaient pas que la marchande de modes et l'abbé fussent arrangés de leur côté. Le petit collet donne une adresse, une dissimulation!... Souvent une petite fille n'entend rien à un coup d'œil, ne sent pas l'intention d'une pression du genou ou du bout du pied ; mais une marchande de modes de trente ans !...

On arrive au bureau des diligences; on s'empresse, on descend : personne n'a de temps à perdre. Louison s'étonne un peu en voyant son officier mettre ses épaulettes dans sa poche, et elle ne peut s'empêcher de lui en demander la raison. Il lui déclare franchement qu'il n'a pas le droit de les porter; mais qu'il n'en est pas moins un homme d'importance, maréchal des logis, et recruteur sur les quais de Rouen. Louison fait d'abord la grimace; mais elle réfléchit à l'instant qu'il était très-douteux qu'un officier l'épousât tout-à-fait, et qu'une fille un peu hasardée, mais fraîche et jolie, de plus propriétaire de mille louis, est un parti brillant pour un recruteur. Or, il n'est pas de fille faible qui ne désire remonter au rang des femmes estimables.

Notre recruteur habitait un modeste cabinet aux environs de la rivière. Il ne jugea point à propos de conduire sa nouvelle conquête dans ce réduit: il était bien aise de lui donner une certaine idée de sa magnificence... c'est elle qui devait payer. Il la conduisit à la meilleure auberge de Rouen. Il s'était galamment chargé des espèces, et il avait donné son paquet à Robert.

La marchande de modes était assez embarrassée. Elle craignait de conduire son abbé chez elle, à cause de ses demoiselles, qui pouvaient jaser; elle craignait, par la même raison, d'être reconnue dans une auberge, et ses craintes étaient fondées. Les caquets auraient donné de l'humeur à certain président au parlement, qui l'entretenait assez bien, et qui, pour être tout-à-fait à son aise, avait procuré au mari un emploi lucratif dans nos colonies.

Cependant son abbé ne pouvait l'introduire au séminaire, et il fallait se décider à quelque chose. Femme galante n'est pas long-temps embarrassée. Celle-ci couvre sa tête et ses épaules d'une énorme machine faite de taffetas et de baleines, et qu'on nommait alors une *calèche*. Elle court après l'officier; elle prend, en riant aux éclats, le bras dont il pouvait disposer; elle conseille à l'abbé de marcher seul, pour éviter le scandale, et ils entrent tous ensemble à l'auberge.

Personne ne s'entend aussi facilement que ceux qui ont les mêmes goûts, et qui font les mêmes folies. Le recruteur se chargea de commander le souper, de l'arrangement des lits, et pendant qu'on disposait tout, la marchande de modes s'était étendue sur un sofa, et avait ajouté à la précaution de la calèche, celle d'un grand mouchoir blanc dont elle se couvrait le visage, en se plaignant d'un mal de dents affreux.

Les filles de chambre, qui allaient et venaient, terminèrent enfin leur service, et permirent aux quatre amans de se mettre à leur aise. L'ardent abbé dénoua, arracha le ruban de la calèche, embrassa sa divinité, et lui présenta la main. Le recruteur plaça sa Louison; Robert prit la place qui restait, et on commença à souper gaîment.

Chacun, occupé de ses affaires, ne pensait pas à

ce petit Robert, qui entendait, qui voyait bien des choses qu'il n'avait encore vues ni entendues. Il lui parut très-joli de faire l'amour, et, sans savoir encore précisément ce que c'était, il n'en forma pas moins le projet d'avoir une maîtresse aussitôt qu'il le pourrait.

On allait se retirer et procéder à la consommation de deux mariages qui n'étaient encore qu'ébauchés, lorsqu'il passa par la tête de la marchande de modes de réfléchir au lendemain. A dix heures du soir, c'est beaucoup qu'une nuit heureuse; c'est peu de chose à six heures du matin : l'égrillarde avait éprouvé cela, et elle jugeait assez bien de son petit abbé, pour croire qu'il lui conviendrait au moins trois mois. Elle prononça que monsieur le maréchal des logis devait s'indigner de n'être pas au moins sous-lieutenant, et que ce qu'il avait de mieux à faire était de déserter; que Louison ne serait jamais en sûreté en France, et que ce qu'elle pouvait faire de mieux, était de s'expatrier; que l'abbé, qui aimait les femmes, et qui avait raison, finirait cependant par se faire enfermer, et que ce qu'il avait de mieux à faire était d'apostasier; que, liée elle-même à un président passablement libertin, mais qui n'était que cela, ce qu'elle avait de mieux à faire, était de l'abandonner à sa bonne ou à sa mauvaise fortune. Ces observations furent trouvées très-judicieuses par des têtes déja un peu échauffées par le bon vin; en conséquence, et après une discussion assez bruyante, il fut arrêté à l'unanimité :

Que le recruteur et l'abbé se procureraient le lendemain des habits bourgeois, l'abbé pour se cacher, le recruteur pour vendre secrètement le mobilier et les marchandises de la modeuse; qu'on prendrait la poste jusqu'au Hâvre; qu'on donnerait cinquante louis à un pêcheur qui passerait frauduleusement la société en Angleterre; qu'on leverait, avec les fonds communs, un superbe magasin de modes à Londres; que Louison attirerait les chalands par ses charmes, jusqu'à ce qu'elle sut travailler; que le recruteur et l'abbé feraient, au fond, l'amour à leurs femmes, et, pour la forme, les yeux doux aux douairières qui fréquenteraient la boutique; que Robert porterait en ville, d'abord les adresses, et ensuite les bonnets, pour donner de la maison une opinion de décence, que n'obtiennent jamais les marchandes de modes, qui font trotter de jolies filles, ordinairement très-complaisantes.

Le quatuor, déja ivre d'espérances, se divisa pour prendre un avant-goût des délices dont un plan aussi sage que lucratif assurait la continuité...
Vanitas vanitatum!

CHAPITRE VI.

Aventures de nuit.

Robert dormait profondément; le recruteur et Louison, très-satisfaits l'un de l'autre, se disposaient à dormir; l'abbé, qui avait encore besoin d'un guide, et qui en avait trouvé un excellent dans sa modeuse, avait mérité un honorable repos. Le sommeil réparateur allait distribuer également ses pavots, lorsque la marchande entendit quelques mots très-significatifs, qui partaient d'une chambre, séparée seulement de la sienne par une assez mince cloison.

Elle croit reconnaître une voix qui ne lui était pas très-chère, mais avec laquelle son oreille était dès long-temps familière. Elle se met sur son séant, et l'abbé aussi; elle écoute encore, et l'abbé a peur.

Elle jette draps et couverture au milieu de la chambre, et l'abbé tremble. Elle rallume sa bougie à la lampe à l'esprit de vin, qui ménageait un demi-jour utile aux amans, et favorable à des appas de trente ans, et l'abbé se jette sous le lit. Elle s'habille avec la recherche et la décence les plus scrupuleuses, et l'abbé s'accroche, des pieds et des mains, au fond sanglé, le long duquel il se colle, et où il se croit invisible. Elle ouvre la porte et sort, et l'abbé, fatigué d'une contraction de nerfs de cinq minutes, tombe de huit pouces de haut, et s'imagine que le bruit de sa chute va répandre l'alarme dans toute la maison. Il se roule, il se relève, il va, il court. Sa bonne fortune le pousse dans la chambre du maréchal des logis, qui dédaignait de fermer sa porte, parce que sa *colichemarde* était là, sur sa table de nuit.

Une colichemarde était une lame d'épée, très-large par le haut, et qui diminuait de moitié, à un pied de la monture, par deux biais qui avaient la vertu d'écarter considérablement le fer ennemi, ce qui facilitait la riposte, lorsqu'on avait eu l'adresse de parer. J'ai cru vous devoir cette courte explication.

Une fesse de l'abbé éperdu rencontre la pointe de la redoutable épée. Il jette un cri; il croit que l'ange exterminateur le poursuit, et va le punir de son incontinence. Il se jette dans le lit du recruteur, il s'y enfonce en disant d'une voix mourante : « Monsieur l'officier, protégez-« moi! »

Monsieur l'officier se lève, passe son caleçon, prend son épée, frappe d'estoc et de taille, et s'étonne de ne rencontrer que des meubles et des lambris. Sa lampe d'une main, sa flamberge de l'autre, son bonnet de police sur l'oreille, les jambes et les pieds nus, il sort, il enfile une longue galerie. Il écoute, il n'entend que deux ou trois personnes, qui causaient avec aigreur, mais qui paraissaient ne s'occuper que d'elles.

Qui diable a donc tourmenté, effrayé, lutiné ce pauvre petit abbé? L'officier s'approche de la chambre qui renfermait les causeurs; il prête de nouveau l'oreille; il est frappé de l'organe flûté de la marchande de modes, qui adressait des reproches sanglans à un homme qui la conjurait de se modérer, et qui implorait son indulgence. L'officier ne doute plus que cet homme n'ait enlevé la dame des bras impuissans de l'abbé, et, fidèle à ses devoirs envers les membres de sa nouvelle société, il ouvre, il entre, déterminé à faire sauter le ravisseur par la fenêtre.

Il voit la marchande de modes, qu'il croyait en chemise, comme lui, aussi soigneusement vêtue que si elle allait entendre une messe en musique, ou un opéra nouveau. Il voit deux hommes habillés de noir de la tête aux pieds, le chef couvert d'une volumineuse perruque artistement peignée, et plus loin, deux demoiselles, interdites, confuses, assez jolies, et un peu chiffonnées. Il ne sait que penser de tout cela.

Le sort de tout homme qui achète le plaisir, est d'être trompé; mais femme qui trompe ne veut pas l'être : l'amour-propre, en ce cas, tient lieu des sentimens du cœur. La marchande en avait assez entendu pour juger que son président était en partie fine. Elle savait l'avantage que donne sur un homme la conviction d'une infidélité. Il subit avec docilité le joug qu'on veut lui imposer; il perd le droit d'éclairer la conduite de celle qu'il a offensée. Ces principes sont communs aux femmes de toutes les conditions, et ce qui était particulier à notre modeuse, c'est que ses reproches devaient amener le repentir, et le repentir un pardon, dont elle comptait toucher le prix comptant. Elle trouvait plaisant de faire payer à monsieur le président les frais du voyage, et une partie de ceux de l'établissement projeté.

Elle avait pris, en entrant, le maintien et le ton d'une femme outragée; elle avait éclaté; elle soupçonnait depuis long-temps, disait-elle, l'affreuse vérité; elle faisait suivre le président. Avertie par ses espions, elle sortait de la maison où elle se tenait cachée depuis quinze jours; elle venait confondre un infidèle, et rompre avec lui sans retour.

Le président, attaché à sa maîtresse, en proportion de ce qu'elle lui coûtait, le président, qui la croyait à Paris, et qui n'avait pas tort, n'avait pu résister à l'épreuve de l'absence. Il s'en dédommageait avec une petite actrice, que les bienséances de son état ne lui permettaient pas de voir chez elle, et qu'il trouvait le soir à cette auberge, dont le maître avait l'honneur d'être huissier, et était, par conséquent, le très-humble serviteur de tous les membres du parlement.

Celui-ci n'avait d'abord su que répondre aux reproches de sa belle : il était pris sur le fait. Il jugea pourtant qu'elle aimerait mieux pardonner une peccadille, que renoncer au traitement qu'il lui faisait, et il voulut à son tour prendre un certain ton. La dame éleva la voix de manière à lui faire craindre que l'explication ne donnât une scène aux gens de la maison, et même aux passans. Un soufflet, appliqué avec dignité, par l'amante trahie, à la déité nouvelle à laquelle le perfide rendait hommage, ajouta aux craintes du président, et le disposa à acheter la paix. « Ma bonne, ma toute bonne, mille écus ne peuvent-ils pas... — Hé! monsieur, c'est bien d'argent qu'il s'agit! » Et elle fait voler la perruque magistrale au plafond. La perruque retombe sur un lustre qui portait six bougies, et le feu la consume en un instant. Le président, coiffé en enfant de chœur, le président désolé tombe à genoux. « Ma bonne, ma toute bonne, cinq mille francs, six mille francs... » Voilà où on en était lorsque le recruteur parut.

« Ah! faquin, vous interrompez le repos d'hon-
« nêtes voyageurs, et vous insultez des femmes!
« — Au contraire, monsieur l'officier, madame a
« souffleté mademoiselle, et a brûlé ma perruque.
« — Madame a sans doute eu ses raisons. Allons,
« qu'on l'apaise, et que tout cela finisse — Hé!
« je ne demande pas mieux, monsieur l'officier.
« J'offre six mille francs... — Et madame les re-
« fuse? c'est n'être pas raisonnable. — Je les re-
« fuse, monsieur l'officier, parce que l'argent ne
« guérit pas les plaies de l'ame, et que... — Il
« guérit tout, madame. Terminons. Que monsieur

« compte ses espèces, et vous me direz après de
« quoi il s'agit. Ah! je vois ce que c'est. Vous
« êtes son épouse, sans doute; vous le surprenez
« avec ces donzelles; il vous fait des offres qui
« apaiseraient une femme plus jeune et plus jo-
« lie que vous, et vous êtes récalcitrante ! Cor-
« bleu!... » La marchande allait sérieusement se
fâcher de ce compliment saugrenu, si elle n'eût
réfléchi à l'instant qu'il éloignait toute idée de
collusion. « Allons, décidez-vous, madame, reprit
« l'officier. Empochez vos six mille francs, et sor-
« tez tous : je veux dormir.

« — Mais, monsieur, je n'ai pas la somme sur
« moi. — Faites votre billet, payable demain à
« heure fixe. » Vous remarquerez qu'alors l'usage
très-utile du papier marqué n'était pas aussi étendu
qu'aujourd'hui.

Le président fait ce qu'on exige de lui, et il
observe avec timidité qu'il est sans perruque, et
que la nuit n'est pas assez avancée pour qu'il se
hasarde à se retirer ainsi.

« J'arrangerai tout, dit le recruteur, quand
« ces demoiselles seront parties. Vous avez bien
« soupé, mes petites princesses, je le vois; allez
« vous dégriser ailleurs. » Les petites princesses,
fort aises de se retirer de cette bagarre, ne se
font pas répéter l'invitation.

Le recruteur s'approche alternativement du
président et de son compagnon, qui se tenait si-
lencieusement à l'écart, à demi-caché dans une

large et profonde bergère. Il les regarde sous le nez... « Hé ! mais, que je me rappelle... Hé ! oui, « ce sont eux. Vous avez servi, messieurs ? — Ja- « mais, monsieur. Je suis depuis trente ans pré- « sident au parlement. — Et moi, conseiller-clerc. « — Chansons, messieurs, chansons : je vous « remets à merveille. Vous êtes déserteurs des « dragons de Schomberg. — Je vous proteste, « monsieur... — Un président, un conseiller ! « c'est bien dans le corps respectable du parle- « ment qu'il se trouve des libertins à parties de « filles ! Qu'on marche, et qu'on me suive en « prison. — Je vous jure, monsieur, que vous « vous trompez, et que... — Si je me trompe, je « vous relâcherai demain. — Et pensez-vous à « l'esclandre abominable ?... — Et que m'importe « à moi ? — Un président sans perruque, un con- « seiller-clerc trouvés avec des filles ! — Ce sont « vos affaires. — Celle-ci nous perdra de réputa- « tion. — Je m'en moque. — Ne peut-elle pas s'ar- « ranger avec de l'argent ? — Je suis sourd. — « Cinquante louis ? — Je suis sourd, vous dis-je. « — Quatre mille francs ? — En prison. — Cinq ? « — Marchez. — Dix ? — Faites vos effets.

« Nous espérons au moins, monsieur, dirent, « en écrivant, le président et son conseiller, que « notre acquiescement à vos volontés nous tirera « de vos mains ? — Soyez tranquilles, messieurs, « je suis homme d'honneur. — Mais, encore une « fois, comment sortir d'ici sans perruque ? — Je

« vais vous habiller en dragon, et personne ne
« vous regardera sous le nez. Vous donnerez le
« bras à madame, et si vos domestiques jugent
« qu'elle introduit furtivement un galant, le pis-
« aller sera de passer pour ce que vous êtes peut-
« être, et ce que sont tant de gens qui valent
« mieux que vous. »

Le recruteur reçoit les lettres de change, et retourne chez lui prendre un uniforme complet.

Une demi-heure s'était écoulée, et le calme profond qui régnait dans l'auberge avait dissipé la frayeur de l'abbé. Il est un âge où on a le don des miracles, et la chaleur du lit, et la fraîcheur des formes de Louison, et le charme de la variété, tout concourait à amener des effets dont le recruteur, en rentrant, resta stupéfait.

« Ventrebleu, l'abbé, nous sommes convenus
« de mettre nos biens en communauté; mais il
« n'est pas arrêté qu'elle s'étendrait jusqu'aux
« femmes : vous êtes un fripon. — Monsieur l'of-
« ficier, je dormais. — Ah! vous êtes somnam-
« bule? Allez, monsieur le drôle, allez dans votre
« chambre, où je vais vous enfermer à clef. Vous
« êtes bien heureux d'avoir notre secret : je vous
« mettrais dans l'impossibilité de jamais cocufier
« personne. Et vous, mademoiselle, que direz-
« vous pour votre défense? — Mon cher Belle-
« Pointe, si on n'a pas arrêté la communauté des
« hommes, on ne se l'est pas interdite, et j'avais
« une furieuse envie de savoir ce que vaut un

« abbé. — Voilà de la franchise, au moins. Mais,
« ma belle, vous allez solennellement renoncer à
« l'église, ou par la mort... — Mon ami, ce n'é-
« tait qu'un mouvement de curiosité. Ces gens-là
« ont plus de réputation que de mérite, et ma foi,
« vivent les dragons! — Je te pardonne, mon
« cœur. Aussi bien ne faut-il pas qu'une querelle
« de ménage nuise aux affaire essentielles. »

Monsieur Belle-Pointe prend l'accoutrement militaire, enferme le petit abbé, et retourne chez le président. Il le déshabille en un tour de main, et le fait entrer de force dans un habit trop long d'un pied, et trop étroit de six pouces. Il lui enfonce un chapeau bordé sur les yeux, lui met un sabre au côté, et lui souhaite le bonsoir. Le président, suffoqué dans son habit, roide comme un pieux, inhabile à remuer les bras, se laisse conduire par sa fidèle marchande, et le conseiller-clerc ferme la marche.

Belle-Pointe a grand soin de s'emparer de l'habit noir, qui servira à prouver le délit, dans le cas où ses magistrats penseraient le lendemain à lui contester sa créance, ce à quoi ils ne pensaient guère, et il retourne près de mademoiselle Louison, sceller la paix et soutenir la réputation de son corps.

Le conseiller-clerc s'en alla tout bonnement chez lui. Mais vous sentez que le président ne pouvait rentrer à son hôtel dans le grotesque équipage où il était. Il suivit sa maîtresse, chez qui il avait une portion de garde-robe, et surtout des perruques, pour remplacer celle du jour, qui était communément décoiffée.

Un souper poussé un peu loin, et des préliminaires très-piquans avec son actrice, devaient tourner au profit de la marchande. Elle marqua toute la vivacité que devaient faire attendre un raccommodement et une abstinence de quinze jours : il est des femmes infatigables.

CHAPITRE VII.

Départ de Rouen.

Notre pauvre Robert paraît irrévocablement lié à une troupe de fripons, qui doivent en peu de temps lui communiquer des vices, et qui ne lui donneront pas l'exemple d'une vertu. La Providence, ou sa bonne étoile, ne le tireront-elles pas de leurs mains ? Les étoiles ne se mêlent pas de nos affaires, et la Providence...

De moment en moment le petit fugitif se croyait plus heureux. Rien à faire ; aller et venir à volonté ; n'avoir d'autre obligation que de se trouver aux heures des repas, obligation à laquelle nous soumet facilement un bon appétit ; bonne chère, bon vin ; quelques caresses de mademoiselle Louison : avec cela, un paresseux gourmand peut supporter la vie.

Le recruteur ne perdit pas un moment, et partout il trouva des facilités. La ville de Rouen a sa friperie, qui ne vaut pas celle de Paris, mais où on peut cependant se donner à bon compte une tournure d'honnête homme, et c'est par là que Belle-Pointe commença. Il se rendit ensuite chez le conseiller et le président, auxquels il fit valoir le soin qu'il avait pris de se mettre décemment, pour qu'on ne soupçonnât point leurs relations avec des recruteurs. Ces messieurs balbutièrent une espèce de remercîment, et comptèrent les espèces en faisant la grimace.

Belle-Pointe, qui était plaisant parfois, leur fit observer, en mettant leur or dans sa poche, que lorsqu'on doit l'exemple de la décence, et qu'on veut être libertin, il faut s'attendre à certains accidens qui tournent toujours au profit de ceux qui n'ont rien à perdre. Le président et le conseiller eussent payé le double pour le petit plaisir de faire pendre l'observateur; mais ils n'avaient pour eux que le fond, la forme leur manquait, et alors, comme aujourd'hui, la forme emportait le fond.

Madame du Rézeau, très-sûre que de quatre jours son président n'aurait de velléités, avait commencé par écarter les témoins, au moyen d'une sotte querelle intentée à ses filles de boutique. Celles-ci, assez jolies pour compter sur la Providence, qui se composait pour elles des officiers de la garnison et des clercs de procureurs, avaient fait aussitôt leur malle dans un mouchoir, et étaient parties gaîment, persuadées que jamais elles ne pourraient manquer de rien.

Belle-Pointe, maître du terrain, fondit dans la boutique, à la tête d'une douzaine d'escrocs et de coquines qui n'avaient pas précisément mérité la corde, mais qui étaient dignes d'être admis à l'intimité d'un recruteur.

Il leur parla en ces termes : « Canailles, je vous
« ai souvent fait faire de bonnes affaires, parce
« que vous m'en avez avez procuré d'excellentes.
« Ce qu'il y a ici vous convient à tous ; mais je
« suis l'ami de madame, j'entends que vous vous
« comportiez en honnête gens, et vous paierez
« les choses les deux tiers de ce qu'elles valent.
« Mesdemoiselles, qui avez des bonnets sales et
« des rubans reteints, vous les changerez contre
« du neuf. Toi, qui as gagné, il y a huit jours,
« cent cinquante louis à un nigaud, et qui ne
« possèdes qu'un habit assez propre, tu prendras
« le lit, la commode, les deux glaces, et les six
« chaises d'acajou. Toi, qui, pour faire mourir de
« faim les malheureux à qui tu prêtes sur gages,
« es intéressé à donner à ton taudis un extérieur
« décent, tu prendras ces rideaux de taffetas, ce
« secrétaire, cette ottomane, ces fauteuils et le
« linge de lit et de table. Toi, qui vis aux dé-
« pens des enfans de famille, que tu mènes à grands
« pas à Saint-Yon ou à Bicêtre, et qui dois finir
« au moins par les galères, tu prendras ces habits

« noirs et ces perruques, dont tu n'as que faire,
« j'en conviens ; mais je le veux ainsi.

Je vais fixer le prix de tous ces objets.

« Mais, monsieur Belle-Pointe, dit le prêteur
« sur gages, il est clair que madame médite une
« banqueroute frauduleuse, ou une fugue, et,
« en pareil cas, vous savez qu'il n'est pas d'usage
« de payer les choses... — *L'usage est fait pour le*
« *mépris du sage.* Paix, faquin ! Qu'on lise les
« étiquettes que je mets à chaque objet, qu'on
« paie, et qu'on vienne enlever ce soir, deux
« heures après le coucher du soleil.—Mais, mon-
« sieur Belle-Pointe...—Aimez-vous mieux que
« j'aille vous dénoncer à la police? Vous savez
« qu'elle a des bontés pour moi, depuis l'aven-
« ture de cet inspecteur que j'ai fait boire pour
« l'enrôler, et le rendre gratuitement à son chef. »

Cette menace fit trembler l'auditoire, sur lequel Belle-Pointe exerça dès ce moment un empire absolu.

L'argent palpé, les acquéreurs sortis, Belle-Pointe ferma la porte, et emmena madame du Rézeau à l'auberge, sans s'inquiéter de quelle manière ils se mettraient en possession du mobilier acheté. Un fripon n'est fidèle à ses semblables qu'autant qu'il en a encore besoin, et Belle-Pointe comptait sortir de Rouen dans deux heures, et n'y rentrer jamais. Il ne restait plus, en effet, qu'une voiture à louer, et l'abbé à travestir.

Le bon vin donne des idés heureuses. Belle-Pointe pensa, en déjeûnant, que l'abbé venant d'Étampes, pour entrer au séminaire de Rouen, n'était connu de personne en Normandie; que son habit et son petit air modeste donneraient une sorte de considération à la troupe; qu'il faudrait même l'*enfroquer*, s'il ne l'était pas; que de Rouen au Hâvre, il serait... le jour, le neveu de madame du Rézeau, qui jouerait la retenue et la dévotion... autant qu'elle le pourrait.

Après ces derniers arrangemens, Belle-Pointe fit, en présence des sociétaires, l'agréable récapitulation des fonds de la société.

Environ 23,000 livres, provenans de M. d'Estival, ci..............	23,000 liv.
Escroqué au président par madame du Rézeau, 6,000 livres, ci...	6,000
Escroqué, par lui Belle-Pointe, au président et au conseiller-clerc, 10,000 livres, ci.................	10,000
Escroqué à des escrocs, par vente de mobilier, 3,000 livres, ci......	3,000
Total...	42,000 liv.

Tous les membres de la société se réjouirent à l'aspect de cette somme très-rondelette, et qui ne leur coûtait pas cher, et tous sentirent qu'il n'y avait pas de temps à perdre pour suivre leurs projets, parce qu'enfin monsieur d'Estival pourrait faire quelque nouvelle tentative, les membres du parlement essayer quelque coup de dessous, et les acquéreurs du mobilier s'étonner de voir la maison de madame du Rézeau fermée. Belle-Pointe, qui avait tout mené, était de tous celui qui risquait le moins, parce que son régiment était à Besançon, qu'il était son maître à Rouen, et que la police de ce temps-là fermait les yeux sur certains tours de passe-passe des recruteurs qui avaient l'adresse de procurer de beaux hommes au roi.

Convaincu cependant de la nécessité de disparaître avec ceux auxquels l'attachaient l'intérêt et l'amour, Belle-Pointe alla sur-le-champ s'arranger avec un loueur de carrosses, de chez qui il revint dans une bonne berline tirée par deux vigoureux chevaux.

La vache reçut les effets de corps de la société, qui ne ressemblaient pas mal à ceux d'une troupe de comédiens ambulans. Une épée et des rabats, des dentelles et des souliers, des chapeaux à plumes et des chemises sales : il ne manquait qu'un singe et un perroquet.

On allait monter en voiture avec la sécurité de gens qui comptent maîtriser la fortune ; mais ici devait commencer le chapitre des accidens : celui-là est long pour bien du monde.

Le père de notre petit abbé n'avait pas préféré sans raison le séminaire de Rouen à celui de St.-Sulpice. Le supérieur des Lazaristes de Rouen était son frère, et il y avait lieu d'espérer qu'il surveillerait la conduite du jeune homme, et qu'il pousserait ses études avec plus de soins que ne lui en eût vraisemblablement accordé un étranger

Le papa avait conduit, jusqu'à Paris, l'enfant précieux destiné à être un jour l'un des flambeaux de la sainte église ; il l'avait mis dans la diligence, après lui avoir donné sa bénédiction, et lui avoir recommandé d'avoir toujours devant lui la crainte de Dieu.

L'enfant avait promis tout ce que le papa demandait, et en eût tenu quelque chose, si le diable, sous la figure de madame du Rézeau, n'eût combattu la grace suffisante qui finit par ne pas suffire.

La diligence partie, une larme paternelle furtivement essuyée, le cher père avait pensé qu'il ferait bien de prévenir son cher frère de l'arrivée de son cher fils, et il avait pris chez le premier épicier la feuille de papier à lettre et le pain à cacheter. Il était entré au premier café, où il avait écrit longuement, en prenant un petit verre.

L'épître avait été jetée dans la boîte, précisément une demi-heure après l'expédition des paquets, ce qui fit que le cher oncle ne l'avait reçue que vingt-quatre heures après l'arrivée du cher neveu.

Le Lazariste était un bon homme, qui ne s'entendait qu'à mener son séminaire, qui le menait bien, qui sortait peu, et qui, hors de son enceinte, ressemblait assez à un voyageur égaré dans un bois.

Il était allé aux diligences, et, la lettre de son frère à la main, il avait demandé son neveu, comme il eût réclamé une somme expédiée par la poste. On lui avait répondu qu'on ne trouvait pas les voyageurs à bureau restant ; que tel nom était effectivement porté sur la feuille ; mais que l'individu et sa valise n'étaient plus au bureau. Le cher oncle s'inquiète ; il ne comprend pas comment son neveu, très-simple et très-pur, à ce que disait son père, ne s'est pas fait conduire au séminaire, et il se décide à le chercher dans les auberges, dans les cafés, dans les bouchons.

Après mille et une courses, et autant d'informations inutiles, le bonhomme entra enfin dans la cour de notre auberge, devant laquelle il était passé dix fois, ne supposant pas qu'un enfant, qui n'avait d'argent que ce qu'il lui en fallait pour se conduire, pût s'être logé dans une maison d'une telle apparence.

Les premiers objets qu'il aperçoit, près de la berline, sont deux femmes très-éveillées, très-jolies, et il baisse les yeux. Il les relève cependant, parce qu'il sait que les yeux baissés, on ne trouve que des épingles. Les siens se portent sur un jeune homme de bonne mine, qu'il va aborder et questionner, le dos courbé et le chapeau à la main, lorsqu'il voit à quatre pas l'amour en cheveux ronds et en petit collet. Il appelle l'abbé par son nom ; l'abbé se tourne, et frémit en reconnaissant l'uniforme de Saint-Lazare.

Le jeune homme de bonne mine était M. Belle-Pointe, qui n'avait rien perdu de cette scène préliminaire, et qui prévit aussitôt quel dénouement elle pouvait amener. Il prit le cher oncle à part.

« Monsieur, j'ai mangé ici à table d'hôte avec
« ce petit abbé, qui paraît vous intéresser, qui
« n'a pas de vices, et qui n'est retenu ici que par
« les attraits de cette dame, que vous voyez là-
« bas, que je crois très-sage, et qui n'en est que
« plus dangereuse pour ce jeune homme. Il nous
« a confié qu'il devait entrer au séminaire de
« cette ville, dont son oncle est supérieur. — Cet
« oncle, monsieur, c'est moi. — Moi, monsieur,
« je suis notaire apostolique, et je ne néglige au-
« cune occasion d'être utile au clergé. J'allais vous
« trouver et vous instruire de ce qui se passe.
« Vous voilà : entendons-nous sur les moyens de
« ramener votre neveu à la résipiscence. — Mais,
« monsieur, rien ne me paraît plus simple. Je
« vais me nommer, lui ordonner de me suivre,
« et lui infliger une pénitence de huit jours, pour
« avoir levé un œil profane sur madame. — Non,
« monsieur, non, ce n'est pas cela qu'il faut faire.
« La tête de votre neveu est montée. Il pourrait
« joindre à des torts, jusqu'ici assez légers, le
« tort plus grave de la désobéissance ; et quelles
« seraient vos ressources, si votre autorité était

XIII. 5

« méconnue?—Vous avez raison.—Retirez-vous.
« Je vais lui proposer une promenade... — Mais,
« monsieur...—Retirez-vous. Il ne connaît pas la
« ville... — Mais, monsieur...—Retirez-vous. Je le
« conduirai au séminaire ; j'y entrerai sous un pré-
« texte quelconque ; il me suivra, je le consignerai
« au portier; vous paraîtrez ; une remontrance
« douce, et l'absence de l'objet aimé feront le reste.
« —Ah! monsieur, que de remercîmens!...—Vous
« ne m'en devez aucun, je vous assure. J'ai un
« fils, monsieur, qui dans quelques années,
« peut-être, aura besoin, à son tour, d'un ami
« sage et prudent...—Vous le destinez à l'église?
« —C'est, je crois, l'etat le plus parfait.—Avec
« quel plaisir je vous rendrais ce que vous faites
« aujourd'hui pour moi!— Retirez-vous donc ;
« n'ayons pas l'air d'intelligence.—Je me retire,
« monsieur, et je vais vous attendre. »

Va-t-en voir s'ils viennent, Jean !

Belle-Pointe saute sur une roue; il ouvre la vache; il prend au hasard une robe, un bonnet et des souliers de femme : « Louison, l'abbé, sui-
« vez-moi : il n'y a pas un instant à perdre. »

Il remonte avec eux dans sa chambre. « Ma-
« demoiselle, faites-moi, en deux tours de main,
« une jolie fille de ce beau garçon-là. » On jette la calotte dans un coin, le rabat dans un autre, le manteau et l'habit au feu. On détache les épingles noires; on transforme la couronne de cheveux en chignon; on couvre le fer-à-cheval du

bonnet, un peu de travers, mais qu'importe?
L'abbé s'enfile dans la robe; Louison chausse un
pied, Belle-Pointe l'autre. Il les prend tous deux,
il les pousse devant lui jusque dans la voiture;
madame du Rézeau s'élance; le recruteur la suit,
la portière se ferme. Les voilà partis.

CHAPITRE VIII.

Jusqu'où iront-ils ?

Après le plaisir de manger l'argent des dupes
qu'on a faites, le plus piquant est de s'en moquer, pour d'honnêtes gens comme ceux qui
roulaient dans la berline. Aussi Louison, Belle-
Pointe et madame du Rézeau ne cessaient de
rire, et de M. d'Estival et de sa pacifique épée,
et du président et de sa perruque, et du conseiller-
clerc et de sa continence, et des petites actrices
houspillées et non payées, et des coquins qui
avaient acheté des meubles dont probablement
ils n'auraient jamais rien, et du lazariste qui
attendait son neveu au séminaire. Les éclats de
rire n'étaient interrompus que par des baisers
donnés par Belle-Pointe à Louison, et par madame du Rézeau à son abbé, qui ne les recevait plus avec la même sensualité, depuis que
Louison la curieuse avait bien voulu lui servir
d'objet de comparaison. Robert riait quand il
voyait rire, et il eût volontiers baisé, s'il eût eu
sa baiseuse, car son entendement se perfection-

naît d'heure en heure, et puis nous apportons en naissant certain je ne sais quoi, que les bonnes gens appellent péché originel, dont on nous purge, pour un petit écu et des dragées, avec un peu d'eau et un grain de sel, qui n'empêchent pas le péché originel de devenir mortel, et de se multiplier à l'infini, jusqu'à ce que nous devenions saints par l'impuissance de pécher.

En riant, et en baisant, la troupe joyeuse arriva dans la capitale d'un ancien royaume, bien supérieur à l'empire des Assyriens, car Babylone est perdue sous les ronces, et Ivetot est plus florissant que jamais.

Je sais que l'histoire ne place aucun roi d'Ivetot à côté de Sémiramis; je ne sais même si elle nous a transmis le nom d'un de ces illustres souverains; mais je sais qu'un village debout, vaut mieux que cent villes ruinées.

Nos voyageurs ne se souciaient pas de s'arrêter dans cette ville, qui n'offre à l'étranger aucun monument digne de sa renommée. Ils avaient d'ailleurs, pour suivre leur route, de bonnes raisons, détaillées dans le chapitre précédent.

Leur cocher avait les siennes pour arrêter. Ses chevaux et lui avaient besoin de dîner, et partout on est soumis aux fantaisies d'un cocher de louage, qui trotte, ou va le pas, qui descend pour monter une côte, ou s'arrête pour pour boire le petit coup. On crie, on tempête, il n'entend rien. A une demi-lieue des barrières, il est absolu comme un capitaine de vaisseau au sortir de la rade. Il n'y a de différence que dans les formes, et on sait bon gré au cocher qui veut bien mettre dans les siennes un peu d'aménité.

Il fallut donc dîner à Ivetot, et on dîna si bien, qu'il était très-tard lorsqu'on arriva à Bolbec.

Il eût été fort agréable d'entrer au Hâvre la nuit, de n'être remarqué de personne, de vaquer le lendemain à ses affaires, comme si on eût été dans la ville depuis trois mois; mais l'intraitable cocher prétendit que ses chevaux ne pouvaient aller plus loin.

On arrangea le coucher comme la veille, à cette différence près, que l'abbé avait eu, pour la forme, son cabinet particulier, et que madame du Rézeau venait tout simplement de se faire donner un lit pour elle et sa nièce, parce qu'elle avait peur. La nièce avait regardé, en soupirant, Louison qui se retirait avec Belle-Pointe; mais à dix-huit ans l'objet présent est toujours préféré, et la tante en fit la douce expérience. Du reste, pas d'évènemens jusqu'au lendemain, que ceux que vous pouvez prévoir, et dont une plume chaste ne parle jamais.

Il était environ midi lorsqu'on arriva au Hâvre. C'est l'heure où les oisifs et les curieux courent les rues d'une ville tumultueuse et bruyante. L'auberge où s'arrêta la berline était sur le quai. Elle fut aussitôt entourée d'une race d'hommes qu'on trouve partout, et qu'à Paris on nomme *des badauds*. Belle-Pointe sentit la nécessité d'inspirer de la considération, pour éviter les questions dangereuses et le bavardage. Il savait que l'admiration exclut le raisonnement, et voilà pourquoi on admirait, en 1734, des gens qui n'eussent pas soutenu l'examen de la raison. Notre déserteur n'avait pas oublié qu'un petit abbé, prêt à monter en voiture à Rouen, avait été remplacé par une demoiselle tombée des nues, et, pour prévenir une indiscrétion, il paya au cocher le double du prix convenu, à condition qu'il sortirait à l'instant même de la ville. Il jeta une poignée de monnaie blanche à quelques gueux qui le serraient de près, et qui l'appelèrent *monseigneur*. Il demanda le bel appartement, et commanda un grand dîner. Il monta l'escalier, les épaules élevées, l'air dédaigneux, questionnant sans cesse, et n'attendant pas la réponse. Les observateurs se retirèrent, persuadés que les arrivans étaient des personnages d'importance, et les égards de l'hôtelier furent en proportion de la dépense qu'on annonçait devoir faire. Tout était prévu, tout allait de suite; que pensez-vous qu'on eût à craindre?

A l'un des balcons qui donnaient sur le port, était un chef d'escadre, nommé capitaine général de la Martinique et des îles voisines. Il n'attendait qu'un vent favorable pour s'embarquer à bord de la frégate la Minerve, qu'on avait frétée au Hâvre pour le porter à son nouveau gouvernement.

Il était difficile à nos aventuriers d'en imposer à un homme qui tenait à la première noblesse, et qui avait le ton le plus distingué. La grandeur un peu gauche de M. Belle-Pointe, l'air assez bourgeois des dames, quelques tournures de phrases qui n'annonçaient pas une éducation soignée, une voiture de louage enfin, ne s'accordaient pas avec les prétentions qu'affichait la petite société.

Cependant, comme la beauté exerce partout un empire indépendant du rang, M. d'Estouville avait lorgné la petite nièce, qui descendait de voiture, et qui lui avait paru assez bien pour qu'il s'empressât de passer à une croisée qui ouvrait sur la cour.

Ce second examen fut plus favorable encore à la prétendue demoiselle, et messieurs les marins ne connaissent guère de l'amour que la jouissance. La rapidité de leurs courses, l'incertitude du lendemain, leur font dédaigner ces préliminaires si séduisans pour nous, habitans des cités, et qui pourtant ne sont pas d'une nécessité indispensable. M. d'Estouville, qui pouvait s'embarquer le soir, le jour même, crut n'avoir pas de temps à perdre, et pouvoir brusquer l'aventure avec des femmes qu'il jugeait d'une condition très-inférieure à la sienne.

En conséquence, il envoya son valet-de-chambre saluer de sa part les dames, et leur demander la permission de se présenter chez elles.

Il était difficile qu'elles se refusassent à l'honneur que voulait leur faire un officier-général, cordon rouge, gouverneur de quatre à cinq colonies, et le valet-de-chambre n'avait oublié aucune qualité.

M. d'Estouville entra avec l'aisance et les graces d'un homme de cour, et il se plaça près de la petite nièce, dont la toilette avait été calculée à l'effet, d'abord à Ivetot, et perfectionnée à Bolbec.

On se rappelle combien nos seigneurs étaient aimables, quand ils voulaient plaire, et avec quelle adresse ils faisaient passer une proposition impertinente. Après un quart d'heure de conversation, la petite savait que le chef d'escadre voulait coucher avec elle, et madame du Rézeau, qu'il comptait sur sa complaisance, quoiqu'il n'eût rien dit de tout cela.

.. Oh! si le petit abbé eût été réellement une nièce !... Madame du Rézeau n'était cruelle, ni pour elle, ni pour les autres; mais dans l'impuissance où elle était de favoriser les vœux de M. d'Estouville, elle crut n'avoir rien de mieux à faire que de jouer la matrone vigilante et pudique, et elle sauta à cheval sur sa vertu. M. d'Estouville rit, plaisanta, persifla, en donnant à entendre qu'il ne tenait pas à cent louis, ni à une fort belle bague qu'il portait au doigt. Oh! si ses vœux avaient pu se tourner vers la tante, comme il eût été pris au mot ! c'est une réflexion que faisait madame du Rézeau; et elle soupirait, en jouant tant bien que mal l'indignation, et en priant, d'une manière assez crue, le cordon rouge de se retirer.

M. d'Estouville, à travers les propos, les gestes, les mines, avait cru entrevoir du manége. Il jugea, en sortant, ou que ses offres avaient paru modiques, ou qu'on voulait lui donner une certaine idée de soi, en différant sa victoire. Dans l'un ou l'autre cas, le succès ne lui paraissait pas douteux; mais il fallait se hâter de vaincre, et il se consultait avec son valet-de-chambre, homme aussi utile qu'intelligent, lorsque le vent changea.

Le limier trouva très-plaisant de frustrer la tante des honoraires sur lesquels elle comptait peut-être déja, et de faire passer la bague à la petite. Il conseilla à son maître d'écrire aux dames un billet qui exprimerait le regret qu'il avait de les avoir mal jugées, le plus vif désir de réparer ses torts, et l'invitation de venir lui en accorder le pardon à un dîner qu'il donnait en rade à madame l'intendante, et au corps des officiers de la marine.

Les fripons ne se défient guère que de la justice, dont les membres vivent de procès et de pendaisons. Ils se croient fort au-dessus des autres hommes, qu'ils dupent si facilement! ainsi nul soupçon des menées du valet-de-chambre, et le moyen de ne pas saisir l'occasion de jouer une fois en sa vie la femme comme il faut, et de refuser de dîner avec madame l'intendante de la marine, et la première noblesse de France? Belle-Pointe, d'ailleurs, compta tirer un grand parti de cette circonstance. Il résolut de sortir le soir du port, avec son argent, sous le prétexte d'aller prendre sa femme à bord de la Minerve, et de composer ensuite, l'épée à la main, avec le patron de la barque, lorsque les dames y seraient descendues.

On répondit donc au billet par un autre, sans orthographe, qu'on oubliait volontiers un écart fait sans réflexion, que partout on rencontrerait avec plaisir monsieur le chef d'escadre, rendu à la décence et à la raison, et qu'on avait l'honneur d'accepter l'invitation.

La tournure du billet convainquit monsieur le gouverneur qu'il ne s'était pas trompé dans ses conjectures, et qu'il n'enlèverait qu'une grisette, peccadille que pouvait alors commettre un homme comme lui avec impunité.

Pendant les allées, les venues, les dissertations, les toilettes, la marée montait, et le capitaine de la Minerve faisait mettre sous voiles. On tira le coup de canon de départ, et le chef d'escadre fut offrir la main aux dames.

Il fallait voir madame du Rézeau se rengorgeant au bras de M. d'Estouville, qui donnait l'autre à la nièce, à qui il pressait amoureusement le bout des doigts; il fallait voir Louison, souriant de l'air le plus gracieux aux sornettes que lui débitait monsieur le secrétaire; il fallait voir l'embarras et la rougeur de l'abbé, qui ne savait que répondre aux petits mots et aux tendres œillades qu'on lui adressait.

Le valet-de-chambre avait pris les devants, et lorsque l'officier-général et ses dames furent passés sur la frégate, on démarra, et on sortit du port à pleines voiles. Le temps était superbe. On devait, après le dîner, mettre en panne et pêcher, en jouissant de la vue pittoresque des côtes du Hâvre et de Honfleur. Madame l'intendante se récriait sur les agrémens que promettait cette soirée; elle protestait que le chef d'escadre était un homme divin; elle proposait de terminer la fête par un bal gai et sans prétention, qu'elle donnerait à l'intendance. Le corps des officiers de la marine, composé de ceux qui montaient la frégate, était instruit par le valet-de-chambre. Empressés de faire leur cour au chef, ces messieurs se prêtaient à cette comédie, et contribuaient, par la plus aimable politesse, à tourner la tête à nos friponnes et à écarter le soupçon. Enfin on se rendit à la chambre du conseil, où un dîner somptueux était effectivement servi.

La bonne chère, une pointe de vin, les fumées de l'amour-propre, faisaient oublier à nos dames la traversée d'Angleterre. La marchande de modes, qu'on cajolait moins que Louison, fit enfin un retour sur elle-même, et s'avisa de penser aux affaires essentielles. Elle jugea que l'heure à laquelle Belle-Pointe et sa barque devaient paraître, était peut-être écoulée. Elle réfléchit que le coquin pouvait saisir l'occasion de s'approprier les fonds communs. Ce que c'est que se bien connaître ! La dame frémit, pâlit, et sa pâleur lui fournit le prétexte d'aller sur le gaillard respirer le grand air. Dès ce moment chacun jeta son masque.

Il était inutile de feindre davantage, puisque l'éloignement des côtes dévoilait un projet quelconque, qu'il fallait finir par déclarer. Or, qu'importait une heure de plus ou de moins? Madame du Rézeau, instruite, jetait les hauts cris, et messieurs de la marine lui riaient au nez. Louison accourut, écouta et tempêta. Elle était jolie ; on l'embrassa, en lui claquant... non, les deux joues. L'abbé voulut suivre ses compagnes. On lui montra la chambre qui lui était destinée ; on le pria d'y entrer, et on l'y enferma. Il collait ses lèvres vermeilles au trou de la serrure. Il disait, en pleurant : « Vous vous trompez, monsieur le mar« quis ; je ne suis pas ce que vous pensez. — Si « fait, si fait, ma petite, je juge de la nièce par « la tante. Nous nous reverrons ce soir, et pas de « simagrées, je ne les aime pas. » L'abbé continuait de parler, et monsieur le gouverneur s'était tourné vers madame l'intendante, qui chantait, en vidant un grand verre de rhum, et en jurant qu'elle ferait volontiers le voyage des deux Indes. M. d'Estouville lui mit un louis dans la main, lui dit qu'on n'avait plus besoin de ses services, et qu'on la descendrait à Dive avec les tapageuses de là-haut.

Il était égal à madame l'intendante d'être à Dive ou ailleurs. C'était une vertu, usée par messieurs les gardes de la marine, qui se trouvait bien partout où il y avait des hommes et de l'argent. Louison et la du Rézeau pensaient un peu comme cela. Mais les quarante-deux mille francs! une fortune toute faite! Retrouveraient-elles Belle-Pointe, ne le retrouveraient-elles pas? Quel fonds inépuisable de conjectures!

M. d'Estouville, qui les avait jugées, mais qui n'était pas au courant de leurs affaires, ne pensa point à renouveler l'offre des cent louis, si fièrement rejetés, et qui pourtant seraient venus fort à propos. Il fit mettre le canot à la mer, et il pria très-sèchement les dames de s'y laisser porter.

Des vociférations, des juremens, des égratignures, et pas un mot de cette nièce, à laquelle on prenait tant d'intérêt quelques heures auparavant, telle fut la dernière scène que donnèrent madame du Rézeau et Louison. Madame l'intendante riait et chantait, et nos trois belles, riant, chantant, pestant, jurant, furent débarquées et livrées à leur bonne fortune sur le strand de Dive, d'où le canot s'éloigna à force de rames, pour prévenir certaines explications par-devant le greffier du lieutenant criminel du lieu.

CHAPITRE IX.

*J'ai vu l'impie adoré sur la terre... Je n'ai fait
que passer, il n'était déja plus.*

Nous avons vu Belle-Pointe enchanté de n'être pas d'un dîner qui lui donnait le temps de terminer ses préparatifs, et un prétexte naturel de sortir du port quand cela lui plairait. Il s'était arrangé publiquement avec un pilote du Hâvre, qui devait le conduire à bord de la Minerve pour y prendre et ramener sa femme, qui avait l'honneur de dîner en rade avec les personnes de la ville les plus distinguées.

Cependant la frégate était à peine sortie du port, que l'imagination du recruteur avait été frappée de la facilité et des avantages de s'emparer de la totalité des fonds. Louison lui plaisait beaucoup; mais Belle-Pointe savait faire des sacrifices à la gloire, et qu'y a-t-il de plus beau, que de vaincre ses passions? il pensait d'ailleurs que partout on trouve de jolies femmes, et que rien n'est aussi piquant que la nouveauté. Pour le petit Robert, qui n'était qu'un témoin dangereux de beaucoup de fredaines, il jugea prudent de l'oublier à l'auberge.

La Minerve, qui s'éloignait vent arrière, lui suggéra l'idée heureuse d'ajouter encore à la crédulité générale. Il se mit à courir les quais en levant les yeux au ciel, en faisant semblant de s'arracher, de la main qui ne portait pas sa valise, une ou deux poignées de cheveux, et en criant que monsieur le gouverneur lui enlevait sa femme et deux dames de ses amies. On avait vu passer M. d'Estouville donnant le bras à l'abbé et à madame du Rézeau, et la frégate manœuvrait de manière à justifier les plaintes du recruteur.

Le peuple ne manque jamais de se soulever contre les grands, quand il peut le faire avec impunité, et M. d'Estouville était loin. Belle-Pointe fut bientôt entouré d'une populace qui l'escortait en le plaignant, et en invoquant, contre le chef d'escadre, la justice divine et humaine.

L'attroupement augmentait de minute en minute; les plaintes se convertissaient en menaces; on parlait déja d'incendier les vaisseaux du Roi, si on n'en faisait à l'instant partir un ou deux pour arrêter et ramener la Minerve. Belle-Pointe trembla de ne pouvoir plus partir, lorsqu'il entendit quelques voix désigner l'époux outragé en qualité de chef des insurgés. Il se repentit amèrement d'avoir porté trop loin la vraissemblance.

Le capitaine de port, effrayé de ce mouvement, prit un piquet de la garde, fendit la presse, s'avança vers Belle-Pointe, et lui ordonna de sembarquer à l'instant : il ne demandait pas mieux. Le capitaine savait bien qu'une chaloupe à rames ne joindrait pas la Minerve; mais il savait aussi que lorsque les mutins auraient perdu la barque de vue, ils se disperseraient insensiblement, et ce moyen de rétablir l'ordre lui paraissait préférable à celui des baïonnettes et de la mousqueterie.

Belle-Pointe, toujours se plaignant, se désespérant, descendit dans la chaloupe avec sa valise, que sa douleur lui faisait serrer plus étroitement que jamais.

Le pilote qui le conduisait, pensait comme le capitaine de port, que les trois dames allaient voir le bonhomme Tropique; mais il avait reçu, à l'oreille et en deux mots, l'ordre de rentrer à la nuit, et Belle-Pointe devait, à son retour, recevoir celui de sortir aussitôt de la ville. Vains projets! *Vanitas vanitatum!*

Belle-Pointe, qui n'oubliait rien, s'était muni d'une excellente paire de pistolets à deux coups, et il avait l'épée au côté. A une demi-lieue du port, il tira ses armes de dessous son habit, et il s'exprima ainsi: « Vous êtes cinq et je suis seul;
« mais voilà de quoi en expédier quatre, et mon
« épée me fera raison du cinquième, si vous me
« résistez. Je veux passer en Angleterre : choisis-
« sez, de vingt-cinq louis ou de la mort ! »

L'argument était pressant. De pauvres matelots ne sont jamais sincèrement fâchés qu'on les force, le pistolet sur la gorge, à gagner vingt-cinq louis. Le pilote, sans résistance, et même sans réflexions, mit la barre sur Portsmouth, où il arriva à la pointe du jour suivant.

On était alors en paix avec l'Angleterre, et le

pilote pouvait, là comme en France, réclamer contre la violence qui lui avait été faite. Belle-Pointe, aussi savant dans l'art de pourvoir à sa sûreté que dans celui de faire des dupes, se hâta de payer le prix convenu. Ses louis furent reçus avec autant de satisfaction qu'il les donna, et on se quitta bons amis.

Belle-Pointe, désormais certain de la possession de son trésor, se livra à la joie, et ne pensa plus qu'aux plaisirs. Il employa deux jours à visiter la ville et le port, et il se délassait de ses courses à table, ou dans les bras de ces belles dont la complaisance est la même partout. Ennuyé enfin de la contemplation des vaisseaux, des cordages, des arsenaux, et des jouissances faciles, il loua une chaise de poste qui devait le porter à Londres.

Belle-Pointe connaissait les ressources qu'offrent les grandes villes aux intrigans, et l'intrigant qui peut débuter avec une sorte de magnificence, trouve bientôt les moyens de travailler en grand. Or, Belle-Pointe joignait aux talens que vous lui connaissez déja, ceux de filer très-bien la carte, de piper et d'escamoter le dé.

Il avait déja passé Winchester, en roulant dans sa tête et en nourrissant les plus sublimes projets. Il devait prendre un appartement somptueux et un remise, se faire une riche garde-robe, et il ne se proposait rien moins que de se présenter chez l'ambassadeur de France, sous le nom de

M. de Lusignan. Chez l'ambassadeur il rencontrerait des lords avec lesquels il se lierait insensiblement; il ferait ensuite leur partie; il perdrait pendant deux ou trois jours; il regagnerait le quatrième de quoi couvrir sa perte et payer sa dépense, et il attendrait ainsi quelque grande partie où il finirait sa fortune.

Alors il retournerait en France. Il achèterait vers les Pyrénées, où il était tout-à-fait inconnu, une très-belle terre, dont il serait le seigneur, à la faveur de laquelle il épouserait une riche héritière, qu'il n'aimerait pas, à qui il ferait une pension modique, et dont il mangerait le revenu...

« Hé bien! hé bien! postillon, pourquoi arrêtes-« tu? Veux-tu marcher, maraud! » Le postillon, qui ne savait pas un mot de français, ne répondit rien et resta en place. Les deux portières s'ouvrirent à la fois, et deux messieurs, qui ne parlaient aussi que l'anglais, mais qui savaient parfaitement se faire entendre, se présentèrent à droite et à gauche.

Ces messieurs étaient ce qu'on nomme dans ce pays-là *high-way-men*, et ce que nous appelons en France voleurs de grand chemin.

Le pistolet au poing, ils firent signe au voyageur de descendre. Un soldat français est toujours brave, quelque mauvais sujet qu'il soit d'ailleurs. Belle-Pointe descendit, non pour obtempérer à la notification, mais pour se défendre, et il tira ses pistolets.

Les voleurs anglais sont d'assez bons diables, quand on ne les contrarie pas; mais ils sont dans l'usage de tuer ceux qui font résistance. En conséquence, ils lachèrent à M. de Lusignan deux coups de feu, dont l'un lui cassa une cuisse, et l'autre une épaule. Le voyageur tomba : on tomberait à moins. Pendant qu'il se débattait sur le sable, qu'il teignait de son sang, ces messieurs firent l'inventaire des effets que renfermait la voiture, et ils s'éloignèrent à travers champs, la précieuse valise sur l'épaule.

Le postillon ne savait que faire de son blessé. Il jugea pourtant que le parti le plus court était de le ramener à Winchester, et, à l'aide de quelques charretiers, qui passèrent une heure après, il coucha le Belle-Pointe en travers de la voiture, la tête sortant par une portière, et les jambes par l'autre.

Il fut ainsi ramené au petit pas, et lorsqu'on eut reconnu qu'il ne lui restait pas de quoi payer l'hôte, le chirurgien et l'apothicaire, on le porta à l'hopital.

Deux membres cassés, le sang perdu, une heure écoulée sans aucune espèce de secours, et la douleur causée par les cahots de la voiture, lui avaient donné une fièvre de cheval, qui l'emporta le troisième jour. Ainsi périt, obscurément, ce grand homme, si digne de finir en public.

Cependant madame l'intendante et ses deux compagnes, délaissées, à nuit close, sur le bord de la mer, et ne possédant à elles trois que le louis qu'avait donné M. d'Estouville, sentaient combien leur position était embarrassante. Madame du Rézeau et Louison parlaient de retourner au Hâvre; le louis aurait à peine suffi aux frais de route, et madame l'intendante n'était pas femme à se dépouiller pour des inconnues. Elle n'était pas non plus sans une sorte de sensibilité, et conformité de biens et de maux nous rapprochent promptement. L'intendante consentit à aider les deux autres, à condition que son louis lui en rendrait deux. Cette espèce de sensibilité est ce qu'on appelle, en bon français, de l'égoïsme, et nous en avons tous une nuance plus ou moins foncée.

Il eût été difficile pour une femme vulgaire, de faire deux louis avec rien; mais madame du Rézeau était fertile en expédiens, et voici le nouveau plan qu'elle proposa à ces demoiselles.

« Nous revenons de Sicile, et nous sommes les
« restes d'une troupe de comédiens qui repassait
« de Palerme en France. Le vaisseau qui nous
« portait, battu par la tempête, a péri sur les ré-
« cifs... Sur quels récifs? Y en a-t-il à la rade de
« Dive? — Ma foi, je n'en sais rien. Périssons
« sur un banc de sable : il y en a partout. — Sur
« un banc de sable, soit. Le bâtiment s'entr'ouvre,
« se brise, nous nous sauvons sur une planche,
« et nous voilà. Notre histoire se répand, nous
« intéressons, on nous plaint, on est disposé à

« tout faire en notre faveur. Fières, comme des
« femmes à talens, nous ne voulons rien devoir
« qu'à nous. Nous prenons une grange, une re-
« mise, une écurie, une table, des tréteaux, des
« paravents, et nous jouons la comédie. Sais-tu
« quelque chose, Louison ? — Certainement. Je
« sais le récit de Théramène. — Bon, voilà un
« intermède. Je sais, moi, le second chant de
« la Henriade : ce sera la grande pièce. Et toi,
« madame l'intendante ? — Oh! moi, je sais la
« fameuse ode de Piron... — C'est trop cru, ma
« petite, c'est trop cru. — Aimes-tu mieux le
« conte des *deux Rats ?* — Non, non, cela ne se
« conte pas en public. — Ah! *Tout est bien comme*
« *il est,* romance en vingt-deux couplets. — C'est
« encore un peu leste; mais les petites filles fe-
« ront semblant de n'y rien comprendre, et les
« mamans joueront la distraction. Nous termi-
« nons le spectacle par un *passe-pied* et une *ga-*
« *votte :* voilà qui est arrangé.

« Avant qu'on ait baissé ou tiré le rideau, nous
« avons tourné la tête aux bourgeois de Dive,
« et, sans soins, sans embarras, nous vivons de
« nos ressources ordinaires, jusqu'à ce que nous
« ayons retrouvé Belle-Pointe, si nous devons,
« hélas! le retrouver jamais! Vous voyez, madame
« l'intendante, que vous recouvrez vos déboursés
« à deux cents pour cent d'intérêt.

« Commençons par donner à la fable le co-
« loris de la vérité. Humectons d'eau de mer nos

« robes et nos bonnets. — Autant de flambé, ma-
« man; et avec quoi jouerons-nous la comédie?
« — Avec les effets des dames de Dive. Vous ne
« connaissez pas, ma chère intendante, les avan-
« tages de jolies naufragées. Je vois bien que vous
« n'avez jamais fait naufrage que sous des cour-
« tines. »

Ces dames s'arrosent mutuellement; elles couvrent de vase le coin d'un bas de soie, le quartier d'un soulier vert ou rouge; elles introduisent dans les carcasses des bonnets quelques feuilles de plante marines, et, bras dessus, bras dessous, cherchant leur chemin au milieu des ténèbres, elles aperçoivent enfin la chandelle de madame la présidente de l'élection, dont le jeu n'était pas fini à neuf heures

Ce faible fanal, semblable à l'étoile des trois Rois, sert de guide à nos trois coureuses. Elles entrent à Dive, et s'arrêtent à une auberge qui ressemblait assez encore au lieu où notre Sauveur voulut naître. Il n'y a de différence essentielle que dans le miracle. Ici, tout est simple, naturel.

On soupa très-légèrement, par deux raisons : il fallait jouer la douleur et ménager le louis unique. Madame du Rézeau, qui s'était arrogé le droit de la parole, racontait l'histoire du naufrage, non à l'hôte, mais à l'hôtesse, qui s'attendrit jusqu'aux larmes, et qui s'affligeait plus sincèrement encore que ses commères fussent couchées. Comment attendre jusqu'au lendemain pour leur raconter un évènement aussi extraordinaire ? Elle ne put y tenir, et courut les réveiller : c'est ce que voulait l'orateur.

Louison, de son côté, écrivait à Belle-Pointe. Elle n'aimait, elle ne regrettait que lui ; elle mourrait, si elle n'était bientôt réunie à l'objet de ses plus chères affections. Pas un mot du trésor : l'amour et la cupidité ne s'allient jamais. La friponne savait cela ; mais elle savait aussi que Belle-Pointe et sa valise devaient être inséparables.

On se coucha comme on put, c'est-à-dire assez mal. On en fut levé plus matin : à quelque chose malheur est bon. Déja la nouvelle du naufrage avait fait trois fois le tour de la ville. Déja la renommée faisait madame du Rézeau belle comme Amphitrite, et Louison et l'intendante semblables en tout aux Néréides. Déja les petits-maîtres de Dive mettaient plus de soin à leur toilette. Déja les femmes grillaient de savoir si nos donzelles étaient en effet aussi bien qu'on le disait.

Quelques-unes de celles qui n'étaient pas très-sûres de la fidélité de leurs époux, observaient que les détails sentaient furieusement l'aventure ; que depuis trois mois il n'y avait pas eu de bourrasque, et que les autres circonstances pouvaient n'être pas plus vraies que celle de la tempête. Les hommes, toujours disposés à donner gain de cause aux jolies femmes, répondaient qu'un grain avait dû suffire pour effrayer celles-ci ; que le pilote, ignorant ou mal-adroit, avait pu les mettre sur un banc, et qu'enfin il était clair qu'elles avaient fait naufrage, puisqu'elles étaient entrées au *Veau-qui-Tette*, mouillées et couvertes de fange. Les épouses hochaient la tête; les maris se la creusaient pour aborder nos actrices à petit bruit, et obtenir la priorité.

Jamais M. Boniface n'avait eu de pareille aubaine. A chaque instant, il entrait quelqu'un qui demandait de ces grillades que madame Boniface apprêtait si bien, quoique jusqu'alors personne n'eût parlé de madame Boniface, ni de ses grillades. La conversation s'engageait insensiblement entre les arrivans et nos dames. On sut enfin que le soir il y aurait spectacle à Dive, mais que les costumes manquaient.

Les plus empressés courent chez les femmes de la ville qui ont la réputation d'aimer les arts. Ils comptaient rapporter robes, mantelets, boîtes à mouches, éventails. On eût tout accordé si les naufragées eussent été laides; mais quelle femme s'est jamais prêtée volontairement à en faire valoir une autre?

Quelques maris, qui ne gâtaient pas leurs moitiés, et il y a de ces maris-là partout, escamotèrent de la garde-robe de leurs femmes plus qu'on ne leur avait demandé. Nos actrices, plutôt travesties que parées, se promenaient en long et en large dans la salle enfumée du crapuleux cabaret, se donnant des airs de princesses, et estropiant à haute voix les plus beaux vers de la littérature française. Elles prenaient un verre de cidre avec l'un, un doigt de Bordeaux avec l'autre; elles adressaient une œillade à celui-ci, pressaient tendrement la main à celui-là : il n'en fallait pas tant pour incendier la petite ville de Dive.

M. l'Elu glissait un billet qui renfermait des propositions passables; monsieur le Conseiller au présidial faisait mieux, il glissait sa bourse; un jeune médecin, qui ne pouvait glisser que sa personne, se mêlait de la décoration de la salle, et à défaut d'imprimeur, le tambour de la ville attendait le moment d'assembler, au bruit de sa caisse, le public impatient.

La joie renaissait dans le cœur de nos aventurières. La nuit, qui s'approchait, leur promettait du plaisir et de l'argent, et le lendemain au point du jour elles devaient aller en poste à la recherche de leur chère valise.

Le tambour a battu. La foule se presse, paie et se place. Deux ménétriers font jurer leur violon. Les rideaux de lit d'un marchand de draps, qui forment la toile d'avant-scène, se tirent au moyen d'une ficelle; le silence règne dans la salle; madame du Rézeau paraît.

« Comment donc, voilà ma robe! s'écrie une
« grosse dame en se trémoussant sur sa planche.
« Parbleu! monsieur mon mari, il est bien extra-
« ordinaire... —Paix, madame, paix! — Hé! paix
« vous-même, monsieur. Je vous trouve plaisant,
« de disposer ainsi de ma robe. Je veux ma robe;

« qu'on me la rende. —Mais, madame; vous allez
« vous donner un ridicule... — Le ridicule est
« pour vous, monsieur, qui mettez sur le corps
« de je ne sais qui les vêtemens d'une femme
« comme il faut. » A Dive, comme ailleurs, on ne
veut avoir la comédie au parterre que jusqu'à ce
qu'elle commence au théâtre. Les *silence !* les
paix là ! les *à la porte !* partent de tous les coins.
Un lieutenant de police, au corps fluet et à la
voix grêle, tire de sa poche ses rubans ponceau,
en décore son chapeau et son épée, et monte sur
son banc pour se mettre en évidence. Il fait signe
qu'il va parler; on écoute. Il invite, en fausset,
le public à la décence; il observe que jamais à
Paris le spectacle n'a été troublé pour la robe
d'une actrice; il ajoute que rien n'est provincial
comme une conversation quelconque entre une
femme et son mari, et qu'à Dive où on se
pique d'imiter la capitale, on doit avoir un meilleur ton.

Le public applaudit le lieutenant de police. La
dame, outrée d'être traitée de provinciale, de
femme de mauvais ton, s'agite en tout sens sur
son banc. Ce banc, fait à la hâte, ainsi que les
autres, avec des planches de sapin, clouées sur
des bouts de bois debout, ce banc vacille, crie,
et tombe; la dame crie, et fait la culbute; son
mari et dix à douze autres crient et roulent sous
les bancs voisins. L'un d'eux saisit la basque de
l'habit du lieutenant de police; celui-ci se sent

renverser, et s'accroche au collet du manteau du président de l'élection, qui était placé devant lui; le président attrape la bourse à cheveux d'un négociant; le négociant, le chignon d'une jolie fille; la jolie fille, la ceinture de culotte d'un joli garçon qui venait de se retourner au bruit, et qui voulait jouir de cette scène; tous quatre tombent, et entraînent les quatre bancs. On se relève avec précipitation; on frappe, on est frappé; les égratignures, les contusions abondent de toutes parts; la bagarre augmente à chaque instant; l'effroi devient général. Tous veulent sortir à la fois, et renversent ce qui restait de bancs. Les uns se sauvent par la porte; d'autres s'élancent aux fenêtres; ils marchent sur ceux qui n'ont pu se relever encore, et qui leur mordent les jambes pour se dégager. Le théâtre seul est libre, et la foule se porte bientôt de ce côté. Les ménétriers sont blessés, les violons cassés, les chandelles éteintes. Un tréteau casse, et le théâtre manque sous les pieds des fuyards.

Les actrices, tremblantes des suites que peut avoir cette catastrophe, s'évadent les premières, et se jettent dans un grenier à foin. Elles se laissent couler dans la cour, à l'aide de la corde qui sert à monter le fourrage. Les voilà sur le pavé, les mains et les bras écorchés, mais ne perdant pas de vue l'objet principal. Elles font main-basse sur la recette, qui va bien à vingt écus. Elles fuient à travers les rues; elles courent sans savoir où ; elles trouvent une porte ouverte, elles demandent un asile, et elles attribuent tout le désastre à l'imprévoyance du menuisier.

La maîtresse de la maison n'était pas une femme du bon ton. Elle ne courait ni les bals, ni les concerts, ni les spectacles. Elle avait les idées tellement rétrécies, qu'elle se bornait à aimer son mari, et à inspirer à ses enfans le goût de la sagesse et du travail.

Elle crut aveuglément les billevesées que lui débita la du Rézeau : les honnêtes gens sont si faciles à tromper! La femme de mauvais ton mit nos princesses dans une chambre réservée pour les vrais amis de la famille, et qui, par conséquent, n'était pas souvent occupée.

La dame joignait aux ridicules que vous lui connaissez déja, celui de ne rien cacher à son mari. Ce mari était un capitaine de cabotage, dont le vaisseau était en chargement au Hâvre, qui venait passer deux jours de la semaine avec sa femme et ses enfans, qui les préférait à toutes les princesses de théâtre possibles, et qui mettait sa carotte de Virginie fort au-dessus d'Athalie et du Tartufe. Cependant, entraîné par l'exemple, il avait porté ses quinze sous au théâtre du *Veau-qui-Tette*.

Trés-vigoureux et très-irascible, il avait joué des coudes et des poings pour se tirer de la mêlée. Il avait jeté à droite et à gauche tout ce qui s'était trouvé sur son passage, et il était rentré chez lui sans autre accident que la perte d'un gras de jambe déchiré, mâchonné par un malheureux qu'il étouffait sous ses pieds.

Vous prévoyez comment il reçut la confidence de la retraite accordée aux auteurs de ce vacarme infernal. Il fait rouler à terre, sel, eau et compresse; il court à sa chambre d'amis; il va en expulser nos actrices avec des expressions et des gestes analogues à sa situation; il ouvre, il regarde... il s'arrête stupéfait.

« Par la corbleu! c'est Catherine, ou le diable
« m'emporte! » Il parlait de madame l'intendante.
« Ah! tu arrives de Palerme, et tu étais hier au
« Hâvre! ah! tu as fait naufrage, et tu sors de
« faire la débauche à bord de la Minerve! ah! tu
« es cause que j'ai perdu la moitié d'un gras de
« jambe, et tu t'imagines que je te cacherai chez
« moi, que je serai complice de tes sottises pas-
« sées et futures! Je vais t'envoyer où tu as déja
« été plusieurs fois, et d'où j'espère que tu ne
« sortiras plus. » Il ferme sa porte à la clef, et il envoie sa cuisinière chez le lieutenant de police.

Il y avait des croisées à cette chambre; mais elle était au second étage; mais le lit n'était pas couvert, ainsi point de draps, point de couvertures dont on pût s'aider, et de tous les risques qu'on courait, le plus terrible sans doute était celui de se casser les reins sur le pavé : nos dames se tinrent coi.

Un homme public est jaloux de ses prérogatives, en proportion du peu d'importance de sa place. Jugez combien dut être piqué le lieutenant de police de Dive, lorsqu'il apprit qu'il avait donné comme un sot dans les fadaises que lui avait débitées la première actrice du Veau-qui-Tette; lorsqu'il se rappela ces égards, ces attentions fines qu'il avait prodiguées, comme les prodiguent la plupart des hommes, à ces princesses belles ou laides, bêtes ou non, et cela par un sentiment qui ne ressemble à aucun autre, qui, bien analysé, cesserait peut-être d'en être un, et qui, par cela seul, est inexplicable. Jugez des craintes du petit magistrat, lorsqu'il se rappela certaines privautés qu'avait souffertes Louison, qui croyait ainsi payer son privilége, et qu'il avait considérées comme une bonne fortune faite pour flatter son amour-propre, car enfin, après les théâtres de Paris, de Bordeaux, de Marseille, de Rouen, c'était celui de Palerme. Que de motifs de vengeance avait le petit lieutenant de police! Il voulut bien prendre pour haine vigoureuse du vice, celle que lui inspirèrent deux femmes qui l'avaient complètement joué.

L'affaire de Catherine ne traîna pas en longueur. Un homme domicilié et probe déposait contre elle, et souvent alors on envoyait une fille à l'hôpital sur un témoignage qui ne valait pas celui-ci : Catherine fut enlevée et logée.

Mais quelles étaient les deux autres qu'on brûlait de châtier aussi? On les envoya provisoirement en prison, et on remit l'instruction au lendemain, parce qu'il faut qu'un magistrat dorme, et que si l'innocence est mal à son aise sous les verroux, elle y est au moins en sûreté.

Le lendemain ces dames comparurent, et essayèrent encore de se tirer de là avec des fables. On prit acte de leurs *dires*, et on leur notifia qu'elles garderaient prison, jusqu'à ce que les faits dont elles arguaient fussent éclaircis.

Huit ou quinze jours de prison sont toujours bons à économiser, et Louison et la du Rézeau trouvèrent à propos de déclarer *vérité*, qu'il faudrait enfin finir par dire à *monsieur*.

Que risquaient-elles, après tout? M. d'Estival avait repris ses mille louis en présence de la maréchaussée, et on ne pouvait convaincre Louison de les avoir réescamotés, puisqu'elle n'avait pas le sou. Madame du Rézeau, maîtresse de ses actions, avait voulu voyager. Elle avait vendu pour cela un mobilier qui était bien à elle, puisque son président le lui avait donné. Les acquéreurs avaient sa quittance, et tant pis pour eux s'ils ne s'étaient pas mis en possession. Il est bien vrai que Belle-Pointe avait escroqué le président et le conseiller-clerc; mais ils ne se plaignaient pas. D'ailleurs, dans ce monde, chacun répond pour soi : que Belle-Pointe s'arrange avec la justice, s'il tombe sous sa main. Le seul délit réel est d'avoir déclaré qu'on venait de Palerme, lorsqu'on arrivait du Hâvre. Or, un mensonge n'est un crime qu'aux yeux d'un confesseur, qu'on apaise avec un *Pater* et un *Ave Maria*.

C'est ainsi qu'avait rédigé la défense de ces dames un jeune avocat qui avait été un an clerc de procureur à Coutances, et qui avait été acheter à Reims ses lettres de licence, qui lui donnaient le droit d'être toujours à côté de la question, comme l'aspirant en médecine y achetait la prérogative d'assassiner impunément ses malades.

Cependant le lieutenant de police, qui voulait et se venger et se faire honneur de cette affaire, en écrivit les détails à son supérieur monseigneur de Paris, et à son collègue de Rouen. En attendant leurs conseils, qui pouvaient être très-utiles à Dive, il tenait toujours nos dames en prison. Monseigneur de Paris et monsieur de Rouen trouvèrent très-déplacé que le petit juge d'un petit trou donnât suite à des niaiseries qui pouvaient compromettre des personnes considérables, qui avaient à peu près alors le droit de tout faire, et ils invitèrent le lieutenant de Dive au silence. Celui-ci prit très-mal la leçon, et, persuadé qu'il pouvait être magistrat chez lui, comme ces messieurs l'étaient chez eux, il se décida à frapper un grand coup, et il prit le parti vigoureux de faire *assigner pour être ouïs* le fermier-général, le président et le conseiller-clerc.

Malheureusement pour ces messieurs, madame Geoffrin, qui commençait à tenir un bureau d'esprit, entendit parler de cette affaire. Son valet-de-chambre, qui vendait des nouvelles à la main, recueillies à travers le trou de la serrure, entendit, à peu près, ce qu'on disait de tout cela chez madame Geoffrin. Au bout de quatre jours, on savait dans tout Paris que ces messieurs aimaient passionnément les petites filles, et que, selon l'usage, ils en étaient complètement dupes. Un bel esprit de la coterie Geoffrin mit l'histoire en vaudeville. On la chanta sur le Pont-Neuf, d'où elle passa sur le pont de bateaux de Rouen.

Madame d'Estival signifia noblement à son mari, qu'après cet esclandre, il était plus que jamais indigne de l'honneur de sa couche, et la conduite de madame d'Estival eût été louable, si elle eût banni son époux pour coucher seule; mais!... les confrères de monsieur le fermier-général lui notifièrent qu'on peut se ruiner avec une fille d'opéra; mais qu'avoir une affaire suivie avec une grisette, c'est rentrer dans la crasse, dont on a eu tant de peine à se tirer. Ils lui fermèrent leurs maisons, comme sa noble épouse lui avait fermé son lit; les femmes honnêtes lui fermèrent leur porte, parce qu'elles ne peuvent décemment recevoir un tel homme; et en effet, quel encouragement pour les maris, si celui-ci n'était marqué du sceau de la réprobation!

Le conseiller-clerc fut publiquement réprimandé par son chef apostolique, qui n'entendait pas raillerie, et qui croyait qu'où il y a eu scandale, il faut publicité à la réparation, ce qui, selon moi, n'est qu'entasser scandale sur scandale ; mais enfin les choses se passèrent ainsi.

Le président reçut, à *huis-clos*, une mercuriale de ses confrères, non pour avoir péché, mais pour avoir compromis l'honneur de la toge.

Ainsi ces trois messieurs, qui croyaient avoir étouffé, à prix d'argent, une aventure déshonorante, se trouvèrent, lorsqu'ils y pensaient le moins, traduits au tribunal du public, qui tolère une faiblesse, mais qui ne veut pas que les gens en place soient vicieux.

Le petit lieutenant de Dive avait acquis une célébrité de tous les diables ; mais sa joie fut de courte durée. Arrêt de la cour du parlement de Rouen, qui condamne à *réclusion perpétuelle* deux femmes de mauvaise vie, qui, méchamment et calomnieusement, ont voulu flétrir la réputation d'un de *messieurs*, et l'arrêt fut exécuté, quoique deux femmes de mauvaise vie puissent quelquefois dire vérité. Autre arrêt qui ordonne au lieutenant de police de Dive de se défaire de son office, pour avoir fait assigner par-devant lui un membre d'une cour supérieure. Le petit magistrat, qui avait raison quant au fond, car enfin il ne pouvait pas courir de ville en ville pour chercher et entendre des témoins, le petit magistrat se rendit appelant au conseil ; mais le roi était alors assez bien avec ses parlemens, qui laissaient dormir la bulle *Unigenitus*, qui ne se mêlaient ni de sacremens, ni d'inhumations, et l'arrêt de messieurs de Rouen fut confirmé. Encore un libertin attrapé. *Vanitas vanitatum, omnia vanitas!*

> O mes amis, vivons en bons chrétiens;
> C'est le parti, croyez-moi, qu'il faut prendre.

Hé! n'avons-nous pas assez de nos femmes, quand nous avons bien choisi? Où trouver une amie plus sincère, qui partage aussi vivement nos plaisirs et nos peines, qui supporte avec autant de résignation notre humeur, et quelquefois nos brusqueries? A qui devons-nous le plaisir si doux d'être pères? Qui console notre vieillesse? qui nous aide à mourir? Malheureux pécheurs! vous convenez de tout cela, et un cotillon, sur un bâton à roulettes, vous fait faire le tour de Paris.

Mais, pendant que je raconte, la *Minerve* sillonne majestueusement l'onde amère. Volons après elle, et sachons un peu ce que devient notre petit abbé. Si des sens neufs et la facilité de jouir n'excusaient bien des écarts, avec quelle aigreur je lui reprocherais d'avoir préféré, un moment, un joli minois à un supérieur de séminaire! Rappelons-nous cependant qu'il n'est entré pour rien dans les manœuvres de Belle-Pointe, et qu'il ne fallait peut-être qu'une nuit ou deux de plus de madame du Rézeau pour le rendre à lui-même, et à la raison.

Que faisait-il, que pensait-il ce pauvre abbé, que M. d'Estouville, empressé de se défaire de la tante et de Louison, n'avait pas voulu écouter? Que devint-il, lorsque monsieur le gouverneur entra dans sa chambre, les bras ouverts et l'air triomphant ; qu'il voulut être le valet-de-chambre de la jolie nièce, qui s'efforçait en vain de s'expliquer, et dont les mots expiraient sur les lèvres de son impétueux amant? M. d'Estouville lutine, tourmente le pauvre petit ; il a déchiré fichu, robe, chemise. L'abbé exaspéré fait un dernier effort, s'échappe et saute par-dessus la table ; M. d'Estouville la renverse pour avoir plus tôt fait. L'abbé se réfugie sous le lit ; M. d'Estouville s'y précipite.

Là commence un nouveau combat, qui doit tourner à l'avantage de l'assaillant. L'abbé, serré contre une cloison, n'a plus de moyens de s'échapper. Le marin, déterminé à vaincre, n'importe où, ni comment, renouvelle, multiplie ses attaques, avec un acharnement sans égal. L'abbé s'agite dans tous les sens ; M. d'Estouville suit ses mouvemens, le presse, le fixe ; il se croit vainqueur..... Que devient-il, à son tour, lorsqu'il trouve sous sa main... ce qu'il ne cherchait pas, ce qu'il n'attendait pas, ce qui faillit à le faire donner au diable.

C'est lui maintenant qui recule, qui s'éloigne, qui se relève, et qui, les bras pendans et la bouche ouverte, regarde l'abbé avec cet air bête que doit avoir un homme en pareil cas. L'abbé, tremblant que la stupéfaction ne fût suivie de la tempête, restait tapi dans son coin, et attendait ce qu'il plairait au ciel d'ordonner de son sort.

Après un silence très-prolongé, M. d'Estouville prit le seul parti convenable à la circonstance : il se mit à rire comme un fou, et il demanda à la nièce prétendue l'explication de ce *quiproquo*. L'abbé, rassuré, balbutia, en rougissant, son histoire. Il était si humilié d'être volontairement resté en mauvaise compagnie! Le chef d'escadre, toujours généreux avec les hommes, quoiqu'un peu scélérat avec les femmes, et toutes les femmes ne haïssent pas ces gens-là, le chef d'escadre lui promit d'arranger son affaire, de le remettre dans les bonnes graces de son oncle le lazariste, et, dès ce moment, il chercha par toutes sortes de bons procédés à faire oublier des desseins, des transports... qu'il se reprochait... parce qu'ils n'avaient mené à rien.

Il fit relâcher aux Açores, sous le prétexte de faire de l'eau, dont on n'avait pas besoin. Accueilli avec distinction par le gouverneur de Tercère, son premier soin fut de s'intéresser au sort de son petit abbé. Il arrangea son histoire de la manière la plus piquante, à la réserve cependant de certaines particularités, dont vous prévoyez bien qu'il ne parla pas du tout. L'officier portugais, qui commandait sous le révérendissime évêque d'Angra, soumit la chose à monseigneur; monseigneur, qui trouva matière à un prône édifiant et à une pénitence publique, cérémonie très-agréable à la populace, qui pourtant préfère une pendaison, monseigneur voulait faire comparaître l'abbé en belle robe blanche, un cierge de six livres à la main, lui faire abjurer ses erreurs, et renouveler le serment de son baptême. M. d'Estouville dit qu'il ne souffrirait pas qu'on traitât ainsi un sujet du roi de France. Monseigneur répliqua que l'abbé était devenu sujet du pape. Le chef d'escadre envoya paître monseigneur; monseigneur excommunia le chef d'escadre, et le chef d'escadre rit au nez de monseigneur.

Monseigneur, très-irascible, mit en interdit toutes les églises d'une île portugaise, parce qu'un officier français s'était moqué de lui. Le peuple, tremblant de manquer de messes, courait les rues, s'attroupait, s'agitait, parlait déja de mettre à mort M. d'Estouville et l'abbé; et monseigneur, du haut de son balcon, bénissait ce bon peuple.

M. d'Estouville et ses officiers furent tentés un moment de tomber, l'épée à la main, sur cette canaille. Mais comme il n'appartient pas à un particulier de troubler, à propos de bottes, ou d'un abbé, l'harmonie qui règne entre les souverains, le chef d'escadre jugea plus prudent de regagner son bord, en écartant à grands coups de canne ceux qui l'approchaient de trop près.

La marée qui montait favorisait sa retraite, et par le plus heureux hasard, un vaisseau bordelais, qui revenait de Saint-Domingue, et qui avait aussi relâché aux Açores, mettait à la voile et partait. M. d'Estouville s'arrangea avec le capitaine pour le retour de l'abbé; il donna à celui-ci, pour son oncle le lazariste, une lettre par laquelle il recommandait son neveu à son indulgence, et lui promettait, dans le cas où il en userait bien avec le jeune homme, de le recommander pour le premier évêché qui vaquerait dans son gouvernement: promesse propre, dans tous les temps, à rendre docile un moinillon.

Il donna à l'abbé ce qui lui était nécessaire pour se rendre commodément de Bordeaux à Rouen, et il lui recommanda, en l'embrassant cette fois sur les joues, de ne jamais quitter son habit noir, qui, à coup sûr, éloignerait de lui les gens aimables et entreprenans.

Profitez de la leçon, jeunes gens frivoles et inconsidérés. Fuyez le danger : *Qui quærit periculum peribit in illo.* Sachez que le repentir ne vient souvent qu'après le déshonneur, et croyez qu'on ne trouve pas beaucoup de chefs d'escadre disposés à tirer les gens des griffes de Satan.

CHAPITRE X.

Revenons à nos moutons.

Robert était resté à l'auberge, ainsi que j'ai eu l'honneur de vous l'apprendre, pendant que Belle-Pointe exécutait des projets, dont le résultat devait être si fâcheux. Le petit bonhomme digérait un excellent déjeuner, en faisant des capucins de cartes; et comme des capucins de cartes ne sont guère plus intéressans que des capucins vivans, Robert les quitta pour jouer à la balle avec la pelotte aux épingles de madame du Rézeau. La balle lancée avec force, rencontre un chandelier qui était sur la cheminée ; le chandelier tombe sur la glace, et la brise. Robert effrayé, ne sait quel parti prendre. Il s'est aperçu que Belle-Pointe ne le voit pas de bon œil; il craint la correction, et il forme le projet de s'y soustraire. Mais où ira-t-il? cela lui est égal. De quoi vivra-t-il? ceci lui paraît mériter quelques considérations.

Nécessité, dit-on, est mère d'industrie. Les yeux de Robert se portent sur deux paires de poches que Louison et sa compagne ont jetées sur un lit, pour en ceindre de blanches. Peut-être la précipitation avec laquelle elles ont fait leur toilette, leur aura fait oublier quelque menue monnaie qui suffira aux besoins du jour, et le lendemain... Ma foi, le lendemain... le lendemain, on verra.

Inventaire fait de quatre poches, Robert se trouve propriétaire de deux gros écus, de trois petits, d'une pièce de vingt-quatre sous, et d'une de douze. Or, comme on aime assez composer avec sa conscience, Robert pensa que puisque M. d'Estival, fermier-général, lui avait volé à force ouverte trente-huit livres, il pouvait bien, lui, pauvre petit, en escamoter vingt-trois à des gens qui en avaient tant pris. Et puis, si nécessité est mère d'industrie, il est au moins aussi vrai que nécessité ne connaît point de loi.

A la suite de ce raisonnement, plus fréquent qu'on ne pense, mais que de très-honnêtes gens ne font jamais qu'en *à parte*, Robert ouvrit la porte, sortit, la referma, prit la clef dans sa poche, de peur qu'on ne s'aperçût de la fracture faite à la glace, avant qu'il fût hors de portée. Il marche, il trotte, il se retourne; il a perdu de vue les clochers du Hâvre. Il s'assied, commence une chanson, et s'endort. Heureux âge!

Oh! si Rifflard passait là! Rifflard, si sage, si aimant, et qui donnait de si bons conseils, eût peut-être ramené Robert, qui aimait l'indépendance, mais qui en avait peu joui sous Belle-Pointe, et qui ne devait pas tirer de ses aventures passées d'inductions bien favorables de l'avenir. La Providence ne permit pas que Rifflard, qui était à Paris, se trouvât en même temps sur la route de Goderville. D'ailleurs, elle ne nous accorde, dit-on, qu'un moment, et ce moment, Robert l'avait laissé échapper aux Champs-Élysées. Gardons-nous de l'imiter, mes très-chers frères, eût très-judicieusement dit le révérend père Salomon de Pontoise.

Robert se réveilla, et se remit à marcher. Toujours marchant, s'asseyant, dormant, se relevant, mangeant, il arriva à Dieppe, sans savoir où il était.

Il s'était arrêté à la porte d'une auberge, et son œil cherchait à pénétrer l'intérieur de la cuisine, à entrevoir le costume des gens, pour juger si l'hôtellerie était de celles qui conviennent à un voyageur qui n'a que vingt-trois livres dans sa poche. Une voiture qui entrait au grand trot de quatre forts chevaux, mit fin à ses observations d'une manière un peu brusque. Le moyeu d'une roue de derrière l'accrocha par la poche de son habit, et le jeta à dix pas de là.

Robert, en reprenant l'usage de ses sens, se trouva dans un bon lit, entre un homme qui lui tâtait le pouls, et un autre qui lui répéta trois ou quatre fois : Hé bienne, mon petite, *how do you do ?*

Robert ne répondit rien à l'how do you do, qu'il n'entendait point. Il remarqua une bande à son bras, de laquelle il conclut qu'il avait été saigné; mais comme il sentait qu'il se portait bien, il sauta hors du lit, et se mit à s'habiller. Bienne, mon ami, bienne, reprit le baragouineur. Cette petite gâçon être couradjous.

Le chirurgien prétendait que le *petite* devait garder le lit quelques jours encore; il avait ses raisons pour cela. L'Anglais soutenait qu'il fallait laisser faire la nature, et Robert adopta l'avis qui s'accordait avec ses dispositions.

Cet Anglais était milord Allisbad, le plus grand philosophe des Iles-Britanniques, qui venait de visiter les ports de Bretagne et de Normandie, et qui retournait gober l'air épais de son pays. Or, comme il n'est pas impossible qu'un philosophe soit un homme sensible, quoique tous les jours on imprime le contraire, et que tous les jours *un sot trouve un plus sot qui l'admire*, milord Allisbad, pénétré de l'accident dont il était cause, avait fait mettre Robert dans le meilleur lit, avait envoyé chercher le meilleur chirurgien, et servait lui-même de garde au malade, pour être bien sûr qu'il ne manquerait de rien.

Si l'on s'éloigne des gens en proportion du mal qu'on leur a fait, on s'y attache aussi par les services qu'on leur rend, et bien que milord pût se croire quitte envers Robert, il était loin de penser qu'il eût assez fait encore. Quel dommage qu'un philosophe ait cette façon de penser, n'est-il pas vrai, messieurs du parti ?

Milord, s'intéressant de plus en plus à Robert, dont la figure seule était attachante, milord voulut savoir qui il était, ce qu'il faisait à Dieppe, comment il s'y trouvait seul ; et milord avait acquis ces connaissances préliminaires de l'aubergiste, qui l'avait assuré, au moment de l'accident, que l'enfant n'était pas de la ville, parce que sa mise annonçait quelqu'un bien né, et qu'il avait l'honneur de connaître tous les gens comme il faut de l'endroit.

Milord, qui parlait très-mal le français, l'entendait très-bien, et il écoutait avec plaisir le petit Robert racontant avec naïveté son histoire. Il ne se posséda plus lorsque l'enfant s'étendit sur son goût pour l'indépendance, et son aversion pour les sciences. Il le serra dans ses bras, et lui donna de suite trente baisers. Il faut vous expliquer ces baisers-là.

Milord avait une philosophie un peu exagérée, et même originale. Par exemple, il croyait que nous naissons tous égaux : aussi n'exigeait-il pas qu'on l'appelât monseigneur, mais il le souffrait.

Il disait que les fruits de la terre sont à tous, que la terre n'est à personne, et il avait près de Londres une terre de dix mille livres sterling de revenu. A la vérité, il ne poursuivait ni les braconniers, ni les voleurs de fruits et de légumes ; mais milord, son père, lui avait laissé son bien clos de murs, et il n'empêchait pas son intendant de les entretenir.

Il ne voyait dans le mariage qu'un contrat civil en opposition avec la nature, car, disait-il, si le mariage est dans la nature, pourquoi ne suis-je plus amoureux de milady ? Il voulait que les femmes, comme les fruits, appartinssent à tout le monde. Je ne sais trop ce qu'il eût dit, s'il eût su que milady appuyait ses goûts du même raisonnement

Il prétendait que les arts sont inutiles ; qu'il y a de la sottise à admirer un tableau, ou un groupe de marbre, lorsqu'on peut jouir à chaque pas du spectacle de la nature vivante, et il avait été, à Paris, à l'Opéra et à des concerts, mais par pure complaisance. Il avait chez lui des statues et une galerie de tableaux ; mais il ne les conservait que par respect pour ses pères, qui les avaient chèrement et longuement rassemblés.

Il protestait que les sciences sont la ressource des sots, parce qu'il n'est pas de sot qui, avec de la mémoire, ne puisse devenir savant, et il avait lu, comme un pur passe-temps, Newton, Locke, Warburton, Toland, Swift, Adisson, Bolingbrocke. Il n'en avait pas perdu une pensée ; mais il n'en parlait jamais.

Il s'élevait contre les lois, qui sont l'appui des demi-probités, et dont le juste n'a pas besoin. Il ne faut, disait-il à l'homme de la nature, qu'un bâton pour repousser l'agresseur, et un bâton n'est pas aussi cher que des huissiers, des procureurs, des avocats et des juges. Son intendant gagnait ou perdait pour lui dix à douze procès par an ; mais milord n'en savait rien.

Il déclamait contre le luxe, qu'il ne considérait que comme un moyen offert à l'homme nul d'écraser l'homme qui vaut quelque chose. En conséquence, milord était toujours très-simplement mis, et il attribuait à la frivolité de milady la richesse de sa livrée et de ses équipages.

Il affirmait, il répétait que toutes les religions du monde ne sont bonnes qu'à faire manger la poularde à ceux qui les enseignent, en les pratiquant tant bien que mal. Il eût été difficile de le battre là-dessus, parce qu'il n'en professait aucune, ce qui est très-malheureux.

Vous sentez quel cas un tel homme devait faire de Robert. Il ne l'appelait plus que l'enfant de la nature. Il lui proposa de le suivre en Angleterre, où il habiterait un petit bien qu'il avait en Écosse, sur le bord de la mer. Là, il ne trouverait ni papa ni maman, ni directeur, ni maître d'école, ni d'ami contrariant, ni mets qui piquent la sensualité, en appauvrissant le corps. Tout à lui, Robert y serait le maître absolu de ses actions, et dispensé de toute espèce de soin. Par exemple, il n'aurait pas la peine de faire son lit, parce qu'on enleverait ceux qui étaient dans la maison; il serait dispensé de faire la cuisine, parce qu'on ne lui laisserait ni fourneaux, ni charbon. Il mépriserait ce vil métal, devant lequel l'Univers est à genoux, parce que n'ayant pas le sou, il n'aurait pas d'idée de ce qu'on appelle commerce, et qui n'est que l'art avec lequel le plus adroit trompe celui qui l'est moins. Il gagnerait sa vie au bout de son bâton, avec lequel il casserait ailes ou pattes aux oiseaux qui se laisseraient approcher, et dont il mangerait la chair dans toute sa saveur, avantage que n'ont pas les viandes cuites. Pas d'embarras de toilette; il s'habillerait de la dépouille des oiseaux aquatiques, dont il joindrait les peaux avec des filamens d'écorce, moyen tout simple de se tirer de la dépendance d'un tailleur, d'une lingère, d'une blanchisseuse. A la vérité, il rencontrerait de loin en loin quelques montagnards, mais qui, aussi agrestes que lui, ne le dérangeraient pas dans ses habitudes. Enfin, dans quatre ou cinq ans, il accointerait la première montagnarde qui lui plairait, pour en accointer ensuite une seconde, une troisième, et cela sans remords, parce que les femmes doivent seules être chargées des enfans, puisque la nature leur a donné un sac pour les porter, et des mamelles pour les nourrir. Lorsque Robert aurait vingt-cinq ans, milord l'irait voir, pour s'assurer qui des deux serait le plus heureux, et il offrait d'avance de parier pour Robert.

Milord parlait avec chaleur ; il avait le ton, la figure d'un homme persuadé, et rien ne se communique aussi facilement que l'enthousiasme. La tête de Robert s'exaltait à chaque mot ; il était enchanté. Ne dépendre de personne au monde ! être dispensé de tout, et même de faire son lit ! manger de la viande à laquelle le feu n'a rien fait perdre de son goût ! s'habiller de ces plumes éclatantes, dont les vives couleurs se nuancent si bien dans les boutiques de Paris ! Régner dans tout le canton, son bâton à la main ! faire fuir ou tuer tout ce qui se présenterait devant lui ! détruire, détruire sans cesse ! quel enfant n'est pas séduit par cette idée-là, et quelle preuve plus évidente que l'homme est né bon ?

Ajoutez à ces scènes de bonheur, ces petites

montagnardes qui se présentaient à son imagination, telles que madame du Rézeau avec l'abbé, et Louison avec Belle-Pointe; jolies, tendres, faciles, point exigeantes, et lui toujours infidèle, voilà de quoi se composaient les nouveaux projets de Robert. Il étendait le plan de milord, il y ajoutait à chaque instant quelque chose, et milord et lui déliraient de plaisir.

Qu'on vienne me parler de Robinson! s'écriait le bon anglais. Un friand, un gourmet qui ne savait se passer de rien, pas même d'un ami, qui avait beaucoup vu, et qui imitait tout, tant bien que mal. Cet enfant ne sait rien, ne cherchera aucune de ces jouissances factices, dont l'habitude nous a fait des besoins. Il sera vraiment l'homme de la nature, car enfin de quoi se compose le vrai bonheur, et que nous faut-il réellement? Un abri, du gland, une femelle. Rousseau l'a écrit, et quel homme que ce Rousseau!

Milord avait eu l'intention de prendre un paquet-boat qui le conduirait à Londres, en remontant la Tamise. Il désirait revoir encore ces rives si riantes, si riches et si variées, que n'oublie jamais celui qui les a vues une seule fois. Mais comment s'occuper de plaisirs, qui ne sont que le résultat des institutions humaines, lorsqu'il s'agit de ramener l'homme à son état primitif, et d'avoir l'honneur de lui offrir un jour, dans Robert, le modèle vivant de ce qu'étaient ses aïeux, il y a... il y a... oh! il y a long-temps. Milord arrêta un bâtiment qui devait le porter directement à Wick, près des îles Orcades, c'est-à-dire, dans la partie de l'Écosse la moins habitée, et la moins habitable.

Pendant qu'on frétait le navire, nos hommes de la nature faisaient grande chère, parce qu'il était indifférent que la réforme de Robert commençât huit jours plus tôt ou plus tard. Quant à milord, il gémissait d'avoir passé l'âge où notre estomac se prête à tout, et c'est en sablant les meilleurs vins de France, que ces messieurs faisaient l'éloge de l'eau.

Milord, dont les digestions étaient quelquefois laborieuses, ne manquait pas, en sortant de table, de conduire Robert sur le galet de Dieppe. Il voulait que ces promenades lui fussent utiles; en conséquence, il se faisait suivre par deux domestiques chargés de bâtons gros et courts, qu'ils présentaient successivement à l'enfant de la nature. Milord trottillait sur ses pas, et applaudissait à la légèreté de sa course, et à la grace avec laquelle il lançait son bâton contre les oiseaux qu'il n'approchait que de loin, et qu'il ne tuait jamais. Robert se dépitait. Milord le consolait, en l'assurant que les oiseaux des îles Orcades, en général beaucoup plus gros, étaient plus faciles à toucher, et que moins défians, parce qu'ils voient rarement des hommes, ils se laisseraient tuer à volonté. L'avantage réel que procuraient ces courses, c'est que milord et Robert rentraient disposés à bien souper, et soupaient bien, en parlant toujours de la nécessité d'être sobre.

Le vaisseau est prêt, le vent est favorable; on s'embarque gaîment. On se complaît à parler de ses projets; on ne cesse d'en parler que pour se mettre à table, d'où on passe dans de bons lits, auxquels Robert va renoncer avec tant de satisfaction! On découvre enfin la pointe nord de l'Écosse. Un sol pierreux et presque inculte, peu de verdure et pas un arbre, des masses de roches d'un gris uniforme, une nature morte enfin, voilà ce qui frappe d'abord Robert.

Milord jugea, à certain air de tristesse, que le jeune camarade n'était pas séduit par le spectacle qui s'offrait à ses yeux. Il jugea à propos de réveiller cette belle chaleur, qui ne l'avait pas quitté encore, et qui allait lui être si nécessaire. « Voyez, disait milord, voyez ces masses
« respectables qui bravent, depuis l'enfance du
« monde, la foudre et les tempêtes; voyez la faux
« du temps gravée dans ces cavités; ces cimes
« qu'il a détachées et précipitées dans l'abîme;
« ces oiseaux monstrueux qu'on ne trouve qu'ici,
« et dont le vol rapide et vigoureux annonce la
« puissance. Voyez-les, tantôt se balançant dans
« les airs, tantôt se reposant fièrement sur la
« pointe la plus élevée de la roche, ou se précipi-
« tant dans l'onde, cherchant, trouvant partout
« leur nourriture, jusqu'à ce qu'ils servent à la
« vôtre. Saluez cette terre vierge, que n'a pas défi-

« gurée la main insensée et avide de l'homme. Féli-
« citez-vous, vous qui seriez admiré de tout l'U-
« nivers, si l'Univers connaissait votre résolution
« noble et généreuse. »

Oui... oui, répondait Robert à chaque phrase, et sa voix faiblissait à mesure qu'on approchait de la côte. Sa paupière devenait humide, sa tête tombait sur sa poitrine. Le vaisseau entre dans une espèce de baie. Milord, qui craint que l'enfant de la nature ne s'avise de vouloir redevenir homme social, se hâte de faire débarquer son carrosse, ses chevaux, et douze à quinze faisceaux de bâtons qui devaient former l'arsenal, l'ameublement, le magasin de Robert, et qu'il avait été sage d'apporter dans un pays où on ne trouve pas un chêne.

On monte en voiture, on part, on arrive à un château qui n'a pas été habité depuis la catastrophe de Marie-Stuart; que depuis on n'a ni entretenu ni réparé, et qui était bâti sur un domaine de deux mille arpens, qui ne rapportaient pas cinquante guinées par an.

Robert, en entrant dans ces masures, trouva d'abord une partie de la société avec laquelle il devait vivre en Écosse. Le bruit de la voiture fit enlever une nuée de corneilles, de hiboux, de chouettes, dont le cri n'était pas propre à ramener la joie dans un cœur déjà navré. Un concierge aussi triste, et qui paraissait aussi vieux que les roches qui bordent la côte, se présenta, courbé sur sa béquille, fit de son mieux pour bien recevoir son seigneur, et ce mieux se réduisit à un morceau de pain d'orge, et à quelques pommes de terre cuites sous la cendre.

Si du moins on eût laissé à Robert le concierge et ce qui restait d'orge et de pommes de terre! mais on chargea tout inhumainement, provisions et concierge, tout, jusqu'aux portes et aux croisées, sur quatre chariots que milord envoya prendre à Wick, et qu'il expédia pour Londres à petites journées. Et lui, après avoir fait semblant de dormir sur une natte, après s'être récrié sur l'excellence de deux pommes de terre charbonnées, qu'il avait reçues de la main crasseuse de son concierge, il remonta dans sa berline, où il s'endormit réellement, en achevant une volaille froide et une bouteille de vieux Bourgogne qu'il n'avait pas demandées, mais qu'il ne fut pas fâché de trouver dans une poche de la voiture. Un sourire d'approbation, adressé à son valet-de-chambre, fut le prix de sa prévoyance.

Robert avait eu un moment l'envie de sauter derrière le carrosse, et de déclarer tout bonnement, au premier relais, qu'il renonçait à être l'enfant de la nature; mais l'amour-propre, ce mobile si puissant de la conduite des hommes, l'emporta sur le sentiment de ses plus chers intérêts. Comment oser dire qu'on a changé tout à coup de manière de voir et de penser? comment oser blâmer ouvertement ce qu'on a loué avec exagération? Robert se tut, et resta. Il regarda, avec un soupir, le vieux concierge, juché sur un des chariots, et couché commodément sur ce qu'on avait trouvé de matelas au château; il soupira au coup de fouet des charretiers; il soupira en voyant prendre le galop aux chevaux qui entraînaient milord et sa berline; il regarda autour de lui, et se trouva seul au monde.

CHAPITRE XI.

L'homme réduit à ses seules ressources.

Tout est bien, tout est mal. On soutient, on défend les deux opinions avec un égal avantage, ce qui fait que jamais personne ne prouvera que tout soit mal, que tout soit bien. Le terme moyen, quel est-il? Il peut exister entre deux extrêmes; mais les gens à système n'en reconnaissent pas. Celui-là le trouve, sans le savoir, qui prend le temps comme il vient, les saisons à leur tour, les hommes comme ils sont; qui travaille un peu, qui agit toujours, qui remplit ses devoirs par goût, par habitude; qui ne compte pas sur la reconnaissance, qui lui sourit s'il la rencontre; qui meurt pleuré, béni de sa femme et de ses enfans, et qui s'aperçoit alors qu'il a réellement vécu... Diable! mais n'aurais-je pas esquissé ici le bonheur qui nous est propre, le seul que nous puissions trouver? Pourquoi donc le chercher, comme un astronome se fatigue pour trouver une étoile nouvelle, toujours au-dessus de lui? Baissons la tête, il est à nos pieds.

Robert, qui n'avait qu'à se baisser pour être à peu près heureux, Robert, qui, en fuyant de chez sa mère, avait laissé son bon génie assis à sa porte, Robert, qui allait de projets en projets, et d'infortune en infortune, Robert pensif, rêveur, abattu, se promenait au milieu des ruines, et faisait une reconnaissance générale du château : on aime à connaître son domicile, quand il est agréable; on veut savoir à quoi s'en tenir, quand il ne l'est pas.

Le résultat de l'inspection ne fut pas plaisant. Des murs dégradés, des planchers percés et pourris, pas une escabelle pour se reposer, la terre pour lit de plume, de mauvais plafonds pour couverture, et nul moyen d'empêcher l'oiseau nocturne de le réveiller d'un coup d'aile qui lui rasera l'oreille ou le bout du nez. Robert s'affligea peu de tout cela; mais une heureuse expérience lui avait appris qu'à son âge on dort partout.

Mais aussi à son âge on ne dort pas l'estomac vide, et lorsqu'on a soupé, la veille, avec deux pommes de terre, on doit avoir besoin de déjeuner à midi. La faim, très-humble servante du riche, ennemie irréconciliable du pauvre, se faisait vivement sentir, et il n'était pas prudent d'attendre qu'elle devînt insupportable pour chercher de quoi l'appaiser.

Robert délie un de ses faisceaux, prend sept à huit bâtons sous son bras, et se met en campagne. Intéressé à bien voir, il voudrait pénétrer au-delà de son hémisphère; il en recule les bornes en continuant d'avancer; il démêle enfin dans l'éloignement des monstres ailés, dont le vol pesant le fait sourire. Il oublie un moment les idées sombres, produites par une solitude absolue, et par des sites que le soleil semble éclairer à regret. Il marche fièrement; il menace le cormoran, le héron, qui habitent les bords d'un étang immense, et qui trouvent, au bout de leur long bec, la subsistance que Robert attend de son bâton.

Il s'approche, les genoux ployés, les épaules basses; il retient son haleine; il craint de toucher la terre; il va lancer le bois homicide.... Ceux qu'il a cru surprendre, l'ont aperçu depuis long-temps; ils l'ont observé, ils ont suivi tous ses mouvemens. Ils s'envolent, ils traversent l'étang, ils se posent sur la rive opposée. Robert, abusé par un espoir qui ne doit pas se réaliser, les suit avec opiniâtreté. Vingt fois il est prêt à frapper, vingt fois ses victimes rusées lui échappent. Elles fuient, elles s'éloignent enfin pour ne plus revenir. Robert désolé, excédé, mourant de faim, s'assied; et se consulte sur le parti qu'il va prendre : l'enfant de la nature est vraiment embarrassé.

Quelques plantes au vert pâle, à la feuille épaisse et longue, se montrent çà et là, et piquent sa sensualité : on n'est pas difficile quand on manque de tout. Robert saisit, tire avec effort; la terre cède; une racine noirâtre vient avec les feuilles. Il la mange, il la dévore; il passe à une seconde, à une troisième, et s'aperçoit de l'amertume insoutenable du seul mets que lui offre cette terre vierge, que la main de l'homme n'a pas défigurée.

Il rejette ce qui lui reste dans la bouche. Il cherche à ranimer son courage, et il se décide à marcher vers la mer. Sans doute le courlis, l'oie sauvage, l'aigle marine, seront moins farouches que le héron et le cormoran. Milord lui a juré qu'il les tuera à volonté, et milord doit en savoir quelque chose, puisqu'il a un château dans le pays.

Il n'y avait qu'une petite difficulté à ce nouveau projet, c'est que Robert ne savait trop de quel côté tourner. Il marche au hasard; il marche longtemps sans découvrir l'Océan, par la raison très-simple qu'il lui tourne le dos.

Un buisson touffu frappe ses regards. Il est chargé d'un petit fruit rouge, dont le coloris semble annoncer la saveur. L'enfant affamé cueille; il goûte... une chair filandreuse et sèche, et le suc, qu'il en peut exprimer, d'une acidité aussi prononcée que l'amertume des racines que lui a offert la nature. Trompé, exaspéré, désespéré, il s'en prend de ses fautes à l'innocent buisson; il le frappe, dans sa fureur aveugle... Un lapin part, Robert lance un bâton, et le manque; un second coup succède au premier. L'animal frappé se roule, se débat, expire. Vous voyez que les leçons que Robert a reçues sur le galet de Dieppe, n'ont pas été inutiles.

Concevez aussi quel transport il éprouva, passant tout à coup de l'extrême disette à la grande abondance. Il s'arrêtait devant sa proie, étendue à ses pieds; il la regardait avec complaisance, l'œil animé, rouge de plaisir. Les convulsions d'un estomac souffrant se communiquent à ses mâchoires, qui s'ouvrent et se referment par un mouvement rapide et machinal... Il va apaiser la faim qui le tourmente.

Hélas! hélas! et quatre fois hélas! on peut manger un lapin cru, mais le manger avec la peau et le poil, oh! ma foi, c'est trop fort. Cependant Robert n'a pas de couteau, et ses ongles ne sont pas assez longs, assez durs encore pour lui en tenir lieu. Si un caillou tranchant... Il regarde autour de lui; il fait quelques pas à droite, à gauche... du sable, toujours du sable.

Ventre affamé n'a pas d'oreilles, dit La Fontaine. J'ajouterai qu'il ne connaît pas d'obstacles. Robert prend son lapin par les pattes de devant et de derrière, il alonge, il tend ainsi la peau du ventre; il y fait une incision avec les dents. Il introduit ses mains dans l'ouverture; il déchire la peau, il la met en pièces. Ses genoux lui servent de table. Le voilà à son petit couvert.

Bientôt son visage est couvert de sang. Il coule de son menton sur sa veste, dans sa chemise, dans et dessus sa culotte. Mais il mange, il se repaît, il retrouve des forces. Sa voracité apaisée, il reconnaît que cette viande, tant vantée, est fade et dégoûtante. Les entrailles qui tombent sur ses cuisses, sur ses jambes, les lambeaux sanglans qu'il a autour de lui, ajoutent à son dégoût. Son cœur se soulève, il est prêt à rendre ce qu'il a mangé avec tant de volupté. Il se lève, il s'éloigne; il revient bientôt, ramené par cette réflexion, qu'on ne trouve pas tous les jours des lapins qui se laissent tuer à coups de bâton, et que le plus grand malheur qu'il ait a redouter, c'est de mourir d'inanition. Il ramasse soigneusement les débris de sa chasse, et les serre dans sa poche.

Qui aurait reconnu dans ce boucher, dans ce farouche antropophage, ce joli petit Robert que Louison avait si élégamment vêtu à Rouen, et dont tout le monde admirait la gentillesse?

L'homme de la nature, lorsqu'il a apaisé sa faim, ne cherche plus que le repos. Robert, qui entrevoyait encore le haut des tourelles du château, se dirigea de ce côté. Son premier soin, en arrivant, fut de défendre des attaques des rats ce qui lui restait de provisions. Un trou, une pierre pour le couvrir, voilà tout ce qu'il fallait, et cela se trouve partout. L'endroit où il reposerait lui était assez indifférent: aucun ne méritait de préférence marquée. Il se mit dans le premier coin, s'étendit à terre tout habillé, et pour cause.

Un sommeil réparateur allait fermer sa paupière, lorsque le mal de cœur se renouvela de manière à l'effrayer. Milord eût dit que l'indigestion n'était causée que par le peu d'habitude de vivre de viande crue. J'eusse répondu à milord qu'un sauvage ne mange son ennemi qu'après l'avoir fait cuire.

Un copieux vomissement soulagea Robert; mais un frisson pénible succéda à l'évacuation. Forcé de se lever et de marcher, pour rappeler un reste de chaleur, il se livrait aux plus cruelles réflexions. « Ah! si j'avais écouté mon ami Rifflard!... » Pan! une tape à la tête lui coupe la parole. « Si au lieu « de faire des projets... » Un autre coup au genou lui fait faire encore une réticence. Il passe une partie de cette triste et longue nuit en alternatives de regrets et de contusions, de contusions et de regrets. Le cri monotone et lugubre des oiseaux nocturnes ajoute encore à l'horreur de sa situation.

Robert cherchait à fuir ces glapissemens sinistres. Il allait, il venait, il essayait de sortir de ce château infernal : il semblait qu'un esprit malin le conduisît toujours vers des angles saillans, et l'éloignât de la porte. Grelottant, furieux de se heurter de tous les côtés, il se met à battre la semelle contre un mur, et bientôt ses membres engourdis se raniment « Oh! oh! dit-il, il n'est pas « si mal que les hommes vivent en société, car « enfin, si je n'avais pas de souliers, je n'aurais pu

« battre la semelle, et si je n'avais battu la se-
« melle, je serais mort de froid. »

Après cette courte digression, la plus sage qu'il eût faite de sa vie, il se recoucha, et s'endormit d'un sommeil profond. Le soleil darda enfin sur lui ses rayons bienfaisans, et le rappela entièrement à la vie. Robert, en s'éveillant, sentit son cœur calme, sa tête libre, et son corps assoupli.

Dans sa position, un besoin nouveau succédait à un besoin satisfait. Il avait rendu son dîner, et son estomac tiraillé indiquait à la fois le mal et le remède. Il a encore la moitié de son lapin; mais s'exposera-t-il à une indigestion nouvelle, ou à tomber de langueur? Il faut opter cependant.

« Si j'avais un briquet, disait-il, de l'amadou,
« des allumettes, je brûlerais ces lambris, ces
« chambranles, ces planchers; je grillerais ma
« viande sur des charbons. Un briquet, de l'ama-
« dou, des allumettes, dont on fait si peu de cas
« dans le monde, et qui me seraient si utiles,
« doivent être l'ouvrage de bien des mains. Seul,
« je n'en peux produire la plus petite partie;
« seul, je m'ennuie, je souffre; la vie n'a nul
« charme pour moi. Oh! n'en déplaise à milord, il
« est bien que l'homme vive en société. »

Si Robert avait eu moins de répugnance pour la lecture, il eût su, peut-être, que les arts ne sont que la perfection des moyens naturels, aussi sûrs que lents. Il eût fait du feu en frottant deux morceaux de bois l'un contre l'autre, et si quelqu'un se fût trouvé là pour lui faire cette observation, il eût avoué de bonne foi que l'instruction est bonne à quelque chose, car il commençait à raisonner très-juste; mais des raisonnemens ne changeaient rien à son état. Bon gré, malgré, il fallut à tout risque avaler le reste du lapin cru, et essayer de le digérer à l'aide d'un violent exercice.

Il n'avait pas trouvé la mer en allant, la veille, à gauche; il était tout simple de la chercher à droite : il ne faut pour cela ni avoir lu, ni être logicien. Robert, armé de ses bâtons, prend sa course, boit un coup, en passant près d'une source, et arrive sur la crête de la falaise.

Une multitude d'oiseaux de toute espèce se balançaient entre le ciel et l'eau. Robert attend qu'ils s'approchent. Une heure, deux heures s'écoulent. Robert pense enfin que les oiseaux écossais ne se soucient pas plus que ceux de Dieppe du voisinage de l'homme. Il sent qu'il faut ruser ici comme ailleurs. Il observe la roche, il cherche une cavité qui puisse dérober et sa personne et ses desseins. Il tourne, il descend, il monte, il gravit, pour redescendre et remonter encore. Une ouverture vaste et profonde se présente au-dessus de lui. Il y parvient péniblement, en s'accrochant des pieds et des mains aux fentes, aux pointes formées par des fractures dans la pierre. Il entre, et il n'a pas fait quatre pas, qu'il entend un cri aigu; l'air s'agite fortement autour de lui; un oiseau de la plus grande envergure le renverse en passant, et va planer au-dessus de la mer.

Robert, étourdi du plus vigoureux soufflet que jamais figure humaine ait reçu, se relève, secoue les oreilles, et ne pense bientôt qu'à la faute qu'il a commise, en ne saisissant pas l'oiseau par une aile ou par la queue : il se fût vengé, et il eût assuré sa subsistance pour quatre jours. Combien de gens, de beaux diseurs surtout, ne trouvent ce qu'ils auraient dû faire ou répondre, qu'un quart d'heure trop tard!

Il s'avance dans cette espèce de grotte; il espère pouvoir s'y cacher et surprendre l'oiseau brutal, ou tel autre qui y aurait fait élection de domicile. En tournant, en tâtonnant, il porte la main sur quelque chose de chaud. Il approche la tête, il regarde attentivement : « Des œufs, « des œufs! s'écrie-t-il; vite, mangeons des œufs. « Quelle fortune, quel régal! » Il en casse un, gros comme son petit poing; il hume une substance molle, gélatineuse, sanguinolente, dont l'odeur lui blesse l'odorat. « Je comptais sur des « œufs frais, dit-il avec un soupir, et ceux-ci « sont couvés. J'en avais en abondance chez ma « mère, et je n'y faisais pas la plus légère attention. « Si du moins je pouvais me faire ici une petite « basse-cour! mais pour cela il faudrait démolir « une partie du château, cuire de la chaux, ou- « vrir la terre, bâtir; il faudrait des outils, réu-

« nir l'expérience de dix à douze artisans différens,
« et chaque jour, chaque minute me pénètrent
« du malheur d'être seul. Et puis, comment avoir
« des poules ? elles n'habitent pas les déserts ; elles
« cherchent l'homme, elles vivent de son super-
« flu ; elles sentent le besoin de la société, dont
« je me suis éloigné comme un sot. »

Quand un solitaire parle ainsi, il n'est pas loin de l'idée de se réunir à la grande famille, et elle fût probablement venue à Robert, s'il ne se fût cru privé de tout moyen d'exécution : point de désir sans espoir. Souffrir et se plaindre, voilà quel lui semblait alors son sort présent et futur.

Robert avait vu, aux bois de Boulogne, de Romainville, de Vincennes, la fauvette, la mésange, la linotte, revenir au nid dont sa cruelle curiosité les avait éloignées. Le gros oiseau devait donc revenir au sien, et Robert, tapi dans l'endroit le plus obscur de la grotte, attendait impatiemment son retour. En effet, la mère alarmée rentre à tire d'aile, et vient féconder et défendre les fruits chéris de ses amours. Elle se pose sur ses œufs ; celui qui manque l'éclaire sur le danger qui menace les autres.

Elle voit Robert. Leurs yeux se rencontrent, se fixent. Elle a cédé, quelques minutes avant, à une terreur panique. Le sentiment de sa force, la faiblesse de l'agresseur la rassurent ; elle attend son ennemi.

« Comment donc, monsieur, vous accordez

« du raisonnement aux bêtes ! — Sans doute,
« monsieur, puisque vous raisonnez. Les animaux
« n'ont-ils pas évidemment leur cri de joie, d'in-
« quiétude, de douleur, d'alarme ? et si leur
« langue pouvait articuler, que d'animaux parle-
« raient plus sensément que le père Malebran-
« che ! »

Robert, qui craint bec et ongles, mais qui est réduit à tout entreprendre, Robert se lève, se présente en avant du nid, les jambes ouvertes, les bras étendus. La mère attentive suit ses mouvemens; son bec recourbé s'aiguise, ses nerfs s'étendent, ses ongles aigus s'alongent.

Robert sent l'impossibilité d'attaquer à force ouverte, et la nécessité d'une tactique. Il se baisse, il se traîne sous le nid; il alonge vivement un bras; il saisit l'oiseau par le cou. Il était vainqueur, s'il n'eût cédé à la crainte; mais aux premiers mouvemens de la mère irritée, il lâche sa proie; il ne pense qu'à se dérober à son ressentiment. L'aigle, en liberté, fond sur lui, et l'attaque avec fureur. Robert n'a qu'un moyen, c'est de se mettre le visage contre terre. En un instant ses habits sont en lambeaux, sa tête est dépouillée de ses cheveux, elle est couverte de blessures. Tout malheureux qu'il est, il tient encore à la vie. Il se relève furieux, il a retrouvé un de ses bâtons. Éperdu, hors de lui, il frappe au hasard, mais il frappe sans relâche. L'aigle vaincue tombe à ses pieds, et lui paraît redoutable encore.

Il la traîne, il la porte, fier de sa victoire. Il se hâte de sortir de ce lieu... car enfin le mâle peut paraître, vouloir venger sa malheureuse famille, et Robert n'est plus en état de soutenir un second combat.

Oh! combien, pensait-il, il est plus commode de nourrir, d'engraisser cette volatile imbécille, qui se laisse égorger sans résistance, et à laquelle un cuisinier habile donne une forme si ragoûtante! Il faut ici que je me nourrisse de cette chair noire, dure, huileuse; que je remplace mes habits déchirés par cette peau emplumée, sans apprêt et puante! Oh, milord! milord! combien vous avez abusé de ma jeunesse, de mon inexpérience! Milord n'était pas là pour répondre, pour remédier au mal qu'il avait fait.

Robert voudrait laver ses blessures. Le ruisseau qui l'avait désaltéré, coule à travers les roches, et se jette dans la mer. Il faut, pour s'en approcher, vaincre les obstacles qu'offre à chaque pas un terrain inégal, et souvent coupé à pic. Robert, à qui ses deux mains suffisent à peine pour conserver l'équilibre, est gêné dans sa marche par le poids de son aigle, par un long cou, qui tantôt traîne derrière lui, tantôt s'embarrasse dans ses jambes. Il dépose son fardeau sur un tertre, et va chercher du soulagement à la douleur brûlante qu'il ressent à la tête.

Comment arrivera-t-il? quelquefois le ruisseau

est à deux pas de lui ; quelquefois il est forcé de s'en éloigner de dix toises. Il voit, à trente ou quarante pieds sous lui, un bassin de cette eau, qui joue, qui s'arrête dans une cavité de la roche. La pente est rapide, mais unie ; il n'a qu'à se laisser glisser. Il s'assied, il se laisse aller, il arrive. Un bain salutaire étanche son sang et en calme l'ardeur. Oh! s'il avait des ciseaux! il couperait ses cheveux qui vont retomber, se sécher dans ses plaies, les irriter encore. Mais que de mains employées, avant que le fer deviné, tiré de la terre, coulé, forgé, limé, poli, devienne enfin un instrument tranchant ! Robert avait vu des maçons, et n'avait pas d'idée de l'exploitation des mines ; mais il désirait des ciseaux, et il sentait qu'il ne pouvait en faire.

Lavé à grands flots, pansé tant bien que mal, désaltéré, rafraîchi, il leva les yeux vers l'endroit où il avait laissé son aigle. Ce talus, qu'il avait descendu, en sacrifiant son unique culotte, lui offre une roche presque droite et unie sur toute sa surface. Nul homme ne la remonterait sans échelle, autre instrument si nécessaire, si simple, et dont il faut encore qu'un enfant de la nature apprenne à se passer.

Quand on ne peut pas remonter, il faut s'arrêter, ou continuer à descendre. S'arrêter là où il n'a que de l'eau pour toute nourriture, et que le ciel pour toit! Robert se tourne une dernière fois vers son aigle, qui lui coûte si cher, qui est en ce moment son unique ressource, et il se décide à l'abandonner et à descendre.

Il espère trouver au bas de la falaise un chemin praticable qui le ramènera au point d'où il est parti. Il se promet bien, s'il surmonte tant de difficultés, de s'éloigner à jamais de ce malheureux château, et d'aller chercher des hommes. Ils peuvent être rares dans ce canton; mais enfin l'Écosse n'est pas un désert. Oh! s'il avait eu plutôt cette bonne idée! mais l'expérience est ordinairement le fruit du malheur, et celle des pères est perdue pour les enfans : un savant, je ne sais plus lequel, nous a déja dit cela.

Aux dépens de la peau de ses genoux, de ses mains, de la doublure naturelle de sa culotte, Robert glissant, s'accrochant, sautant de pierre en pierre, s'arrête tout à coup sur une vaste plate-forme, et là, cessant de craindre pour sa vie, il porte la vue autour de lui... Un banc d'huîtres, blanches et dodues, qui s'ouvrent à l'approche du flux qui va leur apporter une eau nourrisante et nouvelle!... « Passe pour des huîtres, « disait-il, cela peut se manger cru.» Et en effet il en avait mangé à Paris, sans savoir d'où elles viennent, comme tant de bonnes gens ignorent par quels travaux se prépare leur petit pain au lait. Labourer, semer, herser, sarcler, moissonner, battre, faner, moudre avec une mécanique, à laquelle ont concouru le charpentier, le menuisier, le carrier, le serrurier, le fabricant d'étamine, le chamoiseur; et puis le maçon qui a construit le four; le mitron qui a pétri et fait lever la pâte; le bûcheron qui a fourni de quoi la cuire; le commissaire qui veille à ce que la mitronne ne vole pas le public; que de choses à faire avant de tremper la flûte dans la bavaroise au lait!

Robert, qui a renoncé à ses aises, ne pense ni à la flûte, ni au pain mollet. Il se console, à l'aspect des huîtres, de la perte de son aigle, qui, après tout, n'était pas fort à regretter. Il insinue un doigt dans un de ces coquillages ouverts. L'animal le reploie, s'enferme. Robert veut retirer son doigt; l'huître, qu'on enlève de la roche sur laquelle elle est née, sur laquelle elle a crû, l'huître serre plus fort, et Robert pousse des cris qu'étouffe le mugissement des vagues.

Cette roche, jusqu'alors si perfide, lui devient pourtant favorable. Il frappe contre la pierre l'impitoyable étau dans lequel son doigt est broyé; il frappe à coups redoublés, et avec tant de violence, que la charnière qui unit les deux parties se brise. Il a rendu la liberté à son doigt, mais à un doigt coupé jusqu'à l'os. Plaies à la tête, plaies aux reins, aux fesses, aux coudes, aux genoux, à la main, Robert n'était qu'une plaie, et toujours, toujours de tous ses maux la faim était le plus cruel.

Ces fables de La Fontaine, que les enfans répètent comme des perroquets, avec les gestes et les minauderies de leur institutrice mère; ces fables que doit écouter tout venant, auxquels il doit applaudir, et dont il faut se défier comme de la fortune du pot, du gigot qui a bon goût, du vin du crû, d'une femme d'un bon caractère, des talens de la demoiselle de la maison; ces fables si naïves, si instructives pour l'âge mûr, furent inutiles à Robert. Il n'avait ennuyé les amis de maman que du *maître Corbeau* et de la *Cigale*: il n'avait pas poussé ses études plus loin. S'il eût appris la fable du *Rat et de l'Huitre*, il s'en fût souvenu dans cette circonstance. Il la connut plus tard, et l'appliquant à des objets d'une autre importance, il en recommandait la lecture, avec l'enthousiasme que mettait le bon La Fontaine à préconiser Baruch.

DEUXIÈME PARTIE.

CHAPITRE PREMIER.

Il faut pourtant le tirer de là.

Des milliers d'huîtres, entr'ouvertes, s'offraient de toutes parts au malheureux affamé. Il les regardait, il les convoitait. Un penchant irrésistible le pousse, et il tremble pour ses doigts. Que deviendra-t-il, s'il se met dans l'impuissance de se servir de ses mains! Que deviendra-t-il encore, s'il ne mange pas d'huîtres?

O! bienheureux rocher de Cancale, où les gourmands se gorgent de ce coquillage, sans avoir même recours au couteau que Robert, en ce moment, eût préféré aux trésors de Golconde; où on prévient les désirs, où on vous épargne jusqu'aux moindres soins, où on mâcherait pour vous, si vous le désiriez, où on digèrerait même pour le prochain, si la chose était possible! Il est vrai que chaque mangeur doit, pour sa part, payer le loyer, les garçons servans, monsieur le chef de cuisine, le triste feu du poêle, les viandes qui ne sont pas consommées. Il faut qu'il paie le blanchissage, le vigneron, les droits d'entrée, le boulanger, l'écailleuse et sa marchandise. Il faut encore qu'il paie sur tous ces objets, étrangers à la maison, vingt-cinq pour cent de bénifice au maître. Oh! c'est une grande économie que de manger des huîtres au rocher de Cancale!

Voyons enfin comment Robert mangera les siennes. Il tournait non autour du pot, qui naguère cuisait pour lui, sans qu'il s'en mêlât, mais autour de l'immense cloyère qui s'offrait à lui. Il avançait, il reculait; ... un caillou, auquel le bout de son pied a communiqué du mouvement, tombe entre deux coquilles qui se resserrent sans pouvoir se fermer. Robert s'approche, il examine, il observe; il s'assure, par différens essais, que le caillou est aussi fortement comprimé que l'a été ce pauvre petit doigt. Il en hasarde un second, un troisième, il arrache l'huître à sa retraite, il l'avale... Oh! qu'elle lui parut bonne! oh! combien lui parut précieuse cette multitude de cailloux que jusqu'alors il avait foulés avec dédain! Il en remplit ses poches, il va d'huître en huître, et il insinue chaque caillou avec le sourire de la sensualité.

Bientôt il n'a plus qu'à se baisser et prendre, bientôt il commence son repas. La délicatesse du mets, sa faim inextinguible, eussent fait de ce dîner l'emploi du reste de la journée, si l'Océan, sans considération pour l'innocent dévastateur, ne fût venu mouiller successivement le bout de son pied, sa cheville, et une partie de ses petites jambes. Convaincu de la nécessité de faire retraite, Robert regarde derrière lui : toujours les mêmes difficultés pour remonter. Il faut gravir pourtant, ou être submergé.

Il mesure de l'œil les différentes roches qui sont accessibles encore. Il a retrouvé des forces et du courage ; il fait des efforts inouïs. Il recule, il monte, il retombe ; il parvient enfin à la surface d'une pierre, où il n'a rien à craindre de la fureur des vagues, où il peut se coucher, sur laquelle même il peut se promener par trois pas dans tous les sens.

Il regarde au-dessus de lui ; ... nul moyen de monter plus haut. Il regarde à droite, à gauche ; nulle apparence de sentier. Partout, une roche perpendiculaire, ou saillante, lui ôte jusqu'à l'espérance. Si du moins ce banc de coquillages s'étendait au loin, il le suivrait à la marée basse, il trouverait probablement quelques ouvertures praticables ; mais ce banc est borné ; son œil en a embrassé l'étendue, et il n'a vu aux deux extrémités que les flots battant, dégradant le pied de la falaise.

Heureusement son ruisseau est à sa portée. Ses huîtres sont, à la vérité, abondantes et d'un goût excellent ; mais s'il doit passer là sa vie, exposé aux injures du temps, cloué douze heures par jour sur cette pierre, c'est devenir huître lui-même.

La nuit qui s'approchait, rendait de moment en moment ses réflexions plus sombres et plus douloureuses. Un vent de bise qui s'élève tout à coup, une pluie froide, le glacent jusqu'à la moelle des os. « Pas un abri, s'écriait-il, et mes habits « sont en lambeaux ! »

C'est alors qu'il regrette ce misérable château, qu'une heure auparavant il voulait fuir sans retour; c'est alors qu'il maudit milord, qu'il lui attribue ses maux présens, et ceux qui lui sont réservés. Il appelait à grands cris sa mère, qu'il gémissait alors d'avoir abandonnée, et qui, même en le punissant, était si loin des rigueurs de cette implacable nature, dans les bras de laquelle il s'est imprudemment jeté. Il invoque, il supplie, il regrette son ami Rifflard, qui, sage et heureux au sein de sa famille, jouit de l'industrie de ses contemporains, en attendant l'époque où il pourra, à son tour, payer sa dette à la société. Ces souvenirs lui arrachent des pleurs; ses yeux remplis de larmes ne lui permettent plus de distinguer les objets. Il les essuie cependant; il craint de franchir, sans s'en apercevoir, le court espace qui le sépare du précipice et du néant : tout malheureux qu'il est, il tient encore à la vie.

Ciel ! ô ciel !... se trompe-t-il ?... est-ce une illusion, un songe ? une barque à voiles et à rames longe la côte, et va passer à cent verges de lui ! Il ne peut en croire ses sens. Il essuie ses yeux

encore, il les frotte, il les rouvre... « Oui, oui!
« c'est bien une barque, c'est un sauveur qui
« s'offre à moi. »

Mais les vents qui sifflent lui permettront-ils
de se faire entendre? Il s'élance sur la pointe
des pieds, il élève les bras, il appelle, il crie.
L'espérance soutient, nourrit cette voix grêle,
dont les sons se perdent dans l'immensité. La
barque suit sa route; quelques minutes encore,
et elle aura dépassé le malheureux. Robert juge
qu'il n'est pas entendu, qu'il ne peut l'être, et
le désespoir s'empare de lui Il achève de mettre
en pièces ses vêtemens, dont les restes devaient
lui être si précieux! il en jette les lambeaux çà
et là; il s'arrête à la pensée de se précipiter lui-
même, et de terminer en un instant ses malheurs.

Sa chemise percée, déchirée de toutes parts,
s'attache à une pointe de la roche; le vent la
soulève et la fait voltiger à son gré. Cette chemise, déplorable reste de son opulence passée,
devient le gage de son salut. Elle a été vue par
le maître de la barque, qui soupçonne quelque
chose de la vérité. Il cherche à pénétrer les ténèbres qui s'épaississent à chaque instant; il croit
distinguer un être nu et souffrant : il cingle droit
sur la falaise.

Oh! de quel horrible poids Robert fut délivré,
lorsqu'il vit cette barque protectrice s'approcher
de lui! Il ne pense plus à mourir; la vie lui re-

devient chère. Il croit que la sienne peut être fortunée encore; il jouit surtout de l'idée de la passer avec des hommes.

« (1) What do you do here, lui dit le patron ? « Par grace, sauvez-moi, lui répond l'enfant. (2) « You don't speak english, réplique le marinier ? « — Mon bon monsieur, je suis à demi-mort de « froid. — (3) Since it is so, I must speak « scotch. » Je ne vous rendrai pas ce que le bonhomme dit en écossais, parce que je ne l'entends pas plus que Robert n'entendait l'anglais. Je vous apprendrai seulement que l'honnête marin prit l'infortuné dans ses bras, le porta dans son bateau, le roula dans une vieille capote, lui fit prendre deux doigts de rum, et remit à la voile.

La belle chose que la société, pensait Robert réchauffé, transporté mollement! A peine ai-je rencontré un homme, que mes malheurs sont finis !... Projets insensés, où m'aviez-vous réduit !

La barque s'arrête dans une anse près de Sincler, endroit misérable, habité par des gens dont la plupart arrachent à la mer une subsistance que le sol leur refuse, mais dont la misère n'a pas éteint la sensibilité.

Le bon pêcheur reprit l'enfant, et le porta à sa cabane. Des murs enfumés, de la terre battue

---

(1) Que faites-vous ici ?
(2) Vous ne parlez pas anglais ?
(3) Puisque cela est ainsi, je vais vous parler écossais.

pour plancher, un toit de roseaux, en voilà la description. Une femme, des enfans en guenilles, mais frais, gaillards, dispos, se nourrissaient d'un peu de pain noir, de poisson grillé, assaisonné d'un grain de sel, et de quelques topinambours qui croissent dans le sable comme ailleurs. Ils avaient pour lit la paille de l'orge dont se nourrissait la famille. Si le poisson abondait, on allait en vendre le superflu à Wick, et l'épouse attentive en rapportait quelques douceurs, uniquement réservées pour son mari, qui s'exposait à tout, qui bravait tout pour soutenir son humble ménage. Les femmes de ses compagnons avaient pour leurs époux les mêmes soins, les mêmes égards. La pauvreté, le travail et l'éloignement des villes, produisent ordinairement des mœurs et des vertus.

Cette cabane, ses habitans qui, dans des temps plus fortunés, eussent révolté la délicatesse de Robert, lui paraissaient alors un séjour enchanté, les premiers des humains. Il est accueilli, caressé, fêté, soigneusement pansé; il revoit du feu, du pain; le gril est placé sur la braise; on prépare le poisson; Robert en mangera sa part, et il la mangera cuite! Pour concevoir son ravissement, il faut, comme lui, s'être tiré d'une situation désespérante.

Le pêcheur et sa femme se parlaient, paraissaient se consulter, pendant qu'ils soupaient tous, assis sur de mauvaises bancelles, autour d'une table vermoulue. Ils adressaient de temps en temps la parole à Robert, qui branlait la tête et qui ouvrait les bras, ce qui veut dire partout : Je ne vous entends point. Franecis, Franecis, moutsiou? s'avisa enfin de baragouiner le mari. Oui, oui, répondit Robert, je suis français. Nos bons Écossais parlèrent quelques instans encore, firent signe à Robert de s'aller jeter sur la paille à côté de leurs enfans, et se retirèrent dans leur coin, entre le sommeil et l'amour.

Nous trouvons extraordinaire, nous autres gens du bon ton, que ce qu'il nous plaît nommer la canaille, connaisse aussi l'amour. Aucune de ces tournures de phrases si délicates, si sentimentales; aucun de ces préliminaires charmans, qui tiennent lieu à l'homme usé de ce qu'il envie au fort de la halle. Veux-tu, mon cœur, dit celui-ci? je le veux, Jacques, répond la fille aux joues rebondies et colorées, et leurs plaisirs les mettent fort au-dessus de tant de jolis messieurs, de belles dames, qui soupirent les vers de Tibulle, de Pétrarque, du Gentil-Bernard, et qui souvent s'en tiennent là, faute de pouvoir faire mieux.

Robert dormit d'un profond sommeil, et cela devait être; mais comme les nuits sont longues, lorsqu'on se couche immédiatement après souper, et qu'on soupe à sept heures, Robert éveillé avant le jour, repassait dans sa mémoire les différens évènemens de sa vie : notre mémoire est notre bourreau dans le calme et l'obscurité. Très-près du malheur encore, il gémissait de ses fredaines, il regrettait ce temps heureux, où il avait à peine repassé le seuil de M. Morisset, qu'il se livrait avec ses camarades à ses saillies, à sa gaîté, en attendant un excellent dîner, dont les apprêts ne le regardaient pas. Il est vrai qu'il fallait étudier, ou en faire le semblant, deux heures le matin et autant l'après dîner; mais que M. Morisset, que sa mère fussent satisfaits ou non, il n'était jamais réduit à manger du lapin cru, à se battre avec des aigles, à vivre sur une pointe de rocher. Voilà pourtant, pensait-il, où m'a conduit la manie des projets : je n'en ferai de ma vie.

Je vais me lever avec le soleil. Le bon pêcheur me laissera sa grosse capote; il me donnera la chemise d'un de ses enfans, la culotte d'un autre... Oui, mais des bas et des souliers?... Ses enfans n'en ont pas, et je puis m'en passer comme eux. Je me mettrai en route; je trouverai sûrement à Wick le paquet-boat qui m'a apporté ici. Le capitaine me reconnaîtra, il me prendra à son bord, et me conduira à Dieppe, d'où je me rendrai à Paris... Et la voiture? j'ai l'habitude d'aller à pied... Mais les auberges? il me restait neuf francs, et je les ai jetés à la mer avec le dernier morceau de ma culotte. Imbécille, insensé!... Bah, bah, je suis joli garçon, mademoiselle Louison me l'a dit, et un joli garçon intéresse toujours. Je rencontrerai quelque dame, quelque lord qui n'aura pas la manie d'être l'homme de la nature, et j'arriverai commodément chez ma mère. Ma mère grondera... Non, elle ne grondera pas; elle sera trop aise de me revoir, et puis si elle a de l'humeur, qu'en résultera-t-il de pis? du pain et de l'eau. J'en aurai du moins en abondance, de ce pain si blanc, si beau, qui me paraîtra délicieux, puisque j'ai trouvé si bon ce vilain quignon noir dont j'ai soupé hier.

Je retournerai chez M. Morisset. Je suivrai en tout l'exemple de Rifflard. Je me vois d'ici le plus fort écolier de ma classe, de ma pension, de l'Université. A la fin de chaque année, j'enlève tous les prix. Mon nom devient célèbre; on ne parle que de moi. Monsieur le recteur me présente partout.

Un président au parlement m'engage à faire mon droit; un maréchal de France à entrer au service; un archevêque à prendre mes degrés en Sorbonne. Je me décide pour le barreau. Mon éloquence me fait des protecteurs puissans, on m'offre une charge de conseiller... A propos, cela se donne-t-il, cela se vend-il, une charge de conseiller? N'importe, me voilà membre d'une cour souveraine. Mes rapports étonnent, séduisent, entraînent. Le Roi me mande chez lui, me dit de très-jolies choses, et me fait son chancelier. Oui, oui, voilà qui est supérieurement vu, et qui vaut bien mieux que des projets.

Pendant que Robert en enfantait de puérils et d'invraisemblables, le maître pêcheur était sorti, et rentra accompagné d'un homme qui portait une robe de bure grisâtre, un bonnet, jadis noir, qui tombait sur ses oreilles, des guêtres et de gros souliers ferrés. Il s'approcha de Robert, courbé sur son bâton, et lui parla français.

Avec quel plaisir notre aventurier entendit sa langue maternelle ! avec quel empressement il répondit ! Un mot, une question amenait une histoire qui ne finissait pas. Le vieillard écoutait avec intérêt, avec sensibilité. Au bout d'une heure, il n'ignorait rien de ce que Robert avait fait, dit et pensé.

« Je suis bien pauvre, lui dit-il ; mais j'ai tou-
« jours quelque chose en réserve pour celui qui
« a moins encore. Levez-vous et suivez-moi. »

Robert ne fait pas répéter. Il prend la capote sous un bras, la culotte du fils aîné sous l'autre ; il s'en est accomodé, il va s'en vêtir... Le pêcheur lui parle avec douceur, avec bienveillance, et le vieillard traduit avec un ton plein de bonté. Le pêcheur avait dit à Robert que son fils ne possédait qu'une culotte, et qu'il était assez naturel qu'il la conservât ; qu'une capote est très-utile en mer, en temps de pluie, et que lorsqu'on ne peut en acheter une neuve, il faut garder celle qu'on a.

Robert devenait industrieux. Ne pouvant avoir de vêtemens à lui, il s'avisa de partager ceux d'autrui. Il lève la jaquette du bon vieillard, s'enfile dans sa soutanelle, se colle à lui, et sort sa tête par la fente de sa poche, afin de pouvoir respirer et de voir à se conduire.

Il suivait gaiment son nouveau patron. Celui-ci s'arrête en sortant de la chaumière, et lui montrant du doigt l'Océan et la roche, d'où il avait été tenté de se précipiter : « Voilà, dit-il, l'en-
« droit où vous étiez hier, où vous pensiez termi-
« ner votre misère et votre vie. Un homme qui
« ne vous devait rien, s'est exposé pour vous ar-
« racher à la mort; il vous a conduit dans sa ca-
« bane; sa femme vous a reçu comme un de ses
« enfans, et déjà ce bienfait est effacé de votre
« mémoire! Robert, l'étourderie est l'écume que
« jette une bonne tête qui fermente encore; l'in-
« gratitude est un vice du cœur : êtes-vous étourdi,
« ou ingrat? »

Robert ne réplique pas un mot. Il rentre sa tête, s'échappe de dessous la robe du digne homme, court à travers la chaumière, embrasse tous ceux qu'il rencontre, les embrasse encore, en leur criant : Je vous remercie. On n'entendait rien de ce qu'il articulait; mais son teint animé, ses gestes expressifs, son œil humide, disaient tout. Il est un langage que les mille et une grammaires n'enseignent pas, et qui est senti par les hommes de tous les lieux et de tous les temps. Le pêcheur secoua la main et le bras de Robert; sa femme le pressa sur son sein. Le bon vieillard regardait de la porte, et une larme de plaisir coulait sur ses joues, sillonnées par le temps.

CHAPITRE II.

Le bon prêtre.

Le protecteur et le protégé arrivèrent à une habitation qui n'était pas fort au-dessus de celle du pauvre pêcheur. Une vieille gouvernante grogna, en voyant arriver un petit être absolument nu, que sans doute on allait habiller de la tête aux pieds. Le bonhomme la laissa dire; il ne transigeait pas avec ses devoirs, et il croyait la charité le premier de ceux qu'il eût à remplir. Par ménagement pour la chasteté de Betty, il passa Robert dans une vieille culotte de panne noire, dont la jarretière descendait à mi-jambes, et dont la ceinture montait jusque sous les aisselles. Le costume n'avait rien d'élégant; mais il était économique, car enfin, un gilet, une vieille paire de souliers avec cela, et voilà le petit malheureux équipé de pied en cap.

Pendant que le vieillard cherchait, dans ses guenilles, de quoi compléter l'ajustement de Robert, l'enfant regardait du coin de l'œil le reste d'une éclanche de mouton, flanquée de carottes et de navets. Le brave homme intercepta un de ces regards de convoitise; il suspendit ses recherches pour mettre le plat devant Robert. « Avec quoi

« dînerez-vous? lui dit l'acariâtre Betty. — Ses be-
« soins sont plus pressans que les miens, répon-
« dit le bonhomme. »

Betty était prévoyante, et elle avait deviné juste. Robert festoya si bien le gigot, qu'elle et son maître ne trouvèrent à midi que des os à racler. Le vieillard mangeait un morceau de pain de seigle, et sa figure était rayonnante. « Du pain « sec! gromelait Betty entre ses dents. — Il est dé- « licieux par le bien que j'ai fait à cet enfant. « Voyez comme il est gai, comme il joue! — Bah! « croyez-vous que ces évêques, qui ont cuisinier, « laquais, équipage.... — Betty, ne condamnons « personne, et prions pour tous. »

Il faut enfin vous faire connaître cet homme extraordinaire, qui honorait une profession qu'on regarde comme honorable; qui, sans faste, sans orgueil, pratiquant la vertu par penchant et par goût, était digne de servir de modèle à tous ses confrères... Il vécut et mourut pauvre, heureux et ignoré.

Son père, William Cammeron, avait suivi le roi Jacques, détrôné, fugitif, pour avoir manqué des qualités nécessaires à un roi, à qui il en faut tant pour prévenir ou calmer les convulsions du corps politique! Cammeron aimait son prince. Brave officier, homme sage, éclairé, mais abusé par ses désirs, il espérait aider à rétablir Jacques sur le trône, ou mourir à ses côtés.

Son fils avait vingt ans. C'est l'âge où l'on commence à juger ; c'est aussi celui où l'on s'égare. Le jeune homme prédit que Guillaume, brave, actif, entreprenant, ayant pour lui les vœux du peuple anglais, l'emporterait enfin sur son rival. Il est dur, pour un grand cœur, de recevoir des bienfaits d'un prince qui ne se soutient que de ceux d'une cour étrangère, et qui renonce à la gloire, à vingt ans, est capable de tous les sacrifices. Cammeron se dévoua. Il prit les ordres, et repassa en Écosse, après quelques années de séjour en France. Il trouva des infortunés à qui on voulait ôter tout, jusqu'à leurs opinions religieuses. Il les consolait, il les encourageait, il maintenait, il rétablissait la paix dans les familles. Quelquefois il manquait du nécessaire ; il prenait patience, en pensant au bien qu'il avait fait.

Robert joignait à sa jolie petite mine une imagination vive, la repartie juste et prompte, et la véritable vertu se plaît quelquefois à sourire. M. Cammeron s'attachait de jour en jour à l'enfant. En revanche, l'aversion de la vieille Betty croissait en proportion de l'amitié de son maître, et avait-elle tant de tort ? Quand on n'a entre deux personnes que la moitié de ce qu'il faut, et qu'un intrus, riant, sautant, caressant, dévore à lui seul les deux tiers de cette moitié-là, il est assez naturel d'avoir de l'humeur, à moins qu'on ne soit un ange, et Betty n'avait rien d'angélique, rien absolument. Elle eût été une admirable gouvernante d'évêque, si la dignité de ces messieurs pouvait se borner aux services d'une vieille fille. Elle eût engagé monseigneur à donner son superflu, si elle eût pu le déterminer à en avoir; elle eût été enchantée d'être le canal des graces, de jouer un rôle dans les alentours de la cathédrale, de recevoir les révérences des bonnes femmes, et le salut de protection du suisse, qui par toute la chrétienté se croit un personnage, parce qu'il a un peu de galon, un nœud d'épaule et un baudrier qui ne lui appartiennent pas, parce qu'il porte une rouillarde en dépit de ces paroles expresses : *Quiconque tire l'épée, périra par l'épée...* Il est vrai que les suisses d'église ne la tirent jamais.

Mais, sans scrupule et sans danger, ils donnent de la pointe du bâton de leur hallebarde sur les pieds de ceux qui ne se rangent pas assez vite, et les contorsions de l'inconcevable patient ne leur font rien perdre de leur grand sérieux. C'est l'âne chargé de reliques, qu'un suisse de paroisse.

Où en étais-je donc?... A Betty, qui n'était pas digne d'être la gouvernante d'un pauvre prêtre écossais, qui haïssait Robert, qui le lui rendait bien.

Quel plaisir pour M. Cammeron, de calmer les inquiétudes d'une mère ! Son premier soin avait été d'écrire à madame Robert. Il faisait l'éloge des qualités physiques et morales de l'enfant; il le croyait propre à tout; il ne doutait pas qu'il fût un jour l'honneur de sa famille; enfin il avouait que ses moyens ne lui permettaient pas de le renvoyer; mais s'il plaisait à madame de lui adresser une lettre-de-change sur Edimbourg, il y conduirait l'enfant, le mettrait dans le coche de Londres, où il serait reçu par un pauvre prélat, condamné d'avance, comme lui, à être pendu, s'ils étaient surpris disant la messe, ce qui ne les empêchait pas de la dire tous les jours. Les hommes sont de bizarres animaux. Ils pendent ici ceux qui disent la messe; ils brûlent là-bas ceux qui n'y vont point... Pas de réflexions là-dessus : Dieu a fait l'homme à son image.

Où en suis-je encore ? Ah ! le pauvre évêque de Londres ne manquerait pas d'envoyer le petit à Douvres, d'où la maison Minet, qui est de tous les pays et de toutes les religions, l'embarquerait pour Calais, d'où le père gardien des capucins le mettrait en route pour Paris. En attendant la réponse de madame Robert, M. Cammeron avait soin de faire employer le temps à son fils. Il commençait la journée par servir, dans une cave, une messe qui en valait une chantée dans une basilique, si tant est.... Après la messe, le déjeuner; après le déjeuner, la lecture, l'écriture et la déclinaison de *musa ;* ensuite, une heure de récréation ; puis le dîner, et jusqu'au coucher, répétition, à la messe près, des exercices du matin.

Robert se prêta d'abord très-volontiers à tout cela : il se doutait bien que pour être chancelier il faut savoir un peu de latin. Mais à mesure que l'aigle et le lapin cru s'effaçaient de sa mémoire, l'ennui de la science se faisait sentir, et le goût de la simarre et des sceaux s'affaiblissait sensiblement. Bientôt le travail lui parut pénible, et enfin il ne fit plus rien, qu'autant qu'il y était forcé par la présence de M. Cammeron.

Et comme il fallait qu'il fût toujours occupé de quelque projet, il chercha, avec l'ardeur infatigable de la vengeance, les moyens de rendre à Betty les niches secrètes qu'elle lui faisait.

Betty n'osait contrarier ouvertement son maître; mais elle faisait les portions, et elle manquait rarement de glisser dans celle de Robert une poignée de sel ou de poivre. Robert s'en apercevait à merveille, et mangeait toujours, en prenant note, dans sa mémoire, de chacun des tours que Betty lui jouait. M. Cammeron prétendait ne pouvoir avaler sa modique pitance, et il passait à Robert ce qu'il lui plaisait d'appeler son superflu. Si le maître et l'élève regardaient la porte ou la croisée, une mouche ou un hanneton, crac, une pincée de cendres tombait dans l'écuelle. Robert, sans se démonter, prenait le coin d'une grosse serviette qui servait ordinairement pendant la quinzaine, il en faisait une espèce de chausse, et il trempait son pain dans la sauce qu'il avait clarifiée. M. Cammeron, en voyant le manége du petit, disait doucement à sa gouvernante : « Votre vue « s'affaiblit, ma bonne; vous laissez souvent tom- « ber quelque chose dans la casserole » Betty ne répondait rien, et en continuant d'apprêter le dîner de son chat, elle se promettait bien de recommencer.

Un jour Robert trouvait du crin haché dans ce qu'on appelait son lit. Le lendemain matin, le fond de sa culotte était farci de têtes de chardons. Il était furieux ; il se contenait à peine. Les égards que marquait M. Cammeron à une ancienne domestique, qui lui avait sacrifié toute sa vie, balancèrent pendant quelque temps ses projets de vengeance ; mais une pierre que Betty avait eu l'air de jeter à un chien, de six pouces de haut, et qui le frappa à la tête, le fit passer sur toutes les considérations.

Il commença par cacher une jarretière, que Betty, sans mot dire, remplaça par un bout de ficelle. Il jeta au feu un bas, que Betty remplaça par un chiffon. On attaquait, on se défendait sans éclat, et cette guerre sourde état toujours subordonnée au respect qu'on portait au maître.

Cependant l'impassibilité apparente de Betty avait un but que Robert ne soupçonnait pas. Elle voulait lui inspirer la confiance de l'impunité, et l'amener à quelque espièglerie assez grave pour qu'elle pût l'attaquer avec avantage dans le cœur de M. Cammeron. Robert donna dans le piége. Il enrageait qu'on eût l'air de ne s'apercevoir de rien. Qu'est-ce en effet que la vengeance, si on ne jouit pas des angoisses de son ennemi ? Robert, piqué au jeu, se décida à frapper les grands coups. Il jeta dans le puits une paire de poches neuves et un tablier qui ne l'était pas. Il était fait d'un morceau de taffetas vert, que la reine, femme de Jacques second, avait, à l'aide de son aiguille et d'un peu de fil d'or, transformé en un bel étendard, qu'elle avait confié au père Cammeron. Celui-ci, en mourant, l'avait envoyé à son fils, et comme il ne savait pas broder, et que l'on conduit difficilement sa plume lorsqu'on est à l'agonie, il avait écrit, tant bien que mal, sur l'étendard : *Apprenez à mourir pour vos rois.* Le jeune Cammeron, persuadé que sa mort ne pouvait être utile à personne, et que sa vie l'était à ses pauvres Écossais, avait religieusement baisé l'étendard, et l'avait serré dans son tiroir.

Betty était jeune et jolie lorsqu'elle était entrée à son service, et il n'avait que des privations à lui faire partager. Un montagnard, beau, bien fait, avait offert sa main; il plaisait à Betty, et Betty lui dit : « Je vous crois nécessaire à mon « bonheur; mais je suis plus nécessaire encore à « M. Cammeron, et je reste avec lui. » Si le bon prêtre eût pu, en ce moment, disposer d'un trésor, il l'eût offert à Betty. Son morceau de taffetas vert était ce qu'il avait de plus précieux; il le lui présenta en disant : *C'est le denier de la veuve.*

Betty s'en parait aux bonnes fêtes de l'année, et l'enfermait soigneusement, de la Toussaint à Noël, et de Noël à Pâques. Qu'on juge de son chagrin, de ses exclamations, lorsque, le jour de la Pentecôte, elle chercha son tablier, et le chercha en vain! M. Cammeron lui représentait, avec sa douceur ordinaire, que tout ici bas est périssable, et qu'attacher un instant de bonheur à telle ou telle parure, c'est descendre au-dessous de soi. Robert, allant, venant, jouissait des clameurs, des gémissemens de Betty. Le petit coquin!

Cependant l'heure de l'office approchait, et il fallait laver la casserole, qui servait aussi à M. Cammeron de cuvette et de plat à barbe. Betty, pleurant, grondant, fut tirer un seau d'eau au puits, et elle ramena ses poches et son tablier pendans au crochet de la corde. Ce n'était ni elle, ni M. Cammeron qui avait jeté ces belles choses-là dans le puits : ce ne pouvait être que Robert. Sa douleur se changea en joie ; elle rentra triomphante, pièces de conviction à la main, et elle accusa son ennemi.

Robert voulut se défendre. Sa négligence, sa paresse, avaient réfroidi son patron, et le rendaient facile aux insinuations de sa gouvernante. Il interrogea le coupable avec un ton sévère qui l'intimida. Robert hésita, balbutia, et confessa son crime. Betty exigeait qu'il fût chassé à l'instant. « Non, répondit M. Cammeron. Il est sans « ressources, et je ne réduirai pas au désespoir « un enfant qui peut se corriger. »

On attendait toujours la réponse de madame Robert, qui ne répondait point, par une excellente raison : elle n'avait pas reçu la lettre du bon prêtre. Le paquet-boat de Douvres avait été surpris à moitié chemin par un grain, qui bientôt devint une tempête, et qui jeta le bâtiment sur un banc de sable à la côte de Middelbourg. Il talonna, il s'entr'ouvrit; les matelots se désespérèrent, prièrent, se noyèrent, et la malle aux lettres vogua sur la mer du Nord, qui n'est pas du tout le chemin de Paris.

« Voyez, disait le bon prêtre à Robert, voyez
« à quel point vos fredaines ont indisposé ma-
« dame votre mère! elle ne daigne pas me répon-
« dre, à moi, qui ne peux avoir d'autre tort à
« ses yeux que de vous avoir recueilli. Vous êtes
« un mauvais sujet, Robert, et cependant je ne
« vous abandonnerai point, car enfin, ne faire
« du bien qu'à ceux qu'on aime, c'est vouloir
« toujours jouir, et il n'y a pas de mérite à cela. »

Robert était d'un caractère irascible. Persuadé de la légitimité du droit de représailles, il croyait n'avoir rien à se reprocher envers Betty, et je suis tenté de penser comme lui. Persuadé encore que rien ne le rétablirait dans les bonnes graces de M. Cammeron, il cessa de se contraindre, et il se livra à des excès... mais à des excès!... vous allez voir.

Je vous l'ai dit, Betty avait un chat, un chat maigre comme elle et son maître, parce que comme eux il avait toujours faim. Après M. Cammeron, *Love* était, de tous les animaux, le plus cher à Betty, et elle ne prévit pas, elle toujours si prévoyante, à quel point la vengeance peut pousser l'atrocité. Enhardie par l'impunité et la confiance absolue de M. Cammeron, elle ne cessait de faire à Robert des niches plus ou moins piquantes. Un soir il trouva au bout de sa paillasse un fagot d'orties, qui lui mit en cloches les pieds et la moitié inférieure des jambes. Robert dévora sa douleur. Il eût mieux fait, allez-vous dire, de jeter les hauts cris, et de convaincre Betty, comme elle l'avait convaincu, lorsqu'elle tira du puits ses poches et son tablier. Vous n'y êtes pas, vous ne réfléchissez pas, vous ne connaissez pas les ressources d'une fille vieille, dévote, et qui a le diable au corps. Betty avait préparé ses moyens de défense. Celui qui avait été capable de jeter à l'eau ses effets les plus précieux, ne se lassait pas de la poursuivre, et voulait enfin la calomnier. Il n'avait pas balancé à se faire un peu de mal, pour lui causer le plus cruel de tous, la perdre dans l'esprit de son maître, et auquel des deux eût cru M. Cammeron, déja très-prévenu contre Robert?

La pénétration du petit n'allait pas jusqu'à deviner un tel coup. Il enragea en silence le reste de la nuit, et roula dans son petit cerveau des projets plus sinistres les uns que les autres. Enfin il condamna *Love* à mort, et se leva au point du jour pour vaquer à l'exécution.

Love était leste comme un chat maigre, et il

se défiait de Robert, qui, à la sourdine, lui allongeait, de temps en temps, quelques coups de pied. Robert l'appelait d'un ton caressant; *Love* le regardait fixement, assis sur son cul, et sautant à l'autre bout de la chambre dès que Robert était à quatre pas de lui.

M. Cammeron avait à sa cheminée un reste de jambon rance, dont on coupait une tranche quand on voulait se régaler. Robert, à l'aide d'un bâton, jeta le jambon dans la cendre, le prit et le présenta à *Love,* aussi friant qu'affamé. *Love* ne savait trop s'il devait avancer ou reculer. Robert termina ses irrésolutions en jetant, au milieu de la chambre, l'os à demi décharné, et en se tirant à l'écart.

Love saisit l'occasion unique de faire un bon repas, et ce n'est pas sans cause qu'on a classé la gourmandise au rang des péchés capitaux : celui-ci le perdit. Robert, armé d'un cordeau, s'approchait sur la pointe du pied ; il jeta un nœud coulant au cou de l'animal. *Love* voulut fuir, mais trop tard. Ses efforts n'aboutirent qu'à serrer la corde. Robert tira de son côté, et le chat du sien, jusqu'à parfaite suffocation.

La vengeance de Robert eût été incomplète, s'il fût resté le moindre doute à Betty. Il accrocha *Love,* étranglé, de manière que la gouvernante, sortant de son galetas, se frappa le front contre le crâne de l'animal chéri. Betty cria, et de sa bosse à la tête, et de la douleur que lui causait cet évènement tragique. M. Cammeron accourut à ses cris. Il entendit, il vit... Oh! pour cette fois il n'y eut plus de rémission.

« Je vous ai pardonné bien des fautes, dit le
« bon prêtre à Robert; mais ôter la vie à une
« créature innocente, pour satisfaire la haine que
« vous portez à une fille à qui je dois tant, et qui
« ne me doit rien, voilà ce qui est inexcusable,
« et ce que je ne vous pardonnerai point. Sortez
« d'une maison où vous avez apporté le trouble
« et la défiance, et puissent les infortunes que
« vous ne cessez d'attirer sur votre tête, vous
« rendre sage enfin! Voilà deux couronnes. Dieu
« m'est témoin que c'est tout ce que je possède :
« je vous les donne. Allez, et repentez-vous. »

CHAPITRE XXII.

Robert devient Comédien.

Voilà Robert parti, emportant la bourse du bon prêtre, sa vieille culotte de panne noire, un gilet vert et un bonnet carré, mangé de mites, dont la houpe usée, attachée à un bâton, servait de houssoir au presbytère. Robert n'était pas avantageusement vêtu, il ne se le dissimulait pas; mais il avait appris qu'on ne gagne rien à jeter ce qu'on a dans la mer, et il ne forma d'autre projet sur les vêtemens qui le couvraient, que de les garder jusqu'à ce qu'il pût s'en procurer de meilleurs. Il se mit à trotter, persuadé qu'il ne manquerait pas de rencontrer bientôt quelque Louison, quelque lord, et projetant, par exemple, de tirer un grand parti des circonstances.

Il se rappelait, en marchant, la cuisine de sa mère, la bonne chère que lui faisait mademoiselle Louison; il comparait, à cette vie, passée la misère qu'il éprouvait sur sa roche, l'abstinence que lui faisait partager M. Cammeron, et à ces idées succéda la tentation très-prononcée de se bien régaler à la première auberge. Il n'ignorait plus qu'on joue un triste rôle quand on n'a rien; il sentait qu'un bon repas écornerait furieusement ses petites finances; mais puisqu'elles devaient finir, qu'importait que ce fût deux jours plus tôt, ou deux jours plus tard?

C'est ainsi que calculent des hommes faits, qui se ruinent, et qui ne le sont pas plutôt, qu'ils gémissent des privations où les a exposés leur mauvaise conduite. C'est ce calcul-là qui fait des escrocs, des filoux, des voleurs, et il en faut, et beaucoup, car de quoi vivraient messieurs de la justice criminelle, leurs subordonnés, leur *agent?* De quoi s'amuserait ce bon peuple, qui n'a pas de quoi payer un billet de spectacle, qui n'a pas tous les jours des fêtes publiques, si de temps en temps on ne le régalait d'une pendaison? Tout est pour le mieux.

Robert parlait fort bien l'écossais, et savait un peu d'anglais. Avec cela, il était sans inquiétude sur son chemin, et après tout, il n'avait aucune raison de préférer celui-ci à celui-là. L'important était de savoir où il trouverait une ville quelconque, qui lui conviendrait comme une autre, pourvu toutefois qu'il y eût une bonne auberge. Il interrogeait les passans, qui riaient de son grotesque équipage, qui l'interrogeaient à leur tour, et auxquels, selon sa coutume, il racontait ses aventures : il n'avait rien fait qu'il eût intérêt à dissimuler. Très-peu de gens, je crois, auraient la même franchise.

Il prit quelques repas assez légers, en traversant quelques villages, quelques *villotes*, où il ne lui arriva rien de remarquable, cherchant toujours la bonne auberge, qu'il ne devait trouver qu'à Dornock, ville assez considérable du Southerland, où il arriva avec sa seconde et dernière couronne, qu'il se disposa à manger aussi gaiment que si le soleil n'eût pas dû se lever le lendemain.

Comme il parlait très-haut, qu'il avait soin de faire sonner, en parlant, deux ou trois gros sous qui accompagnaient son unique écu, on lui servit tout ce qu'il voulut. On le coucha comme un petit prince, à cette différence près pourtant, qu'il y avait dans la chambre deux lits, dont le meilleur était réservé pour un monsieur très-sérieux, qui paraissait très-réfléchi, qui parlait peu, et qui modestement avait soupé à table d'hôte.

Robert, qui avait l'estomac garni, et à qui une forte ration de *porter* tenait les oreilles chaudes, ronfla bientôt, et trouva, pour quelques heures, l'oubli de ses malheurs passés et de ceux qui l'attendaient encore. Gare le moment du réveil, allez-vous dire : il est toujours cruel, quand on ne peut s'en prendre qu'à soi de ses infortunes. Bah, bah ! si je vous écoutais, je ferais un cours de morale qui ne serait lu de personne, et qui ruinerait mon libraire.

Un petit évènement troubla le sommeil de Robert, long-temps avant que le jour vînt lui ouvrir les yeux, lui rappeler sa dépense de la veille, et la nécessité de vider ses poches. On frappa avec tant de violence à la porte, qu'en quatre secondes elle s'ébranla, et qu'elle tomba quatre secondes après. Une troupe de gens armés entra dans la chambre. Celui qui la partageait avec Robert, sauta sur ses pistolets, et fit feu de ses quatre coups. Les assaillans ripostèrent. Robert se tapit sous sa couverture ; il y resta jusqu'à ce que le calme fût rétabli, ce qui n'arriva qu'une heure après. Lorsqu'il n'entendit plus rien, il sortit sa tête, et n'en vit pas plus.

Qu'est-ce donc que tout cela ? pensait-il. Suis-je dans un coupe-gorge, et ne m'a-t-on épargné que parce qu'on ne m'a pas jugé volable ? Que d'obligation j'aurais à ces guenilles, que je dédaignais tant ! Ce raisonnement ne valait rien, car enfin, qu'il fût volable ou non, des voleurs n'eussent pas manqué de le sacrifier à leur sûreté. Il n'en est pas moins vrai que bien des individus doivent leur tête à leur obscurité. Obscurité heureuse, qui... « Ah! je vous y prends à mon tour, « monsieur l'auteur; c'est vous maintenant qui « moralisez. — Vous avez raison, monsieur le « critique. — Il vous échappe quelquefois des « traits... — C'est sans y penser, en vérité. Con-« tons, contons. »

Robert se livrait à une foule d'idées plus ou moins extravagantes, plus ou moins vraisemblables, lorsque le crépuscule lui permit enfin de distinguer les objets. Il remarqua que le plancher avait été lavé, d'où il conclut qu'il y avait eu du sang répandu. Il s'approcha de la fenêtre, regarda partout, et fut frappé du silence profond qui régnait dans l'hôtellerie. Il ouvre sa porte en tremblant; il s'avance dans une galerie qui recevait le jour de la rue : nulle apparence que cette scène nocturne ait causé de sensation à l'extérieur. « Allons, dit-il, c'est le maître de la mai-« son et ses gens qui ont assassiné ce voyageur. « Hâtons-nous de sortir d'ici, et même sans payer. »

Il rentre sur la pointe du pied; il reprend sa chère culotte, qu'il baise avec un transport de reconnaissance. Il s'assure que son écu est toujours à lui; il passe son gilet, met ses pieds dans ses savates, sa tête dans son bonnet carré, et avise au moyen de s'esquiver sans être aperçu.

Un papier roule sous ses pas. « Si c'était un « billet de banque! dit-il en le relevant. Un « mort n'a besoin de rien, ajoutait-il en s'appro-

« chant de nouveau de la croisée, pour distin-
« guer les caractères. Je pourrais me l'approprier
« sans scrupule »; et il lit :

« A tous mes fidèles sujets.

« Accordez votre confiance à M. Mac-Mahon.
« Il a toute la mienne, et je l'ai chargé de mes
« plus chers intérêts. Entendez-vous avec lui sur
« les moyens de soulever l'Écosse, et d'y intro-
« duire des armes. Tâchez surtout d'établir, dans
« vos châteaux, des magasins de toute espèce.
« Quand vous serez prêts, je paraîtrai au milieu
« de vous.

« Je vous recommande particulièrement M. Mac-
« Mahon, l'un de mes plus dévoués serviteurs, et
« son fils bien jeune encore, qui a voulu accom-
« pagner son père, mais qui n'est pas dans le
« secret. »

Charles Édouard.

Robert ne savait d'abord ce que cela voulait dire ; mais il avait souvent entendu M. Cammeron et Betty parler du prétendant. L'obscurité de leurs phrases l'avait empêché de saisir aucun détail ; il ne s'en était pas même occupé. Que lui faisaient, à lui, les querelles des rois ?

En repassant dans sa mémoire ce qu'il avait entendu, en comparant certains propos à la lettre qu'il tenait, il jugea que M. Mac-Mahon était celui qu'on avait tué ou enlevé ; que dans le tumulte cette lettre était tombée de sa poche ou d'ailleurs, et il devinait juste.

Le prince Charles Édouard préparait dès lors l'invasion qui devait se faire en 1742, pour laquelle on l'avait appelé en France, et qui n'eut lieu que trois ans après. On sait comment se termina cette malheureuse expédition.

Mac-Mahon s'était découvert aux lords Cromarty, Lokil, Frasers et Kilmarnock. Ces seigneurs, dévoués à la famille Stuart, commençaient à agir sourdement, mais avec succès. Mac-Mahon, encouragé par ces commencemens, mit moins de réserve dans ses discours; il se laissa pénétrer par un homme du parti contraire, qui le dénonça. On le suivit, on épia ses démarches, et on expédia l'ordre de l'arrêter. Il se défendit, et mourut en brave homme.

Robert réfléchissait profondément, tenant toujours sa lettre à la main. « Oui, disait-il, oui...
« pourquoi pas ?... mais, non, ce projet est inexé-
« cutable : je ne suis au courant de rien... Au con-
« traire, le jeune homme n'est pas dans le secret,
« par conséquent rien à répondre. La lettre du
« prince n'indique pas d'âge.... M'y voilà, m'y
« voilà : je suis décidé. »

Robert descend, il fait quelques tours... Toutes les portes sont fermées. Il s'approche des croisées de la cuisine : l'hôte et l'hôtesse, assis devant les restes de leur feu, paraissent plongés dans une mélancolie profonde. Ils sont peut-être Jacobites, pensait Robert; en ce cas je ne risquerais rien, et j'obtiendrais des éclaircissemens. Entrons, et voyons venir.

Il frappe à la fenêtre, et se fait un air affligé. Il cherchait à paraître excessivement pénétré, et il eût volontiers donné sa vieille culotte pour pouvoir pleurer; mais le don des larmes n'est accordé qu'aux femmes.

L'hôtesse se lève, aussi effrayée que si une nouvelle troupe de sbires se fût offerte à ses yeux. Elle regarde à son tour... Robert lui paraît grand comme saint Christophe, et fort comme Hercule: richesse et fécondité d'imagination sont encore l'apanage des dames.

L'hôtesse recule, et va tomber dans les bras de son mari. Le mari, qui prévoit une scène conjugale, et qui ne s'en soucie plus, dépose tendrement sa femme sur le carreau, et veut juger par lui-même de la cause de son effroi. Il distingue, à travers le vitrage, le gilet vert, le bonnet carré, et un menton imberbe. Il ouvre; Robert entre et s'écrie : « Je suis au désespoir. — Et nous, mon « cher ami, et nous ! — Vous connaissez aussi « M. Mac-Mahon ? — Et son fils. — Ah, diable ! « — Ils ont passé ici en allant aux Orcades. Le « fils est resté malade à Eda. — Bien malade ? — « Hélas ! il est peut-être mort. — Pauvre jeune « homme ! — Mais je parle, je parle... Ma tête « n'est plus à moi. Qui êtes-vous, avec votre « bonnet carré et votre costume hétéroclite ? — « Je suis fils d'un officier irlandais, au service de « France. — Vous êtes donc Jacobite! — Oh ! je « vous en réponds. — Asseyez-vous, mon cher « enfant. Hé bien, votre père ?

« — Je me suis embarqué avec lui à Calais. —
« Après ? — Nous avons abordé à Wick. — En-
« suite ? — Mon père cherchait à se réunir à
« M. Mac-Mahon. — Et il vous a confié ses pro-
« jets ? — Il connaît ma prudence. — Cela ne
« prouve pas trop en faveur de la sienne... Ah!
« permettez-moi une réflexion. Il me semble
« qu'hier vous ne connaissiez pas M. Mac-Mahon?
« — C'est encore un effet de cette prudence que
« mon père a reconnue en moi. Je me défiais de
« vous, je me défiais de tout le monde. Mais à
« peine M. Mac-Mahon eut-il fermé la porte de
« notre chambre, qu'il m'a tendrement embrassé,
« et il m'a dit en me remettant ce papier : Je sais
« qu'on me cherche, et votre âge vous met à
« l'abri du soupçon. Prenez cette lettre du prince;
« elle vous servira si la fortune nous sépare, ou
« elle nous sera commune à tous deux, si vous
« voulez vous attacher à moi. »

Robert présentait en effet la lettre avec un sérieux et une dignité propres à persuader. « Par-
« don, mille pardons, lui dit l'aubergiste; mais dans
« une affaire aussi délicate, il est bon de savoir à
« qui on se livre. Revenons à votre père. — On
« l'a arrêté chez M. Cammeron... — Chez M. Cam-
« meron ! le prêtre le plus respectable !... — Betty
« m'a ôté mes habits français... — Elle a bien fait,
« Betty. Elle est un peu revêche, mais bonne fille au
« fond. J'ai passé là il y a quinze ans... — Il y a
« quinze ans ? — Elle était, ma foi, jolie. Enfin ?
« — Enfin elle m'a habillé comme me voilà, pour

« me rendre méconnaissable. — Elle a eu tort :
« vous êtes fagoté de manière à piquer la curio-
« sité, et le roi Georges a des agens partout. —
« Oh! je ne m'alarme pas aisément. — Bien, mon
« brave, bien. Moi, je ne suis pas né courageux,
« et je me borne à aider les gens du parti selon
« mes petits moyens. Venez avec moi. »

Il conduit Robert dans un arrière-cabinet, et lui donne la défroque, très-propre encore, d'un fils unique qui s'était noyé dans la crainte de l'être, c'est-à-dire en apprenant à nager.

Pendant que Robert se donnait une tournure décente, il interrogeait, calculait ses réponses, et tirait parti de tout. « Qu'est devenu ce digne
« M. Mac-Mahon? — Vous n'avez donc rien vu?
« — J'étais sans armes. — Les scélérats l'ont tué :
« Dieu le leur rendra quelque jour. — Oh! c'est
« ce qui leur arrivera avec le temps. Et vous di-
« tes qu'il a laissé son fils malade aux Orcades?
« — Dans l'île d'Eda, chez un prêtre qui a été
« confesseur de notre bon roi Jacques, et qui ne
« balance pas, à quatre-vingts ans, à exposer sa vie
« pour être utile aux vrais Jacobites. — Il n'expose
« pas grand'chose; mais il n'en a pas moins de
« mérite. Je vais prendre la route des Orcades...
« Ah çà... mais le jeune Mac-Mahon est-il connu?
« — Pas du tout. Il est tombé malade en débar-
« quant, et le premier soin de son père a été de
« le mettre en sûreté. — Bon. Vous sentez qu'il
« y aurait de la témérité à s'exposer inutilement....

« — Sans doute. — Je me réunirai à lui, nous
« pleurerons nos malheurs communs, et si je suis
« privé de mon père... — Ah ! mon ami, j'en ai
« bien peur. — Je repasserai en France avec mon
« compagnon d'infortune. — C'est ce que vous
« pouvez faire de mieux. — Et il trouvera chez ma
« pauvre mère un asile et du pain. — Digne en-
« fant, digne enfant ! »

L'hôte était attendri, l'hôtesse l'était à l'excès.
Robert crut devoir profiter du moment. Il tira
sa couronne de sa poche, et la présenta d'un air
qui voulait dire : Quel plaisir vous me feriez, si
vous ne la preniez pas ! « Non, dit l'hôte, non
« mon jeune ami. Vous avez bien soupé, sans
« que j'en sois plus pauvre. Gardez votre écu,
« et Dieu fasse qu'il vous profite ! Je vais vous
« donner quelques renseignemens.

« En revenant d'Éda, M. Mac-Mahon a vu dif-
« férens seigneurs qui l'ont reçu avec distinction,
« et qu'il a disposés en faveur du prétendant. Pre-
« nez leurs noms, les lieux de leur demeure, et
« d'ici aux Orcades vous trouverez partout le cou-
« vert, la table et même de l'argent. Je vous en
« donnerais bien, mais je n'en ai pas trop.

« Allez, mon ami, ne perdez pas de temps. Les
« bons Jacobites ne sont pas sortis de cette nuit,
« de peur d'être remarqués. Les partisans de
« Georges sont restés tranquilles, parce qu'il leur
« est égal qu'on tue un des nôtres. Les uns et
« les autres vont sortir de chez eux. Vous êtes

« facile : les premiers vous exposeraient, par leurs
« caresses, aux soupçons des seconds, et vous fi-
« niriez peut-être par aller joindre votre père à
« Newgate. »

Il donne à Robert une liste des lords avec qui
Mac-Mahon avait formé des intelligences, et il le
met à la porte, enchanté d'en être débarrassé, et
comptant bien se faire un mérite des services
qu'il lui avait rendus, si le prince Édouard triomphait un jour.

Robert a repris sa course. Il s'imagine avoir
tout prévu ; il croit sa fortune assurée. « Non,
« dit-il, non, je ne serai pas chancelier de France,
« et qu'est-ce, après tout, qu'un chef de la jus-
« tice ? un animal vêtu aussi plaisamment que je
« l'étais ce matin, qui doit s'écouter parler, tout
« faire méthodiquement ; grave, taciturne, en-
« nuyé et ennuyeux, voilà, ce me semble, ce que
« doit être un chancelier. Vive, vive l'uniforme !
« cela donne à un jeune homme une grace, une
« tournure !...

« Je me fais réellement Jacobite. Je débute par
« une sous-lieutenance. Je me bats bien, quoique
« je confesse avoir eu peur cette nuit. A la fin du
« mois, je suis colonel. On m'envoie reconnaître
« une redoute, je l'enlève ; on me détache avec
« mon régiment, je bats l'avant-garde ennemie.
« On me fait brigadier, et avec ma brigade je
« passe sur le ventre à toute l'armée du roi Georges.
« Le prince Édouard ne voit plus que moi ; c'est

« moi seul qu'il charge de toutes les grandes ex-
« péditions. Il congédie enfin ses autres généraux,
« et me nomme généralissime de ses armées. Je
« marche droit sur Londres. Le lord-maire vient
« au-devant de moi, me présenter les clefs de la
« ville sur un plat d'or, et me supplie à genoux
« de ménager ses concitoyens. Je pardonne à tous
« les habitans, en faveur de milord All-is-bad,
« qui pourtant m'a fait bien du mal ; mais je lève,
« à mon profit, une contribution de dix millions
« sterling. J'envoie un aide-de-camp au prince
« Édouard, et je le presse de se montrer. Je le
« prends par la main, je le conduis, au milieu
« du plus brillant cortége, à Westminster-hall.
« Un trône est préparé, et la foule ravie ne cesse
« de crier: Vive le nouveau roi! Quel est mon éton-
« nement! Édouard confesse publiquement que
« c'est à moi qu'il doit sa couronne ; il veut me la
« mettre sur la tête, et moi... aïe, aïe, aïe. »

C'était le brancard d'une charrette qui venait droit à Robert, qui le frappa à la poitrine, qui le jeta à dix pas de là, et qui termina ces grands projets, comme l'expérience, plus lente et aussi sûre, en dissipe tant tous le jours.

« Oh ! oh ! dit Robert, en se relevant et en
« boitant tout bas, j'ai été un peu vite; mais
« me voici descendu du trône plus brusquement
« que je n'y étais monté. Après tout, est-il né-
« cessaire d'être roi pour être heureux? Une belle
« terre, un château commode, des vassaux affec-

« tionnés, une jolie femme... oui, jolie, très-
« jolie femme, et avec cela on peut passer dou-
« cement la vie, sans faire de vains projets. Hé
« bien, il y a partout des terres, des châteaux et
« de jolies femmes : pourquoi n'aurais-je pas,
« comme un autre, une jolie femme, une terre
« et un château? Que faut-il pour cela ? de l'ar-
« gent. J'ai un écu que je ne devrais pas avoir,
« c'est de l'argent trouvé. Avec un peu d'adresse,
« certaines gens, dit-on, trouvent aussi aisément
« un million que d'autres un écu, et je ne suis
« pas mal-adroit. Allons, j'adopte une vie opu-
« lente et tranquille. Je fais à ma petite femme
« des enfans jolis comme elle... mon dieu ! qu'il
« doit être agréable de faire des enfans ! elle les
« nourrit, je les caresse, je les fais sauter... Ah !
« parsambleu, en voici bien d'un autre. »

En faisant sauter ses enfans, Robert avait sauté
lui-même dans le fond d'un étang. « Diable, diable !
« disait-il en se tirant de la boue, si l'ami Rifflard
« était là, il me dirait que ces deux accidens sont
« d'un fâcheux augure pour les projets faits et à
« faire. Pauvre garçon que ce Rifflard ! génie
« étroit, qui n'arrivera jamais à rien de grand;
« bon camarade cependant, et que j'aime de tout
« mon cœur. »

CHAPITRE IV.

Robert joue la comédie, de manière à faire illusion.

Le premier soin de Robert fut d'étendre au soleil la lettre du prince et la liste de ses lords : c'est à la conservation de ces deux pièces qu'était attachée sa fortune. Il avait envie de passer ses vêtemens à l'eau, pour qu'on pût au moins distinguer leur couleur primitive; mais le jour baissait, et ce n'est pas la nuit qu'on rencontre ces villageois, si utiles au voyageur qui ne connaît pas la carte des lieux. Or, Robert ignorait où était le château du lord Lovat, qui était en tête de sa liste, et avec qui il comptait bien souper. « Après « tout, dit-il, cette terre noire qui me couvre, « ajoutera de l'intérêt à mon histoire, et si mi- « lord me trouve mal comme cela, il me fera faire « un habit neuf. »

Un paysan lui indiquait un bouquet d'arbres; un autre, un clocher; un troisième, un champ de houblon; et, d'indication en indication, il arriva, avec la nuit, au château de Lovat.

Milord était au milieu de sa famille; sa femme et ses enfans l'entouraient. Une conversation douce, mais animée, faisait disparaître l'ennui du travail, et forçait de temps en temps milord à poser son livre, à écouter et à sourire. Un domestique annonce un jeune inconnu d'une figure heureuse, qui demande à se présenter. La jeunesse intéresse presque toujours, et n'est jamais suspecte : milord ordonne qu'on fasse entrer.

Il fallait que Robert fût vraiment beau garçon pour le paraître, chargé de boue et d'eau. Milady et ses demoiselles lui sourirent d'abord avec bonté. Milord attendait l'explication de cette espèce de mascarade. Robert s'énonça ainsi, en roulant les yeux, et en faisant de grands bras :

« Je suis le fils infortuné d'un père plus mal-
« heureux encore. Je dois le jour à M. Mac-Ma-
« hon... » Le petit coquin ! quel sujet il fût devenu, s'il eût été un an ou deux de plus sous la direction de M. Belle-Pointe !

Au nom de Mac-Mahon, milord pose sa main sur la bouche de Robert, prend un flambeau, et le fait passer dans son cabinet. Robert n'a oublié aucune circonstance; il les arrange, les embellit de la manière qui lui semble la plus propre à captiver la confiance. Il exhibe d'abord la lettre du prince, que milord reconnaît à l'instant. Il raconte que, guéri par les soins du bon pasteur d'Éda, il s'est empressé de se mettre en route pour se réunir à son père. Il avait passé chez les lords Cromarty, Lokil, Frasers et Kilmarnorck. Il avait appris du dernier que M. Mac-Mahon était allé à Dornock, et qu'il logerait à la Tortue, chez le bonhomme Thomlinson. Il l'y avait en effet rencontré; mais au moment où ils s'étaient embrassés, où ils allaient se livrer aux douceurs du repos, trente hommes avaient enfoncé la porte de leur chambre. Son père avait fait feu. Il s'était, lui, emparé des armes des premiers qui avaient mordu la poussière; il s'était rangé à côté de son père, s'était défendu comme un lion; avait soutenu ce combat inégal, pendant au moins quinze minutes, et voyant enfin M. Mac-Mahon succomber sous le nombre, il n'avait plus pensé qu'à se faire jour, les armes à la main, ou à périr noblement comme son père.

Son intrépide audace avait enfin frappé les assaillans de stupeur. Ils s'étaient précipités les uns sur les autres. L'escalier était jonché de morts, de mourans, de fuyards, que la rapidité de leur course faisait tomber sur leurs camarades expirans. Il avait franchi tous ces obstacles, traversé l'hôtellerie, la ville, un sabre d'une main et un pistolet de l'autre.

Il n'était pas à un demi-mille, qu'il entendit derrière lui un bruit de chevaux. Il tourne la tête... C'était un gros de cavalerie qui était à sa poursuite. Quitter la grande route, se jeter dans un bois voisin, fut l'affaire d'un moment. De l'autre côté du bois est un vaste étang, dont les bords sont garnis de joncs; le jeune Mac-Mahon s'y enfonce et s'y cache, ayant de l'eau jusque sous les aissèlles.

L'esprit de parti aveugle tous les hommes, et n'est, rigoureusement parlant, qu'un esprit de vertige. Milord était enchanté de trouver, dans l'infortuné que le destin jetait dans ses bras, le germe d'un héros. Cependant certaines particularités de son histoire avaient fait naître des réflexions que milord s'efforçait d'écarter, et auxquelles l'aventure de l'étang le ramena malgré lui.

« Mais il me semble, monsieur, dit-il à Robert, « que l'étang et le bois dont vous parlez sont à « un mille de mon château, et non à un demi-mille « de Dornock? — Cela se peut, milord ; mais vous « conviendrez qu'en sortant d'un combat inégal « et terrible, on n'a pas la tête à soi. — Je l'ai « moi-même éprouvé. J'ai fait ma première campagne sous le duc de Marlborough, et après la bataille de Malplaquet, je me suis trouvé devant « Mons, sans savoir par où, ni comment j'y « étais arrivé. — Vous voyez, milord, que le vrai « peut quelquefois n'être pas vraisemblable. — A « la bonne heure. Vous mettez d'ailleurs dans tout « ce que vous dites un ton de vérité bien propre « à persuader. »

Milord donnait tête baissée dans le piége. Cependant il lui vint à l'esprit une difficulté dont la solution devait pleinement constater l'identité du personnage. « Vous avez été élevé en France, « ainsi vous parlez français. Milady sera fort aise « de converser avec vous dans cette langue. » « C'était faire beau jeu à Robert.

Son imagination se monte de nouveau. Il débite une kyrielle de mensonges avec une volubilité telle que milord, qui avait perdu l'habitude du français, ne comprit pas la moitié des belles choses qu'il lui contait, et n'en fut pas moins convaincu qu'il parlait sa langue maternelle. C'est la seule fois que milord devina juste, pendant le séjour que fit chez lui M. Mac-Mahon.

Il l'embrassa tendrement, le pressa contre son cœur, et montrait le plus vif empressement de le présenter à milady et à ses enfans. Robert lui réservait une dernière scène qui devait écarter à jamais le soupçon.

« Je vois, milord, que je suis chez un véritable
« ami de mon père. Vous n'êtes étonné de rien
« de ce que vous voyez, de ce que je vous ai ra-
« conté : vous êtes donc instruit. Par grace, par
« pitié, dites-moi pourquoi on a attenté à la vie
« de mon père. Qu'est-ce que cette lettre signée
« *Charles Édouard?* qu'est-ce que ce secret que
« j'ignore, et pourquoi suis-je expressément re-
« commandé aux fidèles sujets d'un roi dont les
« états me sont inconnus ? » Et Robert était aux genoux de milord, il lui baisait les mains, et le regardait d'un air pénétré.

« Vous saurez tout, quand il en sera temps,
« lui répondit milord, d'un ton mystérieux et
« prophétique. Nourrissez votre valeur, et atten-
« dez en silence le moment marqué pour la vic-
« toire. Gardez surtout le plus profond secret
« sur cette lettre, qui peut vous perdre, qui me
« perdrait avec vous, et que votre père n'aurait

« pas dû vous confier. Donnez-la moi, que je l'en-
« ferme, que je la dérobe à tous les yeux. »

Milord fait appeler son épouse. Il lui raconte les billevesées que lui a débitées Robert. Milady, déja prévenue en sa faveur, va plus loin encore que son mari : elle veut que Mac-Mahon n'ait pas d'autre domicile que son château. Elle veut qu'il y retrouve un père, une mère; qu'il soit le frère de ses enfans. Milord baisse agréablement la tête en signe d'acquiescement. « Oui, madame, nous
« devons tout faire pour lui, et vous n'avez que
« le mérite de m'avoir prévenu. Adoptons ce jeune
« infortuné, dont le père est mort, comme nous
« mourrons peut-être, Lokil, Kilmarnock, Fra-
« sers et moi, et puisse quelque ame généreuse
« rendre à nos enfans ce que nous aurons fait pour
« celui-ci ! » Mourir pour des rois détrônés ! quelle folie ! un souverain, digne du trône, n'en descend jamais, quels que soient ses revers : il meurt les armes à la main.

Allons, allons ! c'est bien à moi de me mêler de ce que les rois doivent ou ne doivent pas faire. Revenons à M. Robert.

Milord et milady convinrent d'interpréter, d'altérer, de changer les premiers mots échappés au jeune Mac-Mahon, en présence d'un domestique, dont l'indiscrétion pouvait avoir des suites funestes. Il fut arrêté qu'il se nommait Van-Benning; qu'il était de Mons; que milord avait connu son père pendant ses campagnes de Flandre ; qu'il lui envoyait son fils pour qu'il apprît l'anglais, et qu'ainsi Mac-Mahon parlerait toujours français dans les premiers temps, ce qui serait utile aux enfans, qui avaient déja quelques principes de cette langue.

Tout cela bien entendu, bien convenu, on pria M. Van-Benning de venir prendre une place à table, ce qu'il ne se fit pas dire deux fois.

CHAPITRE V.

Projets de mariage.

Indépendamment du père et de la mère, la famille était composée de deux demoiselles fort jolies, dont l'aînée avait treize à quatorze ans, et d'un fils en bas âge, qui était né pour déshériter ses sœurs, d'après une coutume aussi extravagante que tant d'autres qui ont été supprimées en France.

En prenant double part d'un excellent souper, M. Van-Benning regardait du coin de l'œil les deux petites ladys. Fanny, plus formée, plus jolie, plus gaie, plus piquante, fixa enfin son cœur irrésolu. Il lui adressait de ces traits généraux, mais obligeans, spirituels, que femme qui plaît interprète toujours si facilement. Milady mère, souriait à ce qu'elle n'entendait qu'à demi. Fanny baissait les yeux, et ne répondait pas; mais elle écoutait, et en pareil cas écouter c'est répondre.

On conduisit M. Van-Benning dans une belle chambre, où était, entre autres meubles utiles, un lit digne du prince Édouard lui-même. Van-Benning, en se déshabillant, jouait avec son imagination. Elle est charmante, pensait-il, elle me convient et beaucoup, et je crois que je lui conviens assez. Elle ne me donnera ni terre, ni château, parce que le bambin de lord doit, pour soutenir l'honneur de sa maison, avoir à lui seul la succession tout entière; mais Fanny aura une légitime quelconque, et je n'ai rien : Fanny est donc un excellent parti pour moi. Une simple métairie qu'elle embellira, n'est-elle point préférable à tous les châteaux? C'en est fait, je me borne, et je sacrifie à Fanny les plus brillantes espérances.

Il s'endormit, et ne rêva que bonheur. A son réveil un homme se présenta. C'était le tailleur le plus renommé du bourg voisin, qui lui prit gravement sa mesure, et qui se retira sans articuler un mot. Il n'est personne en Angleterre qui ne se croie un personnage. Il n'est personne en France qui n'ait la même prétention; mais l'Anglais soutient la sienne avec une persévérance, une sorte de dignité que nous ne connaissons pas, nous autres rieurs, et l'homme qui rit toujours est quelquefois plaisant, souvent ridicule, et n'impose jamais.

« Bien, dit Van-Benning en descendant, je vais
« être vêtu comme un digne soutien du préten-

« dant. On m'a trouvé bien sous mes habits crot-
« tés; je paraîtrai charmant lorsque je serai mis
« avec une sorte d'élégance : Fanny est à moi. »

Le petit drôle ne se trompait pas. Fanny n'avait pas fermé l'œil, et la nuit lui avait semblé courte : elle avait rêvé éveillée; elle avait rêvé amour et bonheur. Toutes les petites filles rêvent comme cela.

Le jour commençait à peine à poindre, qu'elle était sautée de son lit. Elle avait passé une robe à la hâte; sa mise n'avait pas le sens commun, et elle en était plus jolie. Jeunesse et fraîcheur, œil vif, nez en l'air, narguent l'art et la parure.

Elle parcourait les jardins, et sans intention, sans même y penser, elle se retrouvait à chaque instant sous les fenêtres de M. Van-Benning. « Peut-
« on dormir aussi long-temps! » dit-elle enfin avec dépit.

Le jouvenceau, sortant des mains du silencieux tailleur, se lance à son tour dans les bosquets, pour penser en liberté, pour mûrir ses nouveaux projets. Fanny l'a vu; elle fuit, elle se cache sous le bois touffu. Elle rougit de plaisir; mais elle soupçonne le danger d'être deux. Voilà ce qu'éprouvent encore les petites filles bien élevées... pendant quelques jours.

M. Van-Benning la rencontra enfin, et cela devait être ainsi : quand les Graces fuient devant l'Amour, c'est toujours pour se laisser prendre. L'amant était embarrassé; Fanny n'eût osé, pour les trois royaumes, dire le premier mot. Ils se promenaient depuis une heure ; il ne disaient rien, et ils s'entendaient à merveilles.

La cloche appelle les commensaux au déjeûner. La petite personne prend sa course. Elle connaît les détours; elle est entrée, elle est à table, et M. Van-Benning cherche encore le château. Il arrive enfin. On se salue, on se souhaite le bonjour, comme si on ne s'était pas vus encore : une petite fille bien élevée est quelquefois plus dissimulée qu'une autre. Fanny a retrouvé la parole, elle s'en sert librement; elle se croit forte, parce qu'elle est auprès de sa mère.

Cette différence de procédés, de conduite, n'échappe point à l'amant. Il n'a pas d'expérience ; mais on voit si clair quand on aime ! « Je plais, dit-
« il à part lui ; je plais, je serai le gendre de milord,
« et le plus heureux des hommes... Un moment
« donc. Puis-je sans scrupule tromper un seigneur
« respectable, épouser, sous un nom supposé,
« une fille qui croira se donner à celui que je re-
« présente?... Hé! parbleu, que doit vouloir un
« bon père? le bonheur de sa fille; et qu'aura-t-il
« à me reprocher si je fais celui de Fanny? Or,
« je le ferai, car ce n'est pas Mac-Mahon, c'est
« moi qui aime la séduisante fille, et c'est moi
« qu'elle épousera. Après tout, le fils de madame
« Robert ne vaut-il pas celui d'un aventurier écos-
« sais? Mac-Mahon se serait fait un état, me dira-

« t-on. Hé bien, par considération pour milord,
« je reviens à mes premiers projets. Je me lance
« dans la carrière de la gloire. Je dépose aux
« pieds de Fanny des faisceaux de lauriers, et la
« gloire est au-dessus de l'or. Alors je me ferai
« connaître, et qu'aura à dire milord? un héros n'a
« pas besoin d'un nom. Il a illustré le sien; il est
« l'enfant de ses œuvres. »

Le lendemain, nos jeunes gens se rencontrèrent encore de très-grand matin. Fanny était moins timide; Robert, qu'elle encourageait, parlait avec feu et avec grace : il disait tout, hors son nom. Fanny s'enivrait du plaisir de l'entendre. Elle ne répondait pas encore; mais écouter un aveu répété, retourné de mille manières différentes, n'est-ce pas dire : J'aime. Marcher avec nonchalance; laisser voir sur une figure enchanteresse une teinte de langueur et de volupté; oublier une main que rencontre, que caresse une main qu'on n'ose chercher, mais qu'on attend, n'est-ce pas dire encore : Éclairez-moi ? A quoi mène l'amour ?

On apporta à Robert deux habits complets, simples, mais du meilleur goût. Il trouva une montre dans une culotte, quelques guinées dans l'autre, et une femme-de-chambre lui présenta, de la part de milady, un assortiment de ce beau linge qu'on ne trouvait alors qu'en Angleterre. « Ma foi! dit le jeune homme, en passant la che-

« mise fine, le beau-père fait bien les choses! Un
« uniforme, un cheval de bataille, et sa fille, et
« je ne lui demande plus rien. »

Robert, toujours plus amoureux, était de temps
en temps ramené par son cœur à l'idée de l'erreur où il laissait sa maîtresse. Toujours plus sûr
de celui de Fanny, il voyait peu de danger à
s'ouvrir à l'aimable fille. Il jugeait avec raison
qu'elle lui saurait gré de sa franchise; qu'au fond
il devait lui être égal d'être madame Robert ou
madame Mac-Mahon. Connaît-on les distinctions
sociales en amour? Pour lui, il eût aimé, il eût
épousé Fanny sous le chaume comme dans un
château, et devait-elle, pouvait-elle penser différemment? Un autre motif le portait à parler. Sa
belle maîtresse connaissait le caractère, les qualités, les ridicules de ses parens; elle pouvait
connaître leurs vues; elle dirigerait sa conduite,
et si elle lui ordonnait de se taire, qu'aurait-il à
se reprocher.

Fanny aimait, et femme qui aime est toujours
plus ou moins faible. L'aveu de Robert n'altéra
pas ses sentimens; mais elle redouta le courroux
de son père. Il devait en accabler celui qui abusait de sa confiance, qui n'avait pas de nom, pas
de fortune, aucun de ces avantages qui en tiennent lieu partout, même en Allemagne. Mac-Mahon du moins était bon gentilhomme; la mémoire de son père était chère aux gens du parti...
Ces réflexions étaient désespérantes. Fanny sentait

la nécessité d'aimer en secret, ou de cesser d'aimer. [Elle balança quelques minutes, et elle ordonna le silence à son amant.

N'oser avouer à ses parens ce qu'on éprouve, ce qu'on désire, c'est être persuadé de ses torts. Mais pourrait-elle en avoir avec Robert? elle lui a promis de l'aimer toujours. L'affligera-t-elle, le livrera-t-elle à la vengeance de ses parens? Elle en est incapable; y penser même la révolte; mais elle est sans cesse avec lui, toujours plus tendre, et elle commence à se montrer plus facile. Elle ne voit, elle ne pense, elle ne rêve plus que lui. Incapable de rien accorder, elle est sans force pour se défendre. Heureusement Robert n'attaque que son cœur. Il n'est point parvenu encore à ce développement, à cette fougue d'organes qui font braver les convenances, les périls, et qui précipitent l'homme vers le but que lui marque la nature. La jeune lady vivait sans rien prévoir; elle se laissait aller aux plus douces illusions. Un an plus tard, c'était fait d'elle. Un évènement inattendu la sauva en déchirant son cœur.

On dînait. Robert était parvenu à fixer sa place à table. Petit à petit, on s'était habitué à le voir à côté de l'aimable fille; mais on ne soupçonnait pas que le pied, le genou, parlaient amour, lorsque la bouche était forcée à se taire. Tous deux jeunes, satisfaits, ils apaisaient à la fois deux besoins qui ne cessent de renaître à cet âge, ceux du cœur et de l'estomac... O malheur, que je tremble de vous raconter, et qui vous fera tremble vous-même, si vous avez quelque sensibilité !

Un homme entre sans se faire annoncer. Milord se lève, lui ouvre les bras ; le nouveau venu s'y précipite ; ils se donnent les marques de la plus vive affection. Milady et ses filles sont debout. Elles paraissent impatientes de saluer à leur tour celui à qui Robert n'accorde quelque attention, que parce qu'il a dérangé un jeu commencé sous la table avec le dîner, et qui ne devait finir qu'avec lui.

« Avez-vous dîné, mon ami? dit milord. — Non,
« parbleu. — Hé bien, asseyez-vous. — Mais c'est
« mon intention. — Vous passez quelques jours
« avec nous ? — Je l'espère. — Bien, mon cher
« Kilmarnock. » A ce nom Robert perd la tramontane. Il a conté à milord Lovat qu'il s'est arrêté chez Kilmarnock, Cromarty, Lokil, Frasers, etc. Milord ne peut l'avoir oublié, et que pensera-t-il, si Kilmarnock et lui n'ont pas l'air de se connaître? Robert, troublé, hors de lui, se lève, s'incline d'un air qui devait signifier pour Lovat : « Je suis
« pénétré de l'accueil que j'ai reçu chez vous, et
« je vous en remercie. »

Kilmarnock dévorait ce qu'on lui servait, et ne prenait pas garde aux révérences de Robert.
« Bien, c'est assez, dit au jeune homme Lovat,
« qui interprétait ses mines selon son désir. Asseyez-vous. Vous vous parlerez après dîner. »

C'est de quoi Robert ne se souciait pas du tout. Il désirait au contraire pouvoir prendre un parti prompt et décisif, et sa tête égarée n'était capable de rien. Celle de Fanny n'était pas plus calme.

Lorsque Kilmarnock fut arrivé à ce point du repas où on commence à s'occuper des autres, milord renoua la conversation. « Hé bien ! mon
« ami, comment trouvez-vous notre jeune homme?
« — Pas mal, pas mal du tout. — Savez-vous que
« c'est un brave garçon ? — Je n'en doute pas. Bu-
« vons. — Il vous contera ce qu'il a fait à Dor-
« nock. — A la bonne heure. — Ah ! si ce pauvre
« Mac-Mahon n'avait pas succombé... — Renvoyez
« vos domestiques, et buvons. — Il faut réparer ce
« malheur autant qu'il est en nous. — Faites donc
« sortir vos gens.

« — Que croyez-vous que nous puissions faire?
« — Je vais vous le dire sans détour, mon cher
« Lovat : je n'aime pas les affaires qui traînent en
« longueur. — Mais je pense assez comme vous.
« Le jeune Mac-Mahon est un joli sujet. — C'est
« ce que nous répétons tous les jours, moi et les
« lords de notre voisinage. Nous n'avons plus de
« filles à marier; mais il nous reste de l'argent, et
« votre Fanny trouverait en lui un parti qui n'est
« pas à dédaigner. — Vraiment ? — Donnez-la au
« jeune homme, et nous lui ferons, Frasers, Lo-
« kil, Cromarty et moi, cent bonnes mille livres
« sterling. Mac-Mahon avait de brillantes con-

« naissances à Versailles ; ainsi son fils sera utile
« au parti de plus d'une manière. Nous nous l'at-
« tacherons irrévocablement, et nous lui four-
« nirons bientôt les occasions de nous marquer
« sa reconnaissance. Qu'en dites-vous, milady ? —
« Si milord consent... — Parbleu, je le veux bien ;
« j'aime à faire des heureux, et je juge, à la
« rougeur de Fanny, que l'obéissance ne lui coû-
« tera pas d'efforts bien pénibles. Allons, mon-
« sieur, remerciez Kilmarnock, et embrassez votre
« femme. »

Robert ne voyait, n'entendait plus rien. Il était droit et immobile comme une statue. Milord Lovat le pousse par les épaules, et Robert court devant lui par la chambre, comme un malade en délire. Fanny, qui prévoit une explosion prochaine, dont rien ne calmera la violence, Fanny s'échappe pour s'épargner la douleur d'en être témoin. Milord suit la marche incertaine et rapide de Robert, persuadé que l'annonce, peu ménagée, d'un bonheur inattendu, a dérangé la cervelle de ces deux enfans. Il joint le futur dans un coin, le prend par un bras, le tire après lui, et le présente à Kilmarnock, qui le regarde d'un air étonné. « Que signifient ces marques de sur-
« prise, dit le lord Lovat ? Je ne vous conçois
« pas. — Parbleu, je ne vous comprend pas da-
« vantage. — Comment, lorsque je souscris à ce
« que vous proposez... — Mais je vous parle de

« Mac-Mahon ? — Et moi aussi. — Et qu'a-t-il de
« commun avec ce jeune homme qui me regarde
« avec ses grands yeux effarés ? — Ce qu'il a de
« commun ?..... Pouvez-vous le méconnaître,
« lorsqu'il y a à peine quinze jours qu'il est sorti
« de chez vous ? — Sorti de chez moi !... Ce petit
« drôle-là serait-il un fripon ? — Ah çà, tout le
« monde extravague-t-il ici ? — Personne n'extra-
« vague que vous, mon cher Lovat. Mac-Mahon
« est chez moi ; il y a été conduit par le bon
« pasteur d'Eda, qui l'a reçu des mains de son
« père, et à cet égard il n'y a pas d'équivoque.
« Viens çà, petit coquin ! et dis-nous qui tu es. »

L'air consterné de Robert prouvait assez sa supercherie. Lovat, déja piqué au vif, le secouait d'un côté, Kilmarnock de l'autre. Il avoua qui il était avec une extrême confusion, et il protesta que le plus cuisant besoin l'avait mis dans la nécessité de mentir. Kilmarnock jouissait ; Lovat, furieux de la certitude d'avoir été joué, saisit le grand couteau qui servait à dépecer le roast-beef. Milady, bonne et compatissante... comme une bonne femme, se jeta entre Robert et son mari. Si Fanny fût restée, elle serait morte d'effroi.

Pour peu qu'on ait le temps de réfléchir, on ne tue pas un homme comme un poulet. Milord Lovat dit avec dignité à l'imposteur : « Va, malheu-
« reux ! porte ailleurs ton abominable duplicité, » et

il accompagna cette apostrophe d'un geste énergique, dont Robert n'éprouva l'effet que dans le derrière, pour avoir su se tourner à propos.

Il s'en allait, regrettant amèrement sa Fanny, qu'il perdait pour s'appeler Pierre au lieu de Paul. Il eût fait là-dessus de très-belles réflexions, s'il n'en eût été distrait par le plaisir de se tirer d'affaire à si bon marché. Mais s'il ne dépendait pas de lui alors d'user d'une partie de ses facultés intellectuelles, Kilmarnock, qui n'avait plus de maîtresses, qui n'échappait à aucun danger, et qui ne s'occupait que de son roi détrôné, courut après Robert, poussé par une idée très-prudente, et qui avait rapport aux périls futurs. Il ramena le petit malheureux par une oreille. « Puisqu'il s'est,
« dit-il, donné ici pour le fils de Mac-Mahon, il
« doit savoir bien des particularités qu'il ne man-
« quera pas de publier. Je crois qu'il est indis-
« pensable de le mettre dans l'impuissance de nous
« nuire. Il m'en coûte d'ouvrir cet avis; mais il me
« semble qu'il vaut mieux sacrifier un misérable
« aventurier que nous. «

Robert, malgré son trouble et la douleur qu'il ressentait à l'oreille, ne saisit que trop bien le sens de ce discours. Déja il se croit mort. Il tombe à genoux; il demande grace. Il pleure, il se repent... Il était jeune, beau, et Lovat ni Kilmarnock n'étaient cruels. « Je l'ai interrogé, dit le
« premier. J'ai la conviction intime qu'il ne sait
« que le nom de Mac-Mahon, connu à présent de

« tous les habitans de Dornock. Il a bâti sa fable
« sur la lettre du prétendant, qu'il a trouvée je
« ne sais où, mais que j'ai en ma puissance. Quel
« mal peut-il nous faire ? » Milady joignit ses
prières aux observations de son mari, et Robert
obtint la liberté de se retirer où bon lui semblerait, plus, quelques taloches concluantes, dont il
se serait bien passé.

Comme on ne renonce pas facilement à l'habitude de vivre en bonne maison, et que Robert
n'ignorait plus que la condition essentielle, pour
être admis, est d'être bien vêtu, il monta à sa
chambre en quatre sauts, et comme

Le bien le mieux acquis est celui qu'on nous donne,

il entassa ses effets dans une valise, qui se trouva
dans son ci-devant cabinet de toilette; il chargea
le tout sur son épaule, passa devant l'appartement de Fanny, qui, heureusement pour elle et
pour lui, était allée gémir ailleurs, et il sortit
précipitamment du château, de peur qu'il ne vînt
à Kilmarnock quelque nouvelle réflexion, ou
que Lovat ne pensât à le dépouiller.

CHAPITRE VI.

Nouveaux projets.

Voilà Robert en route, pour la cinquième ou
sixième fois. Fugitif ou chassé, honnête homme

on non, il faut marcher quand on na pas de voiture, ce qui fait que tant de gens, qui valent mieux que Robert, sont à pied, lorsque tant d'autres...

Robert et sa valise arrivèrent à un petit rideau qui bordait le chemin. Un gazon frais couvrait le tertre; un vieux chêne l'ombrageait. Site agréable, besoin de repos, invitent à s'asseoir. Robert s'assit, et on ne s'assied pas sans penser à ses affaires, surtout lorsqu'elles ne sont pas satisfaisantes.

L'idée première qui fixa son imagination, qu'il avait, par intervalles, caressée sur la grande route, fut le souvenir de Fanny, qu'il aimait tant, dont il était si tendrement aimé. On ne se trouve jamais de tort à seize ans; on n'en reconnaît pas à sa maîtresse, parce qu'elle est toujours l'être le plus parfait; on ne convient pas davantage que l'infortune soit l'effet de l'imprévoyance, du défaut de conduite. L'amour propre ne manque pas d'attribuer tout au sort, et a-t-on jamais plus d'imprévoyance, d'inconduite et d'amour-propre qu'à seize ans?

Aussi Robert, très-satisfait de lui-même, enchanté de la manière brillante dont il a conduit sa petite intrigue avec la demoiselle, fit le raisonnement qui suit.

J'ai été, par la pensée, tout ce que j'ai voulu être, et je conviens franchement qu'en ce moment je ne suis rien. Cependant, comparons

Fanny aux dignités, aux richesses dont nous nous sommes comblés, et convenons qu'elle est fort au-dessus de tout cela. Donc nous devons tout faire pour l'obtenir. Un incident m'en éloigne, un incident peut m'en rapprocher.

Lorsque par réflexion j'ai salué milord Kilmarnock d'un air assez bête, mais qui disait beaucoup à milord Lovat; lorsque celui-ci m'a fait asseoir, qui m'empêchait de sortir de la salle? Fanny, peinée de ma situation, m'eût suivi. Nous aurions fait cent projets, pendant une demi-heure que Kilmarnock a mangé sans mot dire. Celui auquel nous nous serions probablement arrêtés, eût été d'aller trouver un ministre écossais, qui nous eût mariés à aussi bon compte qu'on délivre un billet de confession à Paris. Qu'eût fait milord, lorsque je serais venu lui déclarer que j'étais tout-à-fait son gendre? Il eût tempêté, et des cris ne cassent pas un mariage. On ne casse pas un mariage sans déshonorer sa fille, et un père n'en vient jamais, ce me semble, à une telle extrémité. Je conviens que ces mariages d'Écosse sont un peu subversifs de l'ordre social; qu'il est dur pour une noble famille qu'une jeune et jolie demoiselle devienne réellement la femme de son jockei, par exemple, parce qu'un prêtre famélique a prononcé sur eux quelque mots de la liturgie; mais enfin, la chose étant ainsi, pourquoi n'en profiterais-je pas comme un autre? N'ai-je pas, d'ailleurs, à venger mon derrière, et mes oreilles? Traiter comme un goujat le fils d'un marguillier, qui, par la règle de proportion, est à son évêque comme un bedeau à son curé !

Or, ce que je n'ai pas fait à midi, qui m'empêche de le faire à quatre heures? J'entre au premier cabaret, je me fais servir le *porter*, l'écritoire et la feuille de papier; j'écris à Fanny de la manière la plus persuasive, et rien d'aussi aisé quand on aime. J'ai dix guinées dans ma poche, avec cela on trouve dix émissaires intelligens, et il ne m'en faut qu'un. Fanny, aussi empressée d'être ma petite femme, que je le suis d'être son mari, Fanny s'esquive par une petite porte du parc. Elle entre à mon auberge, sans autre cortége que l'aimable dieu qui la guide. Pas une robe, pas un chapeau de rechange, et qu'importe? A quoi servent robe et chapeau, quand on épouse son amant? ce qui dérobe un attrait, est un larcin à l'amour.

Robert arrive à un cabaret qui a quelque apparence. En vidant son petit pot, en écrivant à Fanny, il remarque un garçon d'écurie qui, en allant et venant, conte de lourdes fleurettes à la grosse Moly, qui trouve, en faisant son service, le temps de l'écouter et de lui répondre.

« Bon, bon! dit Robert. Ils parlent à leur ma-
« nière; mais leurs idées sont celles de tous les
« amans. Ils arrivent grossièrement au résultat où
« parviennent les gens du bon ton, par des sail-

« lies et des madrigaux. Thomas entend trop bien
« son affaire pour mal conduire la mienne. »

Il appelle Thomas. Il lui met dans la main une guinée et sa lettre. Il lui dit par où il faut entrer, comment il parviendra jusqu'à Fanny. Il ne faut pour cela que distinguer une porte de dix autres, qui sont autant d'issues au parc, et qui se ressemblent toutes ; qu'amuser par des contes le jardinier, sa femme, ses garçons, les domestiques de milord, et milord lui-même, s'il le rencontre. Quoi d'aussi facile pour un amoureux ! Robert l'a bien fait n'aimant encore personne.

Thomas, compatissant à ses peines, plus attendri encore à l'aspect d'une guinée qu'il va gagner en trois ou quatre heures, Thomas part, après avoir répété cinq à six fois ses instructions. Il a juré par Moly d'amener la jeune lady, et Robert, que tant de fâcheuses expériences devaient rendre défiant, ne doute plus du succès. Il prépare sa noce, il commande le festin, et pendant que les cuisiniers allument les fourneaux, il va trouver un vieux prêtre qu'on lui a indiqué.

Le bonhomme, aussi aise que Thomas de gagner sa guinée, avait pourtant un certain *décorum* à garder. Aussi cacha-t-il sa joie sous des questions, des interprétations, des exhortations, qui pourtant ne durèrent qu'un quart-d'heure, car si Robert tremblait qu'on refusât de l'unir à sa maîtresse, le marieur craignait de perdre ses

honoraires par des difficultés prolongées. Aussi, après avoir demandé à Robert si le ciel l'appelait à l'état du mariage ; s'il croyait y faire son salut plus sûrement avec Fanny qu'avec une autre ; s'il n'avait employé pour s'en faire aimer ni filtres, ni incantations ; après avoir observé que Dieu, en instituant le mariage, n'a eu d'égard ni à la différence des conditions, ni aux oppositions de parens bizarres, qui se refusent au bonheur de leurs enfans ; après avoir engagé le futur à être fidèle à sa femme, à l'aider de toutes ses ressources, à la garder en maladie comme en santé, il alongea la main, reçut la pièce d'or, et dit : « Venez, et puissiez-vous, plus heureux que Ja-
« cob, faire autant d'enfans à votre seule Fanny,
« que le patriarche en fit à Rachel et à Lia ! »

Concevez-vous la joie, le délire de Robert ? Dans deux heures, il sera l'époux fortuné de la plus tendre amante. Dans deux heures, il n'aura plus rien à désirer, et son bonheur sera toujours le même, parce que l'amour est éternel. *Vanitas vanitatum !*

Il allait de la cuisine à la porte. Il retournait aux fourneaux ; il revenait à la grande route. Il regardait du côté par où devait arriver sa petite femme. Ses yeux cherchaient à percer l'intervalle qui les séparait : ses yeux ne voyaient rien.

Le temps s'écoulait. L'impatience avait été extrême ; l'inquiétude, la crainte lui succédèrent. Ici s'ouvrit une suite de réflexions toujours très-sages, et toujours très-tardives, lorsque Robert distingua quelque chose dans l'éloignement... La voilà! s'écrie-t-il, et craintes et réflexions disparaissent.

Cependant l'objet approche lentement... Ce n'est pas une femme; c'est un homme qui paraît marcher avec peine... C'est Thomas! grand dieu, qu'est-il donc arrivé? s'écrie encore Robert, et il vole au-devant de son embassadeur.

Il allait éclater, tempêter, l'accabler de questions et de reproches. L'air furibond de Thomas lui glace la langue. C'est lui qu'on gronde, qu'on maudit, qu'on menace.

Thomas n'avait pas perdu de vue le fond de l'affaire, mais il avait oublié quelques détails. Par exemple, il s'était trompé de porte, et il était entré à cinquante pas du château. Les valets l'avaient rencontré, interrogé; il avait balbutié. On lui avait marqué quelque soupçon; il avait cru convaincre de sa probité, en parlant beaucoup, et avec chaleur, erreur commune à tous les fripons. On lui avait ri au nez; il s'était emporté. On l'avait gourmandé, il avait crié; milord était accouru.

Quatre ou cinq hommes qui en battent un autre, en l'interrogeant, en ont bientôt tiré la vérité. Milord apprit que sa fille allait se marier, et qu'il ne tenait qu'à lui d'être de la noce. Thomas, pour se tirer de ce pas épineux, fit même ce qu'on ne lui demandait pas. Il livra la lettre de Robert, avec un air d'ingénuité propre à désarmer tout autre qu'un père irrité. Tant d'opiniâtreté et d'impudence mirent Lovat en fureur. Une grêle de coups tomba sur le malheureux émissaire, qui enfin fut chassé, brisé, moulu, pouvant à peine se soutenir.

Thomas n'était pas convenu de recevoir dix coups de bâton par chaque schelling qu'il avait reçu de Robert. Ce qui excédait les bornes de sa mission, devait être payé à part. Il est incontestable qu'il avait droit à une indemnité, et il la demanda du ton d'un homme persuadé qu'il lui reste plus de force qu'il n'en faut pour rosser un enfant. Robert, très-brave, à ce qu'il prétendait, avait toujours une échappatoire à sa disposition. Il déclara qu'il tenait à des idées de justice, dont un galant homme ne s'écarte jamais, et celui qui ne s'était fait aucun scrupule de voler une fille à son père, trouva très-équitable d'entrer en négociation avec le fougueux Thomas. Deux guinées le calmèrent. Il devint doux, poli; il accabla Robert de respects.

Une guinée qu'il avait reçue d'abord, et ces deux-ci font trois; une autre donnée au marieur, qui ne devait marier personne, fait bien quatre : or, de dix ôtez quatre, il ne reste que six.

Robert, désolé de ne point avoir Fanny, crut cependant pouvoir s'occuper de la conservation de ce qui restait dans sa bourse. Il courut à la cuisine, et contre-manda tristement ce dîner que devaient embellir l'amour et la plus aimable de ses sujettes.

Contre-mander un dîner prêt à être servi, c'est se raviser un peu tard, et c'est ce que fit entendre l'hôte, assez poliment d'abord. Robert prétendit que ne mangeant rien, il n'avait rien à payer. L'hôte répliqua qu'on ne vend pas en huit jours, dans une auberge de village, ce que Robert avait commandé pour un seul repas. Monsieur l'amoureux déclara d'un petit ton impertinent, qu'il ne descendait pas à de semblables détails, et il envoya l'hôte... L'hôte jura qu'il était le premier *boxeur* des trois royaumes, et que ce serait à regret qu'il ferait usage de ses talens. Le brave Robert voulut bien composer encore, et qui de six paie quatre, n'a plus que deux.

Voilà donc Robert qui a perdu sa maîtresse et huit guinées; le voilà reprenant sa valise, et suivant à pied le chemin d'Edimbourg. Il marche la tête basse, affligé, pensif, et revenant malgré lui au chapitre des réflexions, toujours inépuisable dans certaines circonstances.

Cependant la légèreté, si naturelle à tous les hommes, les héros des romans exceptés, ne tarda point à porter dans le cœur de Robert quelque consolation. Il lui restait une jolie figure, deux guinées, une montre, une valise bien fournie. Avec ces avantages, on est encore dans une situation très-passable; on peut profiter d'une voiture qu'offre un hasard heureux, et c'est ce que fit Robert. Il monta dans la diligence d'Edimbourg. Laissons-le rouler.

Que fait Fanny en ce moment? Elle pense à Robert, elle regrette Robert, elle pleure Robert. Elle veut dérober ses larmes à sa mére; elle croit les cacher dans son sein. Sa mère, clairvoyante, les essuie, la caresse, la console. Qui sait, comme une mère, compatir aux peines de son enfant? Qui connaît, comme une femme, ce penchant irrésistible, et l'indulgence que mérite un sentiment trop général pour être bien condamnable?

Mais pourquoi ces larmes d'une part, cette tendresse compatissante de l'autre? Le voici. Milord avait conclu, des aveux de Thomas, que sa fille était d'intelligence avec Robert. Comment supposer, en effet, qu'on fasse tous les apprêts d'un mariage, sans être sûr de sa maîtresse? La lettre livrée par l'émissaire avait ensuite confirmé cette opinion. C'étaient des actions de graces pour le passé, des instances, des supplications pour le moment, des protestations pour l'avenir! Oh! que c'était beau! il fallait lire cela, et milord avait lu.

Il savait que fille qui a connu les douceurs de l'amour, s'en tient rarement à un essai malheureux. Une seconde tentative pouvait réussir, et il était prudent de guérir Fanny de la manie des mariages impromptus. Le moyen le plus sur était de la marier, et promptement, au véritable

Mac-Makon. Milord s'attendait à une forte résistance, et il n'ignorait pas que, dans certains cas, pour frapper juste, il faut frapper fort.

Il n'eut pas besoin de feindre pour marquer la plus épouvantable colère. Il reprocha à Fanny la bassesse de ses inclinations. Il chargea le portrait, déja peu avantageux, de Robert, de la difformité que lui prêta son indignation. Il notifia à sa fille qu'il ne la connaissait plus, et qu'elle ne retrouverait son père que lorsque Mac-Mahon serait son fils.

Vous pensez bien que la jeune lady ne répliqua pas un mot : on ne résiste pas ouvertement à un père furieux, et qui a de bonnes raisons de l'être. Mais Fanny, forte de l'indulgence de sa mère, lui protestait que Robert était presque gentilhomme; que madame Robert était fort à son aise; qu'elle avait très-bien élevé son fils; que sa faute était celle de l'amour, et qu'il n'y a pas de roman un peu estimé où on n'en trouve de semblables; qu'elle n'aimerait jamais que lui; qu'elle détestait Mac-Mahon, et qu'elle mourrait avant de l'épouser... Mourir! façon de parler, n'est-ce pas, mesdames?

Kilmarnock, toujours empressé de se défaire de son argent, et d'établir son protégé, avait saisi le moment favorable. Il courut chercher et amener le futur. Il creva ses chevaux, mais qu'importe? en les fouettant à outrance, il leur criait, à eux, qui ne connaissaient ni le roi Jacques, ni sa postérité, ni Mac-Mahon, cette parodie d'un vers d'Horace :

Dulce et decorum est pro magistris mori.

Rien de joli, rien de modéré surtout comme l'esprit de parti.

Fanny ne daigna pas regarder l'audacieux qui prétendait à sa main. Il pouvait être passable, et reconnaître quelque agrément dans le rival de Robert, eût été une infidélité impardonnable. Cependant on n'est pas six heures en présence d'un homme sans lever les yeux sur lui, bien involontairement sans doute; mais enfin on ne peut pas se les crever. Mac-Mahon était aussi un bel adolescent. Un grand œil bleu annonçait la douceur de son caractère. Il avait le consentement de milord Lovat. Il allait avoir cent mille livres sterling. Tant d'avantages le rendaient haïssable, Fanny le disait tout bas. Or, comme l'objet qu'on hait n'est jamais dangereux, elle le regarda désormais sans crainte, sans scrupule, mais aussi sans le moindre plaisir : diable ! gardez-vous bien de le croire !

Le reste de la journée fut assez calme. Fanny, en se retirant chez elle, ne s'occupa que de Robert. Il était malheureux, proscrit, détesté de son père; jamais il ne serait son mari : que de raisons de lui être fidèle ! Le mariage pourtant doit être une jolie chose, à en juger par ces entretiens secrets, ces caresses innocentes qui avaient été si favorables à Robert, et fillette est toujours un peu curieuse. Fanny rejeta d'abord cette pensée avec horreur, et cette pensée se reproduisait sans cesse. Lé mariage, le mariage! que ce mot est puissant! n'est-il pas vrai, mesdemoiselles?

Malgré ces tentations si réitérées, si vives, la jeune lady eût perdu mille vies plutôt que de consentir à être la femme de Mac-Mahon : elle se le disait, au moins. Mais elle se disait aussi que céder à la force n'est pas être infidèle; qu'il est grand, d'ailleurs, d'être rangé au nombre des victimes de l'amour. Oh! combien Robert la plaindrait entre les bras d'un rival odieux! Sans doute il aimerait davantage la déplorable victime de l'autorité paternelle; sans doute il consumerait sa jeunesse dans les regrets et dans les larmes, et cette idée ne laisse pas de flatter une amante infortunée. Combien elle le plaindrait, courbée sous la puissance du devoir, du devoir auquel pourtant il faudrait se soumettre!... Voilà comment de raisonnemens en raisonnemens, et à travers mille combats déchirans, Fanny se laissa conduire à l'autel. Elle épousa Mac-Mahon, absolument malgré elle, et elle s'en trouva fort bien.

C'est pourtant ainsi, mesdames, que vous êtes à peu près toutes fidèles, et vous ne cessez de nous accuser d'inconstance! Crier le premier, est souvent un moyen d'avoir raison.

CHAPITRE VII.

Robert acquiert de l'expérience.

La diligence d'Edimbourg roulait toujours, et Robert devenait plus gai à mesure qu'il s'éloignait davantage de sa tendre Fanny. Un monsieur, très-bien mis, d'un très-bon ton, très-aimable surtout, l'amusait par ses saillies, et lui marquait une préférence qui le flattait au point de lui faire oublier sa situation. La voiture arrêtait-elle ? M. Dickson conduisait Robert par la ville, lui faisait admirer ces ruines précieuses, qui attestent l'invasion, et le mauvais goût des Danois. Il expliquait avec une extrême facilité des restes d'inscriptions que personne ne pouvait plus lire. Il lui montrait à jouer au billard, ce qui l'amusait bien autant que les antiquités ; à boire sec, ce qui le mettait en belle humeur ; il le louait surtout de sa bonne mine, de sa facilité à tout saisir, et il achevait ainsi de subjuguer le jeune homme par le plus usé, mais par le plus sûr des moyens. Robert ne vivait plus que par M. Dickson.

On n'était plus qu'à une journée de la ville capitale d'Écosse, et on soupait très-gaîment, lorsque M. Dickson s'écria tout à coup : « Vous « êtes charmant, mon jeune ami ! Pour être tout-« à-fait accompli, vous n'avez plus besoin que « d'une chose. — De laquelle, monsieur Dickson ?

« — Il faut savoir jouer au *creps*, jeu futile, en-
« nuyeux, mais à l'aide duquel un jeune homme
« tient un coin dans le grand monde, parce que
« le *creps* est très à la mode, et que la mode
« commence à être la passion dominante des ha-
« bitans de Londres, comme des Parisiens. Gar-
« çon, apportez des dés : je veux donner une
« leçon à mon jeune ami. »

Les Anglais ont trouvé comme nous les moyens
de se ruiner en une soirée, et de ces moyens-là, il
n'en est pas de plus expéditif que le creps.

M. Dickson possédait le fond du jeu. Ses dé-
monstrations étaient claires, Robert était intelligent, et en peu de minutes il fut en état d'attaquer et de se défendre. On joua très-petit jeu :
entre amis on ne veut que s'amuser. Cependant
Robert gagna quatre guinées qui lui procurèrent
une nuit très-douce. Il avait bien, en se déshabillant, quelque regret d'avoir battu le bon
M. Dickson; mais il paraissait riche; cette perte
ne l'avait pas affecté, et Robert ne pensa plus
qu'au rétablissement de ses finances. O égoïsme,
égoïsme, contre lequel tout le monde s'élève, et
qui est le vice de tout le monde !

Robert, en se levant, s'occupa enfin de sa destinée future, dont le bon M. Dickson l'avait distrait jusqu'alors. Il arrêta qu'à Edimbourg il ven-
drait sa montre; qu'il prendrait la voiture de
Londres, où il arriverait avec quelques guinées,
qu'il mangerait en cherchant le domicile de mi-

lord All-is-bad, qu'il ne savait comment trouver. Réuni à cet original, mais excellent seigneur, il ne pouvait plus manquer de rien.

Pendant le reste de la route, il entretint M. Dickson de ses projets. M. Dickson trouva très-simple qu'il vendît sa montre, dont il pouvait facilement se passer, parce qu'il y a des horloges partout, et que quelques guinées de plus dans la poche d'un jeune homme, sont toujours d'une utilité réelle. En conséquence, son premier soin, en arrivant à Edimbourg, fut de conduire son jeune ami chez un honnête horloger de sa connaissance, qui lui donna sept guinées d'une montre qui en valait quinze.

Deux hommes qui se conviennent aussi parfaitement, ne se quittent pas sans peine. M. Dickson exprima ses regrets d'une manière qui toucha Robert. D'ailleurs, après trois jours de route on a besoin de repos, et le jeune homme accorda la journée suivante aux instances de son bon ami.

Dickson, enchanté de sa complaisance, ne souffre pas qu'il loge à l'auberge; il le force à le suivre chez lui. Il le présente à madame Dickson, petite brune très-jolie, très-éveillée, qui l'accueillit parfaitement, et qui acheva d'effacer jusqu'au souvenir de Fanny. Vous voyez, mesdames, que je ne ménage pas plus un sexe que l'autre, et que je suis juste envers tout le monde.

Après le dîner, M. et madame Dickson raisonnèrent très-sérieusement sur les plaisirs qu'on pouvait procurer à M. Robert. Il n'en désirait plus d'autre que celui de voir madame Dickson, et, comme elle devait être en tiers dans tout ce qu'on ferait, il consentit à aller passer la soirée dans un cercle, composé des gens les plus distingués et les plus aimables d'Edimbourg.

Il fut introduit dans une salle assez gothique et très-enfumée : Dickson lui dit à l'oreille que cet ameublement était le plus précieux de l'Europe. Il venait du roi saxon Egbert, qui régnait sur les Anglais l'an 825, et dont les aïeux avaient conquis l'Angleterre vers le sixième siècle. Vous sentez que Robert ne put se défendre d'un sentiment de respect à la vue de ces meubles délabrés. Les messieurs et les dames qui formaient le cercle avaient un genre de gaîté qu'on ne connaissait pas chez milord Lovat : Dickson dit encore à Robert qu'ils descendaient tous de Canut, roi de Danemarck, qui asservit de nouveau l'Angleterre en l'an 1017 ; que jamais ils n'avaient contracté d'alliances avec le peuple vaincu, et qu'ainsi ils avaient conservé quelque chose de la liberté naïve des siècles reculés. Robert s'empressa de prodiguer à ces illustres personnages les marques du plus profond respect.

Cependant la plus haute noblesse est parfois bien aise d'oublier sa grandeur. Le besoin du plaisir rapproche les hommes de toutes les conditions. On proposa un *creps*, et sur la recommandation de M. Dickson, on voulut bien y admettre M. Robert, quoique sa famille ne datât pas de l'an 1017.

Madame Dickson avait placé Robert à côté d'elle. Des mots affectueux, quelques coups d'œil expressifs achevaient de tourner la tête du jeune homme. Il était enchanté de madame Dickson; il se croyait très-pénétrant, et quoiqu'il aimât beaucoup le mari, il se flattait de lui jouer, très-incessamment, le tour que nous jouons souvent à nos meilleurs amis. Heureux amis, qui ne se doutent de rien, lorsque la cour et la ville sont dans la confidence !

Un spectacle nouveau jeta Robert dans un délire d'un autre genre : la table se couvrit d'or. Il fut ébloui par des rouleaux de guinées, dont il ne supposait pas l'existence possible. Bientôt revenu d'un étonnement, qui n'est qu'une secousse passagère, il rapprocha, il fondit ensemble les deux sensations qui se disputaient alors l'empire de son ame, la cupidité et l'amour.

Encouragé par son succès de la veille, il ne douta point que la fortune lui fût encore favorable. Croire aux revers n'est pas d'un joueur, et cependant il n'a devant les yeux que des joueurs ruinés, désespérés, déshonorés ! Robert, qui n'avait aucune expérience dans ce vilain genre, devait facilement s'abuser. Aussi son imagination, toujours féconde en projets, lui en suggéra un qu'il adopta avec la vivacité que vous lui connaissez.

Il résolut d'abord de gagner tout cet or. Madame Dickson ne paraissait pas folle de son mari. Elle ne balancerait pas à suivre un jeune homme fort aimable, qui prenait à chaque instant un ascendant plus marqué sur son cœur : en douter, serait être trop modeste. Il enlève madame Dickson. Il la conduit en France ; il se fixe avec elle dans une jolie petite ville. Ils y vivent l'un pour l'autre ; ils y passent des jours délicieux. La séduisante perspective !... Mais Dickson, l'ami Dickson ?... Oh! ma foi, Dickson se consolera dans les bras de quelque beauté de la race de Canut... Ainsi se parlait Robert. Le petit coquin !

Il expose une guinée, puis une seconde. Il gagne, il perd. Madame Dickson s'intéresse à son jeu ; elle le conseille, elle le guide. Il semble, pensait Robert, qu'elle m'a pénétré, qu'elle me seconde. Elle est aussi impatiente que moi de passer la Manche.

Cependant après quelques alternatives, il perd à tous les coups. Déja il a vu disparaître le gain de la veille ; bientôt disparaîtra le produit de la montre. Le malheur est à son comble. Voilà Robert sans argent, peut-être sans maîtresse, et bien sûrement sans ressources pour le lendemain. Son premier mouvement est de s'adresser à Dickson ; mais osera-t-il implorer le secours d'un homme à qui, cinq minutes auparavant, il se proposait d'enlever sa femme, et le bonheur ? Fi donc ! Robert ne se dégradera pas à ce point.

Cependant que résoudre, que faire? La tête se monte, s'égare; l'imagination se couvre d'un voile épais; il n'a plus qu'une existence machinale; il ne lui reste pas la force de penser.

Un noble *Canutien* le tire à part. « J'ai pitié de
« votre embarras, et je vous en tirerais, si je
« n'avais moi-même perdu tout mon argent. Je
« puis au moins vous donner un avis. S'il vous
« reste quelques effets, un bon diable, qui est
« là, à l'antichambre, vous prêtera à un intérêt
« modique, et qui sait si, en un instant, vous ne
« gagnerez pas beaucoup plus que vous avez
« perdu? »

Ce conseil est de ceux que la jeunesse ne rejette jamais. Quel trait de lumière vient frapper Robert! Il se croyait sans ressources, et il lui reste sa valise, sa valise, don de la plus noble amitié, mais qu'il fallait vendre, soit qu'il jouât encore, ou qu'il se soumît à végéter quelques semaines de plus avec le prix qu'il en pourrait tirer. Végéter! que cette idée est humiliante pour une tête exaltée! Végéter, lorsqu'il peut prétendre encore à la possession de sa belle Écossaise! Ses yeux rencontrent ceux de madame Dickson; ils raniment dans son cœur l'espérance et l'amour. Il sort, sans lui dire son dessein. Peut-il, sans se perdre dans son esprit, l'instruire du triste état de ses affaires? L'insensé ignorait que Dickson les connaissait comme lui. Des questions adroitement jetées dans la diligence, rapidement suivies d'une saillie, d'une idée plaisante qui faisait oublier à Robert ce qu'il avait répondu... C'est qu'il faut réellement du talent pour être fripon... dans plus d'un genre.

Robert se rappelle très-bien les rues par lesquelles il a passé. Son ami lui a raconté plusieurs particularités sur différens bâtimens faciles à reconnaître. Il est impossible qu'il se trompe sur la maison de Dickson. Celui-ci, en sortant, lui en a fait remarquer l'élégance extérieure. Ce bon Dickson ! pensait Robert en courant. Ne dirait-on pas qu'il a prévu que j'aurais besoin de retrouver ma route ? N'a-t-il pas fait tout ce qu'il faut pour que je puisse plaire à sa femme ? Que de maris, dit-on, se fâchent après un accident qu'eux seuls ont préparé !

Il arrive, il frappe, on lui ouvre. Toujours courant, il enfile l'escalier. On l'arrête, on lui demande où il va. « Chez M. Dickson. — Quel est
« ce M. Dickson ? — C'est ce gentilhomme qui
« demeure au premier. — Que me dites-vous
« donc ? — Hé ! que dites-vous vous-même ? Je
« vais chez ce monsieur chez qui j'ai dîné, qui a
« une femme si jolie. — Ce monsieur, ce mon-
« sieur a dîné, il a payé, il est parti. — Com-
« ment, il ne demeure pas ici ! — Non, vous dis-
« je. Un homme est venu ce matin commander
« le repas ; je l'ai préparé, vous l'avez trouvé
« bon : tout est dit. — Vous êtes donc traiteur ?
« — Sans doute. — Vous êtes traiteur, et vous

« n'avez pas d'écriteau ? — Ignorez-vous le pro-
« verbe : *A bon vin point d'enseigne ?* »

Ici Robert commence à avoir quelques soupçons. « J'espère, au moins, monsieur, que vous
« me rendrez ma valise. — Ah ça, êtes-vous
« fou? — Non, monsieur, je ne suis pas fou, et
« j'entends ravoir ma valise. — En effet, je me
« rappelle... L'homme qui a commandé le dîner
« est venu, un quart-d'heure après que vous avez
« été sorti, réclamer un porte-manteau. — Hé !
« qu'en a-t-il fait ? — Tout ce qu'il a voulu. Allez
« au diable, et ne me rompez pas la tête davan-
« tage. — Je suis volé, je suis volé ! — Ma foi,
« ce sont vos affaires », et en répondant, en tempêtant, l'hôte, toujours plus impatienté, poussait
Robert vers la porte, qu'enfin il ferma sur lui.

L'être le plus pacifique a de l'humeur, quand
il se voit dupé avec une certaine impudence.
Robert éprouva un mouvement de colère qu'il ne
chercha pas même à réprimer. Il court plus lestement que jamais ; il jure entre ses dents ; il
approche de la maison où il a joué, déterminé,
dût-il se faire assommer, à renverser la table, et
à jeter les meubles vermoulus à la tête de ses
spoliateurs.

La porte est fermée. Il frappe, il frappe... il
frappe encore, et de manière à faire sauter les
gonds. Une voix glapissante se fait enfin entendre.
« Hé bien, quoi, que voulez-vous ? pourquoi vous
« entêter à entrer par ici ? — Hé, f..., par où

« voulez-vous que j'entre ? par la fenêtre ? —
« Par la porte ordinaire qui est dans l'autre rue.
« Voyons, que désirez-vous ? la mesure de *porter ?*
« — C'est bien de cela qu'il s'agit ! Je veux mes
« guinées, ma valise, que m'ont volées des co-
« quins qui sont là-haut. — La maison est hon-
« nête, monsieur. — Je la juge par ceux qui s'y
« rassemblent. — Encore des propos, toujours
« des propos ! — Prenez donc garde de déplaire
« à cette vieille rabougrie. — Vieille, vieille ! ra-
« bougrie ! l'impertinent ! »

Robert est déjà au haut de l'escalier. Il entre dans une chambre... C'est bien celle-là ; il reconnaît l'ameublement du roi Egbert. Mais déjà les descendans de Canut sont remplacés par quelques bourgeois paisibles, qui ne quittent la pipe que pour boire un coup, ou pour médire du ministère.

« Faites-moi le plaisir, messieurs, de me dire
« ce que c'est que cette maison. — Ne le voyez-
« vous pas ? c'est une taverne. — Comment, ce
« n'est pas là l'ameublement du roi Egbert ? cette
« maison n'appartient pas à un arrière-petit-fils
« du roi Canut ? — Vous extravaguez, mon cher
« enfant. — Une taverne ! oh ! les coquins ! ils
« étaient tous d'intelligence. Je suis furieux,
« anéanti. » Le bon vieillard qui lui parlait a pitié de son état ; il l'interroge avec bonté, avec ce ton qui calme le cœur, et force l'attention. Robert raconte sa dernière aventure avec quelque confusion : il est si dur d'avouer qu'on n'est qu'un sot !

« Je ne connais pas ce Dickson, dit le vieillard.
« Ce nom-là n'est pas sur mes registres. — Sur
« vos registres? serait-ce vous, par hasard, qui
« feriez la police à Edimbourg? — Pas précise-
« ment en chef; mais je suis à peu près ici ce
« qu'on appelle à Paris un inspecteur. — Il faut
« me trouver Dickson. A Paris, on le trouverait
« dans deux heures. — Mon cher monsieur, ce
« n'est pas avec des lois qu'on peut bien faire la
« police, et ici on ne fait rien que par elles. —
« Ainsi donc à la faveur de vos lois, je serai im-
« punément volé? — Ce malheur vous est par-
« ticulier, et n'influe pas sur le bien général. —
« Hé! que me fait à moi le bien général, lorsque
« je n'ai plus rien? — Mon cher monsieur, votre
« raison est altérée. Remettez-vous et écoutez-
« moi. Je ne trouverai pas votre voleur; mais je
« vous donnerai à coucher. Vous vous proposez
« d'aller chez milord All-is-bad. Demain je vous
« mettrai une couronne dans la poche, et avec
« cela, à votre âge, on peut aller à Londres,
« parce qu'à votre âge on a de bonnes jambes, on
« peut boire de l'eau, et on doit avoir du cou-
« rage. »

Vous connaissez maintenant M. Dickson et ses dignes associés; vous avez pénétré leurs vues, dès les premiers mots de ce chapitre, et vous avez peut-être deviné que ces piles de rouleaux étaient faites avec des jetons, et terminées par deux ou trois guinées qu'on voyait par le bout déchiré du papier. Voici ce que vous ignorez. Cet homme si familier avec l'histoire de son pays, changeait de nom selon les circonstances. Il était l'émissaire de la troupe ; il cherchait des dupes de tous les côtés, et il en faisait beaucoup, parce qu'il était habile à démêler les goûts, les caractères, auxquels il se ployait adroitement.

L'escroquerie faite à Robert n'était qu'une misère pour ces messieurs. Aussi traitèrent-ils durement Dickson, lorsque le jeune homme sortit de ce tripot. Dickson les avait désarmés par des observations pleines de bon sens. « On n'est pas « toujours heureux, dit-il. J'ai du moins couvert « mes frais de route, et ma foi, *toujours pêche,* « *qui prend un goujon.* »

CHAPITRE VIII.

Rencontre inattendue.

« A mon âge, on a de bonnes jambes, on peut « boire de l'eau, on doit avoir du courage ! maxi- « mes faciles à débiter du fond d'un grand fau- « teuil, entre un pot de bière, la pipe et la ga- « zette. Je marche beaucoup, je mange peu, et je « dors sur la paille. Oh ! oui, il est bien plus « commode de donner des préceptes que de les « exécuter. Et cent vingt lieues à faire comme « cela ! » Ainsi parlait Robert en suivant la route de Londres.

Il ne pensait qu'aux privations actuelles. Il ne pensait pas à ce qu'il eût souffert, si le bon vieillard ne lui eût donné une couronne, qu'il ne lui devait pas.

A mesure que Robert avançait, ses plaintes devenaient plus amères. Les pieds s'écorchaient, les articulations devenaient douloureuses, et le mal physique ajoutait aux peines morales. Cependant il fallait marcher quatre jours encore, ou renoncer à l'espoir de revoir milord All-is-bad. Et que devenir, s'il s'arrêtait? Entrer dans une ferme, obtenir quelques vaches, ou des dindons à conduire! quelle perspective pour un jeune homme qui s'était cru au moment d'être roi d'Angleterre, chancelier de France, propriétaire d'un superbe château, gendre d'un lord écossais! *Vanitas, vanitatum!*

C'était bien le moment des réflexions, et vous savez que Robert en revenait toujours là dans les circonstances fâcheuses. Il en faisait alors que Sénèque n'eût pas désavouées. Que fera-t-il si la fortune lui sourit encore? jouira-t-il avec modération? se servira-t-il de son expérience pour tâcher de fixer le bonheur? *Va-t'en voir s'ils viennent, Jean!* etc.

Déja il aperçoit dans l'éloignement cette noire et épaisse fumée qui annonce au voyageur la capitale de l'Angleterre; déja des inquiétudes d'un autre genre viennent l'assaillir. S'il ne pouvait découvrir la demeure de milord... si milord n'était pas à Londres... si le temps avait éteint cet intérêt pressant qu'il lui avait marqué autrefois... si... si.... si... Le chapitre des *si* était inépuisable.

Le voilà dans un faubourg, se traînant à peine, le dos courbé, les muscles en contraction, redoutant le contact du pavé, qui ajoute sans cesse à sa douleur. Il lève une jambe, il craint de poser le pied. Il compte ses pas; il s'adresse à tous ceux qui passent près de lui, car il n'a ni le courage, ni la force de s'éloigner de la ligne droite.

Il apprend enfin que milord a sa maison *Cavendish square*; mais on le croit dans ses terres. Cette affligeante supposition met le comble à ses maux. Entièrement découragé, il s'assied sur une borne, il pleure; il se relève; il va machinalement apaiser, dans l'eau croupie d'un ruisseau, l'ardeur qui dévore ses pieds. Un bon habitant de la cité le voit, et s'arrête. Il en était passé cent qui n'avaient pas daigné lui accorder un regard. Serait-il vrai que tout est relatif, et que celui-là seul est compatissant, qui a éprouvé des revers, et qui ne les a pas oubliés?

L'honnête marchand a pitié de Robert. Il l'interroge, il le rassure; il lui apprend que milord est à Londres, et que c'est même le moment de le trouver chez lui. L'espoir renaît dans le cœur flétri de Robert. Il se trouve plus léger; ses douleurs lui paraissent supportables. Il marche; il se hâte péniblement; il arrive chez milord.

Milord ignorait tout ce qui était arrivé à l'enfant de la nature. Six mois après l'avoir livré à ses seules ressources, il avait projeté d'aller admirer le développement de ses membres, de ses forces; de jouir de son air de santé, de sa satisfaction. Quelques incidens avaient retardé son voyage, avaient même causé quelque dérangement dans son système philosophique.

Il avait, *sans y penser*, injurié un domestique qui lui avait parlé trop familièrement. Le domestique avait élevé le ton; milord l'avait roué de coups... un procès.

Un philosophe renvoie un domestique dont il est mécontent, et ne bat personne.

Une partie du mur de son parc était écroulée; il avait aperçu un braconnier qui s'introduisait furtivement. Il l'avait rencontré, *par hasard*, et l'avait blessé d'un coup de fusil... Autre procès.

Un philosophe doit faire plus de cas d'un homme que d'un lièvre.

Les comptes de son intendant étaient loin d'être en règle. Milord avait fait venir un serrurier, et, selon la loi naturelle, il avait transporté, de la caisse de l'intendant dans la sienne, des fonds qui lui appartenaient à la vérité. Cependant... Troisième procès.

Un philosophe qui veut vivre en société, doit se soumettre aux lois sociales.

Milord avait surpris milady avec un jeune seigneur, beaucoup plus aimable que lui. Il avait oublié que *les femmes, comme les fruits de la terre, doivent être en communauté*. Il avait provoqué son heureux rival, et l'avait tué d'un coup de pistolet... Encore un procès.

Un philosophe peut être cocu comme un autre; mais il ne doit jamais se mettre en contradiction avec lui-même.

Il avait traité, à la cour, l'archevêque de Cantorbéry d'imposteur et d'hypocrite... Quatrième procès.

Toutes vérités ne sont pas bonnes à dire, et puis les philosophes présens et à venir ne détruiront jamais l'imposture et l'hypocrisie.

Il est d'usage en Angleterre de donner caution lorsqu'on est sous la main de la justice criminelle, et qu'on veut conserver sa liberté. Milord, à force de se cautionner, s'était réduit à ne pouvoir plus disposer d'une guinée, et il avait beaucoup d'humeur.

Le moment n'était pas favorable pour Robert; aussi milord, sans l'écouter, l'envoya faire *lanlaire*, le battit, et le chassa. Si Robert eût eu de l'argent, il eût pu intenter un cinquième procès; mais, en Angleterre, comme ailleurs, on n'obtient gratuitement justice que lorsqu'on est mort sous les coups.

Robert, en proie aux horreurs du désespoir, était étendu dans la rue. Il repassait les différens évènemens de sa vie; il s'accusait de tous ses malheurs. Il se reprochait de s'être jeté dans un abîme de misère, pour ne pas manger un morceau de pain sec, qu'il n'était pas sûr désormais d'obtenir de la charité publique. Il résolut de se punir de ses fautes, et il forma un projet assez raisonnable, celui de se laisser mourir là, puisqu'il ne pouvait s'aller jeter dans la rivière.

Un jeune homme, un peu plus âgé que lui, vient de ce côté. La gaîté, le bonheur, brillent dans tous ses traits. Il chante un petit air, en pensant probablement à quelque chose qui caresse son imagination. Il voit Robert; il cesse de chanter. Il s'arrête; son cœur se serre; cette figure rayonnante s'obscurcit. Il parle au malheureux, qui lui répond à peine. La vie lui est à charge. Pourquoi s'entretenir de ses maux, quand on ne veut plus que mourir?

Cependant le jeune homme paraît frappé de quelques paroles échappées à Robert. Il pense, il cherche à rappeler d'anciens souvenirs... Il interroge une physionomie déja défigurée... Il l'examine attentivement... Il parle encore, il prie, il conjure, il obtient quelques mots. Sa mémoire le sert enfin; ses idées sont fixées.

Il oublie qu'il est dans une place publique; il ne voit pas qu'on s'arrête, qu'on l'observe, qu'on chuchotte, qu'on rit. Il ne s'occupe plus que de Robert, il n'écoute plus que son cœur. Il est à terre, étendu sur le pavé, à côté du misérable qu'il serre dans ses bras. Il s'écrie d'une voix étouffée:
« Hé quoi! tu ne reconnais pas Rifflard »?

L'infortuné l'a entendu. Il a rouvert des yeux éteints. Il fixe son ami, il lui sourit; il répond à ses caresses, il ne pense plus à mourir. Il sent qu'il va devoir à l'amitié une nouvelle existence, et peut-être le bonheur.

Rifflard se lève avec vivacité. Heureux du peu de bien qu'il vient de faire, du bien plus grand qu'il se propose de faire encore, Rifflard court, fait avancer une voiture de place. Il relève son ami, il l'enlève dans ses bras; il refuse des secours qu'on s'empresse de lui offrir : lui seul a le droit de servir l'amitié. Il prend Robert, il le porte, il le place dans le carrosse; il est auprès de lui. Il l'encourage, il le console. Le cocher a reçu ses ordres, il part. La foule se disperse lentement. On ne rit plus; on pense, on médite, on rêve à une bonne action, qui agite doucement, qu'on voudrait avoir faite.

Rifflard, enchanté, délirant de plaisir, soutient Robert sous les bras, et le monte à son petit appartement. Il le déshabille, il le couche dans un bon lit; c'est le sien, c'est le seul qu'il ait, n'importe. Il s'oublie, il ne pense qu'à Robert, il ne vit en ce moment que pour lui; effet assez ordinaire de cette première amitié de l'enfance, si douce, si durable, que les passions d'un âge plus avancé altèrent quelquefois, et qu'elles n'éteignent jamais.

Rifflard n'a pas de domestique. Il en aurait vingt, qu'il leur disputerait le plaisir de servir son ami. Il ouvre son petit buffet; il en tire la petite casserole d'argent, le sucrier de porcelaine et le flacon de vieux Bordeaux. Le feu pétille sous les coups redoublés du briquet; l'allumette brille, le charbon s'allume, la rôtie se fait. Rifflard souffle, jette la soufflet, court à son ami, l'embrasse, revient souffler, souffle encore : rien ne va au gré de son impatience.

Le restaurant est enfin présenté avec l'empressement de l'amitié. Robert reprend quelques forces, et la douce confiance, les tendres épanchemens, un peu de gaîté même se trouvent au fond de la casserole. Heureux âge, où une lueur de jouissance fait oublier tout les maux !

C'était bien le moment des questions, vous l'avouerez; aussi Rifflard les multiplia avec une telle vivacité, que Robert ne savait à laquelle répondre. Rifflard fut le premier à rire de bonne foi de sa pétulance; il se tut, il s'assit au chevet de son ami, et caressant une de ses mains dans les siennes, il attendit qu'il parlât.

Robert lui conta en abrégé ce que vous savez de ses aventures, et à chaque projet, formé et évanoui, Rifflard lui disait avec douceur : « Plus « de projets, mon ami; tu n'en feras plus, n'est- « ce pas? tu vois où cela mène. Oh! bien certai- « nement non, reprenait Robert, et il continuait « son histoire. »

Il était naturel que Rifflard lui contât la sienne. « Elle est courte, dit-il, parce que je n'ai jamais

« formé qu'un projet, celui de me laisser conduire
« par ceux qui ont plus d'expérience que moi. Je
« ne me suis pas écarté de ce plan, et je m'en suis
« bien trouvé. J'ai eu quelquefois à me plaindre
« de mes supérieurs, de mes parens. Je leur ai
« pardonné, persuadé que nous avons tous besoin
« d'indulgence, et que j'avais pu, par mon incon-
« sidération, donner lieu à des vivacités.

« J'avais fini mes études avec quelque distinc-
« tion, avant l'âge où on s'occupe ordinairement
« du choix d'un état. On craignait pour moi les
« suites de l'oisiveté, et un de mes oncles, commis
« au ministère des affaires étrangères, me prit
« dans ses bureaux, sans autre intention que celle
« de m'empêcher de faire des folies. Il se bornait
« à me faire relire mes auteurs grecs et latins, et
« quelques bons ouvrages français. Je les lisais; mais
« je suivais son travail, et il fut étonné que l'aridité
« des matières ne m'inspirât point de dégoût. Il
« me donna des copies à faire, et *Grotius*, *Puf-*
« *fendorf et Barthole* à lire. J'avoue que ces mes-
« sieurs m'inspirèrent d'abord un ennui affreux;
« mais je suis né avec de l'amour-propre et de
« la tenacité. Je dissimulai l'effet que produisaient
« sur moi ces auteurs, et je voulus voir à quoi
« pouvait mener cette insipide lecture. J'avais
« une ressource prête, quand j'étais excédé : je
« me délassais entre *Horace* et *Tibulle*.

« Bientôt j'imaginai un moyen de répandre
« quelque intérêt sur la lecture de mes publicistes:

« c'était de comparer à leurs préceptes, la con-
« duite de tel ou tel souverain, dans des circon-
« stances analogues au principe. Pour cela, il
« fallait lire l'histoire, et je la lus. Mon oncle
« avait l'air de ne s'apercevoir de rien, et il me
« laissait faire.

« Je ne tardai pas à démêler que le droit pu-
« blic est une vieille idole, qu'on encense par
« habitude, et qui n'est que l'arme impuissante
« du faible ; que le plus habile diplomate est
« celui qui, à la faveur de grands mots, fait le
« mieux les affaires de son maître, et, fier de
« quelques connaissances réelles, je me mis à
« discuter avec mon oncle et à faire le petit
« docteur.

« C'était un brave homme que mon oncle ; mais
« jamais il ne fût devenu premier commis, eût-il
« vécu mille ans. Je l'embarrassais à chaque in-
« stant, et il était enchanté en proportion des
« difficultés que je lui opposais, et qu'il ne pou-
« vait résoudre.

« Je sentis bientôt ma supériorité, et mon
« oncle, piqué un jour de mon ton d'importance,
« voulut aussi faire le savant, et crut me fermer
« la bouche. Il me demanda ce que je pensais
« des droits de Louis XII et de François Ier sur
« le duché de Milan. Je lui répondis, sans biai-
« ser, que ce procès-là avait été jugé à Pavie.

« La réponse était fort simple : mon oncle la
« trouva sublime. Il m'embrassa, me mouilla de

« de ses larmes, et jura que je serais un jour un
« homme supérieur. Cette scène me tint lieu de
« vocation. On convoqua une assemblée de famille,
« où il fut décidé que je serais diplomate. On me
« notifia l'arrêté qu'on venait de prendre, et je
« me laissai faire.

« Je commençai mon surnumérariat, et je me
« remis humblement aux copies. Cela me déplai-
« sait, parce que je croyais pouvoir faire mieux.
« Mon oncle soutenait mon courage, en me ré-
« pétant sans cesse qu'il avait été surnuméraire
« trois ans. Je sentais, moi, que je ne devais pas
« l'être trois semaines.

« J'attendais une circonstance heureuse pour
« me faire valoir. Il s'en présenta une qui pouvait
« me perdre, et je la saisis comme un enfant qui
« ne connaît pas de danger. Le roi de Prusse ve-
« nait de prendre la Silésie, et la France pensait
« à s'allier à lui, pour écraser Marie-Thérèse. Je
« copiais des instructions pour notre ambassa-
« deur à Berlin, et l'auteur de la minute avait
« laissé en blanc tous les noms des personnages,
« et, par-ci par-là, quelques lignes à remplir. Je
« devinai tout, je remplis tout, et je courus, très-
« content de moi, porter ma copie au premier
« commis de ma division. Il lut, un peu étonné de
« ma démarche, qui blessait la hiérarchie des pou-
« voirs, et au lieu des éloges que j'attendais, il
« me demanda d'un ton sévère si quelque autre
« que lui avait vu ma copie. Je lui protestai que

« non. Il se leva, m'ordonna de l'attendre, et me
« dit, en sortant avec mon chef-d'œuvre, que si
« j'en parlais à qui que ce fût au monde, je serais
« jeté dans un cul de basse fosse.

« La jolie perspective! Oh, combien je me re-
« pentis d'avoir voulu faire le capable! je me
« croyais déja sequestré de la société, privé à ja-
« mais du spectacle de la nature, si séduisant pour
« des organes neufs, à peine parvenus à leur
« dernier développement; et cependant de quoi
« étais-je coupable? D'avoir cherché à m'avancer
« dans une carrière où m'avaient jeté mes pa-
« rens.

« Mon premier commis rentra et me dit : A
« dix-neuf ans, on doit sentir l'importance de
« certaines choses; ainsi je ne m'étendrai pas sur
« la nécessité de la discrétion. Vous travaillerez
« désormais dans mon cabinet, aux appointemens
« de mille écus, que le ministre vous accorde.

« Cette journée était faite pour les extrêmes.
« Mille écus au lieu d'un cachot! juge de ma joie,
« mon cher Robert. Mille écus par an, à moi,
« qui ne disposais encore que de douze francs
« par mois! Je me crus haut et puissant seigneur,
« et cependant la tête ne me tourna point. Satis-
« fait de ma fortune présente, je ne pensai pas
« à la pousser plus loin. Je résolus seulement de
« la conserver par mon exactitude et mon travail.

« Un an se passa ainsi. Le secrétaire d'ambas-
« sade de Paris à Londres mourut, et la faveur

« seule nomma son successeur. Il lui fallait des
« travailleurs, et je fus du nombre de ceux qu'on
« lui donna. Je jouis auprès de lui de l'agrément
« qu'obtient un jeune homme qui se rend utile,
« et qui n'annonce aucune prétention. Parfaite-
« ment bien avec mes camarades, jouissant d'un
« traitement, qui excède de beaucoup mes be-
« soins, je suis doublement heureux par la ren-
« contre inopinée d'un ami que je croyais perdu
« sans retour, et à qui je peux être utile. »

CHAPITRE IX.

Bonheur, revers.

« Ah çà, mon ami, que comptes-tu faire,
« quand tu seras redevenu frais, gaillard et dis-
« pos? — D'abord, renoncer aux projets. Oh!
« bien certainement je n'en ferai plus. — Bon! —
« Je veux imiter ta conduite sage, prudente. —
« Et tu auras raison. — Je vais écrire à ma mère,
« lui marquer mon repentir, solliciter le retour
« de ses bontés. — Oserais-je te faire un aveu ?
« — Ose, parbleu! Dans l'état où je suis, qu'a-
« t-on à redouter? — Mon pauvre ami, tu n'as
« plus de mère. »

Ici la conversation fut suspendue, parce que
Robert pleura, et même de très-bonne foi. Il
avait oublié le pain sec, et ne se rappelait que
les tendres soins qu'avait obtenus son enfance :

l'amour maternel s'accorde à merveille avec l'amour des hommes, avec la dévotion, avec toutes les folies possibles.

« C'est un malheur, sans doute, d'avoir perdu
« ma mère, mais c'est un malheur sans remède :
« Ainsi il est inutile de s'en affecter trop vivement.
« D'ailleurs j'ai du bien qui console de beaucoup
« de choses. — Tu n'as rien, mon ami. — Bah!
« — Ta mère t'a cru mort; elle s'est mariée à un
« payeur des rentes, à qui elle a tout donné. —
« Même la fortune de mon père? — Elle s'est
« crue ton héritière. — Mais je vis, ventrebleu! je
« vis, et monsieur le payeur des rentes me rendra
« ce qui m'appartient. — Il ne rendra rien; il
« aime l'argent. — Et moi aussi, parbleu! et je
« n'entends pas renoncer à la succession.

« Tu vas me prêter cinquante louis. Je pars
« pour Paris, j'arrive, je fais sommer le beau-
« père de restituer. — Il ne répondra pas. — Je
« l'attaque au Châtelet, au Parlement, au Conseil.
« Je fais imprimer des mémoires; je produis des
« témoins. Je confie ma cause à Gerbier; elle fait
« un éclat du diable; je la gagne tout d'une voix.
« Le peuple me conduit en triomphe à mon do-
« micile; il en chasse l'usurpateur; je fais couler
« le vin deux jours et deux nuits à ma porte...
« — Tu ne feras rien de tout cela, et tu iras à
« Bicêtre. — Oh! laissez donc, monsieur Rifflard!
« — Ne te fâche pas, et raisonnons.

« Tu es parti à l'âge de dix ans, et tu es de-

« venu méconnaissable pour tous ceux qui n'ont
« pas vécu très-intimement avec toi. — A la
« bonne heure; mais notre maître Morisset... —
« Il est mort. — Et sa grosse et courte femme? —
« Elle est morte. — Et notre vieille cuisinière
« Geneviève? — Elle est morte. — Nos camarades
« d'école, au moins, ne sont pas morts. — Ils
« sont dispersés. Et puis, je suis peut-être le seul
« qui répondrais sciemment de l'identité. En ad-
« mettant que quelques individus crussent te
« reconnaître, oseraient-ils jurer que tu sois bien
« Robert? les supposes-tu incorruptibles, ou
« exempts de faiblesse? Le beau-père les gagnera,
« les effraiera, les écartera : quinze mille livres
« de rente sont bonnes à conserver. — Hé! mor-
« bleu, qui pourra me nier que je sois moi? —
« On fera plus; on te déclara imposteur, on te
« condamnera, on t'arrêtera, on t'incarcèrera. —
« Quel compte me fais-tu là? — Cela n'est pas
« sans exemple. — Hé bien, je prends un parti
« violent. Je soulève mes compagnons d'escla-
« vage; je me mets à leur tête; nous nous faisons
« des armes de tout ce qui se présente; nous
« frappons, nous assommons; je me venge... — La
« garde fait feu, et ceux qu'elle n'a pas tués
« sont pendus. — Oh, oh! — Mais sais-tu, mon
« ami, que tu n'es pas revenu de la manie des
« projets. — Bon! est-ce que je viens d'en faire?
« — Hé! tu ne fais que cela. Sois raisonnable,
« Robert, et écoute-moi.

« Je ne vois pas d'inconvénient à écrire d'ici à
« ton beau-père ; nous verrons ce qu'il te répon-
« dra, et nous nous conduirons en conséquence.
« En attendant, je vais tâcher de te procurer de
« l'emploi. Le travail t'empêchera de te livrer aux
« écarts de ton imagination, et, avec de la per-
« sévérance et de la conduite, tu pousseras ta
« petite fortune. — Oui, mon ami, de la persé-
« vérance, de la conduite, et on doit réussir avec
« cela : tu en es la preuve frappante. Voyons,
« quel emploi me procureras-tu ? — Les premiers
« appointemens seront modiques. — C'est tout
« simple. — Mais je suis là pour y suppléer. —
« Tu es le modèle des amis ; mais encore, quel est
« cet emploi ? — Je parlerai de toi au secrétaire
« d'ambassade ; il n'a rien à me refuser. — La
« diplomatie ? oui, je crois que cela me convient
« assez. Je suis prudent, discret, et, sans vanité, je
« ne manque pas d'intelligence. Dans un an je peux
« être à la tête des bureaux ; secrétaire d'ambas-
« sade dans deux ; ambassadeur la troisième an-
« née. C'est un assez joli état que celui d'un am-
« bassadeur, et je me sens fait pour représenter.
« J'éblouis le public par mes équipages, mes
« chevaux, mes pages, ma livrée, mes largesses ;
« je subjugue le cabinet près duquel je réside,
« par ma noblesse et ma fermeté. On me craint,
« on me cède, et alors... — Alors, Robert, tu
« penseras à moi, tu m'avanceras, n'est-il pas
« vrai ? » Et Rifflard éclate de rire, et Robert rit

aussi en se frappant le front et en s'écriant : « c'est plus fort que moi, mais je m'en corri-« gerai. »

Rifflard annonça le lendemain à son ami qu'il était agrégé à l'ambassade, membre un peu inférieur, à la vérité, mais que, sans être ambassadeur dans trois ans, il pourrait, à cette époque, jouir d'un sort agréable, ce qui vaut mieux qu'un procès incertain contre un beau-père, et que le titre de chef des bandits de Bicêtre.

Robert ne joua d'abord qu'un rôle très-subordonné dans ses bureaux. Assez ignorant encore, malgré les soins de M. Cammeron; appelant persévérance et bonne conduite ce qui n'était que de l'exactitude aux heures indiquées, et non un bon emploi du temps ; prenant pour de l'intelligence sa vivacité ; de l'étourderie, des jeux de mots, il ne se soutint bientôt que par le crédit de Rifflard. Celui-ci lui faisait des sermons dignes de servir de suite au petit Carême de Massillon. Robert promettait toujours, et ne tenait jamais rien. Choqué du peu d'égards qu'on lui marquait, ennuyé enfin des remontrances continuelles de Rifflard, il se dégoûta tout-à-fait d'un métier qu'il n'entendait pas, et pour lequel peut-être il n'était pas né. Cependant il fallait vivre, en attendant qu'il trouvât l'occasion de voler à de plus hautes destinées. Il ne voulait pas être à charge à son ami, et il ne manquait pas d'aller toucher ses appointemens le jour de l'échéance.

Un évènement fort simple le tira cependant de la poussière. Les petites causes produisent toujours de grands effets, surtout entre les mains des femmes. L'ambassadeur donna une fête brillante le jour de la Saint-Louis, et Robert reçut, comme les autres, sa carte d'invitation. Il s'était paré autant que ses faibles moyens le lui avaient permis : il ne savait pas encore qu'il est un âge où l'art gâte la nature.

En dépit des peines qu'il se donna pour être moins bien, il parut charmant à madame de Chedeville. Madame de Chedeville, femme du secrétaire d'ambassade, avait vingt-deux ans, ce qui suppose un caractère peu formé encore ; elle était brune, ce qui annonce d'heureuses dispositions ; elle était légère, inconsidérée, ce qui donne à craindre peu de difficultés. Son mari l'aimait beaucoup, et elle ne s'en souciait guère ; il était jaloux, et elle en riait.

Femme qui n'aime pas son mari, et qui rencontre un beau garçon, a nécessairement quelques idées. Madame de Chedeville eût bien fait de les écarter ; elle ne le fit point : ce n'est pas ma faute.

Robert n'eût osé lever les yeux sur une dame de cette importance : non qu'il ne la trouvât très-jolie ; mais il ne supposait pas qu'une femme d'un rang distingué pût descendre à un petit commis. Pauvre enfant ! heureuse ignorance ! que de princesses ont eu des bontés pour leurs laquais !

La bienséance exigeait que messieurs les secrétaires fissent danser madame de Chedeville. Robert la prit à son tour, et c'est là qu'elle l'attendait. Il ignorait le premier principe de cet art essentiel ; mais il avait de l'oreille. Il brouillait les figures, et il avait le bon esprit d'en rire le premier.

Dans les intervalles, madame de Chedeville lui adressait quelques phrases entortillées, auxquelles il répondait avec timidité, quoiqu'il devinât à peu près ce qu'on voulait lui dire. Madame de Chedeville sentit qu'il fallait être plus claire. Robert, au lieu de répondre, baissa les yeux, et rougit de plaisir. Madame de Chedeville jugea qu'il y avait une éducation complète à faire; et les femmes ne haïssent pas cela.

La fin d'une contre-danse est au moins un prétexte pour s'asseoir et causer. Madame de Chedeville choisit l'endroit de la salle où il y avait le plus de monde, moyen certain de n'être pas remarquée : où il y a cohue, il n'y a personne. Robert lui avait offert la main d'un air assez gauche, et il allait se retirer après une révérence plus gauche encore : « Asseyez-vous là, monsieur, « lui dit madame de Chedeville. »

La conversation fut d'abord languissante, parce que Robert n'osait encore se flatter de bien entendre. Les expressions de la jeune dame devinrent enfin si positives, qu'on ne pouvait s'y méprendre que par un excès de modestie, et ce n'est pas dans celui-là que donnait notre jeune homme. Il s'anima tout d'un coup, et d'une manière si prononcée, que madame de Chedeville se crut obligée de l'avertir qu'ils avaient des spectateurs.

Il ne restait plus qu'une difficulté à résoudre, c'était de savoir à quel titre Robert aurait ses entrées, car enfin une femme comme il faut ne peut se dispenser d'accorder les formes avec le fond. Les Anglais n'excellent pas dans les arts d'agrément, et une jolie Française ne peut prendre de maître dans ce pays-là. Madame de Chedeville demanda à son élève s'il savait la musique, le dessin, l'italien. Robert ne se doutait de rien de tout cela. Il déclara franchement ne savoir qu'aimer beaucoup en français, en anglais, et même en écossais, au choix de madame. « Vous savez
« l'anglais, mon cher ami ! comment, vous savez
« l'anglais ? Il n'en faut pas davantage. C'est char-
« mant, c'est délicieux !

« Monsieur de Chedeville, monsieur de Che-
« deville ? il faut pourtant que j'apprenne la langue
« de ceux chez qui nous vivons. — Madame, je
« vous fais chercher un maître. — J'en ai trouvé
« un, monsieur, assez maussade, assez ennuyeux ;
« mais qu'importe ? Il est français, j'entendrai

« mieux ce qu'il m'expliquera, et il parle anglais
« comme Pope.

« — De qui me parlez-vous, madame ? — De ce
« jeune homme qui danse si mal, qui est si
« gauche... Le voilà assis là-bas... — M. Robert?
« le plus mauvais sujet de nos bureaux, que je
« ne garde que par condescendance pour M. Rif-
« flard, qui, entre nous, fait toute ma besogne.
« — Son âge mérite quelque indulgence. — Un
« faiseur de quolibets, qui s'égaie même à mes
« dépens. — Je conçois que de telles libertés doi-
« vent déplaire; aussi je veux vous débarrasser
« de ce censeur-là. Que désire M. Rifflard? que
« son ami ait des appointemens. Au lieu de fati-
« guer monsieur, il les gagnera chez madame,
« voilà tout. — Mais... mais... Vous êtes bien jeunes
« l'un et l'autre, et le public... — Le public sait
« que les bons maîtres sont rares, et qu'on les
« prend comme on les trouve. — Mais... mais...
« ce jeune homme est très-bien, et... — Figure
« commune, sans expression. — Mais... mais... —
« Mais... je crois, monsieur, que vous allez vous
« livrer encore à la singularité de vos idées. Il
« est bien extraordinaire que je ne puisse parler
« à un homme, sans être exposée à des obser-
« vations désobligeantes. Croyez-vous que je ne
« sache pas me conduire; que si je voulais for-
« mer une liaison, je descendisse jusqu'à vos
« commis ; que je vous aie apporté trente mille

« livres de rente pour vivre dans un esclavage
« insupportable? Je ne suis plus un enfant, mon-
« sieur; je puis avoir une volonté; j'apprendrai
« l'anglais, et M. Robert me le montrera.

 « Monsieur Robert, monsieur Robert? — Ma-
« dame? — Vous avez peu d'occupation dans vos
« bureaux. Dès que M. de Chedeville entrera
« dans son cabinet, vous passerez chez moi : voilà
« qui est arrangé... Ah! vous m'apporterez une
« grammaire, un dictionnaire, et vous ferez vos
« leçons très-longues : je veux parler anglais dans
« trois mois. »

Ces arrangemens-là n'étaient pas du goût de M. de Chedeville; mais le lieu ne permettait pas de prolonger une explication qui eût tourné publiquement au désavantage du mari. Les femmes, en France, ont toujours raison. Cependant la prévoyance est fille de la jalousie. M. de Chedeville observa le reste de la nuit, et ne surprit pas un coup d'œil à madame. Elle fut impénétrable : c'est encore un des talens de nos aimables Françaises. Robert, éloigné par le ton très-froid que prit tout à coup la dame, se demandait s'il avait bien-entendu, si son amour-propre ne l'avait pas flatté. Il ne savait que penser de ce changement subit. Était-ce caprice ou prudence ? « Ma foi? « dit-il, je saurai cela demain », et il fut faire un tour au buffet.

M. de Chedeville réfléchissait aussi de son côté. « Ce jeune homme, qui est si gauche, répétait-il

« à chaque instant, d'une figure commune, sans
« expression... Je ne vois rien de tout cela, moi.
« Et puis le fils du frère Philippe était un nigaud
« aussi, et ces nigauds-là se déniaisent prompte-
« ment. Certaines femmes même ne sont pas fâ-
« chées de leur donner de l'esprit... Mais la mienne ?
« oh ! la mienne a toujours tenu une conduite
« sans reproche... Oui, mais il y a un commen-
« cement à toutes choses, et ma femme est femme
« tout comme une autre. »

Il alla joindre Robert au buffet... « Madame de
« Chedeville vient de parler, monsieur, d'une fan-
« taisie qui tient uniquement à son âge, et à la-
« quelle elle ne pensera plus demain ; aussi n'ai-je
« pas voulu la contredire ouvertement. Mais vous
« sentez qu'il serait absurde que le cabinet de Ver-
« sailles vous payât pour montrer l'anglais à ma
« femme, et que je ne pourrais me permettre de
« porter cet article en dépense. Ainsi je vous or-
« donne très-positivement de continuer votre ser-
« vice dans mes bureaux. Je vous engage même à
« le faire avec le zèle que vous devriez y mettre,
« et qu'on n'a pas encore remarqué en vous. Je
« vous déclare enfin qu'à la première incartade
« vous serez congédié. »

L'ordre était précis des deux parts. Auquel Robert obéira-t-il, de madame ou de monsieur ? En
sortant, il parla à son ami de sa position critique,
de sa perplexité, et il lui demanda des conseils.
Voilà les hommes ! ils se flattent qu'on leur con-

seillera ce qu'ils ont résolu de faire, et qu'ainsi on autorisera leurs désordres. Rifflard répondit par une question : « Avec lequel des deux as-tu réelle-
« ment plus d'intérêt à être bien? — Avec mon-
« sieur, sans doute. — Laisse donc là madame. —
« Mais elle est si jolie! — Tu trouveras à Londres
« cent jolies femmes qui ne seront pas celle de
« ton chef. — Mais madame de Chedeville m'aime.
« — Pas du tout. — Elle me l'a dit. — Il n'est pas
« de femme qui ne cherche à colorer une fai-
« blesse du prétexte du sentiment. — Elle m'en
« voudra à la mort. — Qu'importe? — Elle se dé-
« solera. — Imbécille! elle court après le plaisir :
« elle te préfèrera, demain, celui qui le fixera
« près d'elle. — Mais Rifflard... — Mais, monsieur,
« vous oubliez bien promptement votre banc
« d'huîtres d'Écosse, et l'état où je vous ai trouvé
« dans *Cavendish-square*. Je dois tout à mon ami
« persécuté par la fortune, et rien à un écervelé
« qui fait tout ce qu'il faut pour se la rendre con-
« traire. Voilà mon dernier mot. »

Robert ne répliqua rien. Il marchait rêveur, pensif, plus embarrassé que jamais. Rifflard pourrait bien avoir raison, pensait-il; mais renoncer à madame de Chedeville, à une femme accomplie, qui m'est si attachée, dont la conquête est si flatteuse!... Diable, diable!

En rentrant, ils trouvèrent une lettre. C'était la réponse de monsieur le payeur des rentes. Il disait que le jeune Robert était mort dans la traversée de Lorient à la Martinique, où il allait continuer une vie vagabonde; que son décès était constaté par un procès-verbal du capitaine et de son second, et qu'il poursuivrait, selon la rigueur des lois, tout imposteur qui entreprendrait de le troubler dans la jouissance d'une fortune légitimement acquise.

« Mon beau-père est un fripon! s'écria Robert;
« le capitaine et son second sont des fripons. On
« ne trouve que cela dans le monde, dit Rifflard,
« avec assez d'humeur. — J'espère, poursuivit Ro-
« bert en riant, que tu voudras bien nous excep-
« ter de la règle générale. — T'excepter, toi, qui
« pour satisfaire une fantaisie, vas certainement
« profiter de l'aveuglement d'une femme sans ex-
« périence, porter le trouble dans une famille,
« faire à ton supérieur l'affront le plus sanglant !
« Tu as un état honnête qui peut te consoler de
« la perte de ta fortune : que restera-t-il à M. de
« Chedeville, quand l'étourderie de sa femme et
« la tienne l'auront convaincu de son malheur?»

Il n'y avait pas de réponse à cela; aussi Robert ne répondit pas. Il se hâta d'éteindre la lumière : l'obscurité dispense de rougir. Il ne dormit pas, et passa la nuit, tantôt à combattre, tantôt à approuver les raisonnemens de Rifflard. Il se leva avec le soleil, et laissa son ami reposant avec le calme que donne une conscience pure.

Il fut promener ses pensées au parc de Saint-James. La raison le ramenait toujours vers M. de

Chedeville; le diable le poussait dans les bras de madame, et le diable l'emporte si souvent! Il se la représentait riche de jeunesse et de beauté; des organes de dix-huit ans paraient encore des charmes déja trop puissans. C'est une terrible chose, à cet âge, qu'un combat contre soi-même et contre une jolie femme qui va au-devant de son vainqueur. Rifflard eût triomphé peut-être; Robert cessa même de le vouloir. « Le sort en est « jeté, s'écria-t-il comme un fou. La rivière, ou « madame de Chedeville! »

Il entre chez un libraire, et prend une grammaire et un dictionnaire. Il s'arrête à la première taverne, et il demande à déjeuner : l'amour heureux n'ôte pas l'appétit. En mangeant, en buvant, il parcourait Boyer; il se remettait au courant des principes généraux, qu'il avait appris de M. Cammeron, et que depuis long-temps il avait oubliés : il fallait pouvoir parler métier, si M. de Chedeville entrait inopinément. Quand il se crut en état de se présenter en qualité d'amant et de professeur, il se rendit chez madame, qui l'attendait avec impatience.

La chaise longue, le déshabillé le plus galant, et en même temps le plus favorable, le demi-jour, le restaurant, rien n'était oublié, et je crois, en dépit du sage Rifflard, que madame de Chedeville avait déja plus d'usage qu'on ne lui en supposait.

Une table était chargée de papiers, d'une écritoire, de plumes. Robert y déposa ses livres, et s'approcha de la chaise longue : elle avait pour lui la vertu de l'aimant. Il n'osait attaquer ; mais madame de Chedeville était si bonne ! elle avait de petites manières si encourageantes !... « Tu es « charmant ! s'écria-t-elle après une première « défaite. Je t'adorerai toute ma vie, dit-elle après « la seconde. Je perdrai mon emploi, dit Robert « à la troisième ; mais qu'est-ce que de l'argent, « comparé à la possession d'un cœur comme « celui-là ! »

Femme qui vient de *terner*, n'est pas fâchée de causer un peu. Celle-ci voulut savoir ce que signifiaient ces mots : *Je perdrai mon emploi*. Robert se trouvait si bien de son premier essai, que toute idée de partage lui parut insupportable. Il forma aussitôt le projet de brouiller sans retour la femme et le mari. Il arrangea la défense qu'il avait reçue de M. de Chedeville ; il ajouta, il commenta, il fit si bien que madame détestait monsieur, lorsqu'ils entendirent quelque bruit sur l'escalier.

C'était monsieur, irrité du mépris de Robert pour ses ordres, qui venait jouer le maître chez lui, ce qui déplaît assez généralement aux dames, et qui pourtant est assez naturel.

« Que faites-vous ici, monsieur ? — Il me fait « travailler, mon ami. Nous en étions au verbe « *to love*. — C'est fort bien, madame, c'est fort « bien. Vous répondrez quand je vous interro-

« gerai. — Le joli ton ! c'est bien celui d'un mari.
« Croyez-vous vous faire aimer ainsi, monsieur ?
« —Morbleu ! madame, point de plaisanteries : ce
« n'est pas le moment. Robert, vous n'êtes plus
« au secrétariat ; j'en ai prévenu M. Rifflard. —
« Vous le congédiez, et moi je le garde. Je lui
« conserve ses appointemens, et je vous réponds
« de les lui faire gagner. — Je me flatte, madame,
« que vous vous respectez assez pour ne pas
« m'obliger à faire une scène. — Tout comme il
« vous plaira, monsieur. — Monsieur Robert, sor-
« tez ! — Restez, monsieur Robert ! — Savez-vous,
« madame, qu'il n'y a que vingt lieues d'ici à Dou-
« vres, et qu'il n'y en a que sept de Douvres aux
« bénédictines de Calais ? — Des menaces, mon-
« sieur, des menaces pour une misère !... Je ne
« me possède plus ; je suffoque, je me meurs... »
Et en effet elle tomba sur la chaise longue, où
cinq minutes auparavant...

M. de Chedeville court à elle, la relève, lui fait
respirer des sels, se reproche sa vivacité, demande
grace... Pauvres maris ! on s'en plaint, et ils sont
si bons... qu'ils en sont bêtes.

Madame de Chedeville, ne pouvant faire mieux,
promit de ne plus revoir Robert, et là, récon-
ciliation fut scellée sur cette même chaise longue... C'est un meuble bien heureusement imaginé, qu'une chaise longue ! Il convient à tout le
monde.

Robert, fort incertain du parti que lui ferait

monsieur le secrétaire, s'était prudemment esquivé, et il attendait, en se promenant dans la rue, ce que madame déciderait de son sort.

M. de Chedeville se retira, enchanté d'avoir fait tout ployer sous son autorité. Ces chers maris sont contens d'eux à si peu de frais !

Il était à peine sorti, que madame était à sa croisée : les femmes sont de si bonne foi ! Robert avait un crayon ; il écrit quatre mots, et le papier, roulé autour d'un petit caillou, tombe au milieu de la chambre. « Que vais-je devenir, mon « Émilie ? — J'y penserai, petit ami, dit une carte « lancée par la fenêtre. — Je ne peux plus me « présenter chez toi. — Il y a des hôtels garnis « en ville. — Je n'ai pas le sou. — L'amour y pourvoira. »

La correspondance était très-active, comme vous le voyez. M. de Chedeville, caché derrière la jalousie d'une anti-chambre, n'en perdait rien et se rongeait les doigts. Il sentait qu'un éclat perdrait sa femme, et il mourait d'envie de faire expirer Robert sous le bâton. Sa position n'était pas gaie, convenons-en. On rit pourtant de ces évènemens-là.

Il avait une jolie maison à Gravesend. Il fit mettre les chevaux, enleva sa femme, et ordonna à mademoiselle Jeannette de suivre, avec ses cartons, dans une voiture de louage. Mademoiselle Jeannette aimait le plaisir pour son compte, et n'était pas fâchée d'en procurer aux autres. Active, curieuse, intelligente comme une femme-de-chambre française, elle avait pénétré le secret de sa maîtresse, et avait entendu bien des choses. Elle fit charger ses paquets, mit Robert sur le tout, et partit en riant de tout son cœur, et en disant : « Oh ! mon dieu, c'est à Londres comme « à Paris. »

Elle arrive, elle cache Robert dans une serre, et va voir où en sont madame et monsieur. Monsieur tempêtait, se calmait, caressait, se fâchait encore, s'épuisait en réconciliations, et grondait de plus belle. Madame se prêtait à ce qui lui convenait, et du reste laissait dire monsieur. Jeannette ne perdait rien, et brûlait de se réconcilier aussi, quoiqu'elle ne fût brouillée avec personne. Elle allait rendre compte de tout à Robert. Elle était blonde, voilà déjà de la variété ; elle avait de grands yeux bleus ; ceux-là valent bien les noirs, et Robert était désœuvré. Elle monta tant, elle descendit tant, que Robert s'endormit enfin d'un profond sommeil.

Elle déshabillait madame ; et monsieur avait ses raisons pour coucher seul cette nuit-là. Il n'est pas de soubrette qui n'aime à faire l'entendue. Celle-ci, d'un petit air fin, dit à sa maîtresse : « Il « est là-bas. — Tu m'as devinée, Jeannette, je « n'oublierai jamais ce service-là. Va vite me le « chercher. »

Jeannette court, vole, pousse, secoue, éveille, entraîne Robert, le conduit par un escalier dérobé, le laisse avec madame, et va dans sa mansarde attendre le garçon jardinier, son péché de village, garçon précieux, qu'elle n'aimait pas, mais qui lui donnait en deux heures de la sagesse pour huit jours.

Madame, impatientée de la lenteur de Robert, daigna lui servir de valet de chambre, et Robert, fatigué, rendu, se prêtait nonchalamment à ce qu'on voulait faire de lui. Madame consentait à s'exposer, mais elle voulait un dédommagement, et Robert n'était pas un Hercule. Madame se donnait des peines incroyables, et l'affaire traînait toujours en longueur. « Le sot animal, s'é- « cria-t-elle en sautant du lit ! Et cela se croit « bon à quelque chose ! » Ce début promettait; elle allait continuer... On frappe à la porte à coups redoublés. Madame, interdite, ne sait quel parti prendre; la porte cède aux secousses de trois à quatre bûches, et M. de Chedeville paraît, suivi de dix à douze matelots.

Madame se décide aussitôt. Elle crie à l'infamie, à l'attentat. Robert s'est introduit furtivement chez elle; elle l'a trouvé dans son lit. Éperdue, sans force, elle a voulu en vain appeler du secours. Elle conjure son mari de ne pas croire aux apparences. Elle fait toutes les grimaces d'usage.

Le mari ne répond pas un mot; il montre Robert à ceux qui l'accompagnent. On le saisit, on l'enlève. Il veut crier; on lui ferme la bouche avec un mouchoir. On le transporte à bord du

Bucentaure, et on le jette à fond de cale, les fers aux pieds et aux mains.

CHAPITRE X.

Où le conduira le Bucentaure ?

Qu'on se moque à présent des maris français. Je viens de prouver qu'ils ont quelquefois de l'énergie comme les autres. « Un moment, monsieur
« l'auteur ! vous allez, vous allez, sans vous em-
« barrasser si l'on vous suit ou non. Qu'étaient
« ces matelots et ce Bucentaure ? En vertu de
« quelle loi avait-on *appréhendé* Robert au corps ?
« Pourquoi le jeter à fond de cale ? Pourquoi le
« barder de fer ? — Vous avez raison, monsieur
« le lecteur. Je vous dois l'explication de tout
« cela.

« Si vous êtes marié, vous savez à merveille
« que certain accident donne toujours un peu
« d'humeur. Si vous aimez votre femme, vous
« croyez au moins la moitié de ce qu'elle vous dit;
« vous vous flattez qu'elle est disposée à revenir
« à la raison et à vous, et que lui ôter une oc-
« casion de pécher, c'est la rendre impeccable.
« Oh ! si cela était ainsi !

« — Point de préambules, je ne les aime pas.
« Au fait, par grace. — M'y voilà, monsieur, m'y
« voilà. Vous savez sans doute quels évènemens
« nouveaux agitèrent les deux Mondes en l'an

« 1740 ?— Non, monsieur ; mais qu'ont de com-
« mun les révolutions des peuples et celles d'un
« ménage ?— Je vais vous l'apprendre, monsieur.

« Les Espagnols ont toujours été très-jaloux de
« leur commerce d'Amérique, et ils ont raison :
« il est tout simple d'aimer à jouir de ce qu'on a.
« Les Anglais aiment beaucoup aussi à étendre
« leurs jouissances, ce qui est encore assez na-
« turel ; mais ils ne sont pas toujours délicats sur
« le choix des moyens, ce qui produit de temps
« en temps des procès, qui se plaident à coups de
« canon.

« Depuis long-temps messieurs d'Albion abu-
« saient de la patience castillane. Ils avaient ob-
« tenu des concessions, c'est fort bien ; mais ils les
« quintuplaient par la contrebande, manière de
« commercer proscrite par toutes les lois, dans
« laquelle Mandrin excella... jusqu'à ce qu'il fût
« rompu, ce dont le ciel veuille vous préserver.

« Le patron d'une barque de fraude, nommé
« Jenkins, fut pris par les Espagnols, qui lui fen-
« dirent le nez et lui coupèrent les oreilles. Ils pou-
« vaient lui faire pis, puisqu'ils étaient les plus forts ;
« mais Jenkins, au lieu de leur savoir gré de leur
« modération, se présenta à la chambre des Com-
« munes, avec son nez fendu et ses oreilles de
« moins. Son histoire, qu'il arrangea comme il
« voulut, fit un effet de tous les diables. Le bon
« peuple de Londres demanda la guerre à grands
« cris. Le parlement et le roi ne se souciaient pas

« d'ensanglanter le globe pour deux oreilles de
« plus ou de moins ; mais il est une chose sur la-
« quelle l'autorité ne peut rien, c'est l'opinion.
« Il fallut faire la guerre pour venger M. Jenkins.

« L'amiral Vernon, qui ne demandait que *plaies*
« *et bosses*, s'en fut bien vite attaquer, prendre,
« piller et raser Porto-Bello, ville du golfe du
« Méxique, et l'entrepôt des richesses espagnoles.
« Le parlement vota des remercîmens à M. Ver-
« non, qui avait assez bien fait ses petites affaires
« pour se passer de cela ; mais comme les hon-
« neurs sont l'assaisonnement de la fortune,
« M. Vernon parut faire très-grand cas des com-
« plimens.

« L'*aviso* qui avait apporté la nouvelle de la
« conquête, était à l'ancre vis à vis de Gravesend.
« Il venait de recevoir ses dépêches de messei-
« gneurs de l'amirauté, et il devait faire voile à
« la marée du matin.

« M. de Chedeville, en sa qualité de secrétaire
« d'ambassade, n'ignorait aucun de ces détails,
« et, à son arrivée à Gravesend, son premier soin
« avait été d'arranger avec le capitaine de l'*aviso*
« le départ de Robert, dans le cas où il suivrait
« son Émilie, ce qui était assez vraisemblable, et
« ce qui ne manqua pas d'arriver, ainsi que vous
« l'avez vu.

« Or, vous saurez qu'en Angleterre, où on est
« libre, nul ne peut être emprisonné sans un or-
« dre légal ; mais on y enlève à force ouverte ceux

« dont on a besoin pour compléter les équipages
« de Sa Majesté, ce qui fait qu'un homme, qui
« comptait vivre tranquillement à Londres, est
« tout étonné de se trouver aux Grandes-Indes,
« après avoir été bâtonné en route, pour peu
« qu'il ait été récalcitrant.

« Je crois, monsieur le lecteur, vous avoir mis
« suffisamment au courant des circonstances.
« Permettez que je reprenne mon récit. »

Il est assez inutile de nous occuper davantage
de madame de Chedeville. Son histoire est celle
de toutes les femmes de cette espèce : du plaisir
jusqu'à trente ans; quelques jouissances rares,
mêlées d'humeur, jusqu'à quarante ; ensuite le
mépris et l'abandon. Revenons à notre héros.

Nous l'avons laissé à fond de cale, les quatre
membres fixés de manière à lui interdire toute
espèce de mouvement, situation qui peut paraître dure à un petit monsieur qui sort des bras
de deux jolies femmes ; mais il est évident que
nous ne sommes pas en ce bas monde pour y avoir
toutes nos aises.

« Mon ami, je suis bien mal, disait Robert à un
« matelot qui, à l'aide d'un perçoir, volait du rhum
« à même une barrique — Ah ! on t'a mis là, gar-
« çon ? tiens, bois un coup et tais-toi. — Que veut-
« on faire de moi ? — Parbleu ! on te mène en
« Amérique. — Et que ferais-je là ? — Tu jouiras
« du bon temps, tu supporteras le mauvais, jus-
« qu'à ce que tu sois tué, ou que tu obtiennes

« ton congé. — Comment donc! penseriez-vous
« me faire faire la guerre? — Nous ne t'emme-
« nons que pour cela. — Mais je n'ai pas l'humeur
« belliqueuse. — Cela viendra, mon brave. — Tu
« devrais bien me détacher. — Ventrebleu! je n'ai
« garde. — Mais je souffre horriblement. — Et que
« m'importe à moi? je n'ai qu'un avis à te don-
« ner, c'est de prendre patience, et surtout de
« ne parler à personne du rhum que j'ai pris, et
« que nous avons bu ensemble, parce que tu me
« ferais donner la *cale sèche*, et que, par saint
« Georges, je te jetterais à la mer à la première
« occasion. Adieu, camarade.

« Faire la guerre! répétait Robert. M'aller bat-
« tre pour des intérêts qui ne sont pas les miens;
« pour des Anglais qui ne m'en sauront aucun
« gré! Ah! Rifflard, Rifflard, que n'ai-je suivi
« tes sages conseils! mon étourderie, ma présomp-
« tion m'ont jeté dans un abîme de maux, dont
« aucune puissance ne peut me tirer. Imprudent,
« malheureux, indigne que je suis!.... » Robert,
après avoir prolongé sa *Jérémiade*, avoir pleuré,
pesté, juré, fit ce que tout autre eût fait à sa
place : il se consola, en pensant qu'il ne pouvait
être plus mal, et qu'ainsi toute espèce de changement devait lui être avantageux.

Les cris des matelots, le bruit des manœuvres,
et bientôt un roulis sensible, lui firent juger qu'on
partait. « Tant mieux, dit-il, on me détachera
« quand on ne craindra plus que je déserte, car

« enfin on ne me fera pas faire la guerre avec les
« fers aux pieds et aux mains. Voyons quel parti
« je pourrai tirer de ma nouvelle situation. J'ai
« fait déjà bien des projets insensés : tâchons en-
« fin d'en faire un raisonnable et solide.

« Me voilà marin, et dans ce métier-là on
« avance rapidement en Angleterre, avec du mé-
« rite. Or, je n'en manque pas. Il me faudrait, à
« la vérité, quelques connaissances ; mais je les
« acquerrai facilement. Il n'est pas d'amiral qui
« n'ait d'abord été mousse. Je commence comme
« ces messieurs, pourquoi ne finirais-je pas de
« même? Je passe rapidement par tous les grades,
« et me voilà amiral. Je prends les galions du roi
« d'Espagne, et je m'assure une fortune immense.
« Le parlement, qui est dans l'usage des remer-
« cîmens, m'en adresse de très-flatteurs, et le roi
« ne peut se dispenser de me donner l'ordre du
« Bain. J'achète dix mille arpens de terre, et je
« bâtis un superbe château sur le bord de la mer.

« Je brave de là les tempêtes ; je vis en sage
« au milieu d'une société choisie, dont je fais
« l'agrément. J'en bannis les femmes, parce que
« les plaisirs qu'elles donnent ne valent pas les
« regrets qui les suivent, et pour les oublier, ce
« qui est assez difficile, j'ai les meilleurs coqs,
« les meilleurs chiens, les meilleurs chevaux des
« trois royaumes. Je gagne les prix partout, et par-
« tout on ne parle que de moi et de ma magnifi-
« cence. Chacun s'empresse et veut me voir. Rif-

« flard vient me féliciter. Il n'a que six mille francs
« d'appointemens; je lui en donne douze, et je le
« fais mon intendant, parce que la reconnaissance
« est d'une belle ame, et que je prétends à toutes
« les qualités, comme à tous les genres de gloire. Le
« prince de Galles lui-même cède à l'éclat de ma
« renommée, et me fait demander à dîner. Je vais
« au-devant de lui, à la tête d'un cortége bril-
« lant et nombreux; le prince me sourit agréa-
« blement, et..... Aïe, aïe, mon bras!.... aïe, ma
« jambe! » *Vanitas vanitatum, omnia vanitas!*

Le Bucentaure était à deux lieues de la côte, et il n'est pas de nageur qui ose entreprendre un pareil voyage. Aussi un vieux matelot, valet de chambre, cuisinier, ame damnée du capitaine, descendit, une clef à la main. Il ouvrit les cadenas qui retenaient Robert sur le dos, et il lui dit : *Come up, French dog.* Ce qu'on peut traduire ainsi : Viens là-haut, chien de français. — Chien toi-même, lui répondit bravement Robert, et aussitôt un vigoureux coup de poing dans le creux de l'estomac, lui ôta l'usage de la respiration et de la parole. Quel début pour un amiral! Le vieux marin craint de l'avoir tué, et lui administre tous les secours qu'on peut trouver à fond de cale. Il lui frotte les tempes avec du rhum; il lui souffle de la fumée de tabac dans la bouche; il lui frappe dans les mains, de manière à les lui briser. Cet homme-là était digne d'être médecin de village, de ces médecins qui tuent impunément, et dont personne ne s'occupe que leurs malades, qui ne se plaignent jamais, parce que les morts ne parlent plus.

La nature, plus forte que master Anderson, rappela Robert à lui, et le besoin de la vengeance est le premier qui s'empare d'un opprimé. Robert prit un cadenas de chaque main, et en frappa si opiniâtrement, si fortement le crâne de master Anderson, qu'il perdit connaissance à son tour. Robert le laissa geindre et se débattre; il monta lestement deux petits escaliers, au haut desquels il retrouva la lumière et le grand air.

Le capitaine se promenait gravement sur le gaillard, les mains derrière le dos, pour maintenir l'équilibre, qu'un ventre volumineux dérangeait à chaque instant. Il aspirait la fumée du meilleur Virginie, à travers un tube de trois pieds de longueur, et il crachait méthodiquement de quatre en quatre pas.

Il ramena lentement un de ses bras, et portant l'index en avant, il regarda un grand drôle qui n'attendait que le signal. Celui-ci s'empare de Robert, le met nu comme un ver, et jette sa dépouille dans la mer, précaution qui ôte, non l'envie, mais la facilité de quitter le drapeau. On enfile le futur amiral dans un habit de soldat, propre à le faire reconnaître partout, et qui lui allait comme si on eût pris sa mesure sur une guérite.

Robert ne comprenait pas comment un soldat

d'infanterie peut devenir amiral. Cette route, en effet, est un peu détournée. Il déclara qu'il n'avait nul goût pour le service de terre, qu'il en avait beaucoup pour la marine, et qu'il désirait troquer son uniforme contre la grosse veste et la grande culotte. On lui répondit qu'on ne fait pas un mousse d'un homme de son âge et de sa taille, et qu'il figurera à merveilles dans un rang, le fusil sur l'épaule. Robert répliqua; on lui tourna le dos, et un sergent, qui portait habituellement une canne accrochée à sa boutonnière, lui ordonna de le suivre.

Robert, très-mécontent, mais très-docile, parce qu'il n'était pas le plus fort, marchait tristement à côté de son officier, lorsque master Anderson parut, se traînant avec peine, la tête enflée comme un ballon. On s'inquiète, on interroge le vieux rêtre; il raconte ce qui lui est arrivé, en arrangeant les faits à son avantage, comme cela se pratique ordinairement. Le capitaine, toujours marchant, fumant et crachant, regarda le sergent d'un air qui voulait dire : Il est très-louable d'assommer un Espagnol; mais il est bon d'ôter à un mutin l'envie de casser la tête à ses camarades.

Le bas-officier commanda quatre hommes. Ces gens-là ne savent qu'obéir, et sont agens de sang-froid, sans réfléchir que demain ils seront patiens à leur tour. On traîne Robert, qui prend le ciel à témoin de son innocence; on l'attache avec des cordes au cabestan. Deux de ces messieurs, placés à droite et à gauche, lèvent les pans de son habit; le sergent détache sa canne, lui en applique cinquante coups sur les fesses, après quoi il lui dit qu'il peut aller se bassiner, et que le lendemain il lui donnera la première leçon d'exercice.

Robert, furieux, désespéré, résolut de se jeter à la mer, pour guérir ses contusions et finir ses misères. Au moment de l'exécution il s'arrêta, en pensant qu'un homme qui se noie ne se venge de personne, et se punit des fautes des autres. En conséquence de ce raisonnement lumineux, Robert mangea sa ration, en se frottant le derrière; puis il se jeta dans un hamac, où il s'endormit, n'ayant rien de mieux à faire.

Le lendemain, monsieur le sergent lui expliqua prolixement ce qui constitue un bon soldat. Robert comprit qu'il fallait être debout, quand il aurait envie de s'asseoir; avoir les talons joints, lorsqu'il voudrait faire des gambades; tourner à droite, lorsqu'il serait bien aise d'aller à gauche; marcher aligné, remuer un petit tube de fer en douze temps, obéir à tout le monde, n'avoir plus de volonté à soi, le tout à la plus grande gloire du roi Georges.

Il y avait matière à des réflexions trés-philosophiques; mais Robert, devenu machine, perdait insensiblement la faculté de réfléchir. Accablé, hébété, il invoquait Rifflard, Rifflard son bon génie, qui ne pouvait plus rien pour lui.

En invoquant Rifflard, en détestant la vie, en faisant des *à droite* et des *à gauche*, Robert et sa frégate entrèrent dans le golfe du Mexique. Le capitaine passa à bord de l'amiral, et remit ses dépêches. Vernon fit à sa flotte le signal d'appareiller, et il alla devant Carthagène, essayer les talens de Robert et de ses camarades.

On comptait tellement sur le succès en Angleterre, qu'on y avait frappé d'avance une médaille en l'honneur de Vernon. Ses premières tentatives furent heureuses. Un feu vif et soutenu força les Espagnols à se retirer dans la place et dans le forts. On mit à terre quelques bataillons, qui devaient attaquer et prendre la redoute Saint-Lazare. Robert était du nombre des héros désignés pour cettte expédition, et il forma aussitôt le projet de passer du côté des Espagnols à la première occasion. Cependant comme il était dans les rangs, et qu'il fallait faire feu comme un autre, il cassa les reins à son sergent, et à quelques officiers qui lui avaient allongé des coups de canne entre les épaules, pour lui faire ouvrir la poitrine ; vengeance assez usitée à l'armée, et sur la légitimité de laquelle les plaignans ne forment point le moindre doute.

Les Espagnols se défendirent vigoureusement. Une batterie masquée, chargée à mitraille, mit les Anglais en désordre. Leur amiral, irrité de l'affront qu'essuyaient les armes britanniques, envoya de nouvelles troupes soutenir les premières. Lorsqu'elles arrivèrent, Robert et ses compagnons étaient en pleine fuite, et le canon espagnol dispersa ceux-ci à leur tour.

Le moment était trop favorable pour que notre héros n'en profitât point. Lorsque tout le monde a peur, chacun ne s'occupe que de soi, et personne ne s'aperçut que Robert, au lieu de courir vers les chaloupes, s'enfonçait dans les terres, laissant l'amiral Vernon s'arranger comme il l'entendrait. Celui-ci crut n'avoir rien de mieux à faire que de se retirer, et sa médaille fut renvoyée au creuset.

On connaît quelques-unes de ces médailles prématurées, qui tromperaient la postérité, si l'histoire n'était là, et ne rappelait nos petites faiblesses et nos mensonges.

CHAPITRE XI.

Robert devient ce que nul homme ne fut jamais.

Il marchait sans savoir où il allait ; il ignorait même s'il tournait au nord ou au midi. Il ne connaissait aucune plage, la situation d'aucune ville ; mais il s'éloignait des Anglais, et c'était l'essentiel. Il ne pouvait manquer de rencontrer bientôt quelques Espagnols. Il se ferait connaître en qualité de sujet d'une puissance alliée, et on ne pourrait se dispenser de le faire officier, quand on saurait qu'il avait tué son sergent, son porte-enseigne et son lieutenant.

Ce n'est pas qu'il eût un goût bien décidé pour le service militaire ; mais les officiers espagnols sont considérés, bien payés ; ils vieillissent dans leurs garnisons américaines ; ils deviennent presque tous propriétaires. Ces sortes de fortunes ne sont pas très-brillantes, mais elles sont assurées, et, ma foi, il faut savoir se borner.

Tout autre, à la place de Robert, aurait réfléchi qu'il n'était pas aisé aux Espagnols de deviner un allié sous un uniforme anglais ; qu'un désagréable *quiproquo* pouvait prévenir une explication, toujours difficile entre gens qui ne parlent pas la même langue, et vous vous doutez bien que Robert ne sait pas un mot d'espagnol. Aucune de ces idées ne se présenta à lui : il tenait à son habitude d'être toujours étranger au présent, et de vivre dans l'avenir, qui l'avait si souvent abusé.

Il distinguait déja le clocher de Notre-Dame de la Poupe, bourgade peu éloignée de Carthagène, et il ne douta plus que ses nouveaux projets ne fussent au moment d'être réalisés. Bientôt il entendit sonner. « Ah, ah ! dit-il, on me rend déja
« des honneurs ! Je serai au moins capitaine, peut-
« être colonel, que sait-on ? » Il approche, et une quarantaine de coups de fusil partent à la fois.
« Diable ! on me reçoit au bruit de l'artillerie !
« c'est trop flatteur, en vérité. Ecoutez donc des

« Rifflard, et autres raisonneurs de la même es-
« pèce, gens qui ne voient rien au-delà de leur
« étroite sphère, et qui restent toujours dans les
« infinimens petits ! » A mesure qu'il avançait,
les décharges se succédaient, et il crut entendre
enfin le sifflement de quelques balles, qui en
effet lui passaient près des oreilles.

A son habit rouge, qui se voyait de loin, les
habitans l'avaient pris pour un tirailleur plus
leste et plus ardent que les autres, et, persuadés
que l'orage allait fondre sur eux, ils avaient
sonné le tocsin. Le voyant toujours seul, ils
avaient repris courage, et faisaient sur lui un feu
d'enfer. Un soldat plus expérimenté eût jeté ses
armes, eût agité son mouchoir en l'air, ce qui
partout veut dire qu'on se rend. Robert, terrifié à
son tour, fit un saut de tous les diables, prit sa
course, et se jeta dans les bois. Ses dernières illusions se dissipèrent encore, et, craignant également les Anglais et les Espagnols, repoussé dans
les bras d'une nature souvent marâtre, il pensa
à Rifflard, dont il n'osa prononcer le nom dans ce
premier moment de honte et de dénuement, car
enfin si nous ne convenons pas aisément de nos
fautes, nous les sentons : cette chienne de conscience ne flatte jamais.

Après avoir fait tous les rêves que vous sup-
posez possibles, voilà donc Robert revenu à l'état
où milord All-is-bad l'avait laissé en Ecosse, avec
cette différence cependant qu'il fait froid au nord

et chaud au midi; que la terre, au nord, ne produit que dans la proportion de la sueur dont on l'arrose, et qu'au midi elle offre d'elle-même l'aspect riant de l'abondance et d'une éternelle verdure; enfin Robert, au lieu d'un faisceau de méchans bâtons, avait un bon fusil sur l'épaule, un sabre au côté, et sa giberne et ses poches garnies de cartouches : c'est déja quelque chose que ces avantages-là.

Éprouvait-il, en marchant, le besoin de se rafraîchir, il trouvait des fruits plus agréables que la plupart de ceux que nous n'obtenons que d'un travail continuel. Approchait-il d'une rivière, des œufs de crocodile, qui ne sont pas beaux, mais qui sont bons, s'offraient à la superficie du sable. La pierre à fusil allumait un brin de bois pourri, et le creux de la première roche était transformé en fourneau. La baguette et la baïonnette en croix soutenaient un morceau de terre grasse grossièrement façonné : c'était alternativement la casserole et la marmite. Robert, errant à l'aventure, retrouvait quelquefois le bord de la mer, et une multitude de coquillages qui variaient son ordinaire. Manquait-il de tout cela? des racines tendres et savoureuses lui faisaient faire un repas d'anachorète, qui le rendait plus sensible à la bonne chère, lorsqu'il arrivait dans un canton où la nature déploie ses richesses.

Il n'était pas très-mécontent de son sort. Il avait même retrouvé l'énergie suffisante pour se

livrer à des exercices, vraiment utiles dans sa position. Déja il montait à un arbre comme un écureuil, et il nageait comme un canard. Dès que le jour baissait, il cherchait de l'œil un palmiste, un copal élevé et touffu, dont les branches croisées le missent à l'abri d'une chute. Il grimpait, son fusil en bandoulière, et il s'endormait, son arme entre les jambes, se moquant de tout, et sans inquiétude du lendemain. Il disait quelquefois, en fermant les yeux : « Ah ! si j'avais une petite femme
« qui ne fut celle de personne ! que je n'aie à
« craindre ni des pères, ni des maris !... Parbleu !
« le bon Dieu, qui a fait Eve, plus aisément que
« je fais un demi-tour à droite, devrait bien me
« faire ce cadeau-là. Bah ! je crois qu'il y a long-
« temps qu'il ne se mêle plus de la pauvre espèce
« humaine, car tout va si mal ! » Tous les jours, tous les soirs, il appelait la petite femme qui lui manquait, et qu'il aimait déja si vivement, peut-être parce qu'il ne l'avait pas.

Je dois avouer qu'il n'avait pas réussi à nager aussi facilement qu'à monter en haut d'un cèdre : la peur ôte le sentiment de la force et l'usage des moyens. Un jour, il s'était trouvé arrêté par une rivière dont la rive opposée abondait en melons d'eau, qu'il aimait beaucoup, et il n'avait pas soupé. Or, la faim rend industrieux. De son côté étaient des touffes de joncs, dont il fit un fagot, sur lequel il s'abandonna à la fortune, après avoir attaché son fusil sur son dos. Enhardi par ce premier succès, il passa une autre fois, porté sur des branches; enfin il nagea sans autre secours que celui de ses bras et de ses jambes. Fier de cette faculté nouvelle, il étendait sans cesse ses domaines et ses jouissances. Il avait de quoi satisfaire aux besoins réels; il vivait dans une indépendance absolue, et il eût été parfaitement heureux avec la petite femme.

Chère petite femme! il faisait ce qu'il fallait pour ne la rencontrer jamais. Il fuyait tous les lieux habités, parce qu'il craignait les Espagnols, qui lui tiraient des coups de fusil, et les Indiens, parce qu'ils étaient attachés aux Espagnols. Cependant il éprouvait de plus en plus le besoin d'être deux, et en se promenant, il revenait sans y penser à sa vieille habitude, dont l'avaient éloigné les soins, assez inutiles, qu'il avait pris d'abord pour sa sûreté et sa subsistance. Tantôt il était roi de ces vastes régions inhabitées, ce qui était vrai à certains égards, car il ne trouvait jamais d'opposition à ses volontés, et si la force ou l'adresse ne lui soumettait pas les habitans de ces forêts, au moins ils fuyaient à son approche, et il est flatteur d'être craint. Satisfait d'avoir sur eux droit de vie et de mort, il n'usait jamais du dernier, parce qu'il ménageait sa poudre pour les grandes occasions. Quelquefois il aspirait à l'honneur de fonder une colonie, et surtout au plaisir d'en être le père; mais, pour cela, il fallait la petite femme, et même deux, afin de peupler plus vite, et pourquoi pas quatre? A dix-neuf ans, on ne s'effraie de rien.

« Je rappelle le bon temps des patriarches, di-
« sait-il un soir, du haut de son arbre. Je marie
« les frères avec les sœurs, et le nombre de mes
« sujets croît avec celui de mes enfans. Je règne
« par l'amour, le plus puissant des ressorts. On
« m'écoute comme un oracle, et mes moindres
« désirs sont des lois. Je profite de mon ascen-
« dant pour changer les grandes-mamans de mon
« bon peuple, qui ont vieilli comme moi, et j'as-
« semble mes arrière-petites-filles. Je leur déclare
« mon intention d'en épouser une... une seule,
« oui, ce sera assez alors. Toutes briguent l'hon-
« neur de ma couche, et je choisis la plus jolie. Pé-
« nétrée de reconnaissance et de respect, elle se
« prosterne. Je la relève avec majesté, et la fête
« commence. Pour lui donner une certaine idée
« de mon inépuisable vigueur, je lui fais danser
« un *passe-pied* au son des plus belles voix,
« parce que nous n'avons pas encore d'instru-
« mens. Je fais des *jetés-battus*, et on applaudit
« à tout rompre; je passe un *entrechat* de quatre
« pieds de haut, et... aïe, aïe... aïe... aïe... je me
« meurs, je suis mort. » Robert venait de tomber
du haut de son arbre, en passant son *entrechat*,
et il s'était froissé tout le corps.

Il se relève, se secoue, se tâte, et, enchanté d'en être quitte pour des contusions, il va prendre un bain de mer pour résoudre le sang extravasé ; après quoi, se trouvant assez bien pour penser, non à son royaume, mais aux moyens de rêver quand bon lui semblerait, sans s'exposer à se casser le cou, il décida de se bâtir une cabane, et de se faire un lit de coton à six pouces de terre.

Et comme on ne change pas volontiers de domicile, lorsqu'on est l'architecte du sien, il résolut encore de se fixer dans un endroit qui réunît les avantages que jusqu'alors il avait trouvé épars, et il se mit à la recherche de ce nouveau paradis terrestre.

Après bien des courses inutiles, il arrive sur les bords d'une large baie. Sa vue perçante se porte à l'autre rive, et il est frappé d'étonnement et de plaisir. Il distingue certains objets noirs qui paraissent avoir du mouvement : ce sont des tortues qui font des trous dans le sable pour y déposer leurs œufs. Des lamentins, poissons d'une grosseur extraordinaire, d'un goût délicat, et faciles à prendre, jouent sur la surface d'une mer calme et transparente. Une multitude de perroquets, de ramiers, de perruches vont et viennent à travers la baie. La contrée qu'aperçoit Robert brille d'une verdure animée, signe certain de la plus forte végétation, et vous conviendrez que tous ces avantages étaient bien faits pour éblouir un homme qui aimait l'abondance, et qui détestait le travail.

Il ne balance pas. Il croit ne pouvoir trop tôt

se mettre en possession de tous ces biens. En un tour de main il est déshabillé; son paquet, au milieu duquel est son fusil, est attaché sous ses bras avec la banderole de sa giberne. Ce n'est plus une rivière qu'il s'agit de traverser, c'est un voyage qu'il entreprend, et on tient à son mobilier, quand il est exigu.

Il se lance dans l'eau, et à mesure qu'il approche, la richesse des lieux se développe avec plus d'éclat, et soutient son courage. Laissons-le nager.

Il est important de vous dire deux mots de cette baie, que Robert ne connaît pas, et où vont se passer des scènes singulières, très-singulières, en raison de leur nouveauté. Vous me permettrez de faire un moment l'historien.

Cette baie, que les Espagnols nomment *Bocca del Tauro*, sépare leurs immenses possessions d'un territoire fertile, défendu par des marais, des montagnes et des forêts impraticables. C'est là que s'est retirée une tribu d'Indiens, passionnés pour la liberté, que jamais les vainqueurs du Nouveau-Monde n'ont pu réduire, que par cette raison ils désignent par le beau titre d'*Indios bravos*, et que nous appelons, je crois, tout simplement *Apaches*.

Ces malheureux, tristes restes d'une immense population, ont en horreur tout ce qui est européen. Cependant ils ne font jamais d'incursions; mais ils veillent sans cesse à la sûreté commune, et sont toujours prêts à se défendre. Ils fondent sur leurs ennemis avec la rapidité du daim; ils se dispersent avec la même légèreté. Ils sont partout, sans que jamais on puisse les joindre. Le coin d'un bois, des roches escarpées, sont autant de postes d'où pleut une nuée de flèches empoisonnées. On les suit, on croit les couper, et déja ils sont sur les derrières. La même manière d'attaquer et de fuir se renouvelle à chaque instant. Ils harcèlent, ils fatiguent, ils exterminent les détachemens espagnols. Les armes des vaincus les rendent plus formidables, et ils offrent le sang et la graisse de leurs prisonniers à une divinité, implacable comme eux.

Tels étaient les hommes dangereux au milieu desquels Robert allait se jeter. Déja il touche à cette rive, objet de son ambition nouvelle; il se laisse aller à ses rêves de bien-être, de paix, d'indépendance; il reprend ses habits avec la lenteur de la sécurité. Il avance, il sourit au tableau qui, varié à chaque pas, est partout enchanteur. Il compare les différentes situations, il en calcule les commodités; il se décide enfin pour une colline couronnée de bananiers, d'orangers, de citronniers, des flancs de laquelle s'échappe un ruisseau qui tombe en cascades, et qui lui promet la jouissance du spectacle imposant de la mer, et d'une vaste étendue de pays.

Il marche gaîment, tantôt croquant une banane, tantôt se désaltérant avec une orange.

« C'est bien ici, disait-il, que ma colonie pros-
« pérerait. Oh! si j'avais la petite femme! »

Il arrive au haut de la colline, le cœur ouvert à toutes les sensations du bonheur présent, et de celui qu'il espère encore. Il promène autour de lui ses regards satisfaits... Se trompe-t-il?... il croit voir... oui, c'est bien cela, un, deux, trois Indiens, armés de leur arc et de leurs flèches... « Ah! mon dieu, où suis-je donc? » Et il se jette derrière un copal, et il cherche les moyens de se dérober au danger.

Pendant qu'il se consulte, il voit de l'autre côté quelques femmes qui jouent avec leurs enfans. Elles ne lui inspirent pas de crainte, parce qu'une femme est toujours plus disposée à l'amour qu'au meurtre; mais si celles-ci le voyaient, qu'effrayées elles-mêmes, elles répandissent l'alarme... « Allons, allons, il faut quitter ce pays
« charmant; il n'y a point à hésiter. Si du moins
« une de ces femmes, la plus jeune, la plus jolie,
« s'écartait de la troupe! je la suivrais; je l'appro-
« cherais à la faveur de ces arbres touffus; je l'en-
« leverais; je l'aiderais à passer la baie à la nage,
« et je fixerais sur l'autre rive l'amour et ses
« douceurs. »

Rien de tout cela ne devait arriver. Une troupe d'hommes se mêla d'abord avec les femmes, et s'exerça ensuite à lancer ces longues javelines, armées d'un caillou tranchant. Ils frappaient le but avec une adresse qui ajoutait aux terreurs de

Robert. « J'ai mon fusil ; j'en tuerai un, à la bonne
« heure ; mais pendant que je le rechargerai,
« trente javelines me passeront au travers du
« corps. »

Deux autres hommes se joignirent aux premiers.
Une écharpe de coton, leur barbe parée de coquillages, leur tête couronnée de plumes, annoncent les chefs de cette peuplade. Leur qualité est
fort indifférente à Robert ; mais ce qui ne lui est
pas égal, c'est de leur voir à chacun un bon fusil,
avec lequel ils s'exercent aussi, et dont ils se servent avec une justesse étonnante. « Hélas ! hélas !
« s'ils tirent les premiers, me voilà mort, sans
« avoir pu seulement me défendre. » Il frémit, il
tombe dans un découragement absolu. Il lui reste
à peine assez de force pour se traîner dans d'épaisses broussailles, où il se propose d'attendre
la nuit, qui favorisera peut-être son évasion.

« Ah ! disait-il, si j'avais été capable de suivre
« un bon conseil, je jouirais encore à Londres
« de toutes les douceurs de la vie. Si j'étais resté
« à bord du Bucentaure, j'aurais pu, en remplissant des devoirs forcés, me faire remarquer
« et obtenir quelques encouragemens. Si enfin,
« lorsque j'étais bien, l'envie d'être mieux ne
« m'avait fait traverser cette malheureuse baie,
« je ne serais pas exposé à une mort lente et
« cruelle... Conviens-en du moins, misérable,
« tous tes malheurs sont ton ouvrage. Tu as tout

« fait pour les combler. L'homme, dès son ber-
« ceau, est le jouet des circonstances ; lutter
« contre elles est d'un fou ; s'y soumettre est
« d'un sage.

« Mais peut-être ces Indiens, qui me parais-
« sent si redoutables, sont amis des Espagnols.
« D'où leur viennent des armes à feu, s'ils n'é-
« taient en relation avec les Européens ? Quittons
« cet uniforme anglais et ces armes, qui ne sont
« propres qu'à occasioner une erreur funeste.
« Abordons ces bonnes gens, en leur faisant des
« signes de détresse et de soumission. Ils ne me
« refuseront pas du *manioc* et une femme. »

Toujours prompt à exécuter, il se dépouille jusqu'à la peau, et il ne fait pas un grand sacrifice : ces habit qu'il porte depuis un an, à travers les bois, les halliers, sont en lambeaux. Il allait descendre dans la plaine, lorsque des cris aigus lui font lever la tête au-dessus des broussailles qui le recèlent. Il voit un grand feu, vers lequel s'avance à pas lents une double file d'hommes, qui, dans toute autre occasion, ne lui eussent paru que grotesques, et auxquels il trouve un extérieur atroce.

Ils traînent au milieu de leurs rangs un pauvre soldat espagnol. Ils l'attachent à un poteau ; ils attisent le feu autour de lui ; ils commencent leur chant barbare. Une sueur froide coule des membres de Robert ; ses cheveux se dressent, ses idées se brouillent; il ne revient à lui que pour sentir qu'il n'a pas de quartier à espérer de ces gens-là.

La nuit, quelquefois si courte, toujours si lente pour le malheureux qui l'implore, déploie enfin son obscurité protectrice. Robert se lève, il écoute; le plus profond silence règne autour de lui. Il sort de ses broussailles; il s'essaie à marcher; il s'arrête, il écoute encore; il juge le moment favorable.

Reprendra-t-il ses habits et ses armes? Les premiers ne peuvent servir qu'à le faire reconnaître ailleurs comme ici; les secondes ne peuvent lui être utiles que contre des hommes, et il vient d'être convaincu de leur insuffisance. Pourquoi se charger toujours d'un vain fardeau qui rend sa marche plus pesante? Ne pourra-t-il pas, quand il sera en sûreté, s'habiller de feuilles de papayer, et se faire, s'il le veut, un habit neuf tous les jours?

D'après ces considérations, il abandonne sans regret ses petites propriétés. Il avance, en prêtant toujours une oreille attentive. Effrayé du bruit des feuilles que lui-même il agite, il chancèle, en proie aux angoisses de la frayeur, qui ne se calme un moment que pour renaître avec plus de violence. Cet état d'exaspération lui ôte le jugement. Il cherche les bords de la baie, et il s'enfonce dans les terres. Il s'aperçoit de son erreur, et il tombe dans le dernier désespoir. En effet, quel sera son guide dans ces ténèbres si désirées, et maintenant si funestes? Il frémit à la seule idée du retour du soleil. Cet astre, dont la présence charme jusqu'à l'infortune, va éclairer ses ennemis, et combler tous ses maux.

A quelque degré de misère que nous soyons descendus, il nous reste encore deux grands moyens : l'amour de la vie qui fait supporter, et l'espérance qui laisse entrevoir un terme au malheur. Robert se flatta que cette peuplade, qui ne paraissait pas nombreuse, ne devait pas occuper une grande étendue de terrain, et qu'il était possible encore d'échapper avant le jour, en ne perdant pas un moment. Il ne marche plus, il court, il vole; il suit la ligne droite, autant qu'il peut la juger, et que les obstacles le lui permettent. Il rencontre une pente douce, qu'il croit conduire à la mer; il la suit avec ardeur. Au fond de la vallée, il entrevoit la base d'une montagne. Toujours prompt à se flatter, il espère avoir retrouvé celle où il comptait s'établir, et de là jusqu'à la baie le trajet est court et facile. Il monte avec un courage opiniâtre, et, du haut de cette montagne, il est frappé des premiers rayons du soleil levant.

Est-il enfin sorti du territoire habité par ces barbares? peut-il prétendre à vivre encore? Le malheureux, dérangé, à chaque instant de sa route, par un arbre, un rocher, un ravin, n'avait cessé de tourner sur lui-même. Il s'est jeté au milieu des Apaches. Il voit leurs huttes éparses autour de la montagne qu'il vient de gravir.

Sur la cime est un vaste bâtiment, construit à peu près comme nos hangars. Est-il habité? S'il ne l'est pas, à quel usage est-il destiné? Robert y trouvera-t-il un asile sûr pour la journée qui commence?

Pendant qu'il se fait rapidement ces questions, les Indiens commencent à sortir de leurs cabanes. Il n'est plus possible de descendre. La terre foulée de la plate-forme n'offre qu'un espace dépouillé; plus d'espoir de retraite que dans quelque coin obscur du hangar.

Il entre, il tourne, il examine. Un toit de feuilles de bananier est soutenu par des pieux isolés, dont les intervalles sont autant d'entrées et d'issues. Pas de recoin, de coffre, d'armoire où il puisse se cacher. Au milieu de l'édifice est une figure de bois, de grandeur naturelle, dont il distingue à peine les formes, à travers une quantité d'entrailles dont elle est surchargée, et qui sont probablement celles des animaux, ou peut-être des hommes immolés sur une méchante table encore ensanglantée. Il est clair que le hangar est un temple, la figure de bois un dieu, et la table un autel.

Derrière ce dieu est une espèce de puits grossièrement taillé dans le roc. Robert n'en prévoit pas l'usage, qui, dans ce moment, lui importe peu. Il ne cherche que les moyens d'y descendre;

mais point de seau, de cordes, ni d'échelle, et une profondeur que la vue la plus perçante ne peut mesurer, fait reculer Robert. Bientôt il distingue dans le lointain un bruit confus de voix. Sont-ce des cris, sont-ce des chants? c'est ce qu'il ne peut démêler encore. Cependant ce bruit augmente de minute en minute, et il est évident qu'on monte la colline. Les Indiens viennent sans doute consacrer la journée à leur puante divinité. Robert ne peut éviter l'horrible supplice du feu, qu'en se précipitant, et en se brisant sur les pointes saillantes des roches qu'il a remarquées dans le pourtour du puits. Quelle alternative !

Il s'approche de ce tombeau prêt à l'engloutir. Il balance, il s'éloigne, il revient, il recule encore. L'idée de sa destruction le glace de terreur. Il reste immobile, incertain, dans un état de stupidité. Cependant son oreille est frappée d'un chant bizarre, dont il distingue déja jusqu'aux moindres modulations. L'intervalle qui existe encore, entre lui et ses ennemis, n'est plus que d'un moment.

L'horreur même de la mort, portée au dernier excès, ranime ses esprits. La nature, quelque temps muette, fait tout à coup un effort terrible. Une foule de pensées se produisent et s'échappent à la fois. Une inspiration subite... Il la saisit; il cède à son impulsion; il se croit sauvé.

Il se jette sur l'autel; il s'y roule, il s'y couvre de sang. Il arrache au dieu ses fétides ornemens;

il en charge sa tête et toutes les parties de son corps. Il renverse la statue; il la porte, il la traîne, il la roule, il la pousse dans le puits. Il monte sur le billot qui lui servait de piédestal; il prend la même attitude, il retient son haleine, il s'interdit jusqu'au moindre mouvement.

A peine a-t-il pris la place du dieu, que le cortége paraît. Il reconnaît, en tête de la marche, ceux qui la veille étaient les juges, les gardes, les exécuteurs de l'espagnol : c'étaient les prêtres. A côté d'eux marchaient de jeunes filles qui, dans toute autre circonstance, eussent parlé bien vivement aux sens de Robert : c'étaient les prêtresses. Tous ces membres du sacerdoce vinrent se ranger autour de l'autel et du nouveau dieu. Le peuple se tint à une respectueuse distance.

Le chant recommença. Quel fut l'étonnement de Robert, lorsqu'il entendit de ridicules vers chantés en mauvais français, avec un sérieux et une importance à faire mourir de rire! C'est à lui que s'adressaient ces hymnes; c'est à lui qu'on demandait une chasse, une pêche, une récolte abondantes, et la mort du dernier espagnol. A la vérité, s'il ne pouvait rien de tout cela, il pouvait plus que le morceau de bois qu'il remplaçait, et déja le culte indien devenait moins absurde.

Bientôt la scène varia. Des cris perçans se firent entendre. C'étaient ceux d'un monstrueux cochon, qu'on voulait conduire à l'autel, et qui semblait pressentir le rôle qu'il devait y jouer.

Celui qui paraissait être le chef des prêtres, par sa longue barbe, parsemée de petites lames d'or, fit un signe à plusieurs de ses acolytes, qui allèrent prendre le cochon, toujours grognant, des mains de celui qui l'offrait au dieu. Ils lui attachèrent les quatre pattes avec des lianes, et le portèrent majestueusement sur leurs épaules, en faisant une génuflexion à chaque pas, et en chantant que le ciel acceptait l'offrande. Robert était mal à son aise; il désirait ardemment la fin de cette comédie : il n'était pas au bout.

On plaça le cochon sur l'autel, et on l'égorgea en chantant : ces prêtres-là ne savent rien faire sans chanter. Que le sujet soit gai ou triste, c'est égal, ils chantent toujours. Ils coupèrent les pieds de la victime, et les allèrent gravement jeter dans le puits, après les avoir chargés de malédictions. C'était apparemment la part du diable, car partout il a la sienne. Au reste, il vaut mieux lui donner à griller des pieds de cochon que des hommes.

On fendit ensuite le ventre de la victime. On lui arracha les parties internes; le grand-prêtre les reçut, et vint les déposer sur le bord du piédestal. Il y monta pour ôter au dieu sa parure de la veille, et y substituer celle-ci. Nous voilà au moment critique. Robert sentit la main sacerdotale s'arrêter tout à coup. Ses yeux rencontrèrent ceux du prêtre, dans lesquels se peignit la plus grande surprise, mêlée d'une sorte de frayeur. Il se remit à l'instant, et continua ses augustes fonctions.

Lorsque le dieu fut paré, on l'offrit à la vénération publique. On le pria, toujours en chantant, de vouloir bien dévorer le cochon, et comme ses prêtres sont ses représentans, ils coupèrent l'animal en quartiers, et l'emportèrent, suivis du peuple enchanté, qui criait à tue-tête, en descendant la montagne : *Bon appétit, bon appétit! Ainsi soit-il, ainsi soit-il.*

La première chose que fit Robert, fut de s'asseoir, et d'étendre ses membres engourdis par la longueur de la séance. Il ne comprenait pas comment il avait échappé à ce dernier péril, car enfin ce prêtre, qui lui avait tâtonné tout le corps, avait dû sentir qu'il n'était pas de bois. La manière dont il l'avait regardé, prouvait d'ailleurs qu'il avait découvert la supercherie. Sa réserve n'était pas naturelle, et prouvait un plan quelconque, aussi rapidement conçu, qu'impénétrable pour Robert. Quel pouvait être le projet de ce prêtre dissimulé? Le plus sûr était de s'y soustraire; mais il fallait attendre la nuit, profiter de l'éloignement des Indiens pour observer le pays, marquer de l'œil quelques points faciles à reconnaître, afin de ne pas s'égarer de nouveau, et de n'être pas obligé à faire encore le dieu le lendemain.

Pendant que Robert réglait ainsi ses affaires, et qu'il était absorbé dans une suite de réflexions profondes, que je me dispense de rapporter, il reçut sur l'épaule un léger coup, qui pourtant lui fit faire un saut, tel qu'il n'en avait pas fait encore. C'était le grand prêtre qui s'efforçait de prendre un air riant, et qui lui faisait des signes de bienveillance. « Vous pouvez parler, dit Robert, qui « commençait à se rassurer; je vous entendrai, « puisque je suis français. Vous ne paraissez pas « conduit par la haine; hâtez-vous donc de m'apprendre ce que vous avez décidé de moi. — « Prends d'abord ces provisions, tu dois en avoir « besoin. Mange, nous nous expliquerons ensuite. « — Vous êtes le plus respectable des prêtres... « mais, si quelques-uns de vos Indiens étaient à « portée de nous entendre? — Ne crains rien. « Ce lieu est sacré, et personne n'en approche « sans ma permission, hors les heures de la « prière. »

Robert mangea, et de très-bon appétit. A chaque morceau qu'il avalait, il interrogeait des yeux son prêtre, qui lui dit enfin : « Je ne sais par « quel hasard tu t'es fait dieu; mais j'ai besoin que « tu le sois, et tu continueras de l'être. Tu recevras les adorations de ce peuple et les miennes. « Tout fléchira sous ta volonté. La plus belle « cabane, les meilleurs morceaux des victimes, « le vin de palmier le plus délicat, te seront offerts. Les plus jolies de nos prêtresses iront « au-devant de tes vœux. Les Indiens te supplieront d'honorer leur couche, et, dans les enfans

« que tu leur feras, ils verront autant de demi-
« dieux. En échange de tant de biens, je n'exige
« de toi que de la docilité.

« Ah! s'écria Robert, avais-je tort d'être am-
« bitieux, ou plutôt devais-je borner mon ambi-
« tion? J'ai voulu être général, ambassadeur,
« chancelier, souverain. Qu'est-ce que ces mi-
« sères-là, comparées au sort qui m'est réservé?
« Je vais voir les rois à mes pieds; ils viendront,
« en tremblant, recevoir mes ordres, et du haut
« de mon piédestal j'assemblerai les tempêtes, ou
« je les dissiperai à mon gré. Et ces prêtresses si
« jolies, et ces femmes qui solliciteront mes fa-
« veurs! c'est vraiment le bonheur céleste qui
« m'attendait ici. A la vérité, il a fallu, pour y
« parvenir, cette suite d'aventures que je consi-
« dérais, il y a quelques instants, comme l'effet
« d'un jugement faux, de l'instabilité de mon ca-
« ractère, et qui dérivent évidemment de cette
« énergie qui porte à entreprendre, qui déter-
« mine les succès, qui fait enfin les grands hom-
« mes. Hé! oui, oui, je suis un grand homme, et
« peut-être quelque chose de mieux encore. —
« Tais-toi, bavard! Il ne suffit pas de désirer les
« attributs et les honneurs de la divinité. Il faut
« apprendre à faire le dieu, et ce n'est pas le mé-
« tier de tout le monde. Écoute, et n'oublie rien
« de ce que tu vas entendre. »

TROISIÈME PARTIE.

CHAPITRE PREMIER.

Qui éclaircit bien des choses.

« Il y avait autrefois ici un mauvais sujet,
« nommé *Vaco*, qui battait sa mère, qui enlevait
« les filles, et qui volait ses camarades. Un beau
« jour, on le roua de coups, et on le chassa. Il
« s'enfuit vers la mer, où il trouva la chaloupe
« d'un flibustier, qui remontait la baie pour faire
« de l'eau. Vaco avait toutes les qualités qui font
« un bon corsaire : il s'arrangea avec ces mes-
« sieurs. Il aida au pillage de *Porto-Rico*, *Cu-
« raçao*, *Panama*, *Carthagène*, sous *l'Olonois*,
« *Laurent*, *David*, *Monbars*, et autres héros de
« la même espèce. Tantôt bien, tantôt mal, sou-
« vent battant, quelquefois battu, il parvint à sa
« cinquantième année. Il avait gagné quelque
« chose, et il désira revoir sa patrie.

« On se trouvait trop bien de ses services
« pour lui accorder cette satisfaction ; mais le vais-

« seau qu'il montait, le *Jean-Bart*, battu de la
« tempête, vint se briser sur cette plage, et Vaco
« gagna les bois. Ses compatriotes avaient oublié
« ses fredaines. Ce qu'il avait fait, ce qu'il avait
« vu ; ses habitudes, nouvelles pour des sauvages ;
« les langues étrangères qu'il parlait, tout en lui
« paraissait extraordinaire. Souvent l'étonnement
« produit le respect : c'est ce qui arriva ici.

« Vaco trouvait fort bon qu'on le respectât ;
« mais cela ne lui suffisait point. Il aimait la bonne
« chère, il était paresseux, et personne ne se
« souciait de partager avec lui un superflu qui
« pouvait le lendemain devenir le nécessaire.
« Quel parti prendre, quand on veut ne rien faire ?
« vivre aux dépens d'autrui. Mais comment ? men-
« dier ? pauvre ressource. Voler ? cela tourne quel-
« quefois mal. Tromper les hommes ? rien de
« sûr, de facile, de commode comme cela, et
« c'est ce que fit Vaco.

« Il n'est pas difficile d'imaginer des contes, et
« de les faire adopter aux sots ; mais encore faut-
« il un plan suivi, lié dans ses parties ; il faut sur-
« tout ne pas oublier le jour ce qu'on a dit la
« veille. Il est donc nécessaire de bien savoir sa
« leçon, avant que de la faire aux autres.

« D'après ces réflexions, Vaco cherchait les en-
« droits solitaires. Il répétait et répétait ses dog-
« mes, car il en faut, et d'étonnans : c'est la ro-
« cambole de la morale. Il répétait l'ordre de ses
« cérémonies, et il en faut encore : c'est par les

« yeux qu'on prend les hommes. Il chantait les
« mauvais vers français qu'il avait faits, et ceux
« qu'il faisait encore. Il les arrangeait sur des
« airs de flibustiers, d'un genre inconnu ici. Il se
« formait un son de voix grave, un jeu de
« physionomie imposant et mielleux à la fois. Il
« s'accoutumait à ne pas rire des sottises qu'il dé-
« bitait, et à paraître convaincu le premier.

« Il n'était plus arrêté que par quelques petites
« difficultés. La première, c'est qu'avant d'établir
« son culte, il fallait détruire celui de *Manco*, et
« les prêtres du soleil tiennent à leurs intérêts,
« comme les autres. La seconde, c'est qu'il ne
« pouvait les exterminer à lui seul, que lui seul
« ne pouvait être le haut et le bas clergé, séduire
« ou persuader toute une peuplade. Il fallait, d'ail-
« leurs, donner une certaine pompe à ce charla-
« tanisme nouveau. Il chercha donc à s'associer
« une vingtaine de vauriens comme lui... — Mais,
« seigneur prêtre, vous traitez assez mal ce Vaco,
« et probablement vous êtes son successeur. —
« Je m'explique franchement avec toi, parce que
« nous faisons cause commune, et que ton in-
« térêt me répond de ta discrétion. Je t'avoue
« que je ne vaux pas mieux que Vaco. Je suis
« orgueilleux, parce que c'est d'en haut que je
« tiens ma mission et mon pouvoir. Je suis in-
« grat, parce qu'on ne doit que rire de la sottise
« qui se laisse dépouiller. Je suis inquiet et tur-
« bulent, parce que je suis tourmenté de l'envie

« de dominer. Je suis soupçonneux, défiant, cruel,
« parce que je crains qu'on ne découvre l'impos-
« ture. Je suis l'ennemi de la vérité, parce qu'elle
« peut anéantir mes prérogatives. Je suis impla-
« cable dans mes vengeances, parce qu'il serait
« dangereux de pardonner à ceux qui doutent
« de ma doctrine. Je suis hypocrite, parce que je
« suis trop sensé pour croire aux niaiseries que
« je débite. Je suis déréglé et sans mœurs, parce
« que l'oisiveté et la mollesse m'ont corrompu. Je
« me montre austère dans ma conduite, pour en
« imposer à tous. Tu me verras rebelle et sédi-
« tieux, parce qu'un pouvoir qui vient du ciel ne
« doit ployer sous celui de personne.

« — Mais, seigneur prêtre, vous invoquez ici
« le ciel, et vous m'avez bien l'air de n'y pas
« croire. — Imbécille, quand on n'est pas fort en
« choses, il faut l'être en mots. — J'entends, j'en-
« tends. Il est inutile de m'en dire davantage. Vous
« êtes un coquin consommé. Permettez-moi ce-
« pendant de vous faire quelques observations.
« L'homme est un être faible, qui sent à chaque
« instant le besoin qu'il a de ses semblables, et
« il ne peut intéresser les autres à son existence
« et à son bonheur que par sa conduite à leur
« égard. Sa conduite, si elle est bonne, relative-
« ment à eux, est *vertu; crime*, si elle leur est
« nuisible; *vice*, si elle ne nuit qu'à lui. Il n'a
« donc besoin que d'écouter la voix de son intérêt
« personnel pour sentir que ses vices, même les

« plus cachés, tendent à sa propre ruine ; que
« ses crimes le rendront odieux ou méprisable à
« ses associés, qui tous auraient concouru diver-
« sement à sa félicité. Enfin l'éducation, l'opinion
« publique et de bonnes lois, sont les bases de la
« vraie morale. Ainsi votre Vaco... — Voyez ce
« nigaud, qui s'avise de parler raison ! Rien de
« simple, sans doute, comme ce que tu viens de
« dire ; mais ce n'est pas cela qu'il nous faut, car
« de quoi vivrions-nous ? Je reprends mon récit :
« ne m'interromps plus.

« Vaco et ses néophytes s'assemblaient ordinai-
« rement sur le bord de la mer. Ils avaient derrière
« eux une longue plaine de sable, qui les rassu-
« rait contre les écouteurs. Là, ils apprenaient
« du maître ses rites et ses chansons. Un d'eux,
« qui ne manquait pas d'esprit, apprit même le
« français.

« On convint d'abord d'égorger en une nuit tous
« les prêtres du soleil : c'est le moyen le plus
« court de réduire ses adversaires au silence. On
« arrêta de laisser calmer la fureur, la stupeur
« qu'occasionerait cet évènement, puis de ré-
« pandre sourdement que Vaco avait des inspira-
« tions, et qu'il était un homme surnaturel.

« On résolut de garder les apparences du cé-
« libat, pour se donner un air de pureté ; mais on
« se promit de former un collége de prêtresses,
« vierges surtout, parce que Dieu fait grand cas
« des pucelages, et les prêtres aussi. Les enfans

« qui en proviendraient devaient être élevés, par
« leurs mères discrètes, comme les résultats d'une
« fécondation divine, et par conséquent destinés
« au sacerdoce. A l'âge de vingt ans ils devaient
« être initiés à ces ruses pieuses, et instruits dans
« la langue française, qui fut proclamée langue
« sacrée, parce que le peuple n'admire jamais au-
« tant que lorsqu'il n'entend pas.

« En allant et venant, en instituant toutes ces
« belles choses, ces messieurs arrivèrent un jour
« à l'endroit où le vaisseau le Jean-Bart s'était
« brisé. Ils trouvèrent dans le sable la figure de
« proue, celle qui était là ce matin, et que tu as
« jetée je ne sais où. — Dans le puits. — Qu'elle y
« reste. Cette figure hétéroclite, ses habits, ses
« ornemens étrangers parurent propres à pro-
« duire un grand effet, et on résolut de faire un
« dieu de Jean-Bart.

« Et comme ce nom est assez insignifiant, on
« jugea à propos de l'appeler *Mimi-Taptap*, ce
« qui veut dire, en langue du pays, tout bon,
« tout méchant. Il devait être *Mimi*, quand Vaco
« serait content de son peuple; *Taptap*, quand
« les choses n'iraient pas à sa fantaisie, et cet usage
« s'est pieusement conservé.

« Or, comme une bonne idée en amène néces-
« sairement une autre, on trouva bien de changer
« le nom trop connu de Vaco, en celui de *Pupu*,
« qui ne veut plus dire grand'chose, mais qui
« avait du mérite dans sa nouveauté.

« Un autre jour, les associés trouvèrent au coin
« d'un bois une truie qui avait échappé au nau-
« frage, et qui venait de faire ses petits. Ils pensè-
« rent que de tous les moyens de persuader, le
« plus puissant est celui des bienfaits, et on se pro-
« posa d'offrir, avec le culte nouveau, d'abondans
« moyens d'existence.

« Le plan bien conçu, bien arrangé, bien
« mûri, on procéda à son exécution. Un beau
« matin, il ne resta rien des prêtres du soleil, que
« l'or dont ils décoraient leurs personnes, et la
« bicoque où on adorait leur dieu. Il y eut beau-
« coup de rumeur dans le pays; mais comme le
« soleil se leva et se coucha à son ordinaire, on
« oublia bientôt ses représentans.

« Alors les adjoints du Pupu travaillèrent le
« peuple de toutes les manières. Ils échauffèrent
« si bien les têtes, que Vaco ne vit plus d'incon-
« véniens à assembler les Indiens et à leur parler
« ainsi : Votre Manco-Capac était un imposteur,
« puisque le dieu qu'il vous a donné a laissé dé-
« truire cet empire, et n'a pas même défendu ses
« prêtres. Il y de la folie à servir un être impuis-
« sant ou malfaisant. Je vous annonce un dieu
« nouveau qui va vous combler de biens, et qui
« me dit qu'il vient de descendre du ciel. Quelque
« malin d'entre vous pourrait me demander com-
« ment j'entends seul ce que personne n'entend
« ici. Je répondrai que vos sens se bornent à
« l'ouïe, au goût, à l'odorat, à la vue, au tou-

« cher, et que j'en ai, moi, un sixième à la fa-
« veur duquel je sens clairement la vérité que je
« vous révèle. Vous me demanderez encore quel
« est ce sens, et en quoi il consiste. Je réplique-
« rai qu'il est inutile de vous expliquer cela,
« parce que n'en pouvant avoir d'idée, vous ne
« m'entendriez pas plus qu'un aveugle né à qui
« on voudrait donner une notion des couleurs.
« Croyez et adorez, et que ceux d'entre vous que
« Mimi-Taptap inspire, se joignent à moi et chan-
« tent ses louanges !

« — Seigneur Pupu, votre prédécesseur Vaco
« était un rusé personnage. J'aime beaucoup son
« sixième sens, et je crois qu'il aiderait ailleurs à
« lever bien des difficultés.

« — Aussitôt ses associés entonnèrent, au grand
« étonnement de tout le monde, ces mauvais
« vers que tu as entendus ce matin, et on s'écria
« que ces hommes saints avaient reçu le don des
« langues.

« On se rendit, en chantant, sur le bord de
« la mer, où on trouva Jean-Bart debout et
« chargé de fruits et de fleurs. Il fallait bien qu'il
« vînt du ciel, puisque personne ici n'était capa-
« ble de l'avoir fait. A ses pieds étaient la truie
« et ses petits cochons. Cet animal inconnu était
« évidemment un présent du dieu : on le déclara
« sacré. On se prosterna, on adora Jean-Bart et la
« truie. Les nouveaux prêtres prirent Mimi-Tap-

« tap sur leurs épaules, et l'apportèrent ici, parce
« que Dieu aime beaucoup les lieux élevés. Vaco
« porta majestueusement les petits cochons, et
« la mère le suivit volontairement, ce qui fit
« dire qu'elle avait des relations directes avec la
« divinité.

« L'Inca regnant ne manquait pas de bon sens,
« et il entrevit du micmac. Heureusement pour
« Vaco, il croyait au besoin d'un culte quelconque,
« et, entraîné par le vœu de la multitude, il révéra
« extérieurement des sottises qui ne lui inspiraient
« que du mépris.

« Bientôt on éleva ce temple, que nos Indiens
« croient superbe. On creusa le puits, sous le
« prétexte de faire disparaître à l'instant les par-
« ties impures des victimes. Il était réellement
« destiné à recevoir la nuit ceux qui s'avisaient
« de raisonner le jour. Cela parut plus sûr que
« de les jeter à la mer, qui rejette quelquefois ce
« qu'elle a reçu dans son sein. Après quelques
« exemples, on ne douta plus que Jean-Bart n'eût
« une grande antipathie contre les raisonneurs,
« et qu'il les exterminât du milieu de son peuple.
« On ne raisonna plus.

« On plaça dans l'intérieur du puits des espèces
« de rouages dont les bras sont armés de pierres,
« et qui, tournant en sens contraire, font un
« vacarme infernal. On s'en sert quand on a be-
« soin de miracles, car il en faut de temps en

« temps ; mais nous en sommes avares, parce
« qu'il ne faut pas familiariser le peuple avec ces
« belles choses-là.

« Le Pupu se fit bâtir un palais que tu verras.
« Auprès est une vaste case habitée par les prêtres,
« et, dans la même enceinte, est le couvent de
« nos petites prêtresses : cela est plus commode.
« Tous ces lieux sont sacrés, et pour cause. L'Inca
« lui-même n'oserait toucher les palissades exté-
« rieures.

« On laissa pulluler les cochons jusqu'à ce que
« chaque Indien put avoir son petit parc. Les
« prêtres eux-mêmes s'interdirent d'en manger,
« et, en dédommagement de cette privation, on
« leur apportait en abondance tout ce qui est né-
« cessaire à la vie, car il faut que nous vivions de
« l'autel : c'est un heureux principe, heureuse-
« ment reconnu.

« Voilà pour le passé : occupons-nous du pré-
« sent. Je remarque que la foi se refroidit considé-
« rablement, et tu sens que j'ai le plus grand in-
« térêt à la ranimer. Un peu de persécution
« produirait cet effet; mais notre Inca, aussi rusé
« que moi, a toujours dissipé les orages que j'ai
« eu l'adresse de susciter. Il ne m'aime pas, je le
« sais; j'ai supporté certaines attaques directes
« qui me font soupçonner des vues dangereuses.
« Le temps de la vengeance est à la fin venu. Il
« faut qu'il ploie, ou que Jean-Bart prenne un
« parti. Pour cela, il me faut des miracles. Ceux du

« puits sont un peu usés. J'en veux de nouveaux,
« qui frappent, qui étourdissent, qui subjuguent,
« et c'est toi qui les feras.

« — Comment, si je vous en ferai, ami Pupu?
« Je le crois bien, ma foi! c'est là ce qui donnera
« de l'éclat à ma divinité. Mais, en attendant, ne
« pourrais-je pas rendre une visite aux petites prê-
« tresses? — Ne pense point encore à cela. Les prê-
« tresses, la plupart des prêtres mêmes ignoreront
« nos fourberies. On ne confie jamais de tels se-
« crets à la canaille sacerdotale : il s'y glisse par-
« fois quelques gens de bien qui révéleraient
« tout. Il faut que tu sois annoncé par des pro-
« diges, qui ne permettent point de douter, et
« que ces petites filles, frappées d'admiration et
« de crainte, reçoivent tes caresses à genoux. —
« Vous avez raison. Cela sera plus beau. — Et
« plus sûr. — Voyons, qu'allons-nous faire?

« — Remarque bien ce mouvement de mon œil
« gauche. Le vois-tu? — A merveilles. — Prends
« garde de t'y tromper. — N'ayez pas peur. — De
« main, quand tu verras ce signe, tu étendras le
« bras gauche. — Je n'y manquerai pas. — Observe
« à présent mon œil droit. — J'y suis. — A ce se-
« cond signe, tu diras : *Pello, obichi Pupu*. —
« Pello, obichi Pupu... Qu'est-ce que cela veut
« dire? — Peuple, obéissez au Pupu. Voilà ta le-
« çon faite pour demain. — Un moment, s'il vous
« plaît. Et les prêtresses, les prêtresses? — Oh!
« les prêtresses! tu en reviens toujours aux prê-

« tresses. — C'est qu'elles sont si séduisantes ! —
« Écoute, vers la fin de la cérémonie, tu diras :
« *Coco mito alla.* — Et cela signifie ? — Qu'une de
« mes filles reste près de moi, et m'adore. — Coco
« mito alla veut dire tout cela ! — Oh ! notre lan-
« gue est abondante. — Je le vois bien.

« Elles défileront devant toi, et tu indiqueras
« de l'index celle qui te conviendra. Choisis parmi
« celles qui portent une double guirlande de
« fleurs : ce sont celles qui entendent le français.
« Tu pourras jaser, et ta grande habitude de la
« langue sacrée sera un nouveau moyen de con-
« viction. — Tout cela me paraît sagement vu. Ah
« çà, ne serait-il pas bien aussi que j'adressasse à
« mon peuple un petit discours en langue sa-
« crée ? — Mais je n'y vois pas d'inconvénient,
« pourvu que tu sois sûr de parler et de gesticu-
« ler avec noblesse. — Parbleu, c'est bien diffi-
« cile ! n'ai-je pas vu Taconnet à la Foire ? — Tout
« est bien convenu ? — Oui, oui, le bras gauche,
« Pello, obichi Pupu ; Coco mito alla, et l'index
« et tout ce qui s'en suivra. — C'est fort bien.
« Adieu, Mimi-Taptap. Mange, bois, dors, et
« ne crains rien. Je viendrai cette nuit faire ta
« toilette. »

CHAPITRE II.

Mimi-Taptap entre en fonctions.

« Tout cela va fort bien, au mieux, à merveilles,

« disait Robert en se frottant les mains. Avec un
« signe du doigt, je me fais adorer de la plus belle,
« je règne sur toutes, et je vais chercher la variété
« chez les petites mamans des hameaux, dont les
« maris n'éprouvent à mon aspect que vénération
« et reconnaissance. Oh! oui, oui, c'est vraiment
« être dieu... Mais ce Pupu, qui s'imagine que je
« m'accommoderai long-temps de son ton familier.
« Il m'encensera corbleu! il m'adorera comme
« l'Inca, comme le peuple, comme ses moinil-
« lons; il me baisera le derrière en cérémonie,
« si je l'ordonne. Qu'il bronche, et je lui ferai
« voir que je suis son maître. Avec deux mots
« à cette canaille, je l'envoie dans le puits, join-
« dre les raisonneurs du seizième siècle. C'est
« un plat coquin, que ce Pupu, et s'il ne se
« rendait la cheville ouvrière de ma gloire et de
« mes plaisirs, le premier acte de ma puissance
« serait d'en purger le pays. Au reste, malheur
« à quiconque ne sera pas aveugle et soumis!
« Supérieur maintenant aux jeux de la fortune,
« à ses caprices, à ses faveurs, je dicte des lois
« du haut de l'empyrée. La terre écoute, obéit,
« et se tait. »

En débitant ces grandes phrases, le dieu Robert se soumettait machinalement aux plus humbles besoins de la nature. Il mangeait, il digérait, il faisait quelque chose de plus, et son postérieur touchait presque à la terre, lorsque son imagination plânait au neuvième ciel. Monsieur de l'empyrée s'endormit enfin, et ronfla comme un pauvre mortel excédé des inquiétudes et des travaux de la nuit précédente. *Vanitas vanitatum!*

Ce n'est pas au moins que je prétende que ces habitudes corporelles de Robert dussent rien prouver contre sa divinité aux yeux des Indiens et de bien d'autres. Consultez un théologien, un savant en Vistnou. Il vous dira que son dieu s'est incarné trois cents fois, sans pouvoir nous rendre meilleurs.

Jean-Bart fut réveillé en sursaut, et frappé de la lumière de quelques flambeaux qui brillaient autour de lui. Ici nous nous servons de bougies, de chandelles; là, on s'éclaire avec des éclats de bois de santal jaune : chaque pays a ses usages.

Il reconnut son Pupu et cinq à six drôles de la même espèce. Ils étaient chargés d'un tas d'ustensiles à différens usages, et Robert, déja dans l'esprit de son rôle, se prêta avec dignité aux préparatifs de son apothéose.

On commença par le plonger dans un baquet plein d'eau. On le décrassa de la tête aux pieds, et à mesure que la peau paraissait sous ces immersions, sous des frictions multipliées, le Pupu et ses confidens remarquaient qu'il n'avait rien de cette couleur tannée qui distingue les Espagnols, et qui eût été si facile à reconnaître. « Qu'il est beau, disaient-ils, qu'il est blanc! ses « formes sont vraiment célestes. »

Semblable à ceux qui ne peuvent voir une

fleur nouvelle, sans ajouter à la jouissance des yeux par le charme du toucher, le Pupu ne se bornait pas à la simple admiration. Robert le prit par l'oreille, et lui déclara très-sèchement que ces manières-là n'étaient pas de son goût. Le Pupu entreprit de les justifier par des argumens. Robert, qui ne savait pas ergoter, allait frapper, lorsque le prêtre et lui se souvinrent qu'ils avaient besoin l'un de l'autre.

Il manquait à la toilette du jeune homme des aromates, des essences,

Afin qu'odeur de Dieu se sentît à la ronde ;

mais on n'avait point de parfums : on ne saurait tout avoir. On se borna à le rendre éblouissant. On l'orna de plaques, de feuilles, de bracelets, de chaînes d'or, dépouilles des prêtres du soleil, que Vaco et ses successeurs, qui en connaissaient le prix, gardaient soigneusement, secrètement, persuadés que l'homme, en naissant, est le très-humble serviteur des circonstances, et que l'or console de tout.

Il restait une petite difficulté à lever. Le mystère de l'incarnation de Jean-Bart devait s'opérer en présence de la multitude émerveillée : il fallait donc que le dieu parût d'abord couvert de ces entrailles dégoûtantes, dont les traces n'ont rien de divin. On tint à ce sujet un consistoire, où, selon l'usage des gens passionnés, on parla beaucoup, sans savoir ce qu'on disait. Il ne fallait pas moins qu'un dieu pour rapprocher et concilier les opinions. Robert dit qu'il fallait laver ces vilains boyaux, les laisser sécher, et les lui remettre sur le corps au moment de son exaltation. A ces sages paroles, le Pupu reconnut et bénit la Providence, qui ne laisse jamais ses élus dans l'embarras.

La purification des entrailles bien et dûment faite, on s'occupa à remettre les rouages du puits en état. C'est toujours par un grand bruit que s'annonce la divinité, et le tapage souterrain est d'un plus grand effet que celui d'en-haut, auquel les enfans mêmes sont accoutumés. Un de ces messieurs descendit dans le puits, à l'aide d'une échelle de lianes; il visita tout, restaura tout, ajouta des pierres nouvelles aux anciennes, afin que le tintamarre fût tel, qu'aucun vieillard ne se souvînt d'en avoir entendu un semblable. On changea la vieille corde, qui, par-dessous terre, communiquait, du puits, à une manivelle cachée sous le piédestal de Mimi-Taptap. Ce piédestal creux pouvait recéler un prêtre, qui, entré là avant l'arrivée des croyans, jouait de la manivelle à volonté, et faisait des miracles autant qu'il en était besoin.

Celui qui devait opérer, resta avec Robert. Les autres éteignirent leurs bouts de santal, et regagnèrent leur réduit en silence.

Il parut enfin ce jour destiné, ainsi que tant d'autres, à ajouter à la stupidité humaine. Le premier chant se faisait entendre du bas de la montagne, et le Pupu, ses confidens intimes et Robert, étaient agités d'un certain trouble qu'ils cherchaient en vain à se dissimuler. La foi aveugle, la confiance absolue et soumise des Indiens, les remirent bientôt.

On en était au sacrifice de la victime, qui devait fournir ce jour-là aux quatre repas de la clique sacerdotale. Le Pupu prend le couteau sacré, il frappe, il examine les entrailles ; il se tourne vers le peuple, et déclare, sans rire, qu'il a remarqué des signes extraordinaires. Aussitôt la manivelle joue, et on entend un carillon qui eût renversé Jean-Bart de son piédestal, s'il n'eût été prévenu. Le peuple tombe le front contre la terre, se frappe la poitrine, et invoque avec ferveur monsieur Robert, l'arbitre de ses destinées.

Le bruit cesse, les têtes se remettent ; on lève les yeux, et on voit le Pupu, s'approchant d'un air craintif et recueilli, pour dégager le dieu des ornemens de la veille. Il y porte une main incertaine ; il s'arrête, il recule, il descend ; il fait fumer la gomme du copal : c'est l'encens des Mexicains.

Il remonte. Il avance encore cette main tremblante, égarée. Le peuple attentif s'effraie encore et frisonne, sans savoir pourquoi : avantage certain du merveilleux. « Non, mes frères, non,
« s'écrie le Pupu du ton d'un inspiré, ce n'est
« plus un simulacre, c'est un dieu vivant que je

« touche, que je présente à vos adorations. » Ici la manivelle tourne avec plus de force que la première fois. On n'entend que des invocations des exclamations, des sanglots, qui partent à la fois de toutes ces bouches fixées sur la poussière; le prestige est complet. Le Pupu sourit à son ouvrage, et se hâte de faire disparaître ce qui cache encore la majesté de Robert.

La manivelle s'arrête, le calme renaît pour la seconde fois. Ce n'est plus la terreur qui glace, qui pétrifie; c'est l'admiration, c'est un doux saisissement qui raniment les esprits, qui réchauffent tous les cœurs. Robert, brillant d'or, de jeunesse, de beauté, ne ressemblant aux hommes, que les Indiens avaient vus jusqu'alors, que par la supériorité de ses formes, par l'éclat de son teint, Robert inspire aussitôt autant d'amour que de respect. Les femmes ne cessaient de le regarger, et toutes se disaient : il est trop beau pour n'être pas le vrai Dieu.

Robert avait vivement joui de l'enthousiasme qu'il inspirait : le premier mouvement appartient toujours à l'amour-propre. Le second le ramena vers ces prêtresses, objets de ses tendres désirs. Il les considérait attentivement ; toutes lui semblaient dignes de ses hommages, et cependant il calculait les différens degrés de bonheur que chacune semblait lui promettre. Tout entier à ces idées charmantes, il ne pensait plus à son prêtre, qui deux fois avait cligné l'œil, ainsi qu'ils en étaient convenus.

On termina ces heureuses distractions avec un tour ou deux de manivelle. Il se souvint que ce n'était qu'en faisant le dieu, qu'il parviendrait à faire l'homme, et il étendit le bras gauche avec une grace particulière. Un murmure général de satisfaction, d'ivresse se fit entendre dans l'assemblée. Que fût-ce, lorsque le dieu eut distinctement prononcé : *Pello, obichi Pupu!* On n'y tint plus. Des fumées vraiment divines brouillèrent toutes les têtes. On se précipita de toutes parts, les hommes pour baiser les pieds de Robert, les femmes pour lui baiser autre chose, et cette autre chose, grace aux charmes de ces belles filles, était dans un état divin. Le Pupu, qui ne se souciait pas qu'on se familiarisât trop avec son dieu, lui souffla adroitement : *Milare faüt solsi;* ce qui veut dire : Qu'on se tienne à une distance respectueuse. Mes prêtres seuls peuvent entrer dans mon sanctuaire, et cette foule exaltée, mais toujours soumise, recula aussi précipitamment qu'elle s'était avancée. Robert s'amusait beaucoup de cette comédie, qui pourtant lui paraissait un peu longue. Il brûlait de manifester son choix, et mon polisson avait bien choisi : la petite Aliba... Je vous en parlerai tout à l'heure.

Le Pupu, tout à l'affaire essentielle, commença un discours préparé, réfléchi, corrigé, augmenté, qu'il débita avec l'audace que lui inspiraient ses succès. Il fit sentir au peuple quelle éternelle reconnaissance il devait au dieu qui daignait le visiter en personne, bien qu'il en fût indigne, et par son relâchement dans les pratiques religieuses, et par son indocilité. Il l'exhorta à ne jamais douter de la vérité de ses paroles, à voir en lui le premier des hommes, et à n'obéir à la puissance temporelle, qu'autant qu'elle serait soumise elle-même au dieu dont il était l'organe. Cette péroraison fit faire à l'Inca une grimace qui ne marquait pas la persuasion. Il se contint cependant, et il fit bien : il était seul contre tous. Il se promit de ruser à son tour, de culbuter Mimi-Taptap, le Pupu, et tous ceux dont il sentait bien qu'il ne serait plus que le très-humble serviteur.

Monsieur Robert ne pensait à détrôner personne ; mais il voulait assurer, étendre son empire sur les femmes. Il jugea à propos de faire aussi l'orateur. Il promit à ses Indiens plus qu'il ne pouvait tenir ; mais que risquait-il ? Si la rivière débordait, si la mortalité se mettait dans les cochons, il ne manquerait pas de motifs pour être Taptap, et on serait trop heureux de retrouver Mimi à l'instant où ces fléaux cesseraient. Il promit à ses vigoureux croyans d'habiter parmi eux aussi long-temps qu'ils seraient bons, c'est-à-dire, aveugles. Il déclara qu'il daignerait même visiter quelquefois les plus zélés, les maintenir dans la bonne voie, les soutenir dans les épreuves, auxquelles il lui plairait de les soumettre pendant cette courte vie. Il finit en donnant à entendre qu'il descendrait peut-être jusqu'aux simples mortelles qui, par d'éminentes vertus, mériteraient d'entrer en contact direct avec la divinité.

Les sectateurs de Jean-Bart ne s'étonnèrent point qu'il parlât la langue dont il avait fait don à ses prêtres ; mais tous à beaucoup près, n'avaient pu le comprendre. Le Pupu, qui démêla la curiosité sur toutes les figures, trembla qu'on ne conjurât le dieu, qui devait tout savoir, de déroger jusqu'à l'idiôme mexicain. Il se hâta de traduire le discours de Robert, avec les modifications et les changemens qu'il crut convenable d'y faire. Tout le monde fut enchanté, ravi, en extase. Dès ce moment les femmes n'eurent plus à la bouche que le mot vertu. Il était le type de toutes leurs idées ; il se glissait dans toutes les phrases ; il devint la conjonction unique. Galettes de manioc à la vertu ; côtelettes et jambons à la vertu ; sandales, diadèmes de plumes, ceintures de coton, jeux, danses, tout fut à la vertu, et vous savez, mesdames, combien il y a loin du mot à la chose ; mais où la chose manque, le mot peut être utile : c'est un *chasse-soupçon*, qui fait quelquefois de l'effet. Revenons.

Robert n'y tenait plus. Il disait à l'oreille du Pupu : « Finis-en donc, tout cela m'ennuie. Je « vais épouser en public. » Il fallut qu'il supportât une dernière cérémonie. Il y avait encore un hymne à chanter, celui qu'on réservait pour les jours de jubilation, par lequel on remerciait Jean-Bart du bien qu'il n'avait pas fait à son troupeau, du mal qu'il n'avait pas fait à ses ennemis, et le Pupu dit à haute voix :

« En ce temps-là, Mimi-Taptap dit à ses disci-
« ples... » et les prêtrillons chantèrent :

J'ai du bon tabac dans ma tabatière, etc.

Robert, étonné du succès de cette chanson, et de quelques autres qui vraiment ne signifient pas grand'chose, les apporta en France, où elles eurent beaucoup de vogue, et où elles tombèrent dans l'oubli, parce que rien n'est éternel, excepté pourtant Mimi-Taptap, qui seul est impérissable, chez les Apaches, bien entendu.

Le moment décisif, ce moment si désiré de Robert, arriva enfin. Les petites prêtresses défilèrent devant lui, en regardant à la dérobée le dieu, dont la beauté les charmait plus qu'elle ne les intimidait. Il prononça le victorieux *Coco mito alla*, et toutes s'arrêtèrent. Il allongea le doigt jusque sur les cheveux bouclés de la jeune Aliba, qui faillit à se trouver mal de plaisir. Les autres eurent de l'humeur; mais elles passèrent, à demi-consolées, par l'espoir d'adorer à leur tour, en tête à tête, le dieu *très-vivant*.

Les voilà seuls. La petite, interdite, les yeux baissés, le sein palpitant, restait clouée à sa place.

Robert promenait ses regards audacieux sur des formes que trahissait une courte chemise de coton, ouverte sur la poitrine. L'heure du plaisir avait sonné. Il fallait cependant qu'il alliât les intérêts de sa divinité avec ses jouissances terrestres; il fallait paraître accorder comme une faveur ce qu'il brûlait de ravir.

« Levez les yeux, ma fille. Je vous permets de « contempler ma figure rayonnante de gloire et « de majesté. » Sa figure n'exprimait ni l'une, ni l'autre; mais le désir s'y peignait en traits de feu, et pour fille de seize ans, cela vaut bien autre chose. Robert avait d'ailleurs la prévention pour lui. La petite leva ses grands yeux bleus, et ne pensa plus à les baisser.

« Approchez-vous de votre dieu. » Et la petite s'approcha. « Vous le servez avec un zèle qui ne « sera pas sans récompense. Parlez, que désirez-« vous? — Que pour moi vous soyez toujours « Mimi, et jamais Taptap. —Votre prière est exau-« cée. Dites-moi maintenant ce que Mimi peut faire « pour vous. — Mon dieu, vous lisez dans mon « cœur. — Sans doute, mais je veux vous enten-« dre. — Ah! mon dieu, faites comme si ma bou-« che avait parlé. — Pourquoi cette résistance à « ma volonté? vous n'avez pas toujours été si ré-« servée. Cette fleur précieuse, qui était digne de « moi, un homme l'a cueillie... — Ah! mon dieu, « vous savez combien je suis pure. — Quoi! le « Pupu, quoi! ses prêtres... —Sont-ce des hom-

« mes, mon dieu ? — Oui, ma fille. — Je ne le
« croyais pas. — Plus parfaits que les autres sans
« doute; mais vous devez être purifiée avant... —
« Hé bien, mon dieu, purifiez-moi. » Robert aurait imaginé quelque cérémonie préparatoire,
bien bête, bien inutile ; mais la petite lui souriait avec une volupté qui lui fit oublier son rôle.
Il s'élança du trône céleste, il redevint homme,
mais homme aimable, homme charmant, prodi-
guant, épuisant le plaisir, en tarissant les sour-
ces. « Oui, disait Aliba, d'une voix entrecoupée,
« c'est un dieu, je le reconnais aux délices dont
« il m'enivre. Quel mortel pourrait lui être com-
« paré ? »

Pénétrée de reconnaissance et de joie, elle
tombe à genoux, et chante pieusement :

> Ah ! le bel oiseau, maman,
> Qu'Alain a mis dans ma cage, etc.

Cette nuit ne dura qu'un moment. Ces jouissances, rapides, multipliées, ne furent interrom-
pues que par l'arrivée du Pupu, qui venait régler les opérations de la journée. « Ah ! lui dit
« Aliba, vous n'êtes qu'un homme : Mimi me l'a
« prouvé. »

Le moment vint où il fallut cacher l'amour
derrière la majesté. Robert reprit son ton noble,
imposant, sublime, qui ne s'accordait pas trop
avec sa figure tiraillée et des jambes un peu chan-
celantes ; mais observe-t-on, raisonne-t-on quand

on croit? La petite ne voyait rien de ces légères altérations; elle adorait, le frond baissé, rouge encore de plaisir. Prosternée d'abord sur ses genoux, bientôt assise sur ses talons, elle s'endormit en répétant *Mimi*, et Mimi en eût fait autant du meilleur de son cœur; mais il fallait jouer à la chapelle, ce qui ne laisse pas d'être pénible, après une nuit passée à un autre jeu.

CHAPITRE III.

Grands évènemens.

Cette journée fut consacrée à de petits miracles sans conséquence, mais propres à corroborer la foi, et à préparer le coup décisif que voulait porter le Pupu à l'autorité de l'Inca. Jean-Bart, excédé, attendait sur son piédestal la fin de la fatigante séance. Aliba, toujours sur ses genoux, attendait le *Coco mito alla*. Ses compagnes, à qui son air défait faisait présager bien des choses, cherchaient toutes les regards du dieu; toutes se flattaient de voir tourner sur elles l'index divin.

Mimi sentait le besoin du repos; mais le moyen d'être cruel envers ces jolies filles, dont les yeux ne cessaient de le caresser! et qui n'est pas bien aise de passer de la blonde à la brune? Il désigna la petite Lili, moins belle peut-être, mais plus animée qu'Aliba. Pauvre Aliba! elle s'était conduite de manière à pouvoir espérer de nouvelles faveurs. Elle se soumit cependant, en pensant que Dieu est le père de tous les hommes, et que tous ont un droit égal à ses bontés.

Robert partagea prudemment son temps en trois parties : une à la bonne chère, l'autre au sommeil, la troisième à Lili. Elle trouva tout simple que Mimi, qui s'était fait homme, se fût soumis à toutes les fonctions de l'humanité. Elle le servit, pendant qu'il mangea ; elle le couvrit de sa chemise de coton, lorsqu'il dormit ; elle lui ouvrit ses bras, quand il le commanda. Toujours adoré, toujours heureux, Robert n'avait plus rien à désirer... que des forces inépuisables.

Le jour suivant, il ne put garder son attitude pendant les deux heures que durait la parade du Pupu. Il déclara que son peuple avait assez joui du bonheur de contempler toutes ses formes, et qu'il allait lui dérober une portion de sa gloire. Il tombait de lassitude, et voulait s'asseoir. Les femmes, à qui rien n'échappe, avaient déja remarqué que ce quelque chose qu'elles avaient trouvé si digne de leurs hommages, n'était plus bon qu'à cacher. Elles commencèrent à chuchoter, et le Pupu, aussi clairvoyant qu'elles, sentit qu'il n'en fallait pas davantage pour discréditer son dieu. Il se hâta de faire jouer la manivelle. Lorsque les têtes se relevèrent, Mimi savait ce qu'il avait à dire, et il portait à sa ceinture un bijou imposant, qui n'était sujet à aucune vicissitude : c'était le manche du couteau sacré.

« Adorez et tremblez ! s'écria-t-il, en faisant la
« grosse voix. Femmes, j'ai voulu vous éprouver,
« et vous avez souillé mon temple par d'infames
« pensées. Je rejette la victime que vous venez
« m'offrir. Sortez. Emmenez-les, Indiens, ou à
« l'instant même je ne suis plus que Taptap, et
« j'étends sur vous un bras vengeur. Sortez, In-
« diens, sortez, femmes qui avez péché, répéta
« le Pupu en mexicain. Je vais implorer pour vous
« la clémence de votre dieu. » Quelques tours de
manivelle terminèrent cette harangue énergique
et cette matinée orageuse.

La désolation se répandit dans le pays. On n'entendait que des gémissemens, et des coups de
poing dans la poitrine, que se donnaient les
femmes éplorées, en criant : *C'est notre faute,
c'est notre faute, c'est notre très-grande faute.*
Les maris irrités, les battaient par-derrière, pendant qu'elles se battaient par-devant. Les enfans
pleuraient, parce qu'ils voyaient pleurer leurs
mères ; les cochons, effrayés, grognaient de manière à déchirer les oreilles d'un sourd. C'était un
charivari infernal, et tout cela à la plus grande
gloire de Jean-Bart.

Cependant, comme il ne peut y avoir en dieu
ni changement, ni contradiction, Mimi avait
maintenu l'ordre établi par lui-même, et il avait
fait rester une petite fille, qui s'attendait à autre
chose qu'à ce qui lui arriva.

Le Pupu, demeuré aussi, sous le prétexte,

ainsi que vous l'avez vu, de solliciter le pardon des pécheresses, le Pupu s'occupa de toute autre chose. Il lava la tête à Mimi, il tempêta, il jura que, loin de conserver les attributs d'un dieu, il cesserait bientôt d'être homme, s'il continuait d'aller ce train-là. Il observa qu'il n'aurait pas toujours les moyens ou la présence d'esprit de réparer une imprudence ou une étourderie. L'état où était Robert le rendait accessible à la persuasion. Il promit, avec l'intention formelle de tenir parole, et il est douteux que Vénus elle-même la lui eût fait violer.

La circonstance la plus indifférente en elle-même, est toujours saisie par un Pupu, quand elle peut tourner à son profit. Le courroux de Taptap pouvait conduire au coup médité, et l'occasion perdue se retrouve rarement. Le Pupu endoctrina son dieu, lui fit vingt fois répéter sa très-longue leçon, et sortit, les cheveux épars, le front couvert de cendres, ce qui, dans ce pays-là, annonce une pénitence publique. On l'entoura, on le pressa, on l'interrogea. Il répondit d'un ton lamentable, que Taptap était toujours Taptap, et que le lendemain il manifesterait sa volonté. Aussitôt le tintamarre recommença; mais comme on ne peut pas toujours battre sa femme, que les femmes ne peuvent pas toujours crier, *c'est ma faute*, ni les enfans toujours pleurer, on se modéra; on se rapprocha, on se consulta, et on convint de ne pas dîner, parce qu'il est prouvé qu'un estomac vide est plus agréable à Taptap qu'un estomac plein. O! le bon peuple, le bon peuple!

Pendant la conférence, la petite prêtresse s'était tenue à une distance respectueuse. Elle s'approcha du dieu, elle s'arrêta devant lui, et le regarda d'un air qui voulait dire : Ne serai-je pas aussi pénétrée d'un rayon divin? Robert, calme, insensible, répondait entre ses dents : *Va-t'en voir s'ils viennent, Jean.*

La petite s'agenouilla, étendit ses jolis bras et dit : J'attends la grace. Robert fit une pirouette et lui tourna le dos. La petite, étonnée, interdite, ne savait comment interpréter la conduite du dieu. Aliba avait parlé, ses compagnes comptaient aussi sur des prodiges, et celle-ci se croyait la plus belle, ce qui pourtant n'était pas vrai ; mais quelle femme un peu jolie ne se trouve pas charmante? quelle laideron même n'a pas sa petite vanité, ses petites prétentions ?

La prêtresse suivait Robert importuné. Il courait en long, en large ; il sauta bientôt sur le piédestal, sur l'autel ; elle courait, elle sautait après lui ; elle eût, je crois, sauté dans le puits pour le suivre. En courant, en sautant, elle conservait l'air suppliant, le ton respectueux; elle priait avec ferveur, ce qui faisait un contraste assez plaisant avec ses gambades. La piété céda enfin au dépit et au désir. Irritée d'un caprice aussi soutenu, la petite osa porter une main téméraire sur son dieu. Le dieu lui donna

une croquignole sur le bout du nez, en criant :
« *Je suis Taptap*. — Taptap ou Mimi, je suis prê-
« tresse comme une autre, j'ai des charmes
« comme une autre, et vous leur ferez le même
« honneur qu'aux autres. » Pendant ce dialogue,
la petite arrêtait le dieu, le perdait, le retrouvait
encore, et ne gagnait à ce jeu qu'une claque par-
ci, une claque par-là. Fatiguée, révoltée, furieuse,
elle jeta les hauts cris. Elle était déshonorée, reje-
tée, condamnée ; elle allait mourir. C'est toujours
par-là que veut finir une amante infortunée, qui
souvent rit une heure après.

Robert, également fatigué de cette scène, ne
savait comment la terminer. Il eût bien voulu faire
quelque petit miracle qui soutînt sa divinité ; mais
cela n'est pas facile, quand on n'y est pas préparé :
que peut un escamoteur, sans ses gobelets à double fond ? Au défaut de miracles, Robert eut recours à un moyen terrestre. Il attacha avec des
lianes sa petite Phèdre, sa petite Putiphar, toujours criant, se débattant. Il la fixa au piédestal,
et s'en fut grossièrement dormir dans un coin.

Nous savons que la prévoyance n'est pas une
de ses qualités. En faisant ses nœuds, en passant
et repassant ses cordes autour de ce joli corps,
qui n'aurait dû porter de chaînes que celles de
l'amour, Robert n'avait pas pensé à la manivelle,
dont la poignée se trouva prise dans cinq à six
tours. Désir de fille est un feu qui dévore, a dit
Gresset, et celle-ci était fille autant qu'il est pos-

sible de l'être. Robert, en l'attachant, avait ménagé des formes qui obtiennent toujours des égards de l'homme le plus indifférent. La petite dégaga facilement une main, puis l'autre. Déja elle se flattait d'être au moins l'épouse du dieu ronflant, puisqu'elle n'avait pu l'être du dieu éveillé. Violer son dieu ! il fallait qu'elle fût abandonnée de la grace, pour avoir cette abominable pensée. Mais ce dieu était si séduisant ! et puis les grandes passions font les grands péchés. La petite savait d'ailleurs qu'un *c'est ma faute* arrangeait tout avec le Pupu, ce qui ne laisse pas d'être commode.

Elle n'avait plus qu'un pied à détacher; mais les nœuds étaient serrés, il y en avait deux, quatre, six l'un sur l'autre. Il était nuit; ses doigts délicats cherchaient, tâtonnaient en vain. Quel expédient employer ? femme qui aime en a toujours un à sa disposition. La jeune prêtresse imagina d'avancer, en tirant sa corde après elle : elle espérait qu'elle serait assez longue pour la conduire jusqu'à son ronfleur. Elle tira si bien, que la manivelle partit. L'obscurité rendit le bruit plus effrayant, et le silence le porta jusqu'aux cabanes les plus éloignées.

La prêtresse se crut frappée par une main de fer. Elle tomba sans force, sans sentiment. Les Indiens s'éveillèrent en sursaut, saisis d'un nouvel effroi. Les torches de santal s'allumèrent de tous les côtés. Le pupu prévit quelque diablerie, et il accourut au temple. Robert, éveillé comme les autres, distingua ces feux, et, à tout hasard, il se remit sur son piédestal.

Les faits éclaircis, expliqués, le Pupu dégagea le pied de la prêtresse, rejeta sous l'autel ces ligatures qui y fixaient les victimes, et il descendit la montagne aussi vite qu'il l'avait montée. « Quel-
« qu'un de vous, cria-t-il, a encore péché par
« pensée. Taptap est en fureur. Il a frappé de
« mort la prêtresse; il va vous exterminer tous,
« car vous savez qu'il punit la faute des pères dans
« les enfans. Des cochons, des ananas, des me-
« lons, du vin de palmier, du coton, de l'or, s'il
« vous en reste; rassemblez, apportez tout, apai-
« sons la colère céleste. »

Il voulait tirer un autre avantage de cette scène nocturne, dont il regrettait sincèrement de n'être pas l'inventeur. Il jugeait que des prodiges, opérés dans les ténèbres, frappent, terrifient doublement les esprits, les rendent incapables de raisonnement, et par conséquent de résistance. Dites que ce Pupu-là ne savait pas son métier!

A peine fut-on placé, qu'habile à diriger les circonstances, il fit parler son Taptap. Robert avait beaucoup de choses à dire, et il est difficile de ne pas se tromper dans une langue dont on n'entend pas un mot, lorsqu'on n'a pas suivi un cours ou deux de mnémonique. Le dieu disait blanc quand il fallait dire noir. Jamais souffleur de comédie ne fut aussi occupé que le Pupu. Il suait à grosses gouttes. Heureusement pour lui, l'excès de la frayeur étourdissait sur ce qu'on n'entendait pas, et s'augmentait de quelques mots ronflans qu'on saisissait au passage. L'Inca avait toute sa tête à lui; il observait et se taisait. Tromper un trompeur est œuvre méritoire.

Le résumé du grand-prêtre fut clair et précis. De tous les crimes, le plus dangereux, selon lui, est celui qui se commet par la pensée, parce qu'il échappe à la pénétration humaine, et qu'ainsi Dieu seul peut le réprimer. Celui qui a les suites les plus funestes, c'est encore le péché par pensée, puisque Taptap, sans son intervention, aurait déja fait tomber le soleil dans la mer, et la lune dans le puits. Comment prévenir cet abominable péché et la subversion de l'univers? Ordonner qu'aucun Indien ne pensera à l'avenir, qu'après avoir consulté un prêtre, ou, si son imagination est plus active que ses jambes, qu'il déclarera au moins sans réserve, ce qu'il aura pensé. Et comme il n'est pas dans les convenances que l'Inca coure sans cesse après un prêtre, il y en aura quatre auprès de lui, qui ne le quitteront jamais, qui seront toujours prêts à recevoir ses aveux. Il s'assurera d'eux si la loi qu'il veut promulguer, si le coup d'autorité qu'il veut frapper ne blesse pas Mimi-Taptap, auquel cas les prêtres, toujours inspirés, lui prescriront ce qu'il devra faire. En récompense de cette conduite louable, des bons exemples donnés au peuple, le Pupu l'appellera son fils, et comme un fils doit à son père déférence et respect, l'Inca cèdera la place d'honneur au pontife, soit dans l'intérieur du palais, soit dans les cérémonies publiques. Ainsi soit-il, ainsi soit-il, dit le peuple.

Aussitôt le Pupu détacha de son sacré collége quatre coquins, aussi madrés que lui, qui s'emparèrent de la personne de l'Inca, frémissant de rage, mais toujours maître de lui.

Tout allait au mieux, lorsque la petite prêtresse, que le Pupu et l'assemblée avaient vraiment crue morte, donna quelques signes de vie. Le grand-prêtre fut embarrassé un moment; mais il avait toujours un tour de gibecière prêt. « Voyez, « dit-il, admirez les effets de votre soumission ! « Taptap s'apaise, et déja les morts sortent du « tombeau. Prêtres, emportez dans votre demeure « ces offrandes que votre dieu daigne honorer « d'un regard; que la joie renaisse dans les cœurs, « et chantez avec moi :

« J'ai du bon tabac dans ma tabatière. »

« Ah çà, ami Pupu, dit un jour Robert, je me « trouve fort bien d'être dieu; je suis satisfait des « honneurs qu'on me rend, de la chère que tu « me fais, des complaisances de ces petites fem- « mes. Cependant je trouve mon existence un « peu uniforme; l'ennui me gagne sous ce han- « gar. Suis-je condamné à y passer ma vie? — « Parbleu, mon cher, après ce que nous nous

« sommes permis, je crois que nous pouvons tout
« nous permettre. Promène-toi; mais prends bien
« garde de jamais sortir de ton caractère. Ne man-
« que pas, par exemple, de bénir le champ de
« manioc, le plan de bananiers devant lesquels tu
« passeras. Bénis la mer, les rivières, les cochons;
« bénis jusqu'au mari que tu mettras à la porte
« de sa hutte. Parle peu; le silence a sa dignité.
« Ne parle jamais mexicain, surtout : tu écorches
« cette langue horriblement. — J'en conviens,
« Pupu; mais avec les femmes, qui n'entendent
« pas la langue sacrée?... — Tu agiras. — L'un
« vaut bien l'autre. »

Et voila Mimi qui se met en campagne, majestueusement appuyé sur l'épaule de son Pupu. « Il
« daigne visiter son peuple, avec qui il s'est ré-
« concilié, criait le prêtre », et le peuple de tomber à genoux, et les bénédictions de pleuvoir à
droite et à gauche.

Il était dans l'ordre qu'il commençât par visiter
le palais sacerdotal. C'était une vaste baraque,
grossièrement construite, mais dans laquelle ces
drôles avaient rassemblé toutes les commodités
de la vie. De bons lits de coton, assez larges pour
deux, des vases de coco à tous les usages, des
siéges de jonc, des tables d'acajou, faites à coup
de hache, mais sur lesquelles ont faisait bom-
bance, autour desquelles on s'énivrait du meilleur
vin de palmier, tout annonçait une abondance,
un luxe étonnant, pour des sauvages, bien en-

tendu. C'était surtout la cuisine qu'il fallait voir. Douze vieilles prêtresses ne cessaient de tourner des broches de bois, de fumer des jambons, de faire griller ou bouillir de la chair de tortue, de racler des racines de manioc, de creuser les calebasses destinées aux libations. La cuisine était l'honorable retraite que ces messieurs donnaient à ces dames, quand elles n'étaient plus bonnes qu'à cela.

Une porte bâtarde communiquait avec le palais des fillettes. C'est par là qu'on se réunissait le soir, qu'on s'enivrait ensemble de toutes les manières. Le jour, les prêtres entraient par une porte extérieure, les yeux baissés, les bras croisés sur la poitrine, et il était permis au peuple édifié, qui ne pouvait rien voir, de regarder à travers les palissades qui fermaient l'enclos sacré.

Il était dans les convenances que Robert fît sa première entrée chez ces demoiselles par la grande porte. Son empressement ne lui permit pas de différer cette visite. Il bénit encore son peuple en sortant de chez ces messieurs; il le bénit en entrant chez ces dames. Cela ne coûte rien, et ce peuple ébahi le regardait, la bouche ouverte, les mains jointes. On s'élevait sur la pointe des pieds pour le voir plus long-temps; on se fût mis à califourchon sur les palissades, si on l'eût osé; on ne le voyait plus, et on regardait encore.

La même abondance régnait chez les prêtresses; mais tout y était plus recherché, plus délicat; tout y annonçait le culte, non de Mimi-Taptap, mais des amours, amours sauvages, amours grossiers sans doute, mais qui, dépouillés des petites recherches, des jolis riens d'Europe, n'en ont que plus d'énergie. C'est là que Robert vit des objets pour qui lui-même était encore un objet nouveau. De petites mères charmantes, de petites filles prêtes à le devenir, qu'on dérobait soigneusement aux regards profanes, cachaient dans l'obscurité du cloître les suites de leur sainte vie. Les unes présentaient un sein aussi ferme qu'éblouissant à ces petites créatures destinées à être, vingt ans après, présentées au peuple, comme si elles étaient tout à coup sorties de terre avec les graces et la force de la jeunesse; d'autres leur pétrissaient de petits gâteaux de farine de manioc, mélangée avec des œufs de perroquet et du lait de truie. Celles qui devaient incessamment jouir des honneurs de la maternité, préparaient la petite layette. Des paniers de jonc, tissés par ces jolies mains, étaient remplis de feuilles sèches; des tresses de lianes les suspendaient mollement à des traverses de bois; des voiles de coton se préparaient pour garantir l'enfant chéri de la piqûre des insectes. Ces travaux n'étaient interrompus que par les fréquentes visites des voisins, qui étaient reçus avec une foi ingénue, une piété, une ferveur, une soumission inexprimables. Une police sévère réprimait les jalousies, faisait supporter l'infidélité, et même l'abandon, maintenait un ordre admirable. Oh! le Pupu était vraiment un homme extraordinaire.

Cet ordre fut cependant troublé par l'apparition inattendue de Mimi. Les demoiselles mères, et celles qui allaient l'être, n'attendirent pas qu'il marquât de préférence; elles s'empressèrent autour du dieu, dont Aliba avait préconisé les formes, les talens célestes, et elles le trouvèrent supérieur à l'idée qu'elles s'en étaient formée. Elles présentaient à ses bénédictions, les unes leur enfant, les autres, un ventre rondelet, toutes, leurs charmes. Mimi, après quelques jours de repos, ne pouvait penser à des croquignoles, ni à des claques. Il fit mieux, et il fit bien. On ne vit bientôt, on n'entendit autour de lui que des femmes à genoux, chantant dévotement : *Ah! le bel oiseau, maman*, etc.

Le Pupu, qui avait voulu lui faire beau jeu, rentra enfin, et jugeant de ses exploits par le nombre des chanteuses, il s'approcha du dieu, en faisant trois génuflexions, et il lui dit à l'oreille : « Modère-toi donc, libertin ! As-tu déja oublié le « miracle du manche de couteau ? Veux-tu nous « réduire à la nécessité d'enchaîner toutes ces pe- « tites filles ? Ne vois-tu pas que tu leur mets le « diable au corps ? » Et à haute voix : « Je supplie « votre majesté divine d'honorer de sa présence « le palais de l'Inca; il s'est rendu digne de cette « faveur par son profond respect pour vos prê- « tres. »

L'Inca, prévenu de l'arrivée du dieu en personne, n'avait pu se dispenser de mettre sa maison sous les armes. Ses vingt gardes étaient rangés autour de lui, armés de leurs piques de bois. Il était sur son trône, décoré de peaux de singe, et dressé dans la grande salle, tapissée de chevelures et de crânes espagnols. Sur les degrés du trône étaient sa noble famille et sa brillante cour, composée de cinq à six seigneurs sans chemise, bien souples, bien complimenteurs, et vivant tristement de ce qu'il pouvait leur donner. La fainéantise les dédommageait de l'ennui et du désagrément de ramper.

Les quatre prêtres de service à la cour, proclamèrent l'entrée du dieu, qui parut en effet, suivi de la canaille, pour qui Mimi a toujours eu une prédilection particulière. L'Inca se leva avec un respect apparent, et crut avoir fait assez : c'en était beaucoup trop. Il comptait esquiver une bénédiction dont il se souciait peu ; mais Robert agita si long-temps l'air de ses deux doigts, que le peuple ne put s'empêcher de crier : A genoux, à genoux ! Il fallut que l'Inca cédât encore, et pendant qu'il donnait dieu au diable, le Pupu passa lestement derrière lui, et s'assit sur son trône. L'Inca, en se relevant, fut très-étonné de trouver sa place occupée. Il en pâlit de colère, et se mordit la langue pour ne point éclater.

Cependant il n'était pas d'humeur à descendre du trône, et ne sachant trop comment se tirer de ce pas difficile, il prit le parti de s'asseoir brusquement sur les genoux du Pupu. Le Pupu, indigné de cette irrévérence, et ne voulant point paraître sortir de sa modération ordinaire, pinça l'Inca au derrière. L'Inca fit un saut en avant, et tomba dans les bras des quatre prêtres, qui, avec trente révérences, le collèrent d'un air doux et benin sur un siége inférieur.

Mimi était resté droit et immobile, comme un terme, au milieu de la salle. Il sentit à l'instant qu'il ne jouait qu'un rôle secondaire, et chacun prétend au premier. Il fronça le sourcil, en regardant le Pupu, qui ne pensait qu'à lui-même, et qui s'enivrait complaisamment des fumées de sa suprématie. « Que fais-je ici ? s'écria enfin Robert.
« Des hommes occupent un trône, des siéges, et
« votre dieu est debout ! Faut-il qu'il abandonne
« des enfans dénaturés ; qu'il les rende les té-
« moins douloureux de son ascension ; qu'il se
« montre dans les nuages avec toute sa majesté ;
« qu'il vous aveugle par une splendeur, dont vos
« faibles yeux ne pourront supporter l'éclat ? Par-
« bleu, je voudrais bien voir cela, murmura un
« esprit fort, car cette maudite engeance s'est ré-
« pandue partout. A bas, à bas ! crie au pontife
« le peuple, qui croit d'autant plus, que ce qu'on
« lui dit est moins croyable. Pardon, pardon, trois
« fois pardon, dit humblement le Pupu, que l'a-
« postrophe venait de rendre à lui-même. J'ai ou-
« blié mon dieu ; je l'avoue, pour ne m'occuper

« que de moi. Hélas! c'est ce qui m'arrive tous les
« jours. *C'est ma faute, c'est ma faute, c'est ma
« très-grande faute.* » Après qu'il eut prononcé
ces mots, contre lesquels il est convenu que la
colère céleste ne tient jamais, Mimi lui sourit
d'un air de protection; le Pupu descendit du trône,
et Mimi s'y plaça. Et comme il faut que les lois
de la hiérarchie soient scrupuleusement observées,
le Pupu fit lever l'Inca, et s'assit sur son siége
d'osier, et comme l'Inca était très-certainement le
premier personnage de l'état, après le Pupu, on
le pria respectueusement de s'asseoir sur les degrés du trône, ce qui obligea les courtisans de
descendre au niveau du peuple, ce qui leur déplut
singulièrement.

Robert jouit peu de la première place. Elle lui
était due, et les honneurs qu'on lui rendait chaque jour commençaient à produire l'ennui de la
satiété. Qu'importe au fond d'être assis plus haut
ou plus bas, pourvu qu'on soit à son aise? Il se
sentit pris d'une envie de bâiller, qu'il réprima
bien vite, parce qu'un dieu ne doit rien avoir de
commun avec les sots, quoique tous les jours il
communique avec eux. Il avisait aux moyens de
terminer sa visite et de rentrer avec dignité dans
la classe des simples mortels, lorsque ses yeux
errans de tous côtés, se portèrent sur un objet
qui le réveilla, en le frappant d'étonnement et
d'admiration.

La famille de l'Inca, naguère rangée autour du

trône, maintenant descendue sur le dernier degré, cachait au milieu d'elle la belle, la séduisante, l'enchanteresse Zilia. L'œil égrillard du dieu la découvrit entre ses parens inquiets et pressés autour d'elle. Il se leva, marcha majestueusement vers cette jeune beauté, écarta les gardiens de son innocence et de sa pudeur, frappa l'air de deux doigts perpendiculairement, horizontalement, et baisa Zilia au front, ce qui voulait dire que Mimi l'appelait au culte de ses autels, car dans ce pays-là, la moindre niaiserie a un sens mystique.

Quelle vocation fut jamais aussi positive, et le moyen que la jeune infante s'y refusât? Elle avait un amant, jeune, vigoureux, bien fait, qu'elle aimait de tout son cœur, et à qui l'Inca se proposait de l'unir, parce que c'était un excellent parti. Il maniait un canot avec adresse; il retournait une tortue d'un coup de poignet; il prenait un singe à la course, et personne ne trouvait comme lui un nid de perroquets; mais que sont tous ces avantages, comparés à l'ordre d'un dieu, à qui nous devons l'abnégation totale de nous-mêmes? Zilia, élevée dans la foi de ses pères, se résigna sans murmurer, mais en soupirant. L'Inca, écumant de fureur, fut obligé de remercier Mimi de l'honneur qu'il voulait bien lui faire, et Mimi, enchanté de sa nouvelle conquête, la plaça au milieu de ses prêtres, et prit avec eux le chemin du couvent : il voulait la consacrer de ses augustes mains.

Il oublia alors le vide du cœur, l'espèce d'affaissement qu'il avait éprouvé dans le temple, et même dans le palais sacerdotal. Il compta sur des jouissances toujours vives, toujours nouvelles, comme si Zilia était plus qu'une femme, comme si le plaisir pouvait être autre chose que le repos du travail.

CHAPITRE IV.

Catastrophe.

Corambé, l'amant de Zilia, avait tout vu, et dans un premier mouvement il avait levé sa redoutable massue. Les passions ne raisonnent point, et sont toujours plus puissantes que les chimères religieuses, qui ne passionnent réellement que les cerveaux exaltés par l'oisiveté et la contemplation. Elles produisent alors ce que certaines gens appellent fanatisme, et d'autres vertu, selon leur opinion ou leur intérêt.

Corambé, qui n'était ni fanatique, ni vertueux dans ce sens, suivait l'impulsion de la nature. Il allait terminer d'un coup les projets et la vie de Robert, si l'Inca n'eût trouvé le moment de lui glisser quelques mots à l'oreille. L'espérance renaquit dans son ame, et la modération apparente de l'Inca fit retomber la massue.

Cependant, de toutes les humiliations, de tous les chagrins qu'avait dévorés l'Inca, le plus cuisant fut la perte de sa fille. Elle précipita le moment de la vengeance, qu'avait jusqu'alors calculé la sagesse, que dédaigna d'écouter désormais le cœur ulcéré d'un père. Nous y reviendrons.

Robert, fort tranquille, suivait sa procession, en pensant à ses petites affaires. Qu'est-ce, pensait-il, que jouir sans amour, et quel prix ont les faveurs de ces femmes qui ne savent qu'obéir ; qui ne cherchent dans mes bras qu'une préférence qui ne flatte que leur amour-propre ? Qu'ai-je fait moi-même jusqu'ici, qu'être l'instrument de leur folle ambition, que me prostituer bassement ? Est-ce là être dieu ? ce n'est même pas être homme. Ajoutons à cela l'ennui de toujours faire les mêmes choses. Toujours adoré, toujours encensé, toujours fatigué de l'avilissement, de la sotte crédulité de ce peuple ! Oh ! combien ma grandeur me déplairait, si Zilia ne vivifiait tout, ne répandait un charme, secret, inexprimable, sur tout ce qui l'environne ! Oui, Zilia, toi seule es la divinité, et je me voue à ton culte. J'espère que voilà du beau, du sentimental. Voyons ce que tout cela va devenir.

Par un petit malheur facile à prévoir, Zilia avait fait sur le Pupu la même impression que sur Robert. Le drôle tira son dieu à part, dès qu'ils furent rentrés dans leur enceinte, et il lui

parla en ces termes : « J'ai tout fait pour toi. Je
« t'ai cédé l'autel et le trône; je t'ai abandonné
« toutes nos prêtresses, sans exception, et toutes
« les femmes indiennes sont soumises à tes ca-
« prices. Je m'en réserve une seule, c'est Zilia,
« dont la beauté m'a fait enfin connaître l'amour.
« Il faut que tu me la cèdes. — Tu n'as rien fait
« que pour ton intérêt; tu ne m'as mis au-dessus
« de toi, que pour régner en mon nom; tu m'as
« livré des petites filles dont tu étais las; je ne
« veux pas de tes Indiennes; j'aime aussi Zilia,
« et je ne te la céderai point. — Je l'aurai. — Tu
« ne l'auras pas. — Ingrat! — Soit. — Coquin!
« — Coquin toi-même. Est-ce moi qui ai imaginé
« les bêtises que j'ai faites et dites? J'avais pris la
« place de ton dieu, sans penser à l'être. C'est
« toi qui m'as divinisé, et je renonce de bon cœur
« à mes prérogatives. Composons. Tu n'as plus
« besoin de moi, puisque j'ai amené ton roitelet
« à tes pieds. Remettons cette nuit Jean-Bart à
« sa place. Conduis-moi avec Zilia au bord de la
« baie. Nous trouverons sur l'autre rive l'exis-
« tence et le bonheur. — T'abandonner Zilia! —
« Je le veux. — Jamais. — Je l'ordonne. — Chan-
« son. Je vais tout déclarer au peuple et à l'Inca,
« et te faire pendre comme un fripon. — Ou-
« blies-tu que tu es mon complice? — Je m'en
« souviens; mais sans Zilia que m'importe la vie?
« — Renonces-tu à cette jeune beauté, ou péris-

« sons-nous ensemble? Choisis, je ne te donne
« qu'un moment. »

Le ton décidé de Robert intimida le Pupu.
Zilia lui plaisait infiniment; mais se faire pendre
pour une femme lui paraissait un peu fort : ce
n'est plus à cinquante ans qu'on est amoureux
de cette manière-là. Le Pupu céda; mais il se
promit intérieurement une prompte et douce
vengeance, et il n'est pas de prêtre mexicain qui
ne sourie à cette idée-là.

Zilia avait été fort surprise de trouver, parmi
ses nouvelles compagnes, des mères et des filles
grosses. Elle avait cru jusqu'alors qu'il poussait
là des hommes sans l'intervention masculine, et
les prouesses du dieu, ou de ses prêtres, lui firent
faire quelques réflexions : malheureuse déja de
n'avoir plus cette foi aveugle, si nécessaire, et si
utile surtout à ceux qui l'enseignent! Ce moment
d'erreur dura peu; la conviction, la pieuse faiblesse de ses compagnes, leur habitude d'étendre,
de resserrer, d'interpréter le dogme, et plus que
tout cela peut-être, la présence d'un dieu, beau
et galant, qui ne se parfumait pas, comme le
farouche Corambé, d'huile de tortue ou de la-
mentin, mais près de qui elle respirait la fraîcheur
de la jeunesse, tout concourut à ranimer sa foi
chancelante. Conduite par son vainqueur sous un
bosquet d'orangers; partageant avec lui un trône
de mousse; pressée par de tendres caresses, par le

premier éveil des sens, elle succomba sans être infidèle, et le nom de Corambé se mêla à ses soupirs amoureux.

Robert, plein de sa félicité, ne redoutant plus les langueurs de l'uniformité, ne pensa qu'à honorer l'objet de son constant amour, et à le rendre respectable aux autres. En conséquence, et de son autorité privée, il créa pour Zilia la dignité de grande-prêtresse, ce qui renversait l'ordre établi par le Pupu, ce qui excita, parmi les petites filles, un mécontentement qui éclata, malgré la crainte de pécher. Il n'y avait plus d'égalité, disait-on; on ne pourrait plus prétendre aux faveurs de Mimi; elles seraient toutes pour la nouvelle dignitaire; on serait réduit à des prêtres, qu'on connaissait comme les doigts de la main, et dont par conséquent on ne se souciait plus.

Que fut-ce, lorsque Mimi rassembla ses prêtrillons, actifs, vigoureux, indifférens au triomphe de Zilia, incapables, par conséquent, d'y opposer de résistance, et qu'il leur ordonna de bâtir, sous le bosquet, un palais à la grande-prêtresse? Il serait impossible d'y entrer sans la permission de celle dont on ne serait plus que la très-humble servante; on ne jouirait plus de l'aspect du dieu qu'au temple, et quel plaisir que celui des yeux, quand il se borne à en rappeler d'autres qu'on a perdus sans retour? D'ailleurs, qu'avait-elle donc de si séduisant, celle à qui seule Mimi allait prodiguer l'essence de sa divinité ? Beauté ordinaire, peu de graces, démarche gauche. La vérité est que Zilia réunissait tout ce qui plaît, qui captive; mais les femmes sont femmes au Mexique comme à Paris.

« Le joli dieu, vraiment ! murmurait, dans un « autre coin, une petite prêtresse, que vous vous « rappelez sans doute. Je ne le connais, moi, que « par une croquignole sur le nez, et une ving- « taine de claques sur les fesses. En vérité, ce « n'est pas lui que je regrette; mais obéir à Zi- « lia ! Oh ! ma foi, c'est trop fort. » Celle-ci, je crois, n'était pas moins femme que les autres.

Robert, sourd ou insensible à ces plaintes, ne cessait d'exciter, d'encourager ses architectes, et comme l'érection d'un palais n'exige, dans ce pays-là, que quatre pieux pour appuis, quelques bottes de feuilles pour le toit, et des claies de jonc pour clôtures, celui de Zilia fut terminé dans la journée. Elle y fut installée avec toute la pompe que put ajouter l'industrie européenne aux routines du Mexique. Le Pupu voyait tout, n'empêchait rien, ne disait mot, et n'en pensait pas moins.

Ce palais devint le domicile de Mimi. Il n'en sortait que pour aller passer, au temple, deux heures, sur son piédestal, et, afin de soustraire Zilia aux entreprises du grand-prêtre, qui aurait pu, après tout, se contenter de la coadjutorerie, il avait arrêté que la grande-prêtresse conduirait ses nonnettes à l'autel, et les en ramènerait.

C'est dans le palais de Zilia que les plaisirs s'étaient fixés; c'est là que régnaient les jeux et l'amour; qu'une cour, empressée et soumise, portait la gaîté et l'éclat, feignait d'adorer les fantaisies de la déesse, et disparaissait au moindre signal du dieu. C'est là que Robert oubliait le vol du temps; c'est Zilia qu'il devait adorer toute sa vie; c'est du moins ce qu'il avait projeté le premier jour. Zilia, scrupuleuse d'abord, se laissait aller à l'impulsion du bonheur : cette pente est si douce à suivre ! Vraiment reine dans cet aimable réduit, elle oubliait insensiblement la triste et pauvre grandeur de ses pères. S'il lui arrivait de penser encore à Corambé, ce n'était plus son nom qui venait errer sur ses lèvres. Sa voix affaiblie, entrecoupée, ne disait plus que Mimi.

L'heureux Mimi vivait dans une parfaite sécurité, pendant qu'on s'occupait de sa perte. Le Pupu marchait dans les bois, les yeux baissés, l'air recueilli; il paraissait absorbé dans une profonde et sainte méditation, et il cherchait à ses pieds ces herbes vénéneuses que Taptap, qui ne fait rien sans dessein, a placées au Mexique, pour faciliter les tours de passe-passe de ses prêtres. Déja le pontife en avait cueilli de quoi expédier la moitié de la peuplade, lorsqu'il entendit, à quelque distance, deux Indiens parler avec chaleur. Il faut qu'un Pupu prévoie tout, se défie de tout, écoute tout. Celui-ci s'approcha des deux causeurs, à la faveur des arbres qui leur dérobaient sa marche.

« Il est temps que ces jongleries finissent, disait
« l'un. Il est temps que l'autorité légitime re-
« prenne tous ses droits. Eclairons ce peuple,
« jouet méprisé des deux plus grossiers impos-
« teurs. J'ai traduit nos hymnes en langue vul-
« gaire : les voilà écrits avec mes *quipos*. Commu-
« niquons-les aux moins fanatiques; qu'ils jugent
« les sottises qu'ils révèrent; que la vérité gagne
« de proche en proche, et qu'on ne connaisse ici
« de culte que celui de la vertu. »

L'homme qui parlait ainsi, était probablement un philosophe, mot qui veut dire au Mexique, un mal-avisé, un sot, un diseur de riens, qu'il est cependant défendu aux croyans d'écouter, ce qui est un peu contradictoire; mais qu'importe ? Ses *quipos* étaient des fils de coton de différentes couleurs, dont le mélange tenait lieu d'écriture au Pérou. Vous me demanderez comment ces quipos sont venus du Pérou au Mexique; par quels moyens des sauvages teignaient; comment le plat raisonneur avait appris la langue sacrée, scrupuleusement conservée entre quelques membres du sacerdoce? Hé! ne savez-vous pas, mes frères, eût répondu le Père Salomon de Pontoise, que la perversité vient à bout de tout, et qu'au besoin Satan lui-même aide à ses suppôts? Mais leurs connaissances diaboliques tournent toujours à leur honte, et c'est ici le cas de nous écrier : *Vanitas vanitatum !*

Le Pupu, moins confiant que le Père Salomon, trembla de tous ses membres, en écoutant les paroles du philosophe. Il jugea qu'il fallait opposer au raisonnement les prodiges qui l'étouffent, miracles terrifians, miracles consolans, miracles corroborans, tous les miracles possibles, et il ajourna le décès de Robert, qui plus que jamais lui devenait nécessaire.

Et comme ce Pupu savait combien il est avantageux de préparer les esprits, et, qu'ainsi que beaucoup d'autres, il se piquait d'être orateur, bien qu'il n'eût ni figure, ni voix, ni noblesse, il voulut essayer d'abord du charme de l'éloquence, et le lendemain, il monta sur une escabelle, placée au milieu du temple. Après avoir toussé, s'être passé le bout des doigts sur les lèvres, avoir levé les yeux au ciel, et salué bénignement l'auditoire attentif, il dit :

« Peuple, aurez-vous toujours des yeux pour
« ne point voir, des oreilles pour ne point enten-
« dre? Les prodiges les plus étonnans demeure-
« ront-ils sans effet? Les dogmes de Mimi-Taptap
« ont-ils besoin d'être expliqués, d'être défendus ?
« Hé ! ne sont-ils pas divins, par cela seul qu'ils
« sont incompréhensibles? Cependant on les atta-
« que, je le sais; mais loin de redouter d'abomi-
« nables novateurs, de misérables saltimbanques,

« je les défie, et je leur permets de nouer des qui-
« pos, à condition toutefois que vous ne les lirez
« point. Je vais conférer avec eux, à condition
« que je parlerai seul. Commençons par défendre
« ces hymnes sacrés, qu'on ose tourner en ridi-
« cule, parce qu'on n'en saisit pas le sens caché :

« *J'ai du bon tabac dans ma tabatière ;*
« *J'ai du bon tabac, tu n'en auras pas.*

« La tabatière, Indiens, est ce temple saint, et
« le bon tabac est l'odeur céleste qu'il exhale.
« *Tu n'en auras pas*, s'adresse évidemment à l'im-
« piété audacieuse.

« *J'en ai du fin et du rapé.*

« Votre dieu désigne par là les dons subtils,
« pénétrans, consolateurs, qu'il accorde à ses fa-
« voris.

« *Mais ce n'est pas pour ton fichu nez.*

« Mimi-Tatap menace, une seconde fois, le per-
« vers, pour l'amender, ou lui ôter toute espèce
« d'excuse. Que peut objecter l'incrédulité à cette
« explication lumineuse, et surtout véritable?
« Vous vous taisez, philosophes, vous ne répon-
« dez pas! Il est vrai que je vous l'ai défendu.
« Passons à l'hymne d'actions de graces.

« *Ah ! le bel oiseau, maman,*
« *Qu'Alain a mis dans ma cage...*

« Il faut donc vous dire, hommes de peu de foi,

« que le bel oiseau est Mimi-Taptap lui-même,
« et qu'Alain est le saint prêtre qui le fait entrer
« dans la cage, c'est-à-dire qui lui ouvre les cœurs
« humbles, soumis, reconnaissans, dans lesquels
« il se plaît à habiter. Saisissez-vous ce type, ce
« sens mystique? Et cet hymne-ci, Indiens, qui
« ne présente que des idées augustes, sublimes,
« cet hymne que vous ne sauriez assez chanter :

   « *Réveillez-vous belle endormie.....*

« Qu'est-ce ici que la belle endormie, si ce
« n'est la religion méconnue, souffrante et cachée?
« *Réveillez-vous*, sortez de votre douloureux ac-
« cablement, religion sainte. *Car il fait jour*, car
« votre lumière se répand plus brillante et plus
« belle. *Mettez la tête à la fenêtre*. Montrez-vous
« à votre peuple fidèle dans toute votre majesté.
« *Vous entendrez parler de vous*. Vous entendrez
« les vœux, les cantiques qu'on vous adresse de
« toutes parts. »

Ainsi soit-il, ainsi soit-il, répondit la plus grande partie du peuple, toujours ferme dans les vrais principes. L'autre partie se tut, tant l'abominable philosophie avait déjà fait de progrès! Le Pupu allait continuer; il allait expliquer ce qu'il entendait et ce qu'il n'entendait pas; puis serait venu le jeu de la manivelle; puis les flammes du Tartare se seraient élancées du fond du puits, au moyen des bourrées et des feuilles sèches qu'on y avait déposées la nuit. Une traînée de poudre venait sous terre jusque derrière le piédestal, et un compère devait l'allumer clandestinement, pendant que le Pupu amuserait l'assemblée avec ses contes saugrenus.

C'est dans ce volcan miraculeux que le peuple, adroitement excité, aurait jeté lui-même les philosophes, parce qu'au Mexique les prêtres font faire, et n'agissent jamais. Tous ces préparatifs restèrent sans effet. Mimi, fatigué de jouer à la chapelle, et ne voulant voir brûler personne, se hâta de dissoudre l'assemblée. « Peuple, dit-il, « vous avez entendu le pontife. Allez méditer chez « vous les grandes vérités qu'il vient de vous an- « noncer. Demain, et les jours suivans, il conti- « nuera de vous expliquer le sens caché de mes « mystères. »

Le Pupu sentait l'importance de la perte de quelques jours, avec des ennemis tels que des philosophes, race dangereuse, qu'on ne saurait trop se presser d'exterminer. Cependant il ne pouvait contredire publiquement son dieu, et malgré lui, en enrageant... « Un moment donc, « Pigault! un moment! Où diable ce Pupu avait-il « pris la poudre de sa traînée? Que devient, pen- « dant ces cérémonies, l'indomptable Corambé? « Pourquoi n'enlève-t-il pas sa Zilia lorsqu'elle va « au temple ou qu'elle en revient? Pourquoi, à « l'aide de sa redoutable massue, ne la ravit-il « pas au pied de l'autel même, pour aller jouir, « au fond des forêts, de sa victoire et de son

« amour? Savez-vous que tout cela n'est pas très-
« vraisemblable? — Bah, bah! vous lisez ceci
« comme vous feriez un roman, sautant des pa-
« ragraphes, des pages, et donnant peu d'atten-
« tion au reste. Ne vous ai-je point parlé d'un
« malheureux espagnol, rôti à la plus grande
« gloire de Mimi-Taptap; de ces deux prêtres que
« Robert avait pris pour deux grands, et qui
« avaient deux fusils, dont ils se servaient avec
« tant d'adresse?

« Ne vous souvient-il plus que Corambé allait
« assommer prêtres et dieu, si l'Inca ne l'eût ar-
« rêté? Croyez-vous que le beau-père, et le
« gendre, cocufié d'avance, perdent maintenant
« les heures à délibérer? Que malgré la vigilance
« des quatre estafiers placés, par le Pupu, au-
« près du souverain, la philosophie ne se soit pas
« glissée dans le palais? Je vous assure, mon-
« sieur, qu'à la cour on tirait parti du temps et
« des moindres circonstances : je vous le prouve-
« rai tout à l'heure. Revenons. »

Pendant que le Pupu pérorait, grondait, ton-
nait sur son escabelle, en attendant le moment si
désiré d'allumer ses fagots, Robert, satisfait d'avoir
soustrait à la grillade cinq à six malheureux, continuait de faire l'amour à Zilia. Cependant son
projet d'une éternelle constance, s'effaçait peu
à peu de son imagination calmée. Heureux d'a-
bord, du présent et de l'avenir, il n'avait plus,
même au moment de la jouissance, cet empres-

sement, ce brûlant enthousiasme qui divinise l'objet aimé. Les intervalles devenaient plus longs par l'habitude, plus difficiles à remplir par la satiété. Bientôt enfin il ne vit dans Zilia qu'une femme qui lui appartenait. Elle ne savait pas la langue sacrée. Elle ne pouvait donc qu'aimer, le prouver sans pouvoir le dire, et quel homme n'a pas, tôt ou tard, besoin d'être soutenu, réveillé par les agrémens de l'esprit? Robert bâillait, et Zilia croyait le ranimer par des caresses : ces caresses mêmes devenaient importunes. Robert les repoussait doucement, et s'endormait, en disant, en répétant : La sotte chose que d'être dieu!

Il n'est pas d'homme, un peu délicat, qui ne prépare, qui n'adoucisse une rupture par des détours adroits, par des mensonges obligeans. Robert réduit, pour se faire entendre, à une pantomime uniforme, bornée, fatigante, se décida à tout brusquer. Il sortit, assez mécontent de lui, se faisant même quelques reproches, mais ne pouvant plus tenir à la vie qu'il menait.

Il porta ses pas incertains vers les huttes indiennes. Il entrait machinalement; on tombait à ses pieds bêtement, et il répétait : La sotte chose que d'être dieu! Rencontrait-il une jolie mexicaine? il bénissait le père ou le mari qui sortait. Il chiffonnait l'une, il faisait quelque chose de mieux à l'autre, et toutes disaient : Quoi! ce n'est que cela! et lui, excédé, n'en pouvant plus, revenait tristement au palais sacerdotal, regrettant le passé, préférant même le mousquet que lui avait donné le roi Georges, à l'insipide facilité qu'il trouvait partout, aux honneurs fastidieux dont on l'accablait.

« Écoute, dit-il enfin au Pupu, je me suis prêté
« à des sottises, mais je ne serai pas l'instrument
« d'un crime. Ma manière d'être me paraît insup-
« portable, et ce que tu médites me décide irré-
« vocablement à en changer. Attends, pour brû-
« ler tes philosophes, que je sois parti, et je pars
« demain : je ne veux plus être dieu. Je te ré-
« ponds que demain tu ne le seras plus, répondit
« le pontife. »

Le sens de ces paroles est facile à saisir pour tout autre que Robert. Accessible au remords, courant partout, entrant seul où bon lui semblait, il pouvait s'assurer la protection de l'Inca, en lui révélant tout. Il fallait donc que le Pupu en finît, et promptement, et qu'en pouvait-il résulter que ces choses si simples ? Le dieu mort et enterré serait remonté au ciel. Les feux de l'enfer, comprimés par sa présence, s'allumeraient subitement. On apaiserait sa colère, en priant, en brûlant des philosophes, en immolant, en mangeant des cochons, jusqu'à ce qu'on ait fabriqué un autre dieu, qui ne manquerait pas de pardonner, quand il ne resterait plus d'incrédules.

Robert avait en effet pensé à se rapprocher de l'Inca. La probité l'exigeait; mais la probité est-elle toujours écoutée, et connaissez-vous beaucoup d'hommes disposés à se sacrifier au cri de leur conscience? Robert était retenu par la crainte de trouver dans Corambé un ennemi incapable de lui pardonner le tour sanglant qu'il lui avait joué.

« Voilà cependant, disait-il pour la dixième
« fois, voilà à quoi mènent les projets. Je ne pou-
« vais me soustraire d'abord à l'influence de ce
« Pupu, à la bonne heure; mais depuis que je
« suis libre, pourquoi n'ai-je pas cherché ma
« baie, ne m'y suis-je pas fait conduire proces-
« sionnellement, ne l'ai-je pas traversée à la nage
« en présence de ces hommes stupides, dont
« aucun n'eût osé me suivre?... Mais, non, tu as
« voulu vivre aux dépens des autres, t'en faire
« adorer, avoir les prêtresses, les princesses, les
« Indiennes, t'exténuer, te tuer follement, sans
« motif. Regarde-toi dans ce ruisseau; vois tes
« yeux éteints, tes joues flétries, tes jarrets
« ployans, tes muscles distendus. Le joli dieu
« que voilà!

« Mais où est donc le bonheur, s'il n'est pas
« au sein de toutes les jouissances que peut ima-
« giner l'homme, et qu'il se procure à son gré?
« Rifflard avait raison : point de bonheur sans
« vertu. Se suffisant à elle-même, n'ayant besoin
« ni d'appuis, ni de grandeurs, indépendante des
« évènemens, c'est un ami fidèle qui ne nous
« abandonne jamais, qui dédommage des sacri-
« fices, qui soutient, qui console dans l'infor-

« tune, qui ajoute, à la félicité dont nous som-
« mes susceptibles, ce calme intérieur, cette
« douce sérénité qui suffiraient à une ame hon-
« nête. Et à quoi se réduit cette vertu, dont on
« croit la pratique si difficile? A l'exact accom-
« plissement des devoirs que nous imposent la
« nature et la société. Quoi de facile comme cela!
« Oh! c'est un garçon d'un grand mérite, que
« Rifflard!

« Oui, je serai vertueux, je le serai dans toute
« l'étendue du mot. Né avec un malheureux ca-
« ractère, toujours disposé à abuser de tout, je
« suis las cependant d'être le jouet de ma mau-
« vaise tête, et victime de l'oubli des principes.
« Plus de fautes, plus même de faiblesses. Après
« avoir été dieu, je veux au moins honorer la na-
« ture humaine. »

Pendant que Robert s'abandonne à ce nouveau projet, et qu'il se dispose à aller vivre seul, avec sa vertu, dans les forêts du territoire espagnol, voyons ce qu'ont fait et ce que vont faire l'Inca, Corambé et le philosophe.

Le philosophe, convaincu que Taptap n'était pas tombé du ciel, avait cherché des traces de son arrivée, et il était naturel de commencer les recherches, plutôt du côté des Espagnols, que vers des contrées désertes. En allant et venant sur les bords de la baie, autour de la colline, où Robert comptait d'abord s'établir, il avait suivi un perroquet, dont le vol, circonscrit dans un espace étroit, indiquait un nid où il voulait se reposer. Les perroquets, élevés par les prêtres, disaient toujours : Foi aveugle, colère, vengeance céleste. Il voulait en instruire d'autres à répéter : Vérité, tolérance, sagesse. Ce n'est pas qu'il fît grand cas des paroles d'un perroquet; mais il est quelquefois bon d'opposer bête à bête, et le moyen le plus faible a souvent produit quelque bien.

En suivant l'oiseau causeur, il était arrivé au centre des broussailles, où Robert avait déposé son habit d'uniforme et ses armes. Ces effets étaient autant de pièces de conviction, faites pour éclairer l'entendement le plus encroûté. Le philosophe enchanté les avait portés la nuit dans sa cabane, et il s'en servait, le jour, à propager les principes philosophiques.

Corambé, tout à l'amour et à sa fureur jalouse, était à peine contenu par l'Inca et le philosophe. Il s'était échappé un soir, s'était approché de la palissade sacrée, avait entendu un mélange de voix d'hommes et de femmes, des ris, des éclats, qui n'avaient rien que de terrestre, et ayant gagné l'autre extrémité, où régnait le plus profond silence, il avait sauté dans l'enceinte, en bravant, en défiant les foudres de Taptap. Il s'était approché du lieu où se prolongeait l'orgie sacerdotale, et de quelles idées n'avait-il pas été assailli, en voyant, à travers les claies, des enfans de tous les âges, des prêtres ivres, des filles abusées? Déja il agitait sa terrible massue; il allait renverser, exterminer cette prêtraille... C'en était fait, si Zilia eût été présente, sans l'incertitude où il était de son sort, que les prêtres seuls pouvaient éclaircir. Cette réflexion avait ramené Corambé à des idées plus sages. Il avait couru chez le philosophe, le philosophe chez ses disciples, et ceux-ci chez d'autres, dont la foi commençait à chanceler. On leur avait fait tout voir, tout entendre, et, passant des faits aux conséquences, ils avaient été ensemble au puits, dont ils avaient découvert tout le mécanisme.

L'Inca était libre la nuit, parce que ses quatre gardiens, qu'il avait soin de fatiguer de jour, étaient forcés alors de se livrer au repos. Excédé lui-même de fatigue, il supportait tout, par l'espoir de redevenir bientôt homme et souverain. C'est la nuit qu'il rassemblait ses sujets fidèles; que Corambé et le philosophe lui en amenaient de nouveaux; c'est la nuit qu'on s'occupait des moyens de sortir de la plus ignoble sujétion, et qu'on avait arrêté le plan dont vous allez voir l'exécution.

C'était la veille du jour où Robert devait perdre sa divinité et la vie, où l'enfer devait s'allumer, où l'autorité sacerdotale allait être à jamais cimentée du sang des proscrits. Les ténèbres couvraient à peine le Mexique, que Corambé entra, la massue à la main, dans la chambre où les quatre prêtres arrangeaient les piles de coton qui allaient les recevoir. « Le règne de l'imposture est passé, leur « dit-il; celui de la justice commence. » Il lève sa massue vengeresse, et ils demandent la vie; ils s'abaissent, ils supplient, ils promettent... ils ne sont plus.

Le philosophe avait voulu épargner le sang. Il suffisait, selon lui, de transporter cette canaille sur le territoire espagnol. « Non, avaient répondu « l'Inca et Corambé, point de pitié pour le crime. « Vengeons les hommes et Zilia. »

Les conjurés sortirent du palais, et marchèrent en silence vers les lieux qui recélaient la masse des coupables. Ils les surprirent au sein de la débauche, incapables de se défendre. Corambé ne dit qu'un mot: Où est Zilia? Il la trouva seule, livrée aux douceurs du sommeil, étrangère, selon les apparences, à la corruption générale, et il commença à punir des affronts qu'il ignorait encore. Son premier coup fut le signal du carnage... Tirons le rideau sur cette scène d'horreurs; détournons les yeux, en applaudissant à cet acte de justice, et revenons, s'il est possible, à la gaîté qui fait toujours tant de bien, et qui est si nécessaire en ce moment.

Il est des circonstances où il faut frapper fort, pour frapper juste; mais il est toujours nécessaire de ménager les yeux: ils sont le chemin de l'imagination comme du cœur; ils sont le premier moteur des passions. D'après ce principe général qui naît partout de l'expérience, les restes du Pupu et de sa clique, les matériaux des palissades, et des monastères abattus, furent transportés pendant la nuit, et jetés dans la mer, qui en déroba bientôt jusqu'aux moindres traces.

Les petites prêtresses eussent été très-scandalisées de ce qui venait de se passer, si elles eussent été moins inquiètes sur le sort qu'on leur réservait. Elles aimaient beaucoup leur dieu; mais elles s'aimaient davantage, ce qui est assez naturel. Cependant, par un effet de l'habitude, elles priaient tout bas le bon, le beau Mimi de les tirer du milieu de leurs gardes, par quelque petit prodige, qui ne devait rien lui coûter, à lui qui en faisait tant. Il est certain qu'il devait cela à la plupart d'elles; mais les dieux sont-ils reconnaissans? Celui-ci, sourd aux vœux qu'on lui adressait, retiré dans le creux d'un rocher écarté, s'était endormi, en rêvant vertu. Son sommeil était calme et pur, comme son cœur nouvellement régénéré. Il était loin de prévoir ce qui l'attendait au réveil.

L'Inca, de retour de l'expédition de la baie, se plaça au milieu du cercle formé par les prêtresses et leurs petites familles, et il leur parla en ces termes. « Vous avez été séduites, abusées,
« ainsi vous n'êtes pas coupables. Bannissez donc
« toute espèce de crainte, et renaissez à la rai-
« son. Vous retournerez aujourd'hui dans vos
« familles, où vous ne passerez plus le temps à
« chanter, *Ah! le bel oiseau, maman;* mais à
« remplir les devoirs que vous impose votre qua-
« lité de mères. Vous n'apprendrez plus à vos
« enfans des sottises révérées comme des vérités.

« Vous leur répéterez que pour être considéré
« de ses semblables, il faut leur être utile, loin
« de leur être à charge, et que chaque membre
« de la société trouve son bonheur particulier
« dans la prospérité publique. Voilà la religion
« qu'on pratiquera désormais ici, et dont je m'é-
« tablis le souverain pontife. »

Ce discours, préparé par le philosophe, ainsi que vous pouvez le prévoir, parut aux petites filles à peu près inintelligible. Elles ne concevaient pas encore qu'on pût vivre sans un Pupu, sans un dieu de bois ou de chair, sans lui immoler des cochons, et le jaunir avec de la fumée de gomme de copal, sans processions, sans expiations, sans vin de palmier, et surtout sans varier chaque jour ses plaisirs. Cependant Corambé avait des manières de convaincre, qui ne permettaient pas au murmure de s'échapper. Et puis rentrer dans la société, ne leur paraissait pas, tout bien considéré, un sort très-malheureux. Une jolie fille, maman sans être coupable, devait intéresser les incrédules, et les croyans pouvaient se trouver honorés d'épouser une femme sanctifiée par des caresses sacerdotales. Zilia, assez mécontente des manières dédaigneuses de Mimi, trouvait dans son amour-propre piqué le premier germe du scepticisme. Les sœurs cuisinières, elles-mêmes, se livrèrent à l'espoir, assez commun aux vieilles filles, de trouver enfin quelque honnête homme âgé, qui partagerait avec elles le fardeau de la vie. Ce sont à la vérité ruines contre ruines; mais elles s'étaient mutuellement. Toutes, après quelques momens de réflexion, se rangèrent du parti de l'Inca.

Pendant que toutes ces cervelles travaillaient, Corambé observait sa Zilia, et son petit air en-dessous, sa contenance embarrassée, lui donnaient des soupçons. Il l'avait trouvée seule, dans son palais isolé, c'est fort bien; mais il y a tant d'articles, de divisions, de subdivisions au chapitre des accidens! et au Mexique comme à Paris, il n'est pas d'amant qui ne soit bien aise de savoir à quoi s'en tenir. « Zilia, ma Zilia, m'es-tu de-« meurée fidèle? — Cher Corambé, je n'ai jamais « aimé que toi. — Mais es-tu pure, comme tu « l'étais quand on t'arracha des bras de ta mère? « — Oh! je le suis bien plus, mon ami. Un dieu, « léger, bizarre, à la vérité, m'a purgée de toutes « mes souillures, et m'a rendue digne de toi. — « Oh! le coquin de dieu! Il me le paiera, j'en « jure par mon amour et ma massue! »

Zilia n'était pas fâchée de pouvoir attribuer son incartade à un pouvoir surnaturel, auquel elle ne croyait plus trop; mais quelle femme ne préfère une excuse admissible à un mensonge évident? Celle qui est violée dans une place prise d'assaut, convient du fait, et se tait sur le plaisir qu'elle a eu, parce qu'on ne peut l'en convaincre.

Nous avons vu jusqu'ici triompher la bonne cause. Cependant l'Inca n'était pas sans inquiétudes sur la manière dont les *Taptapistes* prendraient les réformes faites et à faire. Les philosophes formaient à peu près la moitié de la peuplade; ils avaient les deux fusils des prêtres, celui de Robert, et Corambé était à leur tête. La victoire ne pouvait être incertaine; mais un souverain, qui a un millier de sujets, ne se soucie pas d'en sacrifier la moitié.

Lorsque le soleil reparut, que les Indiens sortirent de leurs cabanes, que les vieilles femmes les suivirent en trottillant, pour aller attendre, hors l'enceinte sacrée, le Pupu qu'ils accompagnaient au temple, quels furent l'étonnement, la stupéfaction des uns et des autres, en trouvant l'Inca et ses combattans sur l'emplacement même où s'élevaient la veille ces édifices somptueux, dont il ne restait plus de vestiges! Les hommes demandaient, en fronçant le sourcil, comment ces monumens étaient disparus. Les vieilles criaillaient, appelaient les hommes saints qui attiraient sur la contrée les bénédictions du ciel. Le philosophe parla *impromptu*, parce que l'Inca n'était pas préparé.

Son discours, très-beau, très-sage, plein de développemens profonds, ne persuada personne :

« *L'homme est de glace aux vérités,*
« *Il est de feu pour le mensonge.*

Les Indiens s'éloignèrent en grondant, et les femmes s'écrièrent que tant de sacriléges ne resteraient pas impunis. Elles priaient charitablement Mimi de frapper les coupables de sa foudre, et surtout d'épargner les croyans : Le *primò mihi*, qu'on n'entend pas partout, est partout en usage. L'Inca, qui n'était pas orateur, répondait aux vociférations par des faits. Il rangeait les prêtresses en ligne ; il montrait ces enfans, qu'on n'avait pas remarqués encore, ces petits ventres rondelets, qui ne s'étaient pas enflés seuls. La présence des enfans ne parut pas une preuve suffisante ; ils pouvaient, en effet, être tombés du ciel ; mais tous ces ventres arrondis, sur lesquels les matrones passaient alternativement leur main ridée, prouvaient évidemment un commerce terrestre, illicite, scandaleux. Cependant, disaient les vieilles, l'abus de la religion n'est pas la religion elle-même, et pouvait-on douter de la divinité de Mimi, constatée par tant de miracles? L'Inca était à toutes, parlait à toutes. Il leur montrait l'habit rouge de Robert, son sabre et sa giberne. On répondait que ces pièces n'étaient pas convaincantes, et que probablement c'était la dépouille de quelque espagnol.

« Espagnol ou autre, crièrent trente femmes à
« la fois, il est constant que Mimi n'est qu'un
« homme.

« Je l'ai cru dieu un moment, dit Aliba en
« baissant les yeux ; il en avait la beauté et la
« force. Il m'a prouvé, trop tôt, hélas! qu'il n'est
« qu'un homme, et un homme ordinaire.

« Il ne m'a donné aucune preuve de sa puis-
« sance, dit la petite fille aux croquignoles. Il a
« sauté, gambadé avec moi ; il m'a claqué les
« fesses toute une nuit. Est-ce à ces tours de
« polisson que vous reconnaissez un dieu ?

« Il m'a trompée, délaissée, méprisée, dit la
« tendre Zilia. Un dieu inconstant n'est-il pas au-
« dessous du dernier des hommes ?

« Oui, ce dieu-là est le dernier des hommes,
« dirent cinq à six Indiennes fort jolies. Il nous
« a chiffonnées, tourmentées, fatiguées, et pour-
« quoi ? Nous avons été trop heureuses de re-
« trouver nos maris. »

Tant de témoignages réunis devaient avoir de
la force, même sur les vieilles femmes, qui n'ont
perdu ni la mémoire, ni la volonté. Les lumières
commençaient à faire des progrès, et il était
temps. Les Indiens paraissaient dans le lointain,
l'arc au poing, le carquois au dos, et déjà quelques-uns ajustaient la flèche homicide. Mais
comme les femmes mènent les maris partout,
celles-ci coururent au-devant des leurs, rompi-
rent leurs rangs, parlèrent, racontèrent, ajoutè-
rent, selon l'usage, et lorsque les deux partis
furent en présence, les *Taptapistes* étaient disposés, au moins, à écouter ce qu'on voudrait
leur dire.

« Venez, venez, leur dit Corambé, impatient
« du dénouement, avide de vengeance ; venez à
« ce puits, si étonnant par ses prodiges ; vous-

« mêmes allez les opérer. » Si ce ton ferme ne persuada pas entièrement, il détermina les Indiens à voir de leurs propres yeux. On suit Corambé, on monte au temple; la main du chef des incrédules est fixée sur la manivelle; il tourne, et le miracle s'opère; mais comment s'est-il opéré?

« Descendez avec moi, leur dit le philosophe, « et il ne vous restera plus aucun doute. » Il leur montre les rouages, il leur en explique le mécanisme. Entraîné par son enthousiasme, en gesticulant, en trépignant, il tombe sur le nez. Il se relève en jurant, ce qui n'est pas trop philosophique; il regarde, il cherche ce qui a roulé sous ses pieds, et les spectateurs reconnaissent Jean-Bart. « Le voilà, s'écria-t-il, le voilà ce dieu « que vous avez cru s'être animé devant vous! « N'est-il pas évident que celui que vous avez vu « sur ce piédestal, devant qui vous avez tremblé, « à qui vous avez consacré les produits de votre « chasse, de votre pêche, qui vous a ravi vos « femmes et vos filles, n'est-il pas évident, dis-je, « que c'est un Européen, fripon comme vos prê- « tres, et endoctriné par eux ? »

Les yeux étaient dessillés, et les hommes sont faits pour les extrêmes. Les Indiens passèrent de la plus stupide crédulité à tous les excès de la fureur. « Où est cet Européen? criait l'un; qu'il « expie ses crimes par une mort lente et cruelle, « disait l'autre. » Ceux-ci montaient sur le temple, et en arrachaient la couverture; ceux-là brisaient la manivelle et les rouages du puits. Ils insultaient, ils foulaient aux pieds l'image de bois qu'ils ne craignaient plus; tous remerciaient le philosophe, qui les avait éclairés.

Robert venait de se réveiller, très-content de lui, et il suivait tranquillement le sentier qui menait au temple. Il aperçut de loin ceux qui travaillaient avec tant d'ardeur à le démolir. « Oh, « oh! dit-il, le Pupu fait réparer ce toit! aurait-il « envie de manquer à sa parole, ou a-t-il oublié « que je dois aujourd'hui cesser d'être dieu? « Qu'il s'arrange comme il voudra. Je vais me « faire adorer pour la dernière fois, et me livrer « tout entier ensuite à la pratique des vertus. »

Il entre dans le temple, portant à droite et à gauche des regards pleins d'aménité, qu'il adressait de préférence aux petites femmes qu'il croyait contentes de lui. A droite et à gauche encore il fendait l'air de ses deux doigts, et il marchait vers le trône ordinaire de sa gloire... Une huée générale, prolongée, lui fit lever la tête. Il regardait son bon peuple d'un air qui voulait dire : Mais je crois, canaille, que vous sortez des bornes du respect! Corambé le prit par une oreille, et lui dit : « Plus de bamboches, Taptap, plus de « bénédictions: nous sommes revenus de tout « cela. Voilà la petite princesse que tu as divi- « nisée; et ce qui est fait est fait, il n'y a pas « moyen de revenir là-dessus. Je l'épouse, parce « que je l'aime; mais tu sens bien, Mimi, que

« tu n'auras pas joué au dieu impunément. Nous
« allons voir comment tu descendras de ta majesté
« à la condition de l'homme souffrant. Bravo,
« bravo! répondit en chœur la peuplade indienne.
« C'est la partie *peccante* qu'il faut retrancher
« d'abord, et après on verra... » Robert ne savait
plus où il en était.

« Vous avez parbleu raison, reprit Corambé.
« Il sera brûlé vif, ce que vous avez dit, pendu
« au bout de son nez. Quand il sera cuit, nous
« mettrons son corps en quartiers, et il sera
« mangé et digéré, car pourquoi ne mangerait-on
« pas, ne digèrerait-on pas Mimi-Taptap comme
« un autre! Allons, viens à ton autel, coquin!
« et qu'on m'apporte le couteau des sacrifices.
« — Mais, monsieur Corambé, je ne suis pas
« coupable d'intention; c'est le Pupu... — Je me
« moque de l'intention, moi; le mal est fait: Zilia
« n'est plus qu'une veuve. Je ne dis pas qu'il n'y
« ait des veuves fort aimables; mais chacun a
« son goût, et je préfère les vierges. — Monsieur
« Corambé, j'étais revenu à la vertu, et je vous
« jure... — La vertu, mon drôle! toi et les tiens
« en parlent sans cesse; ceux qu'ils anathémati-
« sent la pratiquent.... quelquefois cependant:
« il faut être juste même avec ses ennemis. Vite,
« qu'on m'apporte le couteau sacré!

« Corambé, dit le philosophe, je vous ai rendu
« un service signalé, et le prix que j'en demande
« est bien modéré: ne descendez pas au niveau

« de ces fripons-là, ne versez plus de sang. Mé-
« prisez ce dieu, si altier hier, si rampant aujour-
« d'hui ; montrez-vous grand, magnanime, et
« envoyez-le porter ailleurs son hypocrisie, ses
« mystères, ses grands mots pestilentiels.

« Philosophe, philosophez, reprit l'Inca, et ne
« vous mêlez point d'affaires d'état. Je ne veux
« pas que Mimi propage ses poisons ; je veux les
« étouffer avec lui. Corambé consent à épouser
« ma fille, malgré l'accident qui lui est arrivé ; je
« vais bénir le mariage, puisque je me suis fait
« pontife, et le supplice de Taptap sera le prin-
« cipal ornement de la fête. Voilà le couteau,
« mon gendre ; opérez, et dépêchez-vous ! »

Point de quartier à espérer de ces gens-là,
pensait Robert, accablé de douleur. Il faut mourir, et me voir trancher avant... O vertu, que
j'ai adoptée trop tard, soutiens-moi, si tu es
bonne à tout, comme l'assure Rifflard !

On l'attachait à l'un des piliers du temple ; on
rassemblait autour de lui les bourrées, dont le
Pupu avait composé son enfer. Corambé, l'œil
étincelant, les muscles tendus, faisait brandir le
couteau sacré... « Voilà les Espagnols, s'écrie un
« Indien. Ils sont en force, gagnons les bois ; il
« n'y a pas un moment à perdre. » La foule se
précipite, se disperse, Corambé et ses braves,
pour surprendre, immoler quelques ennemis,
les autres pour se soustraire au danger.

« Il faut avouer que je reviens de loin, dit Ro-

« bert. *Senor*, criait-il à tue-tête, Senor, ici à
« moi! tirez-moi des mains de ces enragés, dus-
« siez-vous me fusiller. Que je meure au moins
« tout entier! »

C'était le vaisseau de guerre le *Saint-Jacques de Compostelle*, qui était entré dans la baie pour faire de l'eau, et qui, de peur de quelque surprise, de la part des *Indios-bravos*, avait mis cinquante hommes à terre pour soutenir les travailleurs. *Don Antonio-Fernandès-Caprara della Médina della Santa-Crux-della Muscada*, qui les commandait, s'avançait lentement, précédé de sept à huit éclaireurs qui n'allaient pas plus vite que lui. Ils entendirent les cris de Robert, et don Antonio, qui parlait français, et qui avait beaucoup de pénétration, dit : « Messieurs, c'est « un allié qui *fait signal de détresse*; volons à « son secours. » L'avant-garde se replia, et le corps entier marcha au pas ordinaire, vers l'endroit d'où partaient les cris.

Don Antonio ne fut pas très-étonné de trouver un beau jeune homme tout nu dans cette position critique: il connaissait les Indiens; mais il ne comprenait pas comment ce beau jeune homme, chargé d'un diadême d'or, de bracelets d'or, de chaînes, de plaques d'or, allait être brûlé sous ce précieux attirail. Il ne s'agissait que de me faire cuire, disait Robert. Nous causerons ailleurs; de grace, tirez-moi de là! Don Antonio répliquait par une question nouvelle, et Robert par une seconde, une troisième supplication. Le lieutenant, persuadé que la peur lui avait brouillé la cervelle, fit signe à ses gens de le détacher. Ceux-ci obéirent gravement, et Robert, qui voyait toujours le terrible couteau, trépignait, se désespérait se donnait au diable.

Il fallut cependant qu'il indiquât où on trouverait de l'eau, qu'il accompagnât le détachement, qui emplissait une futaille par heure, et qui souvent s'arrêtait, parce que le travail est insupportable à un noble espagnol, et que ces soldats étaient tous gentilshommes... à ce qu'ils disaient.

On retourna enfin au canot, et Robert, au centre de la troupe, bien gardé, bien en sûreté, n'avançait cependant pas d'une toise sans regarder derrière lui. Il aperçut enfin cette baie, au milieu de laquelle le Saint-Jacques était à l'ancre. Il écarte les Espagnols à droite et à gauche, il prend sa course, il se jette à l'eau, il est sur le gaillard, et ses alliés sont encore à cent pas du rivage.

CHAPITRE V.

Son retour en France.

Le capitaine lui demanda qui il était, ce qu'il voulait. Oh! alors Robert parla tant qu'on voulut. Pendant qu'il racontait ses faits et gestes, les gens de l'équipage regardaient, convoitaient, touchaient du doigt ses plaques d'or. Il est à dix-huit carats, disait l'un; à vingt-deux, disait l'autre; à vingt-quatre, ajoutait un troisième.

Lorsque Robert eut cessé de parler, que le capitaine eut achevé sa partie d'échecs, qu'il eut remis l'échiquier à son valet, qu'il eut toussé, qu'il se fut essuyé la bouche, il dit : « Ce que « vous me contez là est fort extraordinaire. N'im- « porte, vous êtes sujet du roi de France, vous « avez droit à ma protection, et je vous protége. « Cet or est à vous; il fournira à vos premiers « besoins, lorsque vous serez rendu en France, « et vous y passerez facilement de la Havane, « où je vais vous conduire. Francisco, donnez- « lui du linge, un de mes habits, et conduisez-le « à la cuisine de l'état-major ! »

Après ces paroles, il tourna le dos à Robert. Le lieutenant et son détachement se rembarquèrent; on leva l'ancre, et on partit.

J'éprouve déja, disait mon aventurier, pendant que Francisco faisait sa toilette, j'éprouve déja les avantages de la vertu. C'est mon retour à son culte qui a intéressé en ma faveur le capitaine, quoiqu'il n'en ait rien dit, parce que probablement la vertu est si commune en Espagne, que ce n'y est plus la peine d'en parler.

Le valet de chambre Francisco, en détachant les liens d'or de Robert, glissait de temps en temps une pièce de côté. « Frère, lui dit le jeune

« homme, en les reprenant dans sa poche, la
« vertu veut qu'on donne ; elle défend de voler.
« Elle ne veut pas qu'on donne sans discerne-
« ment ; je ne donnerai donc rien à un voleur.
« Cependant, en haïssant le vice, il faut être in-
« dulgent pour le coupable ; ainsi je ne dirai
« rien au capitaine de vos tours d'escamotage, et
« je vous fais grace de la cale sèche. »

Francisco répondit, en faisant maintes révérences, que monsieur se trompait sur son intention ; qu'il fallait bien mettre d'abord ces joyaux
quelque part, et il apporta à monsieur une petite
cassette fermant à clef, dont il le pria de disposer. « Point de vertu sans prudence, lui dit Ro-
« bert. Épargner à l'homme l'occasion de faillir,
« c'est presque le rendre bon : mon or ne sortira
« plus de mes poches, s'il vous plaît. » Francisco
fit encore une profonde révérence, et conduisit
Robert à l'office.

Pendant que notre héros comparait l'*olla podi-
dra* aux ragoûts des sœurs cuisinières, et de vieux
Malaga au vin de palmier, le Saint-Jacques voguait
à pleines voiles. Je vous élèverais bien ici une
tempête, ornée de tous ses accessoires. J'amène-
rais, si je le voulais, un combat terrible avec le
Royal-Georges, ou tel autre vaisseau anglais;
mais pourquoi répéter ce que disent tous les jours
ceux qui n'ont rien de mieux à dire ? Vous saurez
simplement que Robert, toujours vertueux, toujours bien traité, entra dans le port de la Havane

sans que le capitaine, le lieutenant, ni les autres, lui eussent adressé trente mots. Pour se dédommager des privations que lui imposait la gravité espagnole, il parlait seul, parce qu'il faut qu'un français parle.

Le premier soin de Robert, en arrivant au port, fut d'appeler le valet-de-chambre. « Frère, « lui dit-il, toute peine vaut salaire. Le retenir « est injuste, et l'injustice est en opposition avec « la vertu. Vous avez eu soin de moi pendant la « traversée ; acceptez cette chaîne d'or, et défaites-« vous de la mauvaise habitude de vous payer par « vos mains. » Il courut ensuite chez le premier orfèvre, et il lui dit : « Je ne sais pas ce que vaut « cet or ; mais vous allez me l'apprendre : vous « n'abuserez pas de mon ignorance. » Lorsque l'orfèvre eut pesé et prononcé, Robert reprit : « Confiance aveugle est duperie, et la vertu n'or-« donne pas qu'on soit dupe. Je vais savoir, chez « votre voisin, à quel *titre* est votre probité.

« Vous êtes plus honnête homme, d'un quart, « que le voisin, dit Robert en rentrant : termi-« nons. » Nanti de mille bonnes pistoles, il retourna au vaisseau, adressa à son capitaine un compliment fort bien tourné, qu'il termina en exhibant ses espèces, et en priant l'officier de prendre ce qu'il lui devait pour son passage. « Apprenez, faquin, lui dit l'officier, que lors-« que le roi, mon maître, oblige, il le fait gra-« tuitement. — La vertu, sans doute, veut qu'on

« s'entr'aide, et il est beau de pouvoir obliger
« gratuitement ; mais la vertu défend de dire des
« injures, et je vous proteste d'ailleurs que je
« ne suis pas un faquin. » L'officier, qui ne se
souciait pas de quitter une partie où il allait
faire échec et mat, fit signe à Francisco de mettre Robert à la porte, ce qui fut exécuté aussitôt ;
mais avec beaucoup de douceur, en reconnaissance de certaine chaîne d'or que vous n'avez
pas encore oubliée.

Eh bien ! pensait Robert en sortant, sans mon
acte de justice envers ce valet, je ne me serais tiré
de là qu'avec quelques taloches, que j'aurais gardées, bien que je sois très-brave, parce qu'un
homme seul ne peut tenir tête à tout un équipage.
Oh ! la vertu !... la vertu !... c'est une bien belle
chose que la vertu.

Robert chercha un tailleur, une lingère, un
perruquier. Quoiqu'on soit bien moins expéditif à
la Havane qu'à Paris, il n'en fut pas moins, en
vingt-quatre heures, l'homme le mieux mis et le
mieux tourné de la ville. La vertu, pensait-il,
n'ordonne pas de mépriser ses avantages naturels ;
elle défend seulement d'en tirer vanité.

Les femmes de tous les pays se ressemblent par
un point, l'amour du plaisir. On lorgnait Robert.
Des regards pleins de feu brillaient à travers ces
grilles qui tombent partout devant l'amant audacieux. Robert regardait, à la dérobée, ces belles
qui semblaient aller au-devant d'un vainqueur. Il

était vertueux; mais il était homme. Il redoutait la tentation, et il éprouvait le besoin d'y succomber. « Tu l'emporteras, fille du ciel ! s'écria-t-il, » et il courut sur le port.

Il trouve un capitaine de Bordeaux qui avait chargé du café et des cuirs de bœuf, et qui devait au premier jour faire voile pour la France. Le capitaine aimait l'argent, Robert en avait; ils furent bientôt d'accord. Le Français est facile et confiant; ils furent bientôt amis. Le voyage fut gai, parce que vertu n'est pas misantropie, et que la vertu de Robert amusait le capitaine. On était, à la vérité, exposé à certains désagrémens de la part des Anglais, qui nous avaient aussi déclaré la guerre, après avoir ruiné notre commerce, ce qui n'est pas très-loyal; mais messieurs les Anglais sont comme cela. Quelque jour on changera leurs habitudes, et ce jour-là n'est pas très-éloigné.

Cependant, quand nos voyageurs pensaient qu'ils pouvaient être pris, ils ne riaient plus; mais comme il n'est pas dans le caractère français de s'affecter long-temps d'une même chose, que d'ailleurs il n'était pas dans les nouveaux principes de Robert de faire d'un peu d'or un objet essentiel, on revenait bientôt à la gaîté, et on se disait: « La route est large; il n'y a pas dans « l'Océan autant de vaisseaux anglais que de tur- « bots; nous passerons. » En effet ils passèrent, et ils arrivèrent heureusement à Bordeaux.

Robert y passa quelques jours. La maison du capitaine fut la sienne. Il y trouva une société aimable, au sein de laquelle il oublia les fatigues de la mer. Il se laissait aller au charme de la conversation, parce que la vertu permet un usage modéré de tous nos organes, et que le plus étonnant, le plus beau peut-être est celui à l'aide duquel nous nous communiquons nos pensées. Après une semaine de repos, après avoir vu ce que cette ville, célèbre par son commerce, offre de remarquable, Robert se disposa à partir pour Paris. Il voulait retrouver Rifflard. Il se faisait une fête de le surprendre par son retour inattendu, par son changement inespéré.

Il avait pris un domestique, non pour le vain plaisir d'être servi, mais pour donner des moyens d'existence à un être que l'indigence pouvait avilir, qu'elle pouvait même conduire au crime. Comment résister à des motifs aussi vertueux?

Or, comme la vertu veut que chacun remplisse les devoirs qu'il s'est imposés, il exigeait beaucoup de son domestique, et il s'en donnait encore d'excellentes raisons : occuper un homme exactement, sans relâche, c'est lui ôter les occasions de penser à mal, et par conséquent de faire des sottises. Pour lui, il dormait commodément dans sa chaise de poste, pendant que Lafrance courait à bidet, parce que la distinction des rangs n'est pas une chimère, et que la subordination, de degré en degré, est la chaîne qui lie le grand ordre social.

En arrivant à Paris, en descendant de voiture, il demanda l'adresse de Rifflard au maître de l'hôtel, qui lui présentait la main. Le maître, très-poli, comme tous ces messieurs, obligeant, empressé même, répondit avec beaucoup d'aménité que dans une ville telle que Paris, il est impossible de connaître tout le monde ; mais qu'il prendrait des informations, et il conduisait son nouvel hôte, oubliant et sa promesse et jusqu'au nom de Rifflard. « Mais, disait Ro-
« bert, en montant l'escalier, il est étonnant
« que mon ami ne soit pas généralement connu.
« — Voyez, monsieur, cet appartement — Trop
« somptueux. C'est un homme d'environ vingt-
« sept ans. — Préférez-vous ce second étage ?
« — Simple et commode : c'est cela... d'une figure
« heureuse. — Deux louis par mois. — Bien....
« Intelligent, laborieux. — Plus, douze francs
« pour un cabinet de domestique. — Bon... Il était
« attaché à notre secrétaire d'ambassade à Londres.
« — Table d'hôte à trois livres par repas. — J'y
« mangerai... C'est lui seul qui menait les bureaux
« de M. de Chedeville... — et qui peut-être a fait
« le manifeste qui vient de paraître contre l'An-
« gleterre. — Il en est très-capable. — Premier
« commis aux affaires étrangères ? — Oh ! il doit
« être parvenu à une grande place. — Et qui se

« homme M. de l'Oseraie. — Rifflard, monsieur,
« Rifflard. Voilà vingt fois que j'ai prononcé son
« nom. — Je vous demande pardon, monsieur.
« Voyez M. de l'Oseraie; il vous donnera certai-
« nement des nouvelles de monsieur Rifflard. »

Pendant que Lafrance installait son maître,
qu'il garnissait armoire et commode en vidant
malles et valise, Robert courait dans un fiacre,
au ministère des affaires étrangères. Il entre; il
demande à voir M. de l'Oseraie. Il est arrêté à chaque pas par des garçons de bureau, qui trouvent
chacun deux ou trois raisons pour lui refuser l'entrée du cabinet. Le dernier l'invite à s'asseoir, et
à attendre que monsieur soit visible. Il est bien
étonnant, pensait Robert, qu'il soit si difficile d'a-
border un homme dont la vie entière est consacrée aux affaires publiques. Si j'avais un avis important à lui donner, que je me rebutasse, que
je m'en allasse... ce n'est pas mon ami Rifflard qui
ferait attendre ainsi. Je crains bien que ce M. de
l'Oseraie n'ait aucune des vertus de son état.

A la fin de ce monologue, la porte s'ouvre, et
le garçon dit d'un ton imposant : Monsieur peut
entrer. Robert avance avec cette défiance, cette
incertitude que produisent toujours la morgue et
la froideur... Quelle est sa surprise ! c'est Rifflard
qu'il voit, qui le reconnaît, qui oublie les sujets
de mécontentement qu'il lui a donnés à Londres,
qui lui ouvre ses bras, qui le presse sur son
cœur.

Après les premiers épanchemens, vinrent cent questions qu'on se faisait à la fois, et qui restaient sans réponse. A ces mouvemens tumultueux succéda le calme qui permet de recueillir et de classer ses idées. « Je cherchais, dit Robert, un mon-
« sieur de l'Oseraie, qui devait me donner de
« tes nouvelles, un impertinent, un faquin, qui
« m'a fait attendre cinq grands quarts-d'heure,
« et qui a fini par ne pas se montrer. — Mon
« ami, le public, toujours mécontent, toujours
« injuste, ne se borne pas à nous reprocher les
« fautes que nous faisons nécessairement, parce
« que nous sommes hommes; il nous charge en-
« core de torts que nous n'avons pas. Si nous re-
« cevions à la minute les hommes à projets, les
« solliciteurs inconsidérés ou ridicules, les plaintes
« auxquelles il est impossible de faire droit, nous
« n'aurions pas une heure par jour à donner aux af-
« faires. Ce M. de l'Oseraie, cet impertinent, ce
« faquin, c'est moi. — Ah ! mon ami, que de par-
« dons ! — Ne parlons plus de cela, Robert ; le
« changement de nom a causé ton erreur. Tu
« n'aurais pas accusé Rifflard de hauteur ou
« d'insouciance. — Et Rifflard a pu quitter son
« nom, un nom ennobli par les vertus de qua-
« tre générations ! — C'est que Rifflard sent l'in-
« fluence de l'usage, et la nécessité de s'y sou-
« mettre. Tu ne sais donc pas qu'il n'est plus
« permis de porter le nom de ses pères ? Cette

« absurdité a passé des grands jusqu'aux derniè-
« res classes de la bourgeoisie. Sans cesse au mi-
« lieu des gens en place, j'ai été forcé de suivre
« le torrent. J'ai acheté un marais qui produit de
« l'osier, d'où j'ai pris le nom de M. de l'Oseraie.
« — Au fond, je ne vois rien là d'absolument
« contraire à la vertu. Je conçois même que
« l'homme vertueux peut se ployer aux travers
« de son siècle. — La vertu, la vertu ! Après
« tant de projets vains et insensés, aurais-tu formé
« celui... — D'être vertueux ? Précisément, et je
« fais mieux, je l'exécute. — Ah ! mon ami, voilà
« le premier moment de satisfaction que tu me
« donnes, et je ne peux t'exprimer... — Tu ne
« t'attendais pas à ce changement, n'est-il pas
« vrai ? Mais quand on a été Dieu, qu'on a fait
« éclater sa toute-puisance par des miracles, et
« qu'on est rendu au néant de l'humanité, il ne
« reste, pour se conduire au milieu des ténèbres,
« que le flambeau de la vertu. »

Ici, M. de l'Oseraie ouvre de grands yeux, une bouche qui n'était pas petite, et laisse tomber ses bras à ses côtés. Bientôt, par un mouvement subit et rapide, il sonne à briser tous les mouvemens... « Gaspard, Buisson, Laporte, entrez, et
« restez avec moi ! — Comment donc ! que veux-tu
« faire ? — Ah ! mon pauvre ami, il n'y a plus de
« ressources. — Je n'ai plus de ressources ! — Hélas !
« non, mon cher Robert... Empêchez-le donc de
« m'approcher ! — Je n'ai plus de ressources ! je

« rapporte neuf cent pistoles qui décoraient ma
« personne quand mon peuple, prosterné à mes
« pieds, chantait : *J'ai du bon tabac dans ma ta-*
« *batière; Ah! le bel oiseau, maman!* — Buisson,
« allez faire signer cet ordre au ministre, et faites-
« moi venir un exempt de police! Infortuné! —
« Un exempt de police! tu veux me priver de ma
« liberté? — Au moins tu ne perdras qu'elle. Un
« logement commode, une nourriture abondante,
« un traitement suivi, mon active surveillance,
« t'en dédommageront, s'il est possible. — Ah! je
« vois ce que c'est : tu me crois fou. — Plût à Dieu
« que je pusse en douter! »

Robert éclate de rire, et ses éclats soutenus confirment Rifflard dans sa première opinion. Robert avance, Rifflard recule. Le premier veut parler, le rire l'empêche d'articuler. Il essaie de suppléer la parole par ses gestes. Détestable mime, quoiqu'il ait vu Taconnet à la foire, il effraie M. de l'Oseraie au point de le faire fuir dans un arrière-cabinet. Il veut le suivre; Gaspard et Laporte le saisissent. Il s'agite entre leurs bras, il leur fait faire la culbute. Il tombe avec eux; mais il leur échappe, il enfile l'arrière-cabinet, puis un couloir, puis une anti-chambre, un salon; il entre enfin dans une pièce, où il voit Rifflard, debout à côté d'un monsieur, enfoncé dans un grand fauteuil, affublé d'une volumineuse perruque, enveloppé dans une ample robe de chambre de brocard d'or. Il court à son ami, les bras étendus... « Il est furieux! » s'écrie Rifflard en se sauvant. Le monsieur à la grande perruque veut se sauver aussi; ses jambes s'embarrassent dans sa robe de chambre; il trébuche, il roule sur le parquet. « Il a renversé le « ministre, s'écrient Gaspard et Laporte, qui cou- « raient sur les pas de Robert. » Ils le saisissent de nouveau. Robert furieux, pince, égratigne, mord. Le ministre profite du moment, et s'enferme à double tour dans sa chambre à coucher. Sept à huit domestiques viennent prêter main-forte aux deux garçons de bureau, et lient Robert, par les quatre membres, avec des mouchoirs, des jarretières, avec tout ce qui se présente à eux. Robert, arrangé en momie, n'a plus que l'usage de la langue. Il crie à tue-tête qu'il n'est pas fou, qu'il prétend s'expliquer, et plus il crie, plus il persuade que sa tête est totalement dérangée.

Un exempt paraît; il est suivi d'une douzaine d'hommes qui enlèvent Robert, et qui le descendent dans la cour. La portière d'un fiacre s'ouvre; on le couche sur les deux banquettes, et ses reins sont supportés par le dos d'un agent subalterne, soutenu lui-même sur ses genoux et ses mains. Du haut d'un balcon, M. de l'Oseraie répète trois ou quatre fois l'ordre de le traiter avec la plus grande douceur. L'exempt ordonne de toucher à Charenton. On part.

CHAPITRE VI.

Robert passe de Charenton dans le grand monde.

Il est bien extraordinaire, pensait Robert, que la vertu mène à Charenton ! car enfin, c'est pour avoir prononcé son nom que j'en suis venu naturellement à parler de ma divinité. Au reste, la vertu veut qu'on se résigne, et je me soumets, puisque je ne peux faire autrement; mais si la vertu réside dans l'accomplissement de ses devoirs envers les autres et envers soi, je me dois, à moi, d'abréger ma captivité, et quoi de plus facile? je n'ai pour cela qu'à prouver que j'ai toute ma raison, en m'exprimant avec modération, en mettant dans mes discours une suite, une liaison qui dissiperont jusqu'au moindre doute.

En effet, Robert, transporté de son fiacre au parloir, demanda au supérieur de la maison un entretien public. Il exposa, avec la plus grande clarté, les causes qui avaient amené le *quiproquo* dont il était victime, et le bon frère conclut de son discours, qu'il avait des momens lucides; mais comme l'exempt l'avait prévenu qu'à d'autres momens il était dieu, il faisait des miracles, qu'il avait aussi des accès de fureur, on l'attacha par les quatre membres aux colonnes d'un lit, placé dans la plus propre des chambres vacantes. Ce procédé l'irrita de nouveau. Il oublia la modération dont

il ne devait pas s'écarter; il cria, il tempêta, et
on procéda aussitôt à lui administrer une douche.
« C'est ma faute, disait Robert en la recevant. Si
« j'avais eu assez de vertu pour suivre le plan que
« je m'étais tracé, je ne serais pas tourmenté en
« ce moment. Conduisons-nous de manière à n'ê-
« tre plus exposé à de semblables immersions,
« auxquelles ma tête ne résisterait pas », et Robert
marqua une douceur archangélique jusqu'à la fin
de l'opération, qu'on eut soin de prolonger, pour
la rendre plus salutaire.

« Bien, fort bien, disait le frère supérieur; la
« douche produit un effet sensible. Dix à douze
« encore, et on pourra, je l'espère, rendre ce
« jeune homme à la société. »

A ces mots, Robert frémit; il protesta à demi-
voix qu'il n'était pas fou, et il déclara qu'il en
allait donner une preuve nouvelle. Il demanda
du papier et une plume. D'après les ordres de
M. de l'Oseraie, dont on considérait les vertus
réelles, bien qu'il n'en parlât jamais, on n'eut
garde de lui rien refuser. On mit seulement près
de lui quatre frères de la Charité, des plus ro-
bustes de la maison.

Robert écrivit. Il commença sa narration de l'é-
poque où M. de Chedeville l'avait envoyé au siége
de Carthagène, et il devait finir à celle de sa dernière entrevue avec Rifflard. Plein de son sujet,
il écrivait avec facilité, et même avec grace. « Quel
« dommage, disait un frère, qui lisait par-dessus

« son épaule, quel dommage que cet homme ait
« la tête dérangée ! — Mais, je vous jure, mon
« frère, qu'elle ne l'est pas du tout ; que même je
« n'écris point par un sentiment d'amour-propre
« déplacé, mais pour que M. de l'Oseraie suive
« sans interruption les évènemens qui m'ont
« amené, malgré moi, à être dieu. — Voilà l'accès
« qui va le reprendre. — Eh ! quelle fureur avez-
« vous de croire tout le monde, excepté moi ?
« Il faut que vous soyez bien imbécille pour pré-
« tendre juger mieux que moi de mon état. —
« La tête se monte, les yeux s'allument, les dents
« se serrent. — Le diable vous possède, je crois ;
« mais je vous préviens que la vertu a ses bornes
« et, par-là ventrebleu, je vais vous faire voir... »
On ne lui laisse pas le temps de finir ; on se jette
sur lui, on le rattache sur son lit, et on porte
ce qu'il vient d'écrire au frère supérieur, comme
un monument des extrêmes qui se réunissent
dans une même tête. Que de gens à Charenton,
si on y mettait tous ceux qui ne sont pas un moment d'accord avec eux-mêmes !

« Est-il concevable, disait Robert, qu'on soit
« sincèrement vertueux, sans pouvoir conserver
« au milieu des souffrances cette impassibilité qui
« sied si bien à la vertu ? Mon malheureux ca-
« ractère l'emporte sur mes raisonnemens, sur
« mon propre intérêt. Je le refondrai, je changerai
« tout mon être. Le temps viendra où les priva-
« tions, la douleur, n'altèreront pas un instant

« le calme de mon ame. Alors je serai l'exemple
« du monde, l'objet des hommages publics ; mon
« nom sera dans toutes les bouches, mon image
« dans tous les cœurs. C'est ainsi que je retrou-
« verai les autels que j'ai perdus. » *Vanitas vanitatum !*

Robert ne se doutait pas qu'on écoutait à la porte, et ce monologue n'était pas propre à donner une haute idée de sa raison. On le rendit mot à mot au frère supérieur, qui ordonna de préparer au maniaque un léger repas pour le moment, et une douche pour le lendemain. Le médecin de la maison, qui n'avait rien à faire là, ne manqua point d'intervenir, et comme il avait pris ses grades pour quelque chose, qu'un docteur ne se soutient qu'en disant et qu'en faisant quelque chose, celui-ci décida qu'on joindrait aux douches la saignée et la fustigation, remèdes benins, qui finissent par rendre vraiment fous ceux qui ont de la disposition à le devenir.

De l'Oseraie, véritablement affligé de l'état où il croyait son ami, décidé à adoucir son sort par tous les moyens qui seraient en son pouvoir, de l'Oseraie, après avoir expédié ses affaires du jour, monta dans sa voiture, et se fit conduire à Charenton. Robert, décidé à tout souffrir pour la vertu, implora cependant l'assistance du dieu tutélaire qui s'offrait à lui. Il le conjura de lire ce qu'il avait écrit, et d'écouter, sans l'interrompre, ce qui manquait à son récit. De l'Oseraie trouva possible tout ce que lui raconta Robert; mais,

> Le vrai peut quelquefois n'être pas vraisemblable,

et certains faits attribués à Mimi-Taptap, pouvaient inspirer une juste défiance. Il fut convenu cependant qu'on ne tourmenterait pas le malade, à moins qu'il ne tombât dans de nouveaux accès, et que préalablement on le laisserait libre dans une chambre très-sûre.

Robert n'avait pas douté que son ami lui rendît la liberté, après l'avoir entendu. Malgré ses principes et ses résolutions, sa vertu était toujours irascible. Ces nouvelles mesures l'aigrirent au point, qu'on se crut obligé de le calmer avec deux poignées de verges, qu'on usa sur son postérieur. Ce traitement jeta Robert dans un état de stupeur qui n'échappa point à la sagacité du Médecin. Le docteur prononça que la manie prenait un caractère mélancolique, et qu'elle allait probablement se fixer.

M. de l'Oseraie revint le jour suivant, à la même heure. Robert se plaignit des tourmens de la veille avec le calme de la vertu : il avait éprouvé que l'humeur ne mène à rien dans cette maison-là. M. de l'Oseraie, satisfait de sa modération, lui fit répéter le récit de ses aventures, et fut étonné qu'il n'y changeât aucune circonstance. Son affection le portait à ramener à l'instant Robert à Paris... Mais si un nouvel accès le prenait dans le carrosse, qu'il égratignât, qu'il mordît, qu'il prît son homme à la gorge... on ne se souciait pas plus alors d'être suffoqué en tête-à-tête qu'en public. De l'Oseraie se borna à défendre sérieusement la fustigation et les douches. Il ordonna qu'on lui rendît compte, jour par jour, de ce qu'aurait fait et dit le maniaque prétendu. Rassuré enfin sur l'état de Robert, par des épreuves multipliées, il lui demanda pardon, les larmes aux yeux, d'une erreur qui avait eu des suites si douloureuses. La vertu est indulgente, et Robert n'avait rien de mieux à faire que d'oublier des maux passés. Il embrassa son ami, et ils partirent

Vous sentez qu'une cure de cette importance devait faire honneur à l'hôpital de Charenton, et qu'il était indispensable de lui donner de la publicité. Robert trouva, dans la gazette de France, un long article, qui rendait compte et de sa maladie, et des moyens curatifs, et de leurs progrès. Le lendemain, autre article du médecin, qui prétendait que la cure était due à la seule fustigation, qui, en imprimant, par la terreur, une forte secousse au cerveau, l'avait rétabli dans son état naturel. Troisième article du frère supérieur, qui s'élevait contre l'usage de la fustigation, qu'on ne doit employer que comme moyen de discipline envers les maniaques furieux, reconnus incurables, et qui attribuait la cure à une douche et au régime doux qu'il avait prescrits. Enfin, quatrième article de M. de l'Oseraie, qui déclarait au public que son ami n'avait jamais été fou, et qu'il invitait le supérieur et le médecin à garder leurs dissertations scientifiques pour une meilleure occasion.

Le premier soin de Robert avait été de courir à son hôtel garni. Il ne tenait pas aux biens périssables, oh! il n'y tenait pas du tout; mais l'argent n'est pas sans quelque utilité. C'est une source de bienfaisance, et, dans la distribution des bienfaits, il est assez naturel de commencer par soi, parce qu'il est évident que nous sommes notre plus proche prochain : ainsi raisonnait Robert.

Lafrance, qui était aussi un raisonneur, ne voyant point rentrer son maître, avait dit : « Voilà « deux jours que monsieur ne paraît pas. De « deux choses l'une; ou il ne veut pas revenir, ou « il ne le peut pas. S'il ne le veut pas, il est inu- « tile que je l'attende; s'il ne le peut pas, je l'at- « tendrais en vain. Il n'a point de parens, par « conséquent pas d'héritiers, où est l'inconvé- « nient que j'hérite? »

D'après ce raisonnement, Lafrance produisit au maître de l'hôtel un ordre écrit de Robert, qui lui enjoignait de déménager et de l'aller trouver, je ne sais où. L'hôte ne connaissait pas l'écriture du jeune homme; le mois lui avait été payé d'avance; il pouvait louer l'appartement le lendemain, le jour même; on aime à doubler ses bénéfices, et où chacun trouve son compte, il n'y a jamais d'opposition.

Lorsque Robert se présenta, l'hôte opposa son ordre à ses réclamations. Robert protesta qu'il n'avait pas écrit ce billet. L'hôte répondit que cela pouvait être; mais qu'il n'avait pas le don de deviner. Robert s'emporta, l'hôte lui tourna le dos.

Robert alla porter plainte chez monsieur le lieutenant-général de police; non qu'il tînt beaucoup à ses pistoles, je vous l'ai déja dit; mais parce qu'il ne voulait pas autoriser le vol par une insouciance condamnable. Le lieutenant de police lui promit d'ordonner des recherches, et il en ordonna; mais sa juridiction ne s'étendait pas au-delà de la banlieue, et Lafrance était sorti de Paris. Robert, ruiné sans ressource, prit le seul parti qui lui restait : il adressa de très-belles choses à la vertu, et se jeta dans les bras de Rifflard.

Cet honnête homme faisait le bien sans ostentation, sans éclat, et son amitié était indépendante des coups de la fortune. Il reçut Robert avec satisfaction, avec cordialité. Il lui représenta avec douceur que si la vertu ne doit pas être soupçonneuse, la raison ne permet pas de prendre à son service un inconnu, et de lui donner aveuglément sa confiance. Il ajouta que les vertus stériles sont de fausses vertus; que tout en mots, elles ne sont qu'exagération, et cachent un esprit de parti, dont le vain masque n'impose pas long-temps au public; que la véritable vertu, silencieuse, tolérante, et toujours active, se manifeste par des actions utiles à la société, et qu'au sein d'un monde corrompu et trompeur, elle doit prendre la prudence pour base. Après cette courte, mais utile leçon, il prit son ami par la main, et le présenta à madame de l'Oseraie.

Depuis sa tendre jeunesse, Rifflard avait eu du goût pour le mariage : c'est le vœu de la nature, qu'on ne trompe jamais impunément. La considération dont il jouissait depuis long-temps, lui permettait de prétendre à un parti distingué; mais il n'avait sérieusement pensé à se fixer que lorsqu'il put procurer à une femme une vie aisée et douce. Il n'entrait pas dans son plan de sacrifier à la fortune et à la beauté. Il connaissait les dangers de l'excessive opulence, dont le moindre effet est de dessécher le cœur. Il avait éprouvé l'empire de la beauté; mais il savait combien cet empire est peu durable; combien il importe de trouver quelque chose de plus dans l'être avec qui on doit passer sa vie. Il avait cherché une demoiselle estimable, bonne, aimante; et ces qualités se trouvent rarement réunies. Il les avait enfin rencontrées dans une jeune personne, qui, par hazard, était jolie, et il s'en était félicité. Elle avait une dot, et un accroissement d'aisance ne lui avait point paru un motif raisonnable d'exclusion. Il avait proposé sa main; la jeune personne avait conçu de lui l'opinion qu'il avait d'elle : ils furent unis, et ils étaient heureux.

Madame de l'Oseraie reçut l'ami de son époux avec ces graces affables, cette affectueuse politesse qui inspirent d'abord la confiance, et qui mettent l'infortune à son aise. La jeune dame apprit et les travers de Robert, et les revers qui en avaient été la suite nécessaire. Elle le plaignit, et Robert remarqua avec plaisir que sa triste situation ne changeait rien à sa figure ouverte, ni à l'aménité de ses manières; il crut même remarquer dans ses yeux la douce expression de la sensibilité. De l'Oseraie n'était pas tout-à-fait aussi traitable. Il ne laissait passer aucun évènement sans faire quelques réflexions, sans en tirer pour l'avenir des conséquences, qui ne plaisaient pas trop à son ami, mais dont il ne pouvait se dissimuler la justesse. La raison, simple, franche, s'exprimait par la bouche du mari. L'affabilité de l'épouse tempérait ce qu'elle avait d'austère.

Madame de l'Oseraie était femme ; elle joignait donc quelques faiblesses à beaucoup de qualités brillantes ou solides. Sa première réflexion fut qu'on ne s'habillait pas à la Havane comme à Paris; qu'on avait du monde à dîner, et que si M. Robert paraissait ainsi vêtu, il aurait un air original, qui ne tournerait ni à son avantage, ni à celui des maîtres de la maison. De l'Oseraie n'attachait aucune importance à un habit, plus long ou plus court, plus ample ou plus étroit;

mais il fut bien aise que sa femme l'engageât indirectement à faire une garde-robe à son ami. Sans doute il était le maître chez lui ; il l'était à la manière des honnêtes gens, qui ne se permettent rien qui puisse déplaire à une femme raisonnable. Il applaudit aux dispositions de la sienne ; il lui laissa aux yeux de Robert le mérite de ce premier bienfait. Il partit avec lui, et le ramena habillé comme un homme du meilleur goût et du meilleur ton.

Compatissante au malheur, madame de l'Oseraie, soumise à l'empire de la mode, avait encore un penchant un peu marqué pour la médisance : que de maris voudraient n'avoir que cela à reprocher à leurs femmes !

Lorsque le sien et son ami rentrèrent, les convives commençaient à s'assembler. La confiance, les attentions, les soins d'une femme ont quelque chose de plus attrayant, de plus délicat que ceux d'un homme, quel qu'il soit, et lorsque cette femme est jolie, le choix ne peut être douteux. Robert, sans s'interroger sur les motifs de la préférence, sans peut-être se douter qu'il préférât, se trouva, sans s'en apercevoir, placé à côté de madame de l'Oseraie. Comme il faut dire quelque chose à son voisin, qu'on ne se dissimule pas qu'on a de l'esprit, et qu'on n'est pas fâchée d'en persuader les autres, madame de l'Oseraie faisait connaître à Robert ceux qui arrivaient successivement.

Ses portraits offraient une bigarrure piquante. Toujours décente, elle indiquait seulement le trait malin, que Robert ne manquait jamais de saisir. Moi, qui n'ai pas dans l'esprit les graces légères qui distinguent nos aimables Françaises, je mettrai ces originaux à nu : il vaut mieux être clair, qu'insignifiant.

Ce médecin pense qu'une gravité affectée, un air important, et de grands mots, ne sont pas la science. Il a l'air, le ton, l'amabilité d'un homme du monde, et point de pratiques, parce que la multitude veut être trompée, et que l'extérieur est tout pour elle : de là l'opulence des moines.

Cette dame conserve, à soixante ans, les prétentions de la jeunesse, les manières enfantines. Elle a épousé un jeune mousquetaire, sans fortune, et elle ne conçoit pas qu'il la néglige. Il reviendra quand il aura besoin d'argent; il lui jurera qu'il l'adore; elle le croira, elle paiera, et il ira se moquer d'elle avec une nymphe d'opéra.

Cet évêque n'a jamais été dans son diocèse. Il fait des madrigaux, il ne paie pas ses dettes, il vit publiquement avec un femme mariée, et il proteste, en riant, que cette conduite est toute évangélique, parce que Jésus pardonna à la femme adultère.

Celui que vous voyez là-bas, qui ne cesse de parler de Fontenoi et de Lawfeldt, est devenu officier pour avoir conduit les intrigues amoureuses de son colonel; capitaine, pour avoir plu à la femme de son colonel; major, pour avoir plu à la fille de son colonel, et il en restera là probablement, parce qu'il n'est plus d'âge à plaire à personne.

Cette dame a été élevée dans une excellente pension, où on apprend tout, excepté l'art de conduire sa maison. Elle a ruiné son mari; mais elle est jolie, elle a des talens, et elle soutient un grand train, en procurant de grandes places.

Ce gros homme, qui rit aux éclats, a acquis une fortune immense, et il n'était pas sans inquiétude sur les moyens dont il s'est servi pour la gagner. Son directeur lui a conseillé de déshériter ses enfans, et de tester en faveur de l'église. Il doit à ces mesures, très-chrétiennes, la tranquillité intérieure dont il jouit.

Ce petit groupe, morose et silencieux, est composé de femmes qui, par égard pour mon mari, ont consenti aujourd'hui à voir le soleil. Ces dames se couchent le matin, et se rassemblent le soir pour dire *passe, jeu, tout.*

Cet homme ni grand, ni petit, ni beau, ni laid, ni bien ni mal fait, et qui paraît si content de lui, a tant parlé de ses bonnes fortunes, qu'il a persuadé qu'il en avait. Les femmes ne l'aiment pas; elles le prennent pour se mettre à la mode.

Ce joli garçon aime tant sa maîtresse, qu'il dédaigne de regarder une autre femme. Sa maîtresse l'aime tant, qu'elle est toujours pendue à son cou ou à sa bourse. Il sollicite une intendance pour rétablir ses affaires, et il l'obtiendra : une femme de chambre d'une grande princesse a des vues sur lui.

Ce gros papa, à l'air assuré, au ton tranchant, est un banqueroutier qui devrait être aux galères. Ses juges l'ont ménagé, parce qu'il a le secret d'une eau qui prévient les rides, ôte les rougeurs, et conserve les dents : deux présidentes et trois duchesses se sont mêlées de son affaire.

Ce chanoine, au regard en-dessous, est un égrillard, qui fait l'hypocrite et de mauvais sermons, pour attraper un évêché. Il ne l'aura pas, parce qu'un hypocrite est ennuyeux, et qu'on ne veut à la cour que des prélats aimables.

Celui-ci sort de la Bastille. Il y entra pour avoir trouvé mauvais qu'un grand seigneur voulût trop de bien à sa femme, et il en est sorti parce qu'une grande dame ne peut se passer de lui.

Cet homme est riche ; il est plein de talens ; il peint comme un ange ; il fait le portrait uniquement pour s'amuser, et personne ne l'emploie, parce qu'il ne flatte point.

Ce vieillard a épousé une jeune personne pauvre, belle, aimable, pleine de qualités. Depuis deux ans elle rêve que la reconnaissance est de l'amour. Cet officier aux Gardes lui prouvera très-incessamment qu'amour et reconnaissance ne se ressemblent pas du tout.

Cette veuve si séduisante est une femme de qualité, dont l'orgueil est la passion dominante. Elle aime éperdument un jeune littérateur. Elle s'est fait sa maîtresse, de peur de succomber au désir de l'épouser.

Ce cardinal est un homme d'esprit qui prétend au génie, comme si cela se donnait ainsi que la barrette. Il vient d'être reçu à l'Académie, et il eût pu faire un bon ouvrage pendant le temps qu'il a perdu à régler le cérémonial de sa réception, et à donner à rire aux oisifs de la capitale.

Ce cordon bleu veut se populariser. Il accueille tout le monde; il promet à tout le monde; il reconduit tout le monde; il oublie tout le monde dès qu'il a le dos tourné.

Cette femme passe sa vie au jeu. Étrangère à sa famille, on la trouve partout, hors chez elle. Elle perd; elle emprunte pour perdre encore. Elle désole un honnête homme de mari, qui paie, pour ne pas la déshonorer aux yeux de ses enfans.

Celui-là avait cent mille livres de rente. Il ne lui en reste que vingt; mais il possède les fleurs les plus rares. Il ne s'en soucie plus; mais on visite son jardin, on admire, et il se console.

Celui-ci a la livrée la plus élégante, les laquais les mieux tournés, les plus beaux attelages de Paris, et il va toujours à pied, pour ménager ses chevaux.

Considérez cette femme mélancolique, dont les regards semblent solliciter la bonté. Sa naissance est illustre, sa fortune considérable, et on lui accorde à peine les froids égards de la simple politesse. Elle a oublié qu'il fallait vieillir ; elle n'a rien acquis de ce qui supplée aux graces de la jeunesse. Elle a multiplié ses jouissances ; elle a eu beaucoup d'hommes, peu d'amans, et il ne lui reste pas un ami.

« Mais, savez-vous, madame, dit enfin Robert,
« que dans cette foule de convives il y a tout au
« plus trois personnes qu'on puisse voir, et dont
« on ose avouer la connaissance ? — Je le sais,
« monsieur; mais l'homme le plus estimable est
« esclave de ce qui l'entoure. — Ah! madame, la
« vertu... — Ne vous échauffez pas, monsieur, et
« écoutez-moi. Lorsqu'un homme joint, à de l'ai-
« sance, une certaine considération, il est recher-
« ché par des gens qu'il n'estime pas, qu'il n'aime
« pas, mais qu'il ne saurait éconduire, et qui se
« flattent de cacher, sous sa réputation, les taches
« dont il sont couverts. — On rompt avec eux,
« madame ; on rompt ouvertement. La vertu...
« — Pensez donc, monsieur, que si aucun de
« ceux que vous voyez ici ne peut être utile, il
« n'en est pas un qui ne puisse nuire. — Hé! ma-
« dame, transige-t-on avec sa conscience ? —
« Dans le grand monde, oui, monsieur. Il est
« souvent dangereux de paraître valoir mieux
« que tel autre. Au reste, rassurez-vous ; cette

« réunion qui vous blesse, a lieu tout au plus
« quatre fois par an. Le reste du temps est con-
« sacré à des amis vrais, qui ne sont jamais in-
« vités à ces dîners-ci, parce qu'ils y seraient dé-
« placés. — Je ne vois, et j'en suis bien fâché,
« madame, je ne vois dans ce que vous faites que
« les ménagemens de la faiblesse pour le vice,
« que devrait écraser un homme tel que Rifflard.
« — N'écrasons personne, monsieur ; soyons in-
« dulgens, parce que nous avons aussi besoin
« d'indulgence ; sacrifions même aux préjugés
« reçus : Cicéron fut augure, et vous valait bien. »

CHAPITRE VII.

Choix d'un état.

« Mon vertueux ami, dit le lendemain M. de
« l'Oseraie à Robert, je te garderais volontiers
« chez moi ; mon aisance est telle que tu ne me
« serais pas à charge ; mais à ton âge on est
« propre à tout, et je te verrais avec peine re-
« noncer à tes avantages. Voyons, que vas-tu
« faire ? — Je sens bien qu'il faut travailler...
« Oui, j'ai envie de me livrer à quelque occu-
« pation douce, afin d'avoir tous les jours quel-
« ques heures à donner à la méditation ; lucrative,
« afin de pouvoir faire quelque bien — J'entends :
« tu voudrais une place qui rapportât beaucoup,
« et qui ne t'obligeât à rien. — Ce n'est pas là

« précisément ce que je dis. — C'est ce que tu
« penses. Mon ami, je ne vois pas la nécessité de
« la méditation, et avant que de penser à faire du
« bien, il faut tâcher de se procurer le nécessaire.
« Laisse là tes vertus oisives, contemplatives,
« spéculatives; oppose à l'aversion naturelle que
« tu as pour le travail, la raison, plus solide que
« des mots, et surtout plus utile. Fais disparaître
« la sécheresse du devoir, en t'en imposant qui
« te conviennent. On est toujours porté pour
« quelque chose, et on fait toujours bien ce qu'on
« fait avec goût. Veux-tu servir? »

Robert réfléchit un moment... « Mon ami, j'ai
« été soldat. Toute la différence que j'ai remar-
« quée de moi à mes officiers, n'existe que dans
« le plus ou le moins de considération, dans une
« solde plus ou moins forte, et ces niaiseries-là...
« — Tu appelles niaiseries l'estime publique, et
« les dons de la fortune ? — Combien, dans ce
« public, y a-t-il d'individus dont l'estime soit
« précieuse, et combien de soldats, sur cent
« mille, parviennent à un grade distingué? Qu'est-
« ce, en dernière analyse, que la profession mi-
« litaire? Un métier où on s'engage à se faire
« tuer pour gagner sa vie. — Allons, je vois bien
« que tu n'es pas un amant de la gloire. Préfères-
« tu le commerce?

« Oh! le commerce! qu'est-il aujourd'hui que
« l'art de se tromper mutuellement? Le plus

« adroit dépouille le moins rusé, et est dépouillé
« par un autre, qui le sera à son tour. Quelle vie
« que celle d'un homme exclusivement occupé
« d'argent ; dont toutes les vues n'embrassent
« qu'un gain sordide ; qui en rêve la nuit, après
« en avoir parlé le jour ; qui, se targuant du
« vain honneur d'enrichir sa patrie, est le jouet
« de la bonne ou mauvaise conduite de ses com-
« mis, de ses facteurs, de l'inconstance des vents
« et de la mer, des caprices des acheteurs, des
« piéges des fripons?... — Tu ne présentes pas le
« commerce du beau côté. Passons à autre chose.
« Que penses-tu du barreau ?

« Le barreau, mon ami, n'est qu'une arène où
« l'innocence est toujours aux prises avec la mau-
« vaise foi. Des lois obscures, et souvent contra-
« dictoires ; des formes compliquées, des écri-
« tures barbares et inintelligibles ; nulle ressource
« pour l'éloquence, ainsi point d'espoir à la cé-
« lébrité ; mais des frais, des frais, et toujours
« des frais... Rétablis ce barreau de la Grèce et
« de Rome, où l'orateur discutait les grands in-
« térêts de la patrie, attaquait ou défendait les
« rois, je monte à la tribune, et mon génie,
« échauffé par de grands objets, me range sur la
« ligne des Démosthène et des Cicéron. — J'en
« doute, mon ami ; mais comme il s'agit de Paris,
« et non de Rome, que tu ne veux pas plaider
« ici, que tu dédaignes le commerce, et que tu

« fais peu de cas d'une croix de Saint-Louis, je
« ne vois pour toi qu'un parti à prendre, c'est
« d'entrer au séminaire.

« — De grace, dispense-moi de te rendre compte
« des raisons qui m'éloignent de l'état ecclésias-
« tique. Je suis persuadé que tu les sens comme
« moi. — Il est clair que monsieur ne veut rien
« faire du tout; que les secours que je destinais
« à son avancement n'alimenteront que son in-
« dolence; qu'il passera sa vie, le mot vertu à
« la bouche, et qu'il mourra sans l'avoir compris.
« Malheureux ! ta fausse vertu ne se révolte-t-elle
« pas de l'idée de recevoir sans cesse, lorsque tu
« peux devoir tout à ton activité? D'ailleurs, ne
« suis-je pas mortel, et penses-tu que mes héri-
« tiers te verraient du même œil que moi? Qu'as-
« tu fait pour eux? qu'as-tu fait pour aucun de
« tes semblables? A qui oserais-tu demander? de
« qui pourrais-tu même espérer quelque chose? »
De l'Oseraie rassemble ses domestiques : Mon-
« sieur est ici chez lui. Qu'il demande, qu'il or-
« donne, et qu'on lui obéisse comme à moi. » Il
sort, sans daigner jeter un regard sur Robert.

Celui-ci est resté au milieu de cinq à six valets,
qui attendent ses ordres. Il est embarrassé, humilié de cet excès de générosité, et bientôt il n'y
voit que la plus amère des ironies. Il tremble de
perdre sans retour l'affection de Rifflard ; il sent
que loin alors de pouvoir choisir un état, il ne
pourra pas même exercer le métier le plus vil.

Il s'avoue à lui-même que cette vertu dont il se pare, n'est qu'une suggestion de l'orgueil, qui veut toujours dominer, et à qui tous les moyens conviennent. Il se retire interdit, confus ; il va trouver son ami. Il balbutie, il s'accuse, il se repent, il promet. Le front de Rifflard redevient serein, le sourire reparaît sur ses lèvres ; ses bras s'ouvrent, Robert s'y précipite.

« Assieds-toi, mon ami, et raisonnons. Je sens
« et j'avoue de bonne foi à mon tour, qu'aucun
« des partis que je t'ai proposés ne te convient
« encore. J'ai voulu te lancer sur le théâtre du
« monde, avant que tu fusses sûr de toi, et une
« faute commise sur cette scène élevée, influe sur
« le sort de toute la vie. Il faut, peu à peu, te
« ployer au travail, te soumettre à des épreuves
« obscures, pouvoir cacher, dans les ténèbres, les
« fautes que tu commettras infailliblement. — Je
« n'en ferai pas, j'y suis déterminé. — Je le dé-
« sire, et ne le crois pas. Je réfléchirai à ce que
« tu peux faire. Je te placerai convenablement,
« et je te pousserai en proportion de ton appli-
« cation, et du développement de tes moyens.—
« Mon application... oui... tu peux y compter...
« Hé ! mais... pourquoi pas ?... cette tentative...
« tu dois l'approuver. Si elle réussit, je cesse
« d'abuser de tes bontés ; je pourrai même te
« rembourser ce que tu m'as avancé en diffé-
« rentes circonstances ; te prêter cinquante mille
« francs, cent mille francs, s'ils te manquent

« pour compléter le prix d'un vaste domaine.
« Moi, je vis de peu, je m'établis dans ton château ;
« je veille sur tout ; je dirige l'exploitation des
« terres ; je perfectionne la culture. J'obtiens des
« moissons plus abondantes, des fruits plus beaux,
« plus savoureux. J'élève des plantes exotiques,
« j'en utilise d'indigènes, négligées jusqu'ici. Je
« fais des toiles de fil d'ortie et du sucre de bette-
« rave. J'établis des verreries, des moulins à huile,
« à farine et à tan. Je fabrique des cuirs anglais.
« J'expédie des pacotilles de souliers pour les co-
« lonies... — Tu te ruines et moi aussi. Cepen-
« dant, comme il peut y avoir quelque chose
« d'exécutable dans les plus bizarres rêveries, je
« voudrais savoir comment, sans avoir un sou,
« tu me prêterais cent mille francs, dont je n'ai
« pas besoin, mais qui, sagement placés t'assure-
« raient une existence. — Rien de si facile. On ne
« craint pas, à Paris, un homme qui est à Lon-
« dres. Il écrit, on répond bien ou mal, et les
« choses restent dans leur premier état ; mais
« quand on se présente en personne, qu'on parle,
« qu'on menace, on intimide facilement un fri-
« pon, déjà aux prises avec sa conscience. — La
« conscience d'un fripon ressemble à ta vertu : il
« en parle beaucoup et ne l'écoute jamais. Sa-
« chons pourtant quel est ce fripon. — Parbleu,
« c'est mon beau-père. — Ah ! ah !... en effet, cette
« tentative n'a rien de ridicule, elle peut même
« réussir. Que risque-t-on, d'ailleurs, d'essayer ? »

Robert, enchanté d'avoir une fois enfin obtenu l'approbation de son ami, voulait à l'instant même courir chez son beau-père. Il arrangeait son discours ; il se répondait, il répondait au beau père, et à la fin d'un dialogue assez décousu, le propriétaire, vaincu, désarmé, se dessaisissait de ses titres, et Robert sautait, et il pensait qu'avec douze mille livres de rente, on n'a pas besoin de travailler. Donc il ne travaillerait pas. *Vanitas vanitatum!*

De l'Oseraie tempéra cette belle ardeur par des raisonnemens tres-sages. Il fit observer qu'on restitue à Londres, à Pétersbourg, à Pékin, quand on a envie de rendre ; que la lettre du beau-père prouvait l'envie très-prononcée de garder ; qu'on ne pouvait le traduire devant les tribunaux sans faire un éclat ; que la publicité même de l'affaire l'obligerait à la soutenir, et qu'il la gagnerait infailliblement, si le certificat du capitaine, qui attestait la mort de Robert, était en règle ; qu'il fallait donc ne rien précipiter, et qu'enfin les seuls moyens qu'on pût employer, étaient la douceur, la finesse, des insinuations propres à persuader. M. de l'Oseraie avait son petit amour-propre comme un autre : il se réserva le rôle principal, et se chargea d'agir quand il en serait temps.

D'après ces réflexions, il fut convenu qu'on s'informerait d'abord des goûts, des habitudes, de la passion dominante de M. Dupont, et qu'on l'attaquerait ensuite par le côté faible. Or, comme Robert n'avait rien à faire, il fut chargé des informations, après avoir solennellement promis de ne se permettre aucune démarche directe envers son beau-père.

Voilà notre homme en campagne. Alors, comme aujourd'hui, rien n'était plus facile que de trouver l'adresse d'un homme en place. L'Almanach royal était déja la ressource commune. Robert sut donc au bout d'une demi-heure, que M. Dupont demeurait rue Saint-Louis, au Marais, numéro... je ne me rappelle pas positivement lequel.

C'est quelque chose que d'avoir trouvé la demeure du beau-père. Mais comment s'instruire, au milieu d'une rue, de ses goûts, de ses habitudes, de sa passion dominante? Peut-on arrêter les passans pour leur faire crûment des questions sur un individu que peut-être ils ne connaissent pas, et de quelle manière s'y prendre pour lier naturellement une conversation avec quelqu'un du quartier? Robert, sans être très-fin, trouva aussitôt un expédient fort simple : il entra dans un café en face du logis de M. Dupont.

Il pensait qu'une limonadière, clouée à son ennuyeux comptoir, ne doit pas être fâchée de causer un peu; qu'elle doit même être bien aise de causer avec un joli garçon, et qu'elle doit surtout être enchantée de médire de ses voisins. Cette limonadière était jolie; elle paraissait vive et coquette. En flattant sa vanité, Robert pouvait captiver sa confiance; par la suite peut-être il pourrait davantage, et le besoin de la petite femme commençait à se renouveler avec une vivacité que la vertu du jeune homme se gardait bien d'avouer, mais qu'elle ne pensait pas à réprimer.

En prenant sa tasse de café, sur le coin même du comptoir, Robert commença, selon l'usage, par parler de la pluie et du beau temps. Il loua la beauté de la rue et des édifices, la salubrité de l'air, et passant à des choses plus directes, il attribua au choix heureux du domicile la fraîcheur et les graces, qu'on ne pouvait voir sans désirer de les revoir encore ; il parla de la main charmante qui avait touché les six morceaux de sucre qu'il savourait en ce moment ; des formes célestes qui devaient être plus douces encore, et qu'il ne faisait que soupçonner. Ce qui n'était que lieux communs, rue Saint-Dominique, avait le mérite de la nouveauté, rue Saint-Louis. Une limonadière du Marais ne pouvait tenir à tant de jolies choses. Celle-ci souriait, en regardant Robert, qui s'exprimait avec le feu du désir, et vous savez, mesdames, ce que le désir ajoute à la beauté.

Robert devenait toujours plus intéressant, et le fripon s'en apercevait à merveilles. Cependant la perspective de douze mille livres de rente, aussi puissante que les appas de la limonadière, l'empêchait de trop s'écarter de son but. Il témoigna son regret de ce qu'une femme charmante fût obligée de sacrifier, au soin de sa santé, tous les agrémens de la vie. Dans le faubourg Saint-Germain, dans le quartier du Palais-Royal, elle eût reçu les hommage des hommes les plus aimables et les plus distingués, qui tous eussent brigué avec ardeur une préférence que la sagesse n'accorde sans doute à personne; mais femme jolie est toujours flattée de plaire, même à celui qu'elle ne veut pas aimer. Ici la limonadière rit d'un petit air pincé : les femmes du Marais étaient prudes alors, et ce n'était pas dans un café que celle-ci pouvait témoigner à Robert tout le plaisir qu'elle avait à l'entendre.

« Ici, au contraire, continua le jeune homme, « madame ne doit voir que des gens tristes, maus- « sades, vieux, incapables de l'apprécier. — Plus « bas, monsieur, plus bas; voilà, à deux pas de « vous, trois habitués qui sont précisément ce « que vous dites, et si je ne tiens pas à eux, je « suis attachée à mes intérêts. » La réponse était un peu lourde. Elle était du Marais; mais prononcée par une jolie bouche, elle devenait passable.

Vous prévoyez que Robert ne manqua pas de s'informer qui étaient ces messieurs. Il sut aussitôt leur nom, leur profession, l'état de leur fortune, leurs ridicules et leurs défauts. Passant de l'intérieur à la rue, l'entretien tomba naturellement sur les locataires de la maison en face. Aucun ne fut épargné, et le tour de M. Dupont vint, sans que Robert fût obligé à la moindre question sur son compte. Les femmes sont bonnes, tendres, compatissantes; mais elles s'arrêtent difficilement, quand elles sont en train de médire.

M. Dupont avait arrondi ses affaires par un très-bon mariage; tout le monde savait cela. Il avait peu regretté sa femme, quoiqu'il lui eût fait de superbes obsèques, qu'il eût porté rigoureusement son deuil d'un an, et qu'il eût passablement joué la douleur; mais, du vivant de la défunte, il s'amusait en secret de mademoiselle Désirée, petite lingère âgée de dix-huit ans, qui demeurait alors rue du Chaume, et qui maintenant demeure chez lui. Cela est plus commode, et puis un homme seul ne peut se passer d'une gouvernante. On trouve partout chez eux des prie-dieu et des christs du bois le plus simple; mais les lits sont excellens, et les ottomanes de la commodité la plus recherchée. Dans l'antichambre, et bien en vue, sont la bible de Royaumont, le bréviaire de Paris, l'imitation de Jésus, proprement cartonnés; mais dans la chambre à coucher, derrière un petit rideau de taffetas vert, sont Angola, le Cousin de Mahomet, les Bijoux indiscrets, dorés sur tranche et reliés en maroquin. M. Dupont et mademoiselle Désirée vont tous les jours à la messe. La demoiselle marche les yeux baissés; jamais elle n'a envisagé un homme; mais pendant quatre ans de suite, elle s'est absentée pendant trois mois pour aller voir son père en Picardie, et elle s'est constamment arrêtée rue Saint-Denis, chez madame Gorju, sage-femme très-discrète, comme vous le voyez. Monsieur Dupont est un parfait honnête homme; il est charitable. Il rassemble tous les vendredis à sa porte douze pauvres, qui reçoivent chacun un sou et un pain d'une livre. Il a donné un magnifique devant d'autel à sa paroisse; mais il n'y a pas un an que tous les voisins ont couru sous ses fenêtres, attirés par le tapage que faisait chez lui un marin, qui le traitait d'hypocrite et de fripon. « Qu'a répondu M. Dupont? demanda vivement « Robert. — Pas le mot; mais un instant après, « l'officier est sorti portant un gros sac sur le « bras, et murmurant entre ses dents : Les ma- « rins de Lorient ne se mènent point par le nez, « et je lui ai fait voir de quel bois se chauffe le « capitaine du Voltigeur. Vous sentez, monsieur, « qu'on n'oublie pas de semblables expressions, « parce qu'elles peuvent conduire à quelque nou- « velle découverte, toujours amusante pour quel- « qu'un qui passe ordinairement la journée à dire : « *Servez chaud.* — Et qu'avez-vous découvert de « plus? — Oh! mon dieu, rien du tout. »

L'objet de Robert se trouvait rempli, puisque la dame ne pouvait lui donner de détails plus positifs. Cependant on ne quitte pas une femme, qui produit quelque impression, sans désirer savoir précisément où on en est avec elle. Robert, riant, soupirant, parlant raison, amour, folie, apprit que le mari était garde de la ville, et ne rentrait chez lui qu'assez tard, ce qui voulait dire, en ce temps-là, que madame pouvait disposer de quelques instans de la journée. Ce mari était froid, sans prévenances, sans égards, et on sait à quoi pense femme piquée, et qui se plaint. On parla enfin d'une voisine, très-curieuse, très-médisante, qui logeait sur le même carré. Cela signifiait, qu'avec certaines précautions, on pourrait se décider à causer de très-près avec le beau jeune homme.

On lui demanda, avec une indifférence affectée, s'il reviendrait le lendemain. On le retint, quoiqu'on n'eût plus rien à lui dire. On le suivit de l'œil, lorsqu'il se retira. Robert, plein d'espoir et d'impatience, reporta cependant toutes ses idées sur ses douze mille livres de rente, et puisque de l'Oseraie n'avait pas besoin du capital, il ne restait aucun inconvénient à régler à l'instant même l'emploi du revenu : c'est ce que fit Robert, en longeant la rue Saint-Louis.

D'abord un joli logement, dans cette rue même, où il recevra sa limonadière, sans craindre la voisine curieuse et médisante. Ensuite, des loisirs, beaucoup de loisirs; un peu de lecture, cela procure quelquefois une heure de sommeil dans la journée. Un dîner délicat, pris tantôt chez un traiteur, et tantôt chez un autre. De la promenade, pour la santé; des spectacles, pour s'égayer un peu. Des nuits très-longues, et toujours

une indépendance absolue, continuelle. Plus tard, une union légitime avec une jeune personne, douce, sage, aimante. Pas trop d'esprit, cela tourmente un mari. Pas trop jolie, on sait où cela mène. Un enfant ou deux, quelques amis à leur aise, et enfin une vieillesse douce, insensible dans son cours... « Oui, disait Robert, voilà
« l'état le plus agréable, le seul qui me convienne,
« et qu'on ne peut comparer à aucun de ceux que
« m'a proposés Rifflard.

« Hé!... mais... je ne vois rien dans tout cela
« qui tourne au profit de la société, et la vertu,
« dont je ne parle plus, mais que j'écoute tou-
« jours, me crie sans cesse : Soyez utile à vos
« semblables. Mais si je suis né sans activité, in-
« capable d'application; si un penchant invincible
« me porte à l'oisiveté, à la mollesse, est-ce à
« moi, ou à la nature que la société doit s'en
« prendre de mon inutilité? Dépend-il de moi de
« changer mon être? Ai-je plus d'empire sur
« mon moral que sur mon physique?... Que dis-
« je? je suis utile, vraiment utile. Je fais vivre
« perruquier, chapelier, lingère, tailleur, bonne-
« tier, cordonnier. Je ne fais plus un pas sans
« verser plus ou moins dans une main indi-
« gente. Que je suis simple, moi! je me faisais
« des reproches, et je suis un bienfaiteur de l'hu-
« manité.

« C'est fort bien... mais la petite limonadière?...
« Elle est liée par un nœud respectable. Y porter

« atteinte est un crime. Y penser seulement est
« une faute. Non, je ne me rendrai pas coupable
« d'une telle abomination... Cependant, voyons
« un peu, réfléchissons. Le mari, sans tendresse,
« sans attentions, a froissé le cœur de sa femme ;
« il l'a aliéné sans retour ; il est donc coupable
« des excès auxquels elle peut se porter... Oui,
« il est coupable, la chose est démontrée ; mais
« est-ce à moi à le punir ? Non, non, jamais.

« Il me semble pourtant que la jeune femme
« est déterminée. Que deviendra-t-elle, si je l'a-
« bandonne à son cœur, à son imagination déli-
« rante ? Elle se jettera dans les bras du premier
« homme qui lui ouvrira les siens. Elle oubliera
« tous ses devoirs, elle négligera sa maison. Trom-
« pée, trahie par son amant, elle cherchera l'oubli
« de ses disgraces dans les trompeuses douceurs
« d'un nouvel engagement. Elle arrivera, de
« chute en chute, à la misère, à l'infamie, à
« l'abandon, à une vieillesse anticipée et dou-
« loureuse.... Non, non, je n'y puis consentir.
« Sacrifions quelque chose à la nécessité. Que le
« mystère et le respect des bienséances couvrent
« une intrigue qui devient indispensable ; que la
« jeune femme puise, au sein du plaisir même, de
« nouvelles forces pour résister aux mépris de
« son époux, pour lui continuer ses égards, pour
« conserver aux yeux d'un monde malin le masque
« de la décence... C'en est fait, je suis décidé. Je
« sauve une imprudente des écueils qui l'environ-

« nent, je lui conserve l'estime générale : je suis
« réellement vertueux.

« Hé, pourquoi différer l'exécution de ces pro-
« jets, dont je n'ai qu'à m'applaudir? Pourquoi
« m'abandonner à la lenteur, aux froides con-
« ceptions de Rifflard? Sans doute il compte sur
« l'ascendant que lui donneront, dans cette af-
« faire, sa réputation et son crédit connu sur
« l'esprit du ministre; mais ai-je besoin de ces
« avantages, lorsque j'ai à ma disposition les
« moyens les plus puissans! Faut-il un nom pour
« faire trembler un coupable, à qui on rappelle
« l'histoire de toute sa vie, et n'est-il pas temps
« de prouver enfin à Rifflard que je puis, par
« moi-même, et sans l'intervention de personne,
« entreprendre et réussir? D'ailleurs, remettre
« au lendemain le salut d'une femme estimable,
« le bien-être d'honnêtes artisans, et les jouis-
« sances que m'assurent tant de bonnes œuvres,
« ne serait-ce pas être également injuste envers
« les autres et envers moi? Je cours chez M. Du-
« pont. »

CHAPITRE VIII.

Vanitas vanitatum!

Plein de ces beaux projets et des plus douces
espérances, Robert arriva, sonna, et mademoiselle Désirée vint ouvrir, les yeux baissés, selon
la coutume; mais fixés d'une façon assez parti-

culière. Au reste, quand on ne regarde pas un homme en face, il faut le regarder ailleurs, afin de pouvoir dire avec connaissance de cause : Que veut monsieur ?

« Je veux, répondit Robert, parler à M. Du-
« pont. — Monsieur ne reçoit pas en ce moment.
« Son potage est servi, il dit son *bénédicité*, il
« va se mettre à table, et vous sentez... — Il va se
« mettre à table ? tant mieux. Je m'y mettrai
« avec lui. J'ai quelques droits à son potage. —
« — Mais, permettez, monsieur... — Eh, par-
« bleu, mademoiselle, permettez vous-même... »
Robert veut passer sous un bras droit ; il est arrêté par un bras gauche. Il saisit une main qu'on retire avec précipitation, et que, sans lever les yeux, on lui applique juste au milieu de la figure. Il ne peut se déterminer à faire usage de ses forces. Il saute par-ci, il saute par-là ; mademoiselle Desirée semble se multiplier. Elle est partout, et barre constamment le passage. Robert trouve inopinément un moyen sûr de faire reculer une béate. Il baise les joues fraîches et rebondies de Désirée, et pendant qu'elle s'essuie, à cinq à six reprises, avec le coin d'un tablier bien blanc, il a traversé l'anti-chambre, il a roulé un fauteuil près de la table, il s'est assis en face de M. Dupont, qui le regarde avec des yeux où se peignent la surprise et l'indignation. Robert a la tête montée ; il est disposé à ne pas reculer, quoi qu'il arrive.

« Permettez, monsieur, que je vous serve la
« croûte-au-pot. — Mais ce jeune homme a la tête
« dérangée... Mademoiselle Désirée ! — Ces légu-
« mes paraissent excellens. — Mademoiselle Dési-
« rée ! — Quelques brins de céleri, monsieur Du-
« pont ; vous ne vous en trouverez pas mal. —
« Mademoiselle Désirée ! — Un moment, mon-
« sieur, un moment. Je lave avec de l'eau fraîche
« la trace... — Des baisers que j'ai imprimés sur
« la plus jolie figure. Ce potage est excellent,
« monsieur Dupont ! — Sortez, insolent, sortez,
« ou par la corbleu !... — De la colère, monsieur
« Dupont ? ah ! vous oubliez votre rôle ; vous
« compromettez votre réputation. — Je suis hors
« de moi, je ne me possède plus... Désirée, ap-
« pelez la garde. — Qu'elle n'en fasse rien, mon-
« sieur. Les éclaircissemens ne seraient pas en
« votre faveur. — Qui diable êtes-vous donc ? — Je
« suis Robert. »

A ce nom, le beau-père, stupéfait, alarmé, se
renverse dans le fond de son fauteuil. Ce nom,
prononcé d'un ton haut et ferme, est un talisman
qui agit également sur mademoiselle Désirée.
Elle accourt, sa serviette mouillée à la main. Incertaine, troublée, elle regarde alternativement
son maître et Robert. Ses yeux, qu'elle levait
sans doute pour la première fois, disaient clairement au jeune homme : Si vous n'êtes pas un
imposteur, il faudra bien se rendre à l'évidence.
Je n'aurai donc plus de maître, à moins que vous

vouliez être le mien, et vous le serez, n'est-il pas vrai, beau garçon? Vous n'abandonnerez pas une fille, majeure, il est vrai, mais bonne encore à quelque chose. M. Dupont, la bouche ouverte, les yeux fixés aussi sur Robert, méditait profondément sur les moyens de se tirer de ce mauvais pas. Le jeune homme jouissait de l'embarras de l'un et de l'autre, et en augurait des merveilles.

« Je vous ai déja dit qui je suis, monsieur, et
« je ne pense pas que vous prétendiez me dispu-
« ter un héritage... — Pardonnez-moi, monsieur,
« je vous le disputerai. — Vous en jouissez contre
« tous les lois. — J'en jouis selon les formes. — Je
« vous traduirai devant les tribunaux. — Je m'y
« présenterai, monsieur. — Je vous y confondrai,
« monsieur. — C'est ce que nous verrons, mon-
« sieur. — Vous le prenez sur un ton bien haut,
« monsieur! — C'est celui qui convient à un homme
« comme moi, monsieur. — Un homme comme
« vous, monsieur, a beaucoup de ménagemens à
« garder. Votre piété présente au public des *cru-*
« *cifix* et des livres d'édification; mais cette fille
« est votre divinité, et derrière ce petit rideau vert,
« sont des brochures très-lestes, dans lesquelles
« vous faites la méditation quand vous êtes enfer-
« més tête-à-tête... Les voilà, les voyez-vous?...
« Les bijoux indiscrets... et cette Ode, cette Ode
« fameuse qui ferma à son auteur les portes de
« l'Académie... Homme moral, vous avez sans cesse
« le précepte et la censure à la bouche; mais quatre

« fois la complice de vos désordres a été cacher
« sa honte chez une sage-femme de la rue Saint-
« Denis. Homme charitable, vous donnez régu-
« lièrement aux pauvres; mais vous dépouillez
« l'héritier légitime. Homme probe; vous fabri-
« quez des *faux;* vous êtes en relation avec des
« coquins; vous descendez à leur niveau; vous
« vous querellez avec eux. Croyez-vous qu'on
« ignore votre dernière scène avec le capitaine
« du Voltigeur? Vous flattez-vous qu'on ne le
« trouvera point à Lorient, et qu'on ne vous con-
« vaincra point l'un et l'autre? Par respect pour
« la mémoire de ma mère, je consens à ne pas
« vous déshonorer; mais je ne vous donne qu'un
« moment pour faire un retour sur vous-même,
« pour rétablir l'orphelin dans ses droits, pour
« effacer, par un grand acte d'équité, les infa-
« mies dont votre vie est couverte. »

Si M. Dupont eût été au courant des aventures de Robert, il aurait pu, sur bien des articles,
répondre avec avantage. Il ne savait rien, sinon
que le beau-fils pouvait être vivant, qu'il était
possible qu'ils fussent en présence, et tel est l'ascendant de cette malheureuse conscience, que le
voleur ne sut trop que dire au volé. Dupont
laissait pérorer Robert. Celui-ci, mu par son
intérêt, entraîné par la justice de sa cause, joignit bientôt la force de l'éloquence à la solidité
des raisonnemens. Enchanté de lui-même, il s'a-
bandonnait aux plus beaux mouvemens oratoires;

il entrevoyait le moment où Dupont allait se rendre, et il ne s'apercevait pas de l'absence de la petite dévote.

Outrée des vérités que Robert lui avait dites en face, convaincue de n'avoir rien à espérer de lui, elle était sortie avec l'intention de frapper un coup qui sauvât la fortune bien ou mal acquise de son maître, son existence, à elle, et qui repoussât victorieusement les atteintes portées à la réputation de tous deux.

Elle rentra suivie d'une escouade du guet, qui arrêta Robert au milieu de sa péroraison. M. Dupont reprit courage, et Désirée, le mouchoir à la main, essuyant des larmes qui ne coulaient pas, prit la parole à son tour. Robert était un inconnu, un vagabond qui s'était introduit chez elle avec violence; qui avait débuté par des propositions insolentes; qui avait passé aux injures, à l'outrage; qui, constamment repoussé, avait hautement juré de se venger; avait commencé envers M. Dupont par les accusations les plus absurdes, et, pendant le tumulte inséparable d'une scène de cette espèce, avait furtivement jeté, derrière un rideau, des livres, dangereux sans doute. « Je l'ai vu, monsieur le sergent, je l'ai vu jeter « ces livres... les voici. Lisez, par grace, lisez « les titres... ce sont peut-être des ouvrages con- « tre madame de Pompadour. »

Robert, étourdi qu'on tournât contre lui les armes dont il comptait se servir avec avantage, ne trouvait plus un mot. Dupont, fort de sa faiblesse, soutint vivement, ainsi que Rifflard l'avait prévu, une affaire qu'il ne voulait pas étouffer. Il joignit ses clameurs à celles de sa gouvernante. Le sergent, qui n'était pas homme à connaître un livre par le titre, qui n'interprétait jamais favorablement le silence d'un accusé, crut avoir trouvé une édition de la vie privée de la marquise. Il jugea sa fortune faite. Il se hâta de saisir la bibliothèque galante et Robert. Il donna le Sopha à un soldat, le Cousin de Mahomet à un autre, laissa le surplus à la garde de M. Dupont, mit Robert au milieu de l'escouade, et invita M. Dupont à le suivre chez le commissaire du quartier..

Robert, effrayé de la tournure que prenaient les choses, recouvra subitement la parole. Il voulut s'expliquer; on lui ordonna de se taire. Il insista; on lui ordonna de marcher. Il résista; on le bourra.

On arrive chez le commissaire. M. Dupont dresse sa plainte, et Désirée, les yeux toujours baissés, se porte aussi accusatrice. Les livres mêmes, qu'exhibent messieurs du guet, déposent contre Robert. Il crie, il tempête, il pleure, il proteste qu'il est le fils de madame Dupont; on ne l'écoute pas. Sa tête se brouille; il ne sait plus ce qu'il dit, et le commissaire lui tourne le dos. La réputation de l'accusateur, sa consistance

dans le monde, son ton d'assurance, déterminent l'opinion du magistrat; il ne balance plus que sur le choix de la prison. Dupont interprète autrement son indécision; et veut se délivrer enfin d'un adversaire redoutable. Il représente d'un ton mielleux, qu'un jeune homme capable, à cet âge, d'un plan de scélératesse aussi profondément conçu, et suivi avec autant d'impudence, est une peste publique, que la société doit rejeter pour jamais de son sein. Il proteste au commissaire que son intérêt personnel n'entre pour rien dans ses observations, car il lui sera facile d'empêcher, à l'avenir, cet escroc de violer son domicile, et il est loin de craindre d'impuissantes clameurs. Pour prouver quelle doit être sa sécurité, il tire d'un petit porte-feuille de taffetas piqué, une pièce qu'on ne lui demandait pas : c'est le procès-verbal du capitaine du voltigeur. « Vous voyez, mon-
« sieur, que le jeune Robert s'est embarqué à
« Lorient le 15 mai 1735; qu'il est mort le 2 juin,
« à la hauteur des Açores. Cet écrit a été légalisé
« le 12 janvier de l'année suivante, par le juge de
« Lorient; ainsi je suis en règle, parfaitement en
« règle. — Ce n'est pas à moi, monsieur, que
« vous devez la communication de ce titre. Il me
« suffit de savoir que vous êtes domicilié, connu.
« Vous avancez des faits, dont quelques-uns sont
« attestés par les gens du guet; vous avez signé
« votre plainte; je peux sévir contre un homme

« sans aveu, dont le trouble prouve assez la cul-
« pabilité. Sergent, prenez cet ordre, et mettez-le
« à exécution ! »

Le commissaire fait passer Dupont et Désirée
dans son salon ; il ferme la porte de son cabinet ;
il laisse Robert au milieu de gens qui n'entendent rien à ce qu'il leur débite, et qui, fatigués
de ses plaintes et de ses grandes phrases, l'em-
portent pour en finir ; le mettent dans un fiacre,
le conduisent à Bicêtre, et reviennent à pied, en
regardant si quelque poule ne s'est pas trop écar-
tée du toit hospitalier.

On coupe les beaux cheveux de Robert ; on
lui prend, et on inscrit sur un registre, quatre à
cinq louis qu'il a dans sa poche ; on le déshabille ;
on le couvre des livrées de l'infamie ; on le jette
dans un cachot.

La vertu, selon lui, l'avait conduit à Charenton, et elle le logeait à Bicêtre, car enfin, sans
le désir très-louable de répandre l'or, et de sauver une jeune femme des séductions du siècle, il
serait libre, tranquille chez son ami. Il essaya de
se consoler, en se rappelant que le sort de la
vertu est d'être persécutée, et que Socrate but la
ciguë. « Mais ajoutait-il, Socrate mourut douce-
« ment, promptement, et je suis condamné à
« un long supplice. Pourquoi me traiter plus du-
« rement que Socrate, moi qui, certainement,
« ne le vaux pas ? Je suis las de souffrir pour la
« vertu, et je vais prier Rifflard de me tirer d'ici,

« dussé-je faire aveuglément ce qu'il me prescrira,
« et renoncer à avoir une idée à moi. »

Il fait appeler un chef de la maison. Il demande du papier et de l'encre. « Pourquoi faire? lui « dit-on d'un ton brusque. — Pour écrire... — A « qui?—A monsieur de l'Oseraie.—Quoi?—Que « je subis une injustice affreuse, et que j'implore « son secours.—M. de l'Oseraie ne peut ni con-« naître un drôle de ton espèce, ni prendre à « lui le moindre intérêt. » Et pan, le guichet de la porte se ferme sur le nez de Robert. Il gagne tristement un coin, où on a jeté quelques poignées de paille. Il se jette dessus, le cœur brisé, la poitrine gonflée. Il cherche le sommeil ou des larmes : il ne trouve que le désespoir.

Il était minuit. De l'Oseraie s'entretenait paisiblement avec sa femme, en attendant son ami. Une heure sonne, de l'Oseraie s'inquiète; la nuit s'écoule; il s'agite, il se tourmente, il se promène à grands pas dans sa chambre. Le jour renaît, et il n'a pas fermé l'œil.

Il attend avec la dernière impatience l'heure à laquelle on peut décemment se présenter. Il se fait habiller, il monte en carrosse, il descend chez le lieutenant de police.

Il ne pouvait avoir qu'un but, d'obtenir qu'on prît des informations qui levassent le voile qui couvrait la destinée de Robert. Quel fut son étonnement, lorsqu'il apprit la détention du jeune homme, et les circonstances qui l'avaient amenée! Outré de son imprudence, du mépris de ses conseils, de la violation de sa parole, il fut tenté un moment de l'abandonner à son sort; mais laisser écraser l'innocence, permettre, par une coupable inaction, le triomphe du crime, c'est ce que Rifflard ne peut faire, ce qu'il ne peut même penser. Il revint promptement à ses idées généreuses, et, aussi circonspect que son ami l'était peu, il jugea qu'avant de s'ouvrir à personne sur le fond de cette affaire, il fallait qu'il en connût les moindres détails, et que les lumières qu'il tirerait de Robert servissent de base à sa conduite. Il demanda simplement et obtint un ordre pour le voir dans sa prison.

Il avait arrangé en route un discours bien raisonné, bien sage, bien dur surtout, et l'état dans lequel il trouva le prisonnier fit expirer le reproche sur ses lèvres. Ce n'est plus un juge sévère, c'est un ami compatissant, qui console, qui encourage, qui laisse entrevoir une fin prochaine à des maux qu'il ne dissimule pas cependant que Robert s'est attirés. Il lui fait répéter jusqu'au mot le plus indifférent qui s'est dit au café, chez Dupont, chez le commissaire. Il prend des notes, et croit pouvoir promettre qu'avant quinze jours les portes s'ouvriront. «Quinze jours, « s'écrie Robert! — Ce n'est pas trop, mon ami, « pour que la leçon te profite, et pour que je « me venge un peu, ajouta-t-il en souriant. — « Te venger, et de quoi? ne suis-je pas la seule

« victime de mon imprudence?—Tu la sens donc,
« Robert?— Oh! cruellement.—Puisse-t-elle être
« la dernière! Je vais agir sans perdre un moment.
« — Mais quinze jours, mon ami, quinze jours
« dans cette position cruelle! — Je conviens que
« c'est un peu long; mais il faut que j'écrive au
« Hâvre, à Dieppe, en Angleterre; que j'accumule
« les preuves; que leur nombre, leur évidence
« écrase ce coquin de Dupont. » Il embrasse Robert. Il se fait conduire chez l'économe, chez le commandant. Il les prie d'adoucir le sort du prisonnier; il proteste qu'il n'est pas coupable, et que son détenteur, abusé par de fausses apparences, sera le premier à solliciter sa liberté.

Robert s'aperçut bientôt que son ami avait parlé. Une chambre logeable, un ordinaire abondant et sain, succédèrent, le jour même, à un cachot humide, à du pain noir, à de grosses fèves. Il ne comprenait rien à l'influence qu'avait partout de l'Oseraie. Il ignorait que la considétion tient moins à l'importance de la place, qu'à la manière dont on la remplit. Une bonne réputation est un édifice dont les fondemens se jettent dans l'obscurité, qui s'élève dans le silence, et qui, cimenté par les épreuves et le temps, brille tout à coup d'un éclat qui séduit, qui entraîne, auquel on ne résiste plus.

Les bons traitemens qu'on éprouve en prison, n'abrégent pas la durée des jours. Il semble que le temps s'arrête sur ces tours qu'il a noircies, qu'il s'y repose, sans égard pour les plaintes du malheureux qui lui reproche de suspendre son vol. Que fera Robert pour tromper, pour dissiper ses ennuis! Ce qu'il doit faire, des projets.

Quels seront-ils? Ce que sont tous les siens, bizarres, ridicules, inexécutables. Le mal n'est pas dans les projets en eux-mêmes; mais dans la manière de les concevoir, dans la faiblesse qui caresse une erreur, dans l'aveuglement qui méconnaît la distance qu'établit la raison entre des chimères et la vérité. Heureux, au reste, qui peut faire entre quatre murs, des châteaux en Espagne, qui sait prolonger l'illusion, et s'en créer une nouvelle au moment du réveil! Robert, toujours rêvant, sentait peu son infortune et n'était réellement tourmenté que du dépit de ne pouvoir exécuter les belles choses qu'il imaginait.

QUATRIÈME PARTIE.

CHAPITRE PREMIER.

Qui ne vaudra pas mieux que les autres.

La chambre contiguë à celle de Robert était occupée par un vieillard, qui toute sa vie aussi avait fait des projets. D'erreur en erreur, de sottise en sottise, il était arrivé à Bicêtre, où il ne s'occupait que de ce qu'il ferait dans le monde, sans chercher les moyens d'y rentrer. On leur permettait de communiquer ensemble, et deux hommes de ce caractère sont bientôt intimement liés. Ceux-ci déraisonnaient à la journée, quelquefois l'un après l'autre, le plus souvent tous deux à la fois. En effet, comment se taire quand une grande idée se présente? Et ces messieurs avaient une imagination si féconde!

Ce qu'il y avait de plaisant, c'est qu'ils s'accusaient réciproquement, secrètement, d'être des visionnaires, qu'ils se plaignaient l'un l'autre, et que le miroir qu'ils se présentaient mutuellement, était constamment terni par les vapeurs de l'amour-propre.

M. Duverger, notre vieillard, avait essayé de tout, avait mal fait tout : non qu'il manquât de moyens ; mais, dépourvu de jugement, la chose qu'il tentait était précisément celle qui ne pouvait réussir. Il était arrivé à ses quarante ans, ne sachant rien, n'étant propre à rien, n'ayant rien. C'est à cet âge, ou jamais, qu'il faut prendre un parti raisonné, vigoureux, et le suivre avec constance. Nous avons tous un grain plus ou moins fort d'ambition, et le bonhomme s'était fait janséniste, pour être quelque chose.

On ne sait plus ce qu'était le jansénisme : je vais vous le dire. Un *Cornelius Jansenius*, évêque d'Ipres, s'avisa, vers l'an 1600, d'écrire sur la grace, dont les honnêtes gens ne parlent plus, et sur la prédestination, qui est un blasphême, un gros livre que personne ne lit. Après sa mort, un M. *de Haurane*, abbé de Saint-Cyran, vint à Paris, poussé par la grace, et persuada à quelques jeunes docteurs et à quelques vieilles femmes, de déraisonner avec lui : voilà l'origine de la secte.

Quelques années après, le Jésuite *Molina* trouva comment Dieu agit sur ses créatures, et comment ses créatures lui résistent. Molina imagina l'ordre naturel et l'ordre surnaturel ; la prédestination à la grace, et la prédestination à la gloire ; la grace prévenante et la coopérante ; le concours concomitant, et le congruisme. Voilà une autre secte en opposition avec la première.

Vous croyez peut-être que ces gens-là ne pouvaient se regarder sans se rire au nez : pas du tout. Ils disputèrent sérieusement pour des mots qu'ils n'entendaient pas plus que vous.

Les Jésuites devaient être molinistes : l'esprit de la jaquette agissait puissamment, agit encore, et agira jusqu'à ce qu'elle soit usée, ce qui arrivera peut-être enfin. Ainsi soit-il. Les Jésuites étaient puissans ; ils persécutèrent les jansénistes, et le jansénisme s'étendit : c'est l'effet ordinaire de la persécution.

Les molinistes aimaient les beaux vers ; les Jansénistes déclamèrent contre les spectacles. Les molinistes les soutinrent; les jansénistes les interdirent sous peine de la damnation. Jusque là il n'y avait pas grand mal, car enfin est libre de se damner qui veut; mais alors les jansénistes s'unirent avec le pape contre le roi; ils intriguèrent en Hollande; le gouvernement crut devoir les châtier, et les châtimens firent de nouveaux prosélytes. Le fameux *Arnauld*, de Port-Royal, adopta les rêveries de Jansénius, et dès lors la secte devint une espèce de puissance que l'autorité eut de la peine à contenir.

Cependant, comme des sottises ne sont que des sottises, quelque importance qu'on leur donne, les jansénistes et les molinistes tombèrent insensiblement dans le mépris et dans l'oubli, ainsi que

Geoffroi *et consorts*, qu'on a cru long-temps des personnages, commencent à passer pour des radoteurs, parce qu'en effet ils radotent.

M. Duverger forma le projet de relever le jansénisme. C'est fort peu de chose en apparence qu'un chef de jansénistes; mais il n'y a pas de petit parti pour celui qui le gouverne, et le général des capucins était devenu un personnage. L'occasion était favorable pour un tel projet. Racine le fils venait de donner le poème de la Grace. Il n'avait pas le talent de son père; mais il portait un grand nom. Il trouva des lecteurs, et son ouvrage ranima un feu languissant et presque éteint. Duverger, le poème de la Grace dans une main, et un bréviaire dans l'autre, courut les oratoires obscurs de quelques dévotes ignorées. Il trouva des partisans, et il s'enhardit. Il fit revivre un livre de *Baïus*, un autre de l'oratorien *Quesnel*, et il se fit une réputation parmi les béates. Les œuvres de Baïus et de Quesnel, réimprimées aux frais du parti, ne se vendaient pas. On en distribuait aux frères des exemplaires qu'ils s'efforçaient de lire, et sur lesquels ils s'endormaient. Duverger, fêté, choyé, caressé, nourri, habillé par ces dames, ne s'apercevait de sa misère réelle qu'en rentrant le soir dans son galetas, d'où il se hâtait de sortir dès le matin.

Tout allait bien; mais est-il dans ce monde une félicité durable? Le lieutenant-général de police apprit que le jansénisme fermentait, et que les propositions de Jansénius allaient ajouter aux troubles dont je vous parlerai tout à l'heure; en conséquence, un exempt monta un soir au grenier de Duverger, et le conduisit à la Bastille, lui et son édition de Quesnel et de Baïus.

La détention de Duverger fit un éclat de tous les diables. Ses dévotes payaient des émissaires qui se glissaient partout, qui le représentaient comme un martyr de la secte, car toute secte a les siens. Son nom fut inscrit sur le martyrologe des jansénistes, et ces menées n'aboutirent qu'à le faire rester à la Bastille.

Il est dans le caractère des Parisiens de se passionner sans réflexion, et de se refroidir de même. Au bout de quelques semaines, personne ne parlait plus de Duverger, ni du martyrologe, ni même du miracle opéré en faveur de mademoiselle *Perrier*, de Port-Royal, que la catastrophe du nouveau martyr avait tirée de l'oubli. Le calme des esprits opéra seul ce que n'avaient pu faire les plus vives sollicitations ; on rendit la liberté à Duverger. Il vécut quelque temps d'aumônes ; mais de nouveaux évènemens réveillèrent son ambition, les espérances des jansénistes, et la haine de leurs adversaires.

Le parlement de Paris était opposé aux évêques, et il annonçait, contre le trône, des prétentions qui allaient jusqu'à l'audace et la désobéissance. Il avait raison de poursuivre le clergé, qui voulait troubler l'État, mais il avait tort de s'élever contre l'autorité suprême.

Les prêtres exigeaient des mourans des billets de confession, et refusaient, à ceux qui se confessaient à des *appelans* de la bulle *Unigenitus*, l'extrême-onction, sans laquelle personne ne doit mourir, et l'inhumation, dont les morts se passent très-bien, mais qui est utile à la santé des prêtres vivans. Le parlement décrétait les prêtres. Le roi, persuadé que ces actes de sévérité n'étaient propres qu'à perpétuer les troubles, voulait rapprocher les partis. Sa modération accrut la témérité, et il fut forcé de rendre des arrêts. Le parlement refusa de les enregistrer; on l'y contraignit; il protesta, et il cessa de remplir ses fonctions.

Un curé des environs d'Amiens prêcha contre les jansénistes, et désigna publiquement plusieurs de ses paroissiens, qui ne savaient ce que c'était que le jansénisme, et qui furent poursuivis, à coups de pierres, par des gens qui ne le savaient pas plus qu'eux.

Le parlement reprit ses fonctions, et fit arrêter ce prêtre factieux. Le roi approuva cette mesure; mais le parlement fit brûler, par la main du bourreau, les Mandemens des évêques qui lui contestaient son autorité, et il faisait communier les malades, la baïonnette au bout du fusil. Le roi, dès long-temps fatigué, excédé de ces dissensions, exila le parlement à Pontoise, et laissa aux malades et aux prêtres la liberté de s'arranger comme ils l'entendraient.

Duverger ne s'était pas oublié pendant les troubles, toujours favorables à ceux qui n'ont rien, et qui veulent avoir quelque chose. Il soufflait partout le feu de la discorde, et il arrondissait ses petites affaires. Qui croirait que la nation s'occupa sérieusement de ces misérables disputes, au moment où les gens de lettres et les savans les plus célèbres lui préparaient l'Encyclopédie, recueil immense qui honore également et ses auteurs et le peuple qui le possède? Les yeux s'ouvrirent enfin. On ne sentit bientôt que le ridicule de tous les partis, et ce que frappe le ridicule, en France, est blessé à mort.

Duverger, séparé sans retour des grands et des gens instruits, se tourna du côté de la canaille. Il imagina de faire un saint d'un diacre Pâris, enterré dans le cimetière de St.-Médard, et comme tout saint doit faire des miracles, on en fit sur le tombeau de l'abbé Pâris. Des frères, instruits par Duverger, faisaient dans ce cimetière des sauts étonnans, et paraissaient avoir des convulsions; des sœurs, prises aux spectacles de la foire, se faisaient casser à coups de masse de grosses pierres sur l'estomac, et s'enfonçaient impunément des poignards dans les chairs. On ne parlait que de sourds qui avaient entendu, d'aveugles qui avaient entrevu, de boiteux qui avaient marché droit. Une foule prodigieuse se porta au tombeau du bienheureux Pâris ; les aumônes devinrent abondantes : c'est ce qu'il fallait à Duverger.

Le gouvernement abandonna quelque temps ces frénétiques à eux-mêmes ; mais, les prodiges redoublant, la foule allant toujours croissant, il crut notre sainte religion assez riche en miracles pour pouvoir se passer de ceux-ci. Il fit fermer le cimetière, et un plaisant écrivit sur la porte :

> De par le roi, défense à Dieu
> De faire miracle en ce lieu.

Les convulsionnaires, chassés de leur domicile, allèrent opérer dans les maisons. On les vit de près, on les jugea, et dès qu'ils furent méprisés, on cessa de les ménager. Duverger et ses principaux agens furent enfermés à Bicêtre, et le tombeau du diacre Paris fut en effet celui du jansénisme.

Quand un historien met un personnage en scène, il doit dire ce qu'il est : voilà le motif de cette courte digression. J'avoue cependant que je n'ai pas été fâché de prouver à certaines gens que la philosophie est bonne à quelque chose ; que sans elle on disputerait encore sur la grace efficace et gratuite, versatile et congrue ; que sans elle, le diacre Pâris figurerait sur le calendrier, et que sans elle nous aurions peut-être encore aujourd'hui quelques petits miracles, faits exprès pour monter de pauvres têtes, toujours dangereuses, quand elles sont échauffées. La philosophie est la sentinelle de la raison : elle veille et veillera.

Duverger et Robert avaient, ainsi que je vous le disais, donné carrière à leur imagination. Sans cesse elle franchissait ces tristes murailles ; sans cesse ils étaient au milieu de la grande famille. Ils corrigeaient, ils changeaient, ils gouvernaient le monde, et, fatigués de s'occuper des autres, ils firent enfin un retour sur eux-mêmes. « Quel parti
« prendrez-vous, disait M. Duverger, si votre ami
« ne vous rétablit pas dans votre bien, ce qui est
« très-présumable ? — Hélas ! mon cher, il faudra
« travailler. — Travailler est bien dur ! — Oh ! oui.
« — Ne jamais faire ce qu'on veut ; ne rien faire
« comme on le voudrait ; sacrifier son temps, ses
« goûts, ses habitudes ; être soumis aux fantaisies,
« aux injustices d'un, de deux, de dix, de vingt
« chefs, et tout cela pour un peu d'argent ! quelle
« vie ! — Affreuse, monsieur Duverger. — Indé-
« pendance, don du ciel, source du vrai bon-
« heur, que les institutions sociales ont anéantie,
« tu n'existes plus que pour quelques ames géné-
« reuses, capables de tout te sacrifier ! — J'ai une
« de ces ames-là, monsieur Duverger. — Puisse-
« t-elle ne jamais changer, mon jeune ami ! — Je
« crois pouvoir vous le promettre, monsieur Du-
« verger. »

Ces messieurs passaient en revue les différens états de la vie, et ils n'en trouvaient aucun qui se rapprochât de l'indépendance primitive, comme celui d'un homme qui a cent mille livres de rente. Encore, ajoutaient-ils, cet homme est obligé de veiller sur ses biens, d'entretenir, de réparer. Il craint le vent qui enlève les couvertures, le feu qui consume les maisons, la grêle qui ravage les vignes, les inondations qui détruisent les moissons, et qui mettent les fermiers dans l'impossibilité de payer. Alors, les dettes, la dépendance envers des créanciers, des huissiers, des procureurs, des avocats, des juges... « Oh ! quel métier, s'écria « Robert, que d'avoir cent mille livres de rente !

« — Tenez, mon jeune ami, il n'y a d'état vrai-
« ment libre que celui de l'homme de lettres. Il
« élève, il abat, il crée, il tue, il régit l'Univers
« du fond de son cabinet. Sa chaise de paille se
« convertit en trône, et sa plume est son sceptre.
« — Mais il faut prendre la peine d'écrire. — Seu-
« lement quand cela plaît, quand on y est poussé
« par un bel enthousiasme. — Alors la fatigue du
« travail disparaît. — Hé ! sans doute. — J'ai ap-
« pris un peu de latin en Ecosse. — C'est quel-
« que chose : cela sert à citer bien ou mal. — J'ai
« de l'esprit. — Mais je crois m'en être aperçu. —
« De la facilité. — C'est ce dont vous ne jugerez
« qu'en écrivant. — J'en ai, monsieur. — Peut-
« être, monsieur. — Je me connais mieux que
« vous, sans doute. — Au contraire, monsieur,
« nous nous jugeons ordinairement assez mal. —
« Vous ne manquez cependant pas d'amour-pro-

« pre. — Mais je le crois fondé. — Nous nous ju-
« geons ordinairement assez mal, vous venez de
« le dire. — Il n'est pas de règle générale. — Et
« pourquoi, comme vous, ne serais-je pas une
« exception à celle-ci? — C'est qu'elles ne sont
« pas communes. — Vous êtes vain, orgueilleux.
« — Taisez-vous, petit être ignorant, ridicule!
« — Allez vous... interprète de la grace! — Allez-y
« vous-même, Mimi-Taptap! — Marchand de ca-
« brioles, de reliques, de miracles! — Imbécile,
« paresseux, homme à projets, vrai gibier de Bi-
« cêtre! » Ces messieurs allaient se prendre aux
cheveux; ce dernier mot fit partir Robert d'un
éclat de rire, dont M. Duverger resta stupéfait,
et, se souvenant qu'il était aussi commensal de ce
château, il se mit à rire à son tour. Ainsi ces deux
hommes, prêts à s'étrangler, quelques secondes
auparavant, se regardaient, les genoux ployés, le
corps soutenu sur les poignets, les muscles du
visage en contraction, la bouche ouverte jusqu'aux
oreilles. Oh! si les grandes querelles finissaient
aussi gaîment que celle-ci!

« Nous sommes fous, reprit Duverger, quand
« l'accès fut passé. Oublions ce que nous nous
« sommes dit de désagréable, mon camarade, et
« voyons où vous en voulez venir avec votre latin
« d'Ecosse, votre esprit et votre facilité. — Je
« veux être homme de lettres. — Ma foi, et moi
« aussi. — Je ferai la comédie. — Prenez garde,
« monsieur Robert; vous ne connaissez pas la

« difficulté d'obtenir une lecture, de se faire re-
« cevoir, de distribuer ses rôles à son gré, d'être
« mis en répétition, de ramener à l'esprit de la
« pièce un acteur qui s'en éloigne. — Oh! je ne
« me mêlerai de rien de tout cela. — Et vous ne
« serez pas joué. — Pardonnez-moi. J'envoie mon
« manuscrit par la petite poste; j'y joins une lettre
« flatteuse, infiniment flatteuse pour mesdames
« et messieurs. Tous les hommes se prennent,
« dit-on, aux piéges de la flatterie, et les comé-
« diens doivent être aussi un peu hommes de ce
« côté-là. Je supplie celui qui lit le mieux de se
« charger de la lecture, et alors c'est à qui lira.
« Je choisis mon lecteur pour patron, et ma pièce
« se distribue entre lui et ses amis. On m'apprend,
« on me répète, on me joue... — Rien de fait en-
« core, mon camarade; et la cabale, et les huées,
« et les sifflets; et les *paix-là;* et les *à bas le ri-*
« *deau;* et les coups de poing; et les banquettes
« cassées; et la garde; et un misérable, qui, pour
« quelques bouteilles de vin de Champagne ou
« une dinde aux truffes, ment à sa conscience,
« trahirait son Dieu pour quelques écus de plus,
« et qui imprimera que votre pièce est détestable,
« si vous ne lui graissez la patte, ou si vous n'a-
« vez la réputation d'être dévot; et... — Hé! mon-
« sieur, vous n'êtes propre qu'à décourager le
« génie naissant. Jamais Molière, Regnard, Des-
« touches, n'eussent écrit, si, en entrant dans la

« carrière, ils eussent rencontré un homme comme
« vous. Quel genre avez-vous donc choisi, qui
« n'entraîne après lui aucun inconvénient? — Je
« veux travailler pour la chaire. Quelques passa-
« ges latins tirés des Saints-Pères, beaucoup de
« déclamations contre la philosophie, voilà pour
« les sots, et ceux-là composent les quatre cinquiè-
« mes d'un auditoire. Quelques antithèses et quel-
« ques métaphores, voilà pour les pédans de tous
« les états. Quelques paragraphes raisonnés, soi-
« gnés, coloriés, voilà pour trois ou quatre gens
« de goût, et mon sermon est fait. Chacun y a
« trouvé quelque chose qui lui plaît, et chacun
« sort à peu près content. Je vends mes discours
« aux vicaires qui veulent être curés, aux curés
« qui veulent être évêques; j'en augmente le prix
« à mesure que ma réputation s'accroît, et... —
« Et si votre premier sermon ne vaut rien? — Il
« sera bon. — Si vous y glissez une hérésie? —
« Je possède mes docteurs. — Si votre auditoire
« n'est pas de votre avis, s'il bâille... — Oh! vous
« m'impatientez. Si mon auditoire bâille, au
« moins il ne sifflera pas. — Je conviens que c'est
« quelque chose.

« — Je commence mon sermon. — Et moi ma
« comédie. — J'écris sur la Conception : ce sujet
« prête aux images. — J'intitule ma pièce, *le Va-*
« *let mentor de son Maître*. Voyez-vous Léandre
« ou Damis faisant sans cesse des sottises, et

« l'Orange ou Pasquin faisant sur la scène ce que
« votre vicaire de campagne fait en chaire? cela
« sera neuf et piquant.

« — Nous faisons tous des enfans, mes frères ;
« mais quelle différence de notre *faire* à celui
« dont je vais vous entretenir ! Produits de la
« chair, soumis à la chair, ne faisant rien que par
« la chair... — Fi donc, voisin, fi donc ! trop de
« charnel dans votre début. Quatre lignes encore,
« et vous arrivez au fait ; or, un sermon de six
« lignes est trop court. — Laissez donc, voisin !
« vous n'y entendez rien. Je reprends à l'*Ave
Maria*, et je repars de plus belle.

« — Vous préparez, monsieur, de bien tristes destins,
Et n'êtes, entre nous, qu'un fat, un libertin.
« Je suis, je le sais bien, votre valet très-humble.....

« — Ah ! ah ! ah ! voilà du neuf, en effet ! un
« premier vers qui n'a pas de sens déterminé, un
« pluriel qui rime avec un singulier ! Oh ! je con-
« nais les règles, moi. Mettez

« Vous vous préparez, monsieur, un bien triste destin.

« — Ah ! vous vous préparez, monsieur !... Un
« hémistiche de sept syllabes ! Faites de la prose,
« mon voisin, et laissez la poésie au nourrisson
« du Pinde.

« Je suis, je le sais bien, votre valet très-humble.....

« Votre valet très-humble... très-humble... Dia-

« ble ! humble... humble... Je ne trouve pas de
« rime. Monsieur Duverger, monsieur Duverger !
« — Un moment : je termine mon exorde par
« une comparaison brillante et poétique. Le
« Saint-Esprit est Jupiter, la Vierge, Alcmène,
« et saint Joseph, Amphitrion. — Ma rime, ma
« rime ! — Allons, le voilà dans ma chambre, dé-
« rangeant, bouleversant tout. Votre rime ! Hé !
« cherchez-la, nourrisson du Pinde !

« — Arrêté depuis une heure au quatrième
« vers !... Ah ! quel métier que de faire la co-
« médie ! autant vaudrait être cheval de fiacre.
« Je n'y tiens pas; j'y renonce... Quelle est cette
« brochure, mon voisin ? — C'est un petit ou-
« vrage moral que personne n'a lu, et que tout
« le monde a vanté. — Bah ! — Oui, rien de beau
« comme la morale ; tout Paris en raffole ; on en
« parle sans cesse ; mais on n'en lit pas. — La pra-
« tique-t-on ? — Bien moins encore.

« — Ah ! parbleu, mon voisin... — Qu'est-ce ?
« — Une excellente idée. — Voyons-la. — Si je
« changeais le titre de la brochure... — Et le li-
« braire, ce serait un ouvrage nouveau. — Que
« personne ne lirait ? — Oh ! je vous en réponds.
« — Qui me ferait honneur ? — N'en doutez pas.
« — Qui me porterait à l'académie ? — Peut-être.
« — Et qui me rapporterait de l'argent ? — Oh !
« c'est une autre affaire. — Je suis décidé, je tente
« l'aventure : il est beau d'entrer à l'académie à
« vingt-deux ans. Que risqué-je, d'ailleurs ? deux

« ou trois jours d'un travail facile, car enfin il est
« plus commode de copier que d'imaginer. Con-
« seillez-moi, voisin. Sous quel titre ferai-je re-
« paraître cette antiquaille ? — *L'Amour des ver-*
« *tus sociales et divines.* — Non pas, non pas :
« les casuistes me liraient. *Magasin de vertu por-*
« *tative.* — Trivial, commun... — *La Morale par*
« *alphabet.* Oui, c'est simple, noble et piquant à
« la fois. Qu'en dites-vous ? — Allez, copiez, en-
« fant de l'Hélicon ! Moi ! je crée.

LA MORALE PAR ALPHABET.

ABUS. Tout le monde s'en plaint ; il n'est personne qui n'en profite.

L'abus de la politesse a substitué le mensonge à la vérité. L'abus des sciences a substitué la bagatelle à la profondeur ; celui des arts utiles a substitué le luxe au bien-être.

ACCUEIL. L'accueil que l'on fait à quelqu'un est rarement l'expression des sentimens qu'il inspire. La voix, le geste, les yeux, la contenance, démentent souvent ce que la bouche a dit.

Le bon accueil que les grands font aux petits, est un tribut que la grandeur doit à l'humanité : un grand s'honore en le payant.

L'accueil que les grands se font entre eux est une lutte d'athlètes. A forces égales, l'adresse triomphe, et l'orgueil cède quelquefois, en apparence, pour gagner réellement beaucoup.

L'accueil que les grands seigneurs font aux grands hommes, n'est que l'erreur de la vanité. Elle croit s'élever jusqu'au mérite en le caressant.

ADMIRATION. Les sots admirent les grands; le philosophe les juge.

L'admiration n'est pas un sentiment, ce n'est qu'une secousse de l'ame.

AGE. On est indulgent pour les imperfections qui sont propres à chaque âge; mais on ne pardonne pas l'humeur chagrine à quinze ans, ni l'étourderie à soixante.

AMBITION. Les uns méprisent ce que les autres désirent avec ardeur. Cette différence établit la valeur des choses que poursuit l'ambitieux.

Il est une ambition propre à chaque état. De celle-là naît une conduite sage et soutenue. L'ambition démesurée produit souvent des actions d'éclat; mais ce qui est éclatant est souvent loin de la vertu.

AMITIÉ. L'amitié est la passion des belles ames. Elle survit à l'amour, parce que les désirs s'envolent avec les graces, et que l'amitié marche d'un pas égal à côté de la vertu.

Le premier sentiment que nous partagions est l'amitié. Elle charme l'enfance, elle double ses plaisirs, elle la console dans ses peines. Que fait-elle de plus, lorsque le jugement l'apprécie, et que le besoin nous la fait rechercher?

Les plaisirs font les liaisons; l'ambition lie les intrigues; les goûts et l'intérêt forment les sociétés ; la vertu seule resserre les nœuds de l'amitié.

Dire : Un tel est mon ami, et dire vrai, c'est faire à la fois son éloge et celui de son ami. C'est comme si on disait : Un tel et moi sommes vertueux.

Un ami dans la prospérité est un préservatif contre l'ivresse. Dans le malheur, c'est une colonne qui soutient le fardeau qui nous accablerait seuls.

Un ami est un bien que le sort ne nous montre quelquefois que pour nous porter le coup le plus sensible ; mais pour qui sait penser, la perte d'un ami dispose à la mort, et en adoucit l'image.

AMOUR. Il y a presque autant de sortes d'amour que de physionomies. Il peut se diviser et se subdiviser à l'infini. Essayons d'abord, non de donner une détermination fixe au mot amour, mais de le reconnaître au milieu des illusions dont il s'enveloppe sans cesse. Osons le séparer un moment de ses brillans entours. Voyons-le seul, sans appui que lui-même. S'il a son innocence, il n'en sera que plus aimable.

Le véritable amour est un penchant naturel, réglé par la raison, justifié par la vertu. Celui-là seul dure autant que le cœur : malheureusement il est très-rare.

Il se décèle ordinairement par le désir et la jalousie. L'un et l'autre tiennent, j'en conviens, à un instinct purement matériel ; mais pourquoi rougirions-nous d'affections inséparables de notre manière d'être ?

La jalousie et le désir entraînent toujours, après eux, une espèce d'indiscrétion, qui se pardonne facilement entre deux personnes qui s'aiment, parce qu'elles en sont également coupables.

Heureux qui peut long-temps désirer! heureux qui est jaloux sans blesser les convenances! Tôt ou tard le désir soutenu conduit au bonheur, et lorsque le sentiment s'émousse, la jalousie le réveille, et donne une vie nouvelle à l'amour.

Étudiez votre amant, mesdames; suivez ses goûts, ses habitudes; assurez-vous qu'il ait un ami. Celui qui ne connaît pas l'amitié n'est pas digne de vous, car l'amour vrai n'est autre chose que l'amitié, plus le désir.

Un homme estimable, une femme vertueuse, unis plutôt par leur bonheur que par leurs sentimens, s'isolent volontiers de la société pour être entièrement l'un à l'autre; mais ils ne sont pas perdus pour elle : ils peuvent lui servir d'exemple.

On va voir comme une chose extraordinaire deux personnes qui s'aiment bien. On y retourne rarement : elles ennuient; mais elles se suffisent.

Les armes les plus puissantes de l'amour, celles qui assurent son empire, sont la modestie, la douceur et l'esprit.

La modestie est à la beauté, ce que le parfum est aux fleurs.

La douceur n'attire pas toujours ; mais elle fixe, et l'un vaut bien l'autre.

L'esprit est le repos du cœur. Il fait quelquefois oublier qu'on aime, et ces heureuses distractions tournent au profit de l'amour.

Cet amour, dont j'ai peut-être saisi quelques traits, n'est qu'un être idéal pour les gens malheureusement organisés, et c'est le plus grand nombre. L'amour, auquel ceux-ci adressent leur culte, les conduit à la porte du temple de la volupté ; mais aussitôt qu'elle s'ouvre, il éteint son flambeau, rit, et s'envole pour chercher d'autres dupes. Il s'irrite par les obstacles, il s'accroît par la résistance ; il s'affaiblit par l'absence, il languit par l'habitude, et meurt enfin dans les bras de l'ennui, qui lui ferme les yeux.

AMOUR-PROPRE. Ne concluons pas de ce que j'ai dit de l'amour vrai, qu'il y ait quelque mérite à le sentir et à le faire partager. Il est fils d'un autre amour qui naît avec nous, et qui, pendant le cours entier de notre vie, exerce sur nous un pouvoir irrésistible. Unique moteur de nos penchans, de nos goûts, de nos actions, il éclaire les uns, il égare les autres. Il a aussi des favoris et des victimes. Il s'appelle l'amour-propre, ou l'amour de soi.

Ce qu'on nomme communément amour, cet attachement exclusif, cet abandon absolu, ces sacrifices offerts et reçus, ne sont que des effets de l'amour de soi. On s'attache exclusivement à l'objet qui promet le bonheur ; on s'abandonne à lui, parce qu'il est commode d'être confiant ; on lui sacrifie tout, parce que la félicité de l'un dépend essentiellement de celle de l'autre.

Ainsi, qu'on peut comprendre tous les sens sous celui du toucher, on peut rapporter toutes les passions à l'amour de soi. C'est lui qui nous détermine et nous pousse ; c'est lui qu'on devrait appeler passion première : toutes nos affections en dérivent. L'opulence, la grandeur, la gloire, sont autant de moyens d'être heureux, offerts par l'amour de soi ; mais ils lui sont tellement subordonnés, que lui seul nous force à les abandonner ou à les suivre.

Il est donc inutile de chercher dans ses passions des ennemis à combattre. Réunissons nos forces contre celui-ci, et nous les renverserons tous.

Ces traits de dévouement, dont les annales de l'amour s'enrichissent, et dont il ne balance pas à s'honorer, appartiennent sans exception à l'amour-propre : c'est lui qui donne le courage pour soi, et la sensibilité pour l'objet qui intéresse.

L'homme courageux inspire l'admiration. L'homme vertueux force l'estime, l'amitié, la reconnaissance. L'amour de nous-mêmes nous fait prétendre à tout cela, et une preuve incontestable que l'amour physique dérive essentiellement de l'amour de soi, c'est que l'admiration, l'estime, l'amitié et la reconnaissance leur sont nécessaires à tous deux.

Avarice. L'avarice est la passion des petites ames. Une ame petite n'a jamais de grands vices. Ceux d'un avare sont cachés dans son coffre-fort.

Un avare ressemble à Tantale. Ils ont sous les yeux les objets des plus violens désirs. Il leur est impossible à tous deux d'y toucher.

L'avare vit et meurt inconnu, ignoré. Ses héritiers rappellent bientôt qu'il a existé.

Bonheur. Nous tendons tous au bonheur par une pente naturelle. On croit y arriver par la fortune, l'ambition, la gloire, les conquêtes, l'indépendance, la modération, la probité, la sagesse. Tout cela peut y conduire; rien de tout cela n'est lui. Presque tous les hommes le cherchent, sans se consulter seulement sur la route qu'il faut prendre. Est-il étonnant que la foule s'égare?

Nous cherchons le bonheur, comme un astronome cherche à découvrir une étoile, toujours au-dessus de nous. Insensés, baissons les yeux. Il est à nos pieds, et nous passons sans le voir.

Le bonheur et le repos résultent l'un de l'autre, et ne sont, pour ainsi dire, qu'une même chose; mais il ne faut pas confondre le repos et l'inaction. Le repos de l'ame est dans un mouvement régulier, que rien ne suspend, que rien ne précipite.

Travailler à régler ses penchans, c'est commencer à être heureux.

Si j'avais à donner des principes à un jeune homme, j'aimerais mieux commencer par cette question : Voulez-vous être heureux ? que par cette maxime : Connaissez vos devoirs. L'enfance soupire après l'indépendance, tant qu'elle n'en connaît pas les dangers ; le mot devoir la blesse, le mot bonheur lui plaît. Lui montrer la vertu comme un tyran, c'est l'en éloigner ; l'offrir comme un guide aimable, qui mène au bonheur, c'est presque toujours persuader de la suivre, et persuader est plus sûr que contraindre. Le mot bonheur, en ce cas, est un parfum qui corrige l'amertume des simples, sans rien ôter à leurs propriétés.

Le bonheur, rigoureusement parlant, n'est pas d'une absolue nécessité. L'absence du mal est un état de médiocrité dans le bonheur, que les gens que l'on croit heureux ne voient pas toujours sans envie.

On ne se lasserait pas d'être véritablement heureux ; mais on se lasse de tout ce qu'on a cru être le bonheur. Le désir égare, la jouissance éclaire.

Nous avons sur le bonheur une foule de livres qui n'ont pas rendu les hommes plus heureux. Sénèque, Fontenelle, Maupertuis, Helvétius, madame du Châtelet, Voltaire, ont écrit sur le bonheur, et un défaut commun à tous ces ouvrages, c'est que l'auteur veut toujours que nous soyons heureux à sa manière. Il n'a pas réfléchi qu'il y a autant de différences dans la nature du sang, l'activité des humeurs, le jeu des viscères, que dans les traits d'une quantité innombrable de visages.

BRAVOURE. Tout être veille à sa conservation : c'est l'instinct le plus puissant que nous ayons reçu de la nature. La bravoure est donc une qualité acquise, et les récompenses doivent être en proportion des efforts indispensables pour arriver au mépris de la mort.

Il y a de l'injustice à mépriser un poltron de bonne foi. Il ne mérite aucun ménagement, s'il prend la place d'un brave homme.

Une ame faible ne voit pas le danger où il est réellement; elle s'y précipite en voulant l'éviter. Une ame forte prépare les ressources, juge les choses, et trouve la gloire au-delà du péril. De là, l'explication de la maxime populaire, que le danger cherche le lâche, et que la valeur lui en impose.

CAUSTICITÉ. L'homme caustique n'est pas encore méchant; mais il n'a plus qu'un pas à faire, et il est difficile qu'il ne le fasse pas tôt ou tard.

CÉLÉBRITÉ. Elle fait presque toujours la gloire des hommes et la honte des femmes. Les grands criminels mêmes trouvent une sorte de réputation où les femmes ne trouvent que l'infamie.

Tel écrivain croit passer à la postérité par le

grand nombre de ses ouvrages. La Rochefoucauld y est arrivé par ses maximes.

CLÉMENCE. La clémence est la plus belle vertu des rois, parce qu'elle fait supposer l'habitude de se vaincre soi-même. Il est beau, il est sublime de pardonner à son ennemi, quand on n'a qu'un mot à dire pour l'écraser.

La clémence fait presque toujours des ingrats; mais le souverain assez grand pour oublier un outrage, peut se passer de la reconnaissance.

COLÈRE. La colère est un mouvement de l'ame, aussi impétueux que celui de la compassion est doux. Le premier dégrade l'homme autant que le second l'honore.

L'homme qui s'abandonne à la colère, ne sent pas son avilissement : la passion l'aveugle.

La colère ressemble, dans ses effets, à ce que le vulgaire appelle amour. Elle s'allume par la présence de l'objet qui l'excite ; elle s'affaiblit par l'absence ; elle se calme lorsqu'elle s'est exhalée; elle s'éteint par l'habitude de voir l'objet qui la faisait naître.

On réprime la colère dans les grandes ames, en lui opposant une résistance noble et vigoureuse. Il est également dangereux, avec un homme ordinaire, de la heurter ouvertement, ou de lui céder avec bassesse.

COMMANDEMENT. Nous voudrions tous commander. Nous ne nous soucions pas d'obéir, et nous disons tous qu'il faut savoir obéir pour apprendre à commander. Que conclure de cette contradiction ? que l'orgueil nous abuse sur nous-mêmes, et double les imperfections d'autrui.

Comparaison. Les comparaisons sont aux yeux de l'ame, ce que les verres noircis sont aux yeux du corps. Il est peu d'ames qui puissent regarder fixement la vérité, comme l'aigle regarde le soleil. Il faut donc adoucir l'éclat de la vérité, en la couvrant d'un léger nuage, et les rayons qui le pénètrent n'en ont que plus d'activité

Compassion. La compassion est le moins durable des sentimens qui honorent l'humanité : il fuit avec l'objet qui l'a fait naître.

Notre compassion pour les autres est en proportion des rapports qui existent entre leurs malheurs et ceux que nous avons éprouvés, ou que nous pouvons craindre.

Nous ne sommes jamais si peu occupés de l'adversité d'autrui, qu'au moment où nous en sommes frappés nous-mêmes : c'est que nous nous aimons exclusivement à tout.

Conduite. Nous jugeons assez sainement la conduite des autres, et nous ne savons pas nous conduire. Nous leur reprochons amèrement des fautes que nous commettons tous les jours. Nous attribuons leurs revers à leur imprudence, et les nôtres à l'infortune.

Conquérans. L'amour des conquêtes ressemble à l'ivresse. Elle devient une soif inextinguible. Le conquérant, qui n'est que cela, compte pour rien le meurtre, l'injustice, la dévastation. Ses flatteurs le louent, son peuple pleure. Tels furent Attila, Gengis-Kan, Tamerlan. Alexandre protégea les arts, bâtit des villes, ranima le commerce : la postérité lui pardonne ses conquêtes.

Cour. L'usage du monde et l'art de se maintenir à la cour, n'ont rien de commun. L'homme de Paris, le plus fin, sera un pauvre courtisan, parce qu'il est à peu près en paix à la ville, qu'il vivra dans un état de guerre continuel à la cour, et qu'il ne connaît pas le terrain où il doit combattre.

A Paris, il suffit de se montrer toujours dans la société ce qu'on a voulu y être toujours. A la cour, il faut paraître tel que chaque circonstance l'exige. Dans le monde, il faut garder son masque; à la cour, il faut craindre de n'en pas changer assez.

A la cour et à la ville, les motifs sont les mêmes; mais les objets et les moyens sont différens.

L'homme sensé regarde la cour comme un pays étranger, la ville comme un lieu de séjour, la campagne comme un asile.

On ne va pas souvent de la campagne à la cour. On revient quelquefois de la cour à la campagne, et très-rarement de la cour à la ville.

Pour être considéré à la cour, il faut ne rien demander, ou tout obtenir.

Courtisans. Pénétrer tout le monde, être impénétrable, voilà en deux mots l'art du courtisan. Soutenir ce personnage, est son chef-d'œuvre.

Il y a cette différence entre le philosophe et le courtisan, que le premier cherche ses défauts pour s'en corriger, et que le second ne veut s'apercevoir des siens que pour les dissimuler mieux ; que l'un fait servir ses vertus à son bonheur, que l'autre fait tourner jusqu'à ses défauts au profit de sa fortune ; que l'ambition fait tout entreprendre à celui-là ; que la philosophie fait tout abandonner à celui-ci.

La faveur du courtisan qui sert indistinctement tous les goûts de son maître, est plus brillante et plus sûre que celle du ministre qui ne sert que le souverain ; mais celle-ci est plus honorable. L'un n'est que l'homme du prince, l'autre est celui de l'État.

Le courtisan disgracié se console rarement, parce qu'il n'a pas un ami.

CRÉATION. Les bonnes gens parlent d'une création, comme s'ils en eussent été témoins oculaires. Les sceptiques parlent de l'éternité de la matière, comme s'ils existaient de toute éternité. Qu'importe qu'il y ait eu, ou non, un commencement ? Être intelligent et raisonnable, utilise ta vie !

DISPUTE. La dispute est à l'esprit ce que l'acier est au caillou, dont il tire des étincelles. L'étincelle disparaît ; les argumens s'oublient.

Douceur. La douceur est aussi souvent l'effet de l'indolence, que celui de la bonté.

Éducation. Chacun parle éducation, chacun a un système d'éducation; chacun a le meilleur possible. Pourquoi donc tant d'enfans si mal élevés? Pourquoi les talens unis à la futilité; de grands moyens anéantis sous des vices? Pourquoi quelques gens estimables qui ne doivent rien à leur éducation? C'est que la nature fait les hommes; l'éducation polit ou gâte son ouvrage. Chez un peuple corrompu, l'enfant le plus heureux est celui qu'on abandonne à lui-même, s'il n'a pas de mauvais exemples sous les yeux.

Éloquence. L'éloquence est un talent souvent pernicieux, quelquefois utile, et toujours agréable. L'éloquence est un piége qui entraîne le faible au-delà de ses moyens; c'est un levier puissant qui ranime l'énergie d'un peuple libre. Aujourd'hui, c'est un jeu d'esprit et de calcul.

Tout ce qui flatte attire. On suit jusqu'à un prédicateur éloquent, non pour faire ce qu'il dira, mais pour l'entendre dire.

Emplois. Pas d'homme médiocre qui ne prétende aux grands emplois, et qui n'y parvienne à force de tenacité. On veut se défaire d'un importun, et le moyen le plus court est de le satisfaire.

Cet homme remplit mal ses fonctions. On devait le prévoir, et on le punit de la condescendance qu'il ne méritait pas ; mais qu'on pouvait lui refuser.

On intrigue pour obtenir un emploi, comme s'il s'agissait d'un bénéfice simple. On se plaint du travail qu'il exige après l'avoir obtenu, comme si la société devait quelque chose à celui qui ne veut rien faire pour elle.

On envie une place qui donne un équipage, et on ne se doute pas que les soucis occupent le fond du carrosse.

Émulation. L'émulation est utile comme certains remèdes extraits des poisons. Fille de l'envie, elle en prend la noirceur, quand elle n'est pas adoucie par l'honnêteté et la délicatesse.

On veut que les enfans aient de l'émulation. Le vaincu cache sa haine ; elle augmente si le vainqueur triomphe avec orgueil.

Ne dites pas aux hommes : Regardez vos concurrens. Dites-leur : Regardez votre but.

Entendement. L'entendement est une qualité de l'ame qui lui permet de saisir plusieurs objets à la fois. Il est à l'ame ce que les yeux sont au corps.

Esprit. Rien de si commun que l'esprit, par conséquent rien de moins estimé, et cependant nous courons tous après celui que nous n'avons pas.

Quelques hommes d'esprit feraient le charme d'une société nombreuse, s'ils n'avaient pas chacun la prétention de briller exclusivement.

Un trait d'esprit est un météore qui plaît dans l'obscurité. Les éclairs multipliés fatiguent la vue, et on se lasse de trop d'esprit, comme de tout ce qui est affecté.

L'esprit de saillie est plus brillant que solide. L'esprit de conduite est plus nécessaire qu'agréable. L'esprit philosophique est bon aux autres et à soi.

Parler, pour faire parler un sot et l'humilier, c'est se mettre au-dessous de lui. C'est attaquer un homme nu, armé de pied en cap.

Si tous les sots se condamnaient au silence, il y aurait moins de ce qu'on appelle esprit dans la société. Qui en tiendrait lieu? Le bon sens. La société y perdrait-elle?

Un péril grave est attaché au rôle de plaisant: c'est de devenir un homme sans conséquence.

Celui qui n'a qu'une sorte d'esprit, dit La Rochefoucauld, n'a point d'esprit. Il est vrai que celui-là ne peut embrasser qu'un objet, ne peut acquérir qu'un talent; mais souvent il y excelle.

Les esprits ont leur tempérament moral, aussi difficile à connaître que le tempérament physique. Ainsi on voit un même raisonnement porter la vérité dans l'esprit de l'un, l'incertitude ou l'erreur dans celui de l'autre, comme un remède guérit ou tue celui à qui on le donne.

Esprit fort. Cette qualification, qui a dû être un éloge, ne s'emploie plus que dans un sens défavorable. Il est plus facile de dénigrer un esprit énergique, que de monter à son niveau. Il est plus commode de le persécuter, de le perdre, que de le combattre.

L'esprit fort avance des choses ; on lui répond par des mots.

L'esprit fort n'a d'opinion que sur ce qui est accessible à ses sens. Il nie le reste, et plaint ceux qui prononcent sur ce dont ils n'ont pas d'idée. Il ne persécute jamais.

Estime. Nous prétendons tous à l'estime, parce que nous sentons tous le besoin d'être estimés.

Par une fatale conséquence du principe, chacun se renferme dans la classe où il peut prétendre à ce bienfait. L'escroc vit avec des banqueroutiers ; l'hypocrite avec des charlatans ; la femme galante se rapproche des filles perdues. Cartouche était estimé de sa troupe.

L'honnête homme fait tout pour obtenir de l'estime, et il est souvent réduit à se consoler avec lui-même de l'injustice de ses contemporains.

États. Les états se forment comme les îles dans la mer, et disparaissent de même.

Si le gouvernement le plus parfait est celui où les têtes sont sans cesse en fermentation, le meilleur des gouvernemens est le républicain. Si la tranquillité publique, la sûreté des citoyens, sont les effets d'une sage administration, le meilleur des gouvernemens est le monarchique.

Louis XI fut un tyran. La haute noblesse

souffrit sous son règne; mais le peuple fut heureux.

Les révolutions ressemblent aux convulsions d'un malade fortement constitué. Il résiste aux premières, il s'affaiblit et succombe.

Il faudrait un hasard bien extraordinaire pour qu'une maison renversée se trouvât rebâtie à neuf, et c'est ce qu'on attend des révolutions.

Elles offrent pourtant un avantage : elles mettent les grands hommes à leur place.

Étendre ses états par de vastes conquêtes, c'est s'affaiblir des braves que l'on perd et du terrain que l'on gagne.

Il serait chimérique de se flatter de distraire les hommes de leur intérêt particulier, au point de ne les occuper que de l'intérêt général : ce fut une des erreurs de notre révolution. Il faut les convaincre que concilier ces deux intérêts, c'est les servir l'un et l'autre, et que les diviser, c'est les trahir également.

Le peuple le plus riche en numéraire n'est pas le plus puissant : l'opulence tombe avec les moyens qui la procurent. L'état vraiment riche et redoutable est celui qui possède une population nombreuse, des grains, du fer, et des lois sages.

Un souverain doit connaître le caractère de la nation qu'il gouverne. Les meilleures lois ne sont pas celles qui paraissent les plus sages, mais celles qui ont le plus d'analogie avec le peuple auquel on les destine.

Les vices sont un chancre rongeur qui insensiblement détruit tout. Le gouvernement ne peut leur opposer trop d'activité. Tout est perdu, quand on entend dire de tel ou tel vice : C'est celui des honnêtes gens.

Exagération. L'exagération tient également de la méchanceté et de la flatterie. Un esprit faux exagère tout, et juge toujours mal. L'esprit de Geoffroi est méchant, flatteur et faux : aussi tombe-t-il dans le discrédit.

Exagérer le mérite de quelqu'un est une ruse du mensonge pour dérober quelque chose à la vérité.

Il n'est permis d'exagérer que les bienfaits qu'on a reçus.

Expérience. L'expérience est la seule démonstration qu'on puisse opposer au témoignage des sens. Le raisonnement la contredit quelquefois; mais lorsque le raisonnement ne prouve pas une erreur, il faut s'en tenir à l'expérience.

L'expérience n'est pour l'ignorant qu'une lumière vacillante et trompeuse. Le savant seul en profite.

L'expérience de la vie ne se communique pas. On a dit avec raison : L'expérience des pères est perdue pour les enfans.

Extérieur. L'extérieur et le moment produisent les goûts, les antipathies, les caprices. Un autre instant, une autre manière de voir, changent tout.

L'air froid et l'air haut se ressemblent tellement, que souvent on les prend l'un pour l'autre. Cet air repousse ceux qui vous approchent. La seule intimité peut détruire cette première impression ; mais dans le monde, a-t-on le temps de s'étudier ? On juge sur l'extérieur ; on veut être jugé de même.

Un homme naturellement froid ne doit se livrer à la société qu'avec la plus grande réserve. Peu à peu on s'accoutume à le voir ; il gagne à se faire connaître. C'est un mur qu'il faut rompre. L'est-il, on s'en trouve bien réciproquement, parce que le cœur a en plus ce qu'il exhale en moins. C'est le feu porté de la circonférence au centre. Dans la plupart des hommes, il est porté du centre à la circonférence.

Faste. Bien des gens croient ajouter à leur grandeur ce qu'ils ajoutent à leur faste. S'ils pensaient à la multitude de ceux dont ils ont besoin pour élever cet échafaudage de grandeur apparente, ils se trouveraient bien petits.

Est-il étonnant que tant de gens placent leur mérite dans leur faste ? Il est si commode d'avoir du mérite pour de l'argent !

Les petits font, par ostentation, ce que les grands se croient obligés de faire par état. Cette chimère de devoirs d'état ruine plus de familles, que n'en peut enrichir le souverain le plus opulent.

Fatuité. La société rit d'un fat, le sage le plaint, le sot l'admire.

Femmes. Ceux qui disent toujours du bien des femmes, ne les connaissent pas assez. Ceux qui en disent toujours du mal, ne les connaissent pas du tout.

Nous croyons avoir de l'empire sur les femmes. Nous voyons enfin que nous perdons près d'elles jusqu'à l'empire que nous avions sur nous.

On accorde aux femmes la finesse de l'esprit et celle des perceptions, comme des effets nécessaires de la délicatesse de leurs organes. On leur refuse le courage, la prudence, et presque le jugement. Leur éducation, et nos préjugés seuls, les placent aussi bas. L'homme, naturellement orgueilleux, croit s'élever à mesure qu'ils les abaisse. Insensés! rendons-leur justice. Ne voit-on pas des femmes soutenir des évènemens désastreux, braver des périls, penser, parler, agir avec la force, la constance, la présence d'esprit que s'attribuent exclusivement les hommes, et qu'ils sont loin d'avoir toujours?

Aimons, estimons, honorons les femmes. Nous leur devons l'existence; elles guident nos premiers pas, elles font le charme de notre vie, elles consolent notre vieillesse, elles nous aident à mourir.

Fierté. La fierté prouve également la grandeur d'ame ou la sottise. Rien ne l'excuse dans un sot.

On la supporte dans l'homme de mérite que l'adversité poursuit.

Flatterie. La flatterie ressemble à un arbre qui séduit par sa beauté, et qui ne donne que des fruits pourris. Un flatteur est le plus vil des êtres. Fier et rempant, adroit et dissimulé, il ne dit jamais ce qu'il pense, et il a le talent funeste d'ériger les vices en vertus. Ennemi des gens de bien, par défiance, il l'est aussi du maître, par esprit de calcul. Que lui importe le maître? il ne tient qu'aux bienfaits. Gorgez-le d'or, et il verra avec indifférence la chute de son bienfaiteur.

Tous les princes ont pour eux l'exemple de leurs prédécesseurs, et tous sont plus ou moins dupes des flateurs.

Frivolité. La frivolité et les grandes conceptions ne s'allient pas dans une même tête. Les gens frivoles donnent le ton; les têtes fortes dominent.

Fortune. C'est l'idole à laquelle la plupart des hommes sacrifient tout, jusqu'à l'honneur.

On se croit riche, parce qu'on a beaucoup d'or. Il n'est de richesse réelle, que par l'usage qu'on en fait.

Autrefois, celui qui hésitait entre l'honneur et la fortune, se déshonorait. On ne savait trop, pendant le dernier siècle, lequel est préférable. Celui-ci a décidé la question.

Telles gens placent la félicité dans une opulence

à laquelle ils ne peuvent atteindre. Ils sont malheureux par la manie de regarder toujours au-dessus d'eux.

L'artisan occupé n'a pas le loisir d'être ambitieux. Il dort d'un sommeil paisible entre sa femme et ses enfans. Il se lève gaîment pour recommencer sa tâche, et retrouver les jouissances de la veille.

La pauvreté est un malheur réel, et souvent elle fait envie. D'heureux coupables poursuivent l'honnête homme indigent. Ils veulent le dégrader, pour s'épargner le spectacle de sa gloire, qui les appauvrirait enfin de tout ce qu'ils possèdent.

Génie. On peut se faire une réputation d'esprit, en cultivant son entendement. Le génie ne veut pas de culture. Elle le gêne, elle l'étouffe. Il brille de son seul éclat, et se montre dès le premier moment ce qu'il sera toujours.

Les gens d'esprit ont l'art des détails; l'homme de génie les dédaigne. Il voit tout en grand, et reste inutile, si les circonstances ne le mettent pas à sa place.

L'esprit a fait la Métromanie; le génie a créé Cinna.

On a le génie propre à une chose; on en conclut qu'on est homme de génie, et on se trompe. Charles XII avait le génie de la guerre, Mazarin celui des affaires, Boileau celui de la poésie. Périclès, César, Richelieu, Pierre-le-Grand, Montesquieu, Voltaire, étaient des génies.

Gloire. La gloire dépend du succès; le succès dépend du génie et de la conduite. L'orgueil accuse la fortune de ses revers.

Grands. La grandeur importune, fatigue, blesse le peuple. Il s'en venge ordinairement par la haine, et croit rapprocher les distances, s'il a le droit d'y joindre le mépris. Beaucoup de grands ne connaissent de la grandeur qu'un fardeau au-dessus de leurs forces.

Ce n'est pas l'homme de mérite que les grands aiment à protéger; c'est l'homme qui les amuse, ou qui est leur complaisant.

Un grand court la ville en frac, pour n'être pas reconnu. On ne l'y connaît pas davantage sous son habit brodé. Tout le monde connaissait Sully.

Exiger la perfection dans un grand, serait se venger trop cruellement de son élévation. Il est estimable, si l'opulence et la grandeur n'ont rien ajouté aux faiblesses qui lui sont communes avec le vulgaire.

Grands hommes. Le courage et des circonstances heureuses font les héros. Le génie, les talens et les vertus font les grands hommes.

Un héros bat les ennemis. Un grand homme administre, comprime les factions, triomphe des ennemis et de lui-même.

Les grands hommes ressemblent aux corps célestes : leur influence s'étend partout.

Les courtisans empruntent leur éclat de la faveur du prince ; le grand homme ne doit rien qu'à lui.

GUERRE. La guerre n'est pas toujours un mal réel pour un état. Elle est quelquefois l'unique remède aux troubles qui le déchirent.

Elle le purge des oisifs, toujours dangereux ; elle entretient le courage et la discipline ; elle suspend les effets du luxe, et ramène la simplicité des mœurs. On peut la comparer, si elle dure peu, à la neige qui tue les insectes, et rend à la terre de nouvelles facultés.

On ne commet pas impunément deux fautes de suite à la guerre. La première décide souvent de l'homme et de la chose.

Une guerre injuste est un attentat contre le genre humain. Le citoyen qui refuse son bras à la patrie menacée, est parricide.

HAINE. On ne hait pas celui qu'on méprise. On hait l'homme dont les qualités balancent celles qu'on croit avoir, et dont les prétentions sont en opposition avec celles qu'on a.

Si on rapprochait deux personnes qui se haïssent et s'estiment, ou qui n'ont cessé de s'estimer que sur de légères préventions, les préventions et la haine s'évanouiraient bientôt, parce qu'entre deux hommes estimables, la haine elle-même n'est qu'une prévention.

Souvent la haine et l'amitié se touchent. La première peut disparaître devant le flambeau de la vérité.

Homme. L'homme est né méchant. Il ne faut, pour s'en convaincre, qu'examiner un enfant. Son plus grand plaisir est de détruire, et il se venge, sur ses joujoux, du mal que sa faiblesse ne lui permet pas de faire aux individus.

Les hommes sont comme les mots, on ne les met pas toujours à leur place. Ils valent trop ou trop peu pour ce à quoi on les emploie.

L'homme naît-il avec des penchans décidés ? Sans doute. Est-il maître de les vaincre avec du courage et de la persévérance? C'est un problême que la vie de Socrate a résolu.

L'homme serait heureux dans l'état de nature, car ses vrais besoins le mèneraient au plaisir. La chaîne de ses maux se compose des besoins qu'il s'est faits.

Il serait plus sûr de voir les hommes tels qu'ils sont ; il est plus agréable de les voir tels qu'ils veulent paraître.

Vouloir bien connaître les hommes, c'est se préparer des dégoûts. Cette étude doit conduire à l'insensibilité, et même à la misanthropie.

Ce qu'a de mieux à faire celui qui a approfondi le moral de l'homme, c'est de jouir de tout, et de ne s'attacher à rien.

L'étude de soi-même est plus cruelle encore. Son amertume est celle des plantes médicinales.

Leur goût révolte; ce n'est pas même sans douleur qu'elles entraînent les causes de la maladie; mais elles guérissent. Les remèdes doux, au contraire, irritent, provoquent, et augmentent le mal.

On demande quel est l'état le plus fâcheux où l'homme puisse se trouver. C'est, dira l'un, de réunir une vieillesse imbécille à l'extrême pauvreté. C'est, assurera l'autre, de souffrir à la fois les maux du corps et de l'esprit. C'est, je crois, de n'avoir aucun souvenir qui flatte l'ame, et qui la console, en la reportant sur la carrière qui va s'évanouir.

Les lois générales de la nature suffisent à la reproduction et à la conservation de ses ouvrages. Tous les hommes s'y soumettent. Celui qui s'occupe sans cesse à déranger l'ordre public, et à s'y soustraire lui-même, prouve-t-il l'excellence, ou la perversité de son être?

L'homme passe une partie de sa vie au-dedans de lui-même, et la plus grande partie du temps à s'applaudir. C'est qu'il est deux mesures d'après lesquelles il se juge. L'orgueil tient l'une et la présente continuellement; la raison attend qu'on lui demande l'autre.

L'homme se détache de ce qu'il possède, pour désirer ce qu'il n'a pas. En conclura-t-on qu'il soit inconstant dans ses désirs? Non, mais qu'il est insatiable.

Le goût de la propriété est une de nos chimères. L'homme passe, et tout reste. Les propriétés réelles sont la force, la santé, la paix du cœur. Avec ces biens, des millions d'hommes, qui n'ont pas un pouce de terre, arrivent gaiment au terme de la vie. Lucien fait parler un champ dans une de ses épigrammes. J'étais, dit-il, le champ d'Achœmenides; aujourd'hui je suis le champ de Ménippe. Celui-là crut me posséder, celui-ci se persuade la même chose : j'appartiens à la fortune.

On prononce que les hommes sont ce qu'ils ont toujours été, et ce qu'ils seront toujours. Horace ne trouve-t-il pas dans la cour d'Alcinoüs, décrite par Homère, les mœurs romaines de son siècle? Ne retrouvons-nous pas les nôtres dans celles des Romains du siècle d'Horace? Je vous arrête. Ce sophisme ne peut faire illusion que lorsque vous comparez un peuple dégénéré à un autre peuple dégénéré. Les Romains du temps de Numa, de Camille, de Régulus, ressemblaient-ils aux Perses vaincus par Alexandre, ou même aux Romains de Caligula, de Claude et de Néron? La corruption des hommes n'est jamais générale; elle n'a donc pas sa source dans la nature; on peut donc les employer au bien comme au mal. L'esprit du gouvernement, les préjugés nationaux et l'éducation, font fermenter en eux les vices ou les vertus.

Honneur. L'honneur, dit Montesquieu, est le ressort du gouvernement monarchique, comme la vertu est celui du gouvernement républicain.

Tout s'use, tout passe. L'honneur s'éteint; les vertus disparaissent; les gouvernemens tombent.

Les révolutions retrempent les hommes. L'honneur et les vertus renaissent pour périr encore.

Il faut nécessairement de l'honneur où il n'y a pas de vertus. Il y a anarchie où on ne trouve ni l'un ni l'autre.

Il n'y a plus d'honneur, où on jure par lui à chaque instant, et sur des choses indifférentes. Profaner le mot, c'est se jouer de la chose.

L'invoquer, même sans réflexion, c'est lui rendre un hommage involontaire; c'est en reconnaître la nécessité.

Bien des gens qui se dispensent d'en avoir, en exigent dans les autres.

Hospitalité. L'exercice de l'hospitalité suppose des mœurs simples et douces. Les anciens, qui la pratiquaient, valaient-ils mieux que nous?

Certains Arabes, chez qui elle est encore en honneur, seraient-ils le premier peuple du monde? Les Nomades ont toujours du superflu, parce qu'ils ont peu de besoins. Sans cesse errans, ils retrouvent chez un voisin ce qu'ils lui ont donné la veille. Nos besoins sont toujours au-dessus de nos moyens; nous n'avons rien à donner, et nous avons supprimé l'hospitalité pour échapper au reproche d'enfreindre les devoirs.

Nous en avons conservé le nom. Nos aubergistes ne connaissent ni le mot ni la chose.

Humeur. Ce qu'on appelle humeur, n'était autrefois qu'un dérangement de la santé, qui ne nuisait qu'à l'individu. L'humeur, dans son acception actuelle, est un fléau de la société, surtout si elle part d'un homme à qui on doit des ménagemens. Quelques femmes prétendent en faire une gentillesse.

On se corrige d'avoir de l'humeur, en vivant avec quelqu'un qui en a beaucoup, ou qui n'en a point.

L'humeur mène à l'impatience, l'impatience à la colère, la colère à l'emportement, l'emportement aux excès les plus funestes. C'est le venin de l'aspic; il faut l'arrêter au moment même. S'il fait des progrès, il est mortel.

Humilité. L'humilité est une justice que se rend la bassesse. C'est une attitude qu'il faut laisser à qui est assez méprisable pour la prendre. Relever un tel être, c'est réchauffer un serpent.

Jeu. Le jeu est pour la société, ce que sont les spectacles pour une grande ville. Il y a trois heures dans la journée qu'on pourrait employer plus mal.

Que de gens sans mérite et sans occupation ne tiendraient en rien au monde, si le jeu ne leur en donnait l'entrée!

Il faut faire jouer les sots : c'est ce qu'ils font le moins sottement. A une bouillotte, d'ailleurs, tout le monde se ressemble.

Il est humiliant de perdre toujours, disent

certaines personnes. Il est bien plus humiliant de jouer toujours.

Celui qui joue gros jeu, qui ne joue que pour gagner, le joueur de profession enfin est aussi dangereux que méprisable. Tel est cependant l'empire des usages, qu'on dissimule le mépris qu'il inspire... tant qu'il a de l'argent.

Imitation. Les gens médiocres copient servilement. Les esprits supérieurs commencent par imiter, et finissent par servir de modèles.

Immortalité. On montre l'immortalité à tous ceux que leur naissance distingue du vulgaire; mais tous n'en sont pas également avides. Il en est qui trouvent la récompense dans le bien même qu'ils ont fait. Lesquels sont préférables?

Un prince a deux moyens d'arriver à l'immortalité, les conquêtes et les bienfaits. On admire le conquérant; on aime son bienfaiteur.

Les rois, les philosophes et les poètes prétendent tous à l'immortalité. C'est ce qui a produit tant de conquérans, de sectes absurdes, et de mauvais vers.

Impétuosité. L'homme impétueux est digne de pitié. La morale le corrige moins qu'elle ne le punit. Il passe sa vie à céder à son premier mouvement, à se le reprocher, à se promettre de le réprimer, et à y céder encore.

Importun. Un importun doit être un sot ou un méchant, pour ne pouvoir ou ne vouloir pas sentir combien il importune.

Un importun réussit quelquefois : on achète de ce qu'il demande, le plaisir de s'en défaire. Il est possible qu'un importun s'importune lui-même, et qu'il ne cherche quelqu'un que pour se fuir.

Indépendance. On ne voit dans l'esclavage que de la faiblesse ou du désespoir, et dans l'indépendance, que de l'aveuglement et de la férocité.

Le désir de l'indépendance est le plus grand ennemi de la liberté : il mène droit à l'esclavage.

Qui ne veut qu'être libre, a le germe des grandes vertus; qui veut se rendre indépendant, est déja vicieux.

Ingratitude. L'ingratitude est un vice double, en ce qu'elle dégrade celui qui en est atteint, et qu'elle ferme le cœur de l'homme bienfaisant.

Il faut examiner scrupuleusement, dit Cicéron, les motifs qui ont déterminé quelqu'un à nous obliger, pour régler sur eux notre reconnaissance. On est bien prêt d'être ingrat, lorsqu'on pèse ainsi le bienfait.

Justice. Tous les hommes devraient être justes, car tous exigent qu'on le soit envers eux. Pourquoi presque tous les hommes sont-ils injustes? parce qu'ils ont sur les yeux le voile des passions.

La justice qui gouverne la plupart des états n'est que l'abus de la force. Si le souverain a la main trop faible pour soutenir l'épée, elle lui échappe, et on la tourne contre lui.

Larmes. Les larmes qui expriment la tendresse, sont à l'amour ce que les pluies d'été sont aux fleurs : elles le nourrissent et le raniment

Les larmes ajoutent à la beauté, et la rendent plus touchante. Il est bien doux d'en arrêter le cours, quand on les a fait couler. Il est bien doux de rassurer ce qu'on aime, lorsqu'on n'a que de l'incertitude à détruire.

Les larmes de l'artifice n'excitent que l'indignation; mais on s'y méprend.

Il est des gens qui se font une habitude de pleurer. Les uns pleurent par faiblesse, les autres par perfidie. Les premiers cessent bientôt d'inspirer la pitié; les seconds ne trompent qu'une fois.

Livres. Nous avons une surabondance de livres, qui se succèdent comme les vagues de la mer : la dernière fait oublier celle qui l'a précédée.

Que reste-t-il d'une foule d'ouvrages imprimés depuis un siècle? Quelques volumes sauvés de l'oubli par l'homme de goût.

Luxe. Le luxe tue les républiques, parce qu'il corrompt les mœurs. Il est l'appui du trône, si l'autorité le contient dans de justes bornes. Il console quelquefois de la nécessité d'obéir, et tel qui éblouit la ville, oublie un moment qu'il est nul à la cour.

Malheur. Le malheur n'est peut-être qu'un

être de raison. Si nous avions des idées justes du bien et du mal, nous n'aurions pas sans cesse à la bouche les mots *adversité*, *bonheur*.

Ainsi, ce qui nous semble un malheur réel, relativement à nous, ne nous paraît qu'un évènement ordinaire par rapport aux autres.

On se croit malheureux pour n'avoir pas réussi dans une tentative quelconque; mais on n'avait conçu ni projets déraisonnables, ni espérance sans fondement, de quoi aurait-on à se plaindre?

La modération dans les désirs est un moyen sûr de n'être jamais malheureux. L'homme n'a pas la force d'être modéré, voilà l'unique source de son malheur.

Les gens passionnés placent le malheur dans la privation de l'objet de leurs désirs. Maîtres de ces désirs, ils maîtriseront le malheur.

Avoir des remords, perdre un objet chéri, manquer du nécessaire, souffrir des douleurs aiguës, voilà de vrais malheurs. Les autres sont presque tous des chimères, enfans de notre imagination.

On supporte assez facilement un malheur qu'on n'a pas mérité : la certitude d'être plaint en console. Le malheur que nous nous sommes attiré, ajoute le poids de l'humiliation à celui du revers.

L'adversité corrige quelquefois l'excessive vanité de gens qu'elle remet à leur place. Quelquefois aussi elle rend trop humbles ceux que la prospérité avait rendus trop vains.

Quelquefois encore elle aigrit le caractère; elle produit des accès de colère, et même de fureur. C'est l'orgueil vaincu qui se révolte. Une nouvelle infortune l'abattra sans retour, et raccourcira sa chaîne.

L'adversité conduit les esprits faibles au désespoir ou à la superstition. Elle ramène un esprit fort à la philosophie.

Il faut être bien heureusement né, pour être philosophe sans avoir été malheureux.

Il est beau, il est grand de savoir souffrir. Savoir mourir n'est rien auprès de cela. Une mort tranquille et courageuse est la récompense de quiconque a su supporter l'infortune.

Un malheur presque inévitable est d'avoir besoin du secours des autres, et tant d'amertumes précèdent et suivent les bienfaits sollicités, qu'un homme délicat balance entre la nécessité qui le presse, et une grace qu'on lui fait acheter.

Un autre malheur est d'être forcé de mépriser celui à qui on doit de la reconnaissance. Alors le meilleur moyen de se corriger d'avoir besoin des autres, est d'en avoir eu besoin.

Matière. Tout ce qui est accessible à nos sens est matière. Nos sens sont donc matière, nous sommes donc matière nous-mêmes. Tout le monde ne convient pas de cela; mais tout le monde voudrait savoir ce que c'est que le soleil, et personne ne cherche la cause qui lui fait remuer le petit doigt.

Méchans. Les méchans ont cela de commun avec les honnêtes gens, qu'ils ne peuvent être trop connus.

L'imprudence est presque toujours compagne du crime. Les honnêtes gens seraient trop à plaindre, si les méchans étaient toujours de sang-froid.

La société a aussi ses méchans. On les ménage, parce qu'on les craint. Sont-ils démasqués, ils tombent dans le mépris.

Le mépris est-il une punition suffisante pour qui a perdu une femme dans son honneur, brouillé des époux, des frères, des amis?

Mémoire. La mémoire fait quelquefois à l'esprit le tour que certains chimistes ont joué à des gens simples. Ceux-ci ont cru avoir fait l'or que les autres avaient glissé dans le creuset.

La mémoire rend quelquefois l'homme implacable. Il pardonne mal ce qu'il n'oublie point.

L'ingrat n'oublie pas le bienfait : il voudrait l'oublier.

On vend bien des choses à Paris; on y vend même de la mémoire. Il serait à désirer qu'on y vendît de l'honneur : il ne manque que cela à bien des riches. En achèteraient-ils? J'en doute.

Mépris. Mépriser les richesses, c'est ressembler au renard de La Fontaine. Le sage ne les méprise point, il les craint.

Ce n'est pas mépriser la vie que lui préférer

l'honneur : c'est estimer l'honneur ce qu'il vaut.

L'existence est un malheur pour qui ne mérite que le mépris.

Mérite. Le mérite, ainsi que l'or, a sa pierre de touche. Il y a des gens adroits en mérite comme en métaux.

Ministres. Les grands ministres ne font pas toujours les grands rois; les grands rois font presque toujours les grands ministres. Richelieu fut un grand ministre, et Louis XIII un roi ordinaire. Louis XIV fut un grand prince, et forma Louvois. Il crut former Chamillard, et se trompa.

Ceux qui approchent les ministres, cherchent sans cesse à les tromper, et ils les blâment lorsqu'ils se trompent dans leurs choix.

La connaissance des hommes est essentielle à un ministre. S'il place par recommandation, ou au hasard, il se trompera souvent. Il doit chercher à connaître aujourd'hui ceux dont, peut-être, il aura à juger demain la capacité.

Le poids des affaires publiques est un fardeau que peu de ministres savent porter. Beaucoup le déposent ou le traînent.

Un grand ministre perd rarement sa place. Le moment de sa mort, ou celui de sa disgrace, décide s'il est un grand homme.

Misanthropie. Haïr tous les hommes est une injustice pour quelques-uns, un excès de sévérité pour quelques autres, et toujours un malheur pour soi-même.

La misanthropie est fille de l'excessive probité. La probité peut donc rendre malheureux. C'est l'effet certain des extrêmes.

Fuyez la corruption, plaignez ceux qui en sont atteints, cherchez les gens vertueux. Il en est encore, puisqu'il y a tant de méchans, car ce ne sont pas leurs semblables que ceux-ci cherchent à tromper.

Modestie. La timidité et la modestie sont loin d'être la même chose. C'est l'orgueil qui rend timide, c'est l'amour-propre qui rend modeste.

Mollesse. La mollesse est au moins le sommeil des vertus.

Monde. On peut comparer le monde à un bal, où on court sans cesse les uns après les autres pour se connaître. On se plaît tant qu'on s'en tient aux agaceries; si on se démasque, on se quitte.

Le monde est une espèce de comédie, entremêlée de quelques scènes tragiques. Chacun y joue son rôle, bien ou mal; mais personne ne connaît la pièce.

Le grand usage du monde tient souvent lieu de talens, d'esprit, et même de vertus; mais lorsqu'on est forcé de causer avec soi-même, cet usage ne tient plus lieu de rien.

Morale. La morale est quelquefois le tyran de l'esprit, et presque toujours l'esclave du cœur.

Les moralistes ressemblent aux chimistes. Ils préparent des remèdes pour les autres, et s'en servent rarement.

Il s'en faut bien que tout ce qui peut se dire sur la morale ait été dit. La nature, inépuisable et variée, produit sans cesse, dans les passions des hommes, des nuances différentes, à la faveur desquelles elles cherchent à se cacher. La morale doit suivre la nature, et la saisir sur le fait.

Mort. La crainte de la mort est le seul mal qu'elle fasse éprouver. La mort est le point mathématique qui ne peut être aperçu.

Personne n'est content de son sort, et chacun craint de finir.

Pour être fondé à regretter la vie, il faudrait avoir su en jouir.

Bien des gens craignent la mort, parce qu'ils craignent la douleur : ils ne devraient craindre que d'être malades.

Le vulgaire ne s'aperçoit guère de son existence qu'au moment où il va la perdre, et ce vulgaire-là est de tous les états.

Mots. L'abus des mots, que la sottise prend pour de l'esprit, est un vernis dont se masque la nullité. Cet abus est le père du calembourg.

Beaucoup d'ouvrages, qui ne sont pas écrits en calembours, n'en sont pas meilleurs. Quelques écrivains, qui ont de la réputation, prétendent que la langue doit être esclave du génie. Qu'ils apprennent à parler celle de Racine, et le mot propre viendra se placer.

Les phrases inintelligibles sont comme des bois fourrés, à travers lesquels l'ignorance se sauve.

Musique. La déclamation est une musique vocale comme la musique vocale est une déclamation. Chacune a son harmonie; toutes deux naissent des passions, servent à les peindre, et doivent s'entr'aider mutuellement.

Grétry a prouvé la vérité de cette assertion. Personne n'a déclamé aussi heureusement que lui.

Il a ouvert une route nouvelle. Ses concurrens s'en sont écartés, et ont séduit un moment : on se laisse éblouir par des fusés volantes. Le jour reparaît; tout rentre dans le néant. Le public est revenu à Grétry.

Négociations. Les négociations sont la ressource de l'habileté contre la force.

Noblesse. La noblesse suppose la vertu, et doit être la satire vivante du vice. La noblesse était éteinte avant sa suppression. Pas de principe sans exceptions : elles étaient rares.

Des parchemins plus ou moins anciens, différens degrés de noblesse, étaient de vaines distinctions. Le degré du mérite seul distingue les hommes. Celui qui remplit ses devoirs sociaux et qui s'occupe des intérêts de la patrie, est un grand seigneur.

Aboutemir n'avait pas d'aïeux, et conquit l'Egypte. On osa lui demander un jour de quelle race il était. Voilà ma race, répondit-il en montrant ses troupes, et voilà ma généalogie, en montrant son épée.

Opinions. Les différentes opinions sont comme

les assortimens d'un magasin : chacun y prend ce qui lui plaît, sans examiner la qualité. Voilà pourquoi nous voyons des opinions si ridicules, et qui durent si peu.

Les opinions les plus importantes se communiquent souvent comme la frayeur. On n'examine pas l'objet dont on est frappé, et on s'accorde à le trouver effrayant. Le nombre des crédules grossit, et finit par devenir une autorité pour les gens qui ne raisonnent pas.

Opulence. On aurait vu la statue de Varus à côté de celle de Camille, si les Romains avaient mesuré la considération sur l'opulence. Varus alla pauvre en Syrie, et la trouva riche; il en revint riche, et la laissa pauvre. Il est des Varus dans tous les pays et dans tous les siècles.

Les biens avec lesquels on est né, n'empêchent pas de tomber dans l'indigence. Le luxe, en augmentant tous les jours, fait des riches malaisés. Ce n'est que dans l'économie que se trouve l'opulence.

Bon ordre. Il est plus facile de conserver de l'ordre dans ses affaires, que de l'y rétablir.

Celui qui a follement dissipé sa fortune, n'a aucun point sur lequel il puisse se reposer. Le passé l'étonne et l'humilie; le présent le trouble et l'embarrasse; l'avenir l'inquiète et l'épouvante.

Se résoudre à quelques privations, c'est se garantir de les supporter toutes.

Orgueil. L'orgueil est un miroir devant lequel nous faisons passer nos actions et celles des autres. Nous avons soin de ternir la glace, quand nous craignons de la trouver trop fidèle.

Si nous pensions combien nous sommes dépendans de la nature, nous aurions moins d'orgueil, et plus de reconnaissance.

Être susceptible, difficile à vivre, c'est immoler son amour-propre à son orgueil. On s'estime bien peu, quand on craint de n'être pas assez estimé.

Il n'y a point de vertus sans amour-propre. En est-il beaucoup qui s'accordent avec l'orgueil?

L'orgueil nous fait parler de nos bonnes actions. Quelquefois la joie de les avoir faites trahit notre secret. L'un semble dire : Voyez ce qu'il m'en coûte à faire le bien, et l'autre : Jugez par le plaisir que j'éprouve, de tout le bien que je voudrais faire encore.

Il est peut-être plus facile de se corriger d'un défaut, que d'acquérir une vertu. C'est qu'en se corrigeant, on se croit au-dessus de celui à qui le défaut reste, et qu'en acquérant une vertu, on se voit tout au plus à côté de son modèle.

L'orgueil, qu'une vérité dure révolte, entend mal ses intérêts : exiger des ménagemens, c'est avouer sa faiblesse.

L'orgueil exige tout de la soumission des autres : l'amour-propre ne veut rien obtenir que de l'examen.

Notre orgueil est à celui des autres, comme un grain de poudre est à ceux qui l'environnent : il les embrase tous au moment où il s'enflamme.

Notre propre orgueil nous rend celui des autres insupportable, et c'est un double motif pour nous en corriger. Triomphons du nôtre; nous ne blesserons personne, et nous serons hors d'atteinte.

L'orgueil et la méchanceté croissent dans le cœur de certains dévots, en raison des dehors d'humilité et de charité qu'ils affectent.

Disputer avec aigreur, décider impérieusement, rejeter les objections au lieu de les résoudre, c'est prouver que l'amour-propre cherche moins l'honneur d'avoir raison, que l'orgueil ne craint la honte d'avoir tort.

L'orgueil est la source de presque tous nos vices. On le sait, on le dit aux autres; on se le déguise à soi-même. Rien de si commun que le précepte; rien de si rare que de s'en faire l'application.

Ostentation. L'ostentation est la volupté de l'orgueil. Elle n'est qu'un ridicule qui se montre nu.

Passions. Les passions sont à l'homme ce que le soleil est aux plantes. Un soleil trop ardent dessèche ce que des rayons plus doux eussent vivifié. Les passions violentes dessèchent l'ame; les passions modérées lui communiquent une activité, une chaleur utiles.

Les passions excessives font sur l'ame l'effet des ventouses sur la peau : elles la boursouflent, pour ainsi dire. Lorsque l'action cesse, l'ame, ainsi que la peau, retombe, et reste long-temps flétrie.

L'adversité seule agit puissamment contre les passions. L'amour-propre alors se les immole, pour n'en pas devenir la victime.

Patience. La patience est, ou le triomphe de la raison, ou la langueur de l'indolence, ou la dextérité de la ruse.

Quand la patience n'est pas l'effet de la raison, elle est celui d'un excès d'orgueil, ou d'un excès de bassesse.

On affecte de la patience pour humilier ceux qui en manquent, ou ceux qui veulent nous en faire manquer.

La patience est vertu dans un philosophe, et nécessité dans un courtisan.

Patriotisme. Le patriotisme est l'idole du républicain, une vertu rare dans une monarchie, un être de raison sous le despotisme.

En révolution, le patriotisme est, pour certaines gens, un masque sous lequel ils arrivent à la fortune et aux grands emplois.

Quand la tourmente révolutionnaire cesse, on reconnaît le patriote pur : il est resté à sa place.

Perfection. La perfection est sur la cime d'une montagne escarpée. A son aspect, l'homme borné ou indolent s'étonne et s'arrête. L'homme d'esprit fait quelques pas, et bientôt rétrograde ou tombe.

Le sage seul suit le sentier que lui trace la vertu. La prudence l'y soutient. Éclairé par l'une, soutenu par l'autre, il avance lentement, mais sans interruption. S'il trouve un endroit difficile, il s'efforce de le franchir. Si la pente devient plus douce, il respire et ne s'arrête pas. Enfin il voit le but, il va y toucher, il chancelle, il meurt. Un pas de plus, et il arrivait. La vertu pleure, et revient s'offrir pour guide ; mais a-t-elle conduit quelqu'un plus loin ?

PERSUASION. Il est quelquefois plus aisé de convaincre que de persuader. La conviction est accablante, mais elle agit vivement. La persuasion est lente, mais douce : c'est la lyre d'Amphion, qui bâtit les murs de Thèbes.

PEUPLE. Quelquefois un esprit de vertige souffle sur une nation, comme on voit, dans certains parages, s'élever tout à coup des vents qu'on n'y connaissait pas. Alors les rangs se confondent, comme les flots dans une tempête. Les systèmes prennent les couleurs de la vérité, comme les récifs, dans les ténèbres, paraissent quelquefois un asile. On s'agite, on se tourmente, on se heurte, on enfante des projets, ainsi que dans un vaisseau sans pilote, chacun veut mettre la main au gouvernail. Les imprudens s'écrient que le vaisseau va périr. Les gens sensés, qu'on n'écoute plus, se taisent ; mais ils s'assurent de la chaloupe ; pendant que les autres s'arrachent des débris.

Le peuple ne juge que sur l'apparence. Ce ne

sont pas les honneurs, la puissance, les richesses qui lui en imposent; c'est le faste qui les annonce ou qui les suit.

Les siècles les plus féconds en grands scélérats, le sont ordinairement aussi en grands hommes. Il y a aussi des temps de faiblesse et d'épuisement chez certains peuples. Tout y devient petit, vice et vertu.

Dans ce qu'on appelle les siècles éclairés, on applaudit, on récompense les grands talens, et on néglige l'homme vertueux. Un homme de bien cependant est un modèle aussi utile qu'un excellent danseur.

Il est un peuple qui ne parle que par saillies, qui se console de tout avec une épigramme, qu'on mène avec des chansons, et chez lequel un plaisant est un personnage.

Philosophe. Juger le bien, l'aimer, le faire; attaquer sans ménagement les vices et les erreurs nuisibles, c'est être philosophe.

Il est des époques où l'astuce se fait des armes de tout, même de la philosophie. Ses adversaires s'élèvent contre elle, en affectant de confondre l'abus avec la chose, et le beau titre de philosophe devient une injure. Alors le philosophe timide se tait et se cache; le philosophe énergique se montre et parle : il est toujours philosophe.

Plaisanterie. La plaisanterie douce et légère a un charme qui la fait souvent préférer aux qualités les plus solides et les plus essentielles. C'est que le mérite n'amuse pas comme les graces; que pour accorder des récompenses il faut être juste, et que pour répandre des faveurs il ne faut qu'être grand.

Plaisir. Le plaisir est une situation de l'ame inexplicable, car telle chose procure du plaisir à l'un, et affecte péniblement l'autre.

Pourquoi les plaisirs de l'ame demandent-ils tant de variété? Un pur esprit ne doit pas s'user à sentir.

Nos plaisirs nous mettent presque toujours dans la dépendance des autres. Quelques-uns cependant sont en nous. Ne point faire le mal est pour l'ame une situation tranquille; faire le bien est sa volupté.

Le plaisir qu'on achète n'est qu'une vaine erreur. Il est même humiliant de penser qu'on s'ennuierait, si on n'avait pas de quoi payer ses fantaisies, et ces fantaisies mêmes sont humiliantes.

Les vrais plaisirs sont ceux qu'on ne doit pas à l'intérêt. Le cœur ne compte pas ceux qu'il donne, et l'intérêt les calcule.

Politesse. La politesse a remplacé la cordialité, lorsqu'on a substitué l'apparence aux vertus.

La politesse des grands envers leurs inférieurs n'est que de l'affabilité. L'amour-propre de part et d'autre en sent bien la différence. Les petits feignent de s'y tromper.

Les grands ont quelquefois une politesse si humiliante, qu'on lui préfèrerait de la brusquerie.

L'homme excessivement poli fatigue en proportion des égards que sa politesse commande.

Si le titre d'ami, que l'on prend et que l'on donne si légèrement, n'a rien de commun avec l'amitié, il dispense au moins de la politesse, et de deux espèces de fausse monnaie, il est la plus commode.

On a fait un tarif des égards qu'on accorde aux noms, aux titres, aux places, aux fortunes. Il n'y en a point encore pour les qualités personnelles. A rang égal, on ne fait pas une révérence de moins à la fatuité qu'au mérite. A indigence égale, on ne fait pas une révérence de plus à la probité qu'à la mauvaise foi.

Politique. Un peuple qui se forme, ressemble à un enfant qu'il est facile de ployer à tout; mais il ne faut pas négliger le temps de l'enfance : sa constitution, son caractère, le reste de sa vie, dépendent de son éducation. Les premiers préjugés, une fois établis, ne se détruisent plus qu'avec le peuple même qui les a reçus.

La politique est un art chez les peuples civilisés. Un peuple neuf la méprise : il n'emploie que de la franchise et du fer.

La politique des Anglais est de réunir à leurs trésors ceux de toutes les nations. L'intérêt est la base de leur gouvernement, et leur gouvernement tombera avec leurs richesses.

Préjugés. Ce qui est vrai dans un temps, cesse de l'être dans un autre, et n'est plus qu'une opinion qu'on révère par habitude.

Il faut être un grand homme, ou un grand fou, pour entreprendre de détruire les préjugés. Le grand homme n'attaque que les préjugés nuisibles ; l'insensé veut les abattre tous.

Le premier qui attaque un préjugé, et qui n'a pas en sa faveur les circonstances, et des préventions plus accréditées que le préjugé même, succombe, et laisse une tâche plus difficile à son successeur.

Pour attaquer un préjugé avec succès, il faut joindre à beaucoup de fermeté la prudence la plus éclairée. Sans ces moyens, tel qui croit détruire une erreur, ébranle la vérité.

Probité. Vertu essentielle et très-rare.

Comment la société se soutient-elle sans probité ? Comme un malade vit dans des crises continuelles. Quelles en sont les suites ? La mort pour celui-ci ; la dissolution pour l'autre.

Raison. La raison prévient les excès ; elle ne les réprime qu'à l'aide du courage.

Une victoire remportée par la raison, n'est pas le garant d'une autre victoire. Aujourd'hui vainqueurs, nous pouvons demain être vaincus. Heureux qui meurt les armes à la main, et sur son bouclier !

Raisonnement. Les hommes raisonnent moins d'après leurs principes que d'après la manière dont ils sont affectés. Souvent ils abusent du raisonnement pour justifier leurs passions.

Un raisonneur n'a souvent pas la moindre lueur de bon sens, et n'est communément qu'un sot.

Reconnaissance. L'homme vraiment généreux ne s'affecte pas de l'ingratitude, parce qu'il n'a pas besoin de reconnaissance. Il plaint les ingrats, et il aime à en faire.

La reconnaissance devrait être égale entre celui qui donne et celui qui reçoit. Procurer à quelqu'un l'occasion de faire le bien, c'est lui préparer de doux souvenirs, c'est être son bienfaiteur.

Forcée de choisir entre son bienfaiteur et son ami, l'austère vertu se décide pour la reconnaissance, et le cœur se prononce pour l'ami.

Réputation. Il est beaucoup de réputations usurpées ; il est même des gens qui en font, et qui n'en ont pas.

Un drôle répète jusqu'à satiété que Voltaire n'avait pas de génie. Ce drôle a pourtant une réputation, puisqu'on le paie pour le lire. Il est vrai que cette réputation est celle que se fait un empoisonneur.

Une bonne réputation est tôt ou tard le fruit d'une bonne conduite. Une grande réputation n'est pas toujours établie sur les vrais principes. Souvent une opération brillante éclipse une opération profonde.

Résolution. Dans toutes les circonstances, le plus mauvais parti qu'on puisse prendre, est de n'en prendre aucun.

Quelquefois une résolution audacieuse subjugue la fortune; quelquefois elle perd tout. C'est au génie à juger de ce qu'il peut entreprendre, de ce qu'il doit s'interdire.

L'homme faible laisse écouler dans l'irrésolution le moment propre au succès.

Richesses. Lorsque les richesses ont coûté le sacrifice de l'honneur, on se flatte en vain d'obtenir de la considération, en étalant ce qu'elles ont de plus somptueux. Cette pompe insultante est un témoin de plus qui atteste la vérité.

Sage. On demande si l'égalité parfaite peut exister. Oui, dans le cœur du sage. C'est là que tous les hommes sont égaux.

La connaissance de ses propres défauts n'est que l'aurore de la sagesse.

Sévérité. Ceux qui portent la sévérité jusqu'au scrupule envers les autres, sont presque toujours indulgens pour eux-mêmes jusqu'à l'aveuglement.

L'extrême pureté des mœurs doit justifier la sévérité que nous exerçons sur les autres. Sans cela, cette sévérité n'est qu'un tort de plus, qu'ils s'empressent de punir avec rigueur.

Siècles. Malheureux le siècle où il est également dangereux de connaître ou d'ignorer ses devoirs; de les remplir ou de les mépriser; d'avoir, ou non, du zèle pour le bien public, de l'amour pour le vrai, du génie pour les grandes choses. Ce siècle est celui de Néron ou de Domitien. Plus malheureux peut-être serait le siècle où le cultivateur et le commerçant seraient regardés comme des espèces d'animaux domestiques; où l'honneur, séparé de la probité, serait plus considéré qu'elle; où le luxe aurait l'audace de fouler aux pieds le mérite indigent; où l'orgueil usurperait le droit d'en imposer; où la pudeur serait un ridicule, la sincérité imprudence, le bon sens ennuyeux. Un grand homme, né dans l'un de ces siècles, doit s'attendre à la persécution ou à l'oubli. Qu'il tourne, pour ainsi dire, sur sa propre grandeur : il sera lui-même son tourbillon.

Sincérité. La langue est un étranger auquel il faut que le cœur serve toujours de guide.

L'effort qu'il faut faire pour repousser la vérité; la contraction d'esprit nécessaire pour mettre toujours le mensonge à sa place, sont la première punition de celui qui fait un art de la duplicité. Ce travail continuel produit souvent l'effet de celui de l'araignée : dès qu'on aperçoit le tissu, on se hâte de chasser l'ouvrière.

Singularité. La simplicité a ses partisans; la singularité a ses sectaires.

Autrefois un homme paraissait singulier dès qu'il était ridicule. Aujourd'hui, c'est lorsqu'il n'est pas ridicule qu'il paraît singulier.

Sobriété. Thimothée, fils de Conon, disait que

les soupers de Platon ne valaient rien le soir même, mais qu'on les trouvait excellens le lendemain matin.

Société. Les caractères se brisent, s'émoussent, s'adoucissent par le frottement continuel : tel est l'avantage de la société. Mais les nouvelles découvertes, produit ordinaire des liaisons étendues, éclairent sur le mal comme sur le bien, développent les vices comme les vertus : tel est l'inconvénient de la société.

Malgré notre dépravation, il est encore des sociétés pures, où la vertu rallie ses sujets dispersés, et que le désordre respecte.

Nous sommes à l'égard des autres, ce que les autres sont à notre égard. Faisons-leur grace, ou faisons-nous justice.

Souverains. Un prince qui règne sur des peuples courageux, doit se placer entre les lois et la justice. Il est plus facile à un souverain de se faire aimer que de se faire craindre.

Titus et Trajan honorèrent le trône. Lequel fut le plus digne de l'occuper? Trajan aimait la gloire; mais Titus aimait le genre humain. Un prince parfait serait celui qui réunirait les qualités de l'un et de l'autre.

La réputation des souverains dépend un peu de ceux qui leur succèdent. Charlemagne doit une partie de sa gloire à Louis le Débonnaire.

Démétrius de Phalère conseillait à Ptolomée d'acheter des manuscrits qui traitaient du gouvernement. Vous y trouverez, disait-il, ce que jamais courtisan n'osa dire à son maître.

Un prince qui donne avec profusion et sans choix, est un prodigue qui ruine l'état. Un prince libéral et judicieux enrichit le peuple, les particuliers et lui-même, par la création des grands hommes, le bonheur et l'amour de ses sujets.

Un roi se lasse quelquefois de régner; mais lorsqu'il devient homme, il l'est plus qu'un autre, dans quelque acception qu'on prenne ce mot.

Les hommes capables de gouverner les autres, sont plus rares qu'on ne pense. Le droit ou l'art de régner ne se ressemblent pas, et les peuples en sentent parfaitement la différence.

Les jours des souverains sont autant de feuillets de leur histoire.

Style. Il y a des gens qui préviennent en leur faveur par leur physionomie; mais il faut que leur caractère tienne ce que leur figure a promis. Il en est de même du style et du fond d'un ouvrage.

Un historien est un juge; il doit en avoir la sévérité, la délicatesse et les lumières. Le style de l'histoire doit être simple, noble et clair. Y jeter du brillant, c'est le travestir, et aujourd'hui on travestit tout. On a mis la fable en madrigaux, la tragédie en maximes, la comédie en romans, l'épigramme en vaudevilles, et le Geoffroi fait le mauvais plaisant.

Superflu. Le riche sans conduite est toujours

au-dessous du besoin. L'homme modéré, dans quelque position qu'il se trouve, peut avoir du superflu.

On aime mieux conserver un bien superflu qu'un repos nécessaire. On aime mieux acquérir un bien superflu, que la modération qui apprend à s'en passer.

Système. Chacun court après la renommée. Il est si doux de faire parler de soi! Les uns ne peuvent créer, faute de génie; les autres ne peuvent même traduire, faute de savoir les langues: on fait des systèmes. Nous avons eu l'art de procréer les Sexes à volonté, la Terre vivante, l'Explication du langage des animaux. Cent personnes lisent l'ouvrage; la moitié l'applaudissent, l'autre moitié le combattent. Si l'auteur se fût tu, il serait ignoré.

Talens. Parmi les peuples policés, la prééminence des talens est une chimère. L'Angleterre a eu Newton; nous avions eu Descartes. Montécuculli fut l'émule de Turenne, et Shakespear avait précédé Corneille. Dans un nombre égal d'années, on trouve à peu près un nombre égal de gens célèbres, chez les peuples parvenus au même degré de civilisation. Celui qui durera le plus, sera aussi celui qui en comptera le plus dans ses fastes.

Le talent de plaire est de tous les talens le plus désiré, le plus agréable, le plus profitable, le plus indéfinissable. Il emploie, il caresse les vices, les vertus, les graces, les ridicules; il fait valoir le mérite, ou il en tient lieu. La nature le donne; l'orgueil croit le posséder; l'amour-propre le cultive; la sagesse même ne le néglige pas.

Les talens agréables sont toujours de mode. Les talens utiles ne sont recherchés qu'au moment où le besoin force à s'en occuper.

Temps. Le temps s'écoule, dit-on tous les jours. La durée est fixe; c'est nous qui coulons. Chaque être occupe un point imperceptible dans le temps. La vie d'un homme se perd dans la durée de sa famille, et celle d'une nation dans la durée du monde. Le temps est une mer qui absorbe les fleuves qui se précipitent dans son sein : lui seul est invariable.

Le présent est le point mathématique imperceptible aux yeux du corps : ceux de l'esprit seuls peuvent l'apercevoir.

Travail. Travailler à éclairer son esprit, à former son cœur, à connaître les vérités utiles, à se faire des principes sûrs, à régler sa conduite, c'est vouloir jouir de la dignité de son être, et rendre sa vie utile à soi et aux autres.

La mollesse, compagne de l'opulence, énerve, enivre, rend incapable de toute application. Celui que caresse la fortune, cherche rarement la vérité. Il prend la flatterie pour elle, et s'en trouve mieux. Que lui importe de mériter l'estime, puisqu'il obtient la considération ? Pourquoi raisonnerait-il sur le vrai bonheur, puisqu'il peut acheter le plaisir ? Les sciences sont pour lui ce qu'est sa livrée : il paie les gens qui la portent.

Il ne faut pas non plus que le malaise force la plume de l'écrivain. On s'aperçoit bientôt que l'indigence passe de son foyer dans ses écrits. Ce n'est plus un homme de lettres, c'est un ouvrier à la journée, qui ne fournit que sa peine.

Tyrans. Les tyrans sont les premiers, et souvent les plus malheureux esclaves de la tyrannie. Le grand Julien, que la sottise a cru perdre de réputation, en le nommant Apostat, le grand Julien disait : « Il n'appartient qu'aux tyrans de donner leurs caprices pour règles, leur puissance pour preuve, leurs succès pour raisons. »

Vengeance. La vengeance est un breuvage affreux, dont l'ame s'enivre en déchirant ses blessures.

La vengeance, loin d'effacer l'injure, en grave le souvenir par le remords qui la suit.

Le plus sûr moyen d'oublier une injure, est de la pardonner, quand l'honneur le permet.

Se venger, c'est descendre jusqu'à l'offenseur. Lui pardonner, c'est le mettre au-dessous de soi.

Quelquefois on prend, dans un premier mouvement, le cri de l'orgueil pour celui de l'honneur, dont il emprunte la voix.

Les demi-vengeances sont aussi dangereuses que les demi-confidences.

Vérité. Ce n'est pas assez de la dire, il faut la faire aimer.

Vertus. Les vertus privées sont connues de tout le monde, dit-on ; pourquoi en parler dans un ouvrage ? C'est par de bons ouvrages qu'il faut s'efforcer d'en relever le culte. L'orgueil et l'intérêt donnent assez de vogue aux vertus qui mènent à la gloire et à la fortune.

La confiance qu'inspirent les vertus de tempérament, vaut-elle l'admiration qu'excitent les vertus acquises ? Celles-ci sont plus glorieuses : les premières sont les plus sûres.

La nature, disait un philosophe, loge le plaisir au lieu d'où elle vient de chasser la douleur : on peut en dire autant de la vertu.

Les vertus qui ne conduisent ni aux honneurs, ni aux richesses, ni à la célébrité, sont ordinairement les plus négligées, et ne sont pas les moins essentielles, ni les moins satisfaisantes.

Ceux qui veulent donner des ridicules à la vertu, ressemblent aux chiens qui aboient à la lune.

La vertu est un champ que chacun voudrait moissonner, mais que peu de gens cultivent.

Vie. La vie est un fonds dont nous ne sommes que les banquiers.

Voir et sentir, c'est être : réfléchir, c'est vivre.

Tout ce qu'on a fait pour ses passions est évanoui. Il ne reste du passé que le souvenir de ses fautes, ou du bien qu'on a fait.

Les anciens philosophes regardaient la vie comme une table à laquelle chacun vient s'asseoir successivement, sans pouvoir ni choisir, ni garder sa place.

CHAPITRE II.

L'Avocat.

« Monsieur, dit de l'Oseraie, en entrant chez
« Dupont, écoutez-moi, et réfléchissez sérieuse-
« ment ensuite au parti que vous prendrez.

« Robert est vivant, et c'est lui que vous avez
« fait mettre à Bicêtre. — j'entendrai donc tou-
« jours parler de ce fripon-là ! — Écoutez-moi,
« vous dis-je. Robert est l'opprimé, et vous savez
« quel est le fripon.

« Vous avez un procès-verbal très en règle,
« qui semble constater la mort de ce jeune homme;
« mais le nom de Robert ne se trouve porté ni
« sur les rôles d'équipage, ni sur l'état des pas-
« sagers, déposés dans les bureaux de l'amirauté;
« mais un vieux pilote et trois matelots invalides
« déposent qu'il n'y avait pas d'enfant de cet âge
« à bord, et qu'il n'est mort personne dans la
« traversée. Ainsi le capitaine du Voltigeur et
« son second sont deux faussaires.

« Deux femmes, enfermées à l'hôpital de Rouen,
« déclarent avoir voyagé avec Robert, de Paris

« au Hâvre, précisément à l'époque où vous le
« faites mourir ailleurs.

« Milord All-is-bad déclare l'avoir embarqué à
« Dieppe, et l'avoir laissé en Écosse.

« M. Cammeron, prêtre écossais, déclare l'a-
« voir gardé deux ans chez lui.

« Je déclare, moi, l'avoir recueilli à Londres,
« d'où il est parti en qualité de soldat de marine,
« pour servir sur la flotte de l'amiral Vernon.
« Son enrôlement et sa désertion sont consignés
« sur les registres de l'amirauté de Londres.

« Je l'ai depuis parfaitement reconnu à Paris,
« et je pensais à le placer avantageusement, lors-
« que vous l'avez fait arrêter.

« Voilà, monsieur, des pièces qui prouvent
« tout ce que j'avance. Voilà les armes avec les-
« quelles je vais vous attaquer, vous, le capitaine
« et son second, et vous savez où cela vous con-
« duit tous trois.

« Quant à cette pureté de mœurs à laquelle
« vous prétendez, et qui vous a fait une petite
« réputation dans le quartier Saint-Louis, elle
« tombe avec tout le reste. Madame Gorju,
« que vous connaissez bien, déclare que Désirée
« Deslandes, qui va tous les jours avec vous à
« la messe, les yeux baissés, l'air recueilli, est
« accouchée quatre fois chez elle; que vous avez
« payé tous les frais, et si cela ne prouve pas
« que vous avez été quatre fois père, vous êtes

« au moins convaincu d'avoir autorisé le désordre,
« et d'être un hyprocrite. On sait qu'un hypo-
« crite est capable de tout; ainsi vous devez ployer
« par toutes sortes de considérations.

« Je vous donne vingt-quatre heures pour vous
« déterminer. Si demain vous n'avez retiré votre
« plainte de chez le commissaire, si vous ne dé-
« clarez authentiquement que vous avez reçu des
« éclaircissemens, dont il résulte que le jeune
« homme enfermé est réellement Robert; si en-
« fin vous ne le rétablissez dans son honneur et
« dans ses droits, je vous fais pendre, vous et
« vos complices. »

De l'Oseraie se retira, et laissa Dupont et Désirée dans un embarras, dans un trouble faciles à concevoir. Dupont aimait l'argent; mais il tenait encore plus à la vie. Désirée sentait que Dupont pendu, non-seulement ne lui ferait plus d'enfans, mais cesserait de fournir aux frais de la vie douce et commode dont elle avait contracté l'habitude. Tout perdre à la fois est bien dur ! Aussi Désirée penchait à restituer à Robert l'héritage de sa mère. « Je ne rends rien, dit Du-
« pont. — Mais, monsieur, il nous restera encore
« de quoi vivre doucement. On dîne avec deux
« plats ; on se contente de vieux vin de Mâcon,
« et on fait des layettes moins brillantes. — On se
« contente, on se contente... Mademoiselle, vous
« en parlez bien à votre aise. — J'espère, mon-
« sieur, que vous ne préférez pas être pendu. —

« Oh! nous n'en sommes pas là. — Mais je ne
« vois pas comment éviter... — Ni moi non plus ;
« mais il doit y avoir des moyens... — Trouvez-
« les donc. — Je les cherche.

« Hé! parbleu, j'y suis. — Ah! voyons cela. —
« Il y a des gens adroits dans toutes les profes-
« sions. — Adroits ! — Coquins, si vous voulez :
« entre nous, il n'y a pas d'inconvénient à ap-
« peler les choses par leur nom. Je vais au Palais.
« L'avocat que j'y trouverai seul dans la grande
« salle, s'y promenant d'un air soucieux, regar-
« dant en-dessous ceux près de qui il passe, que
« ses confrères ont l'air d'éviter, cet avocat est
« mon homme. Je le consulte. — Bon. — Il re-
« tourne toute l'affaire, et la présente sous un
« jour nouveau. — Vous tirez votre bourse... —
« Mais je ne l'ouvre que lorsque je suis sûr du
« succès. »

Dupont part, arrive, regarde, cherche, et ne
voit d'abord sur les figures qui l'environnent que
la sécurité et la satisfaction. Un petit homme à
l'œil louche, à la robe usée, aux bas noirs jau-
nis, était assis dans la boutique d'un bouquiniste,
et déchirait avec les ongles son vieux bonnet
carré, en attendant qu'il pût déchirer un client.
« Le voilà, dit Dupont.

« Monsieur, j'ai une mauvaise cause... — Mon-
« sieur, j'aurai plus de mérite à la gagner. —
« Elle est importante. — Elle me rendra davan-
« tage. — Quelle qu'elle soit, vous vous en char-

« gez ? — C'est selon. — Comment ? — Il faut
« d'abord nous entendre sur les honoraires. Cette
« manière est peu usitée; mais elle prévient des
« contestations désagréables et fréquentes après
« le jugement. — Entrons chez le buvetier.

« Votre affaire est excellente, dit l'avocat, en
« finissant un poulet, qu'il avait dévoré pendant
« que Dupont narrait. — Excellente, vous croyez?
« — Détestable au fond ; excellente, parce que je
« la gagnerai. — C'est tout ce qu'il me faut. —
« Deux mille écus à l'avocat, après l'affaire arrangée, ou le prononcé du jugement. — Et si
« l'avocat perd ? — Cent louis. — Cent louis pour
« avoir perdu une cause ! — Et mon honneur
« compromis ! — Oh ! je crois qu'à cet égard-là...
« — Pas de réflexions : on ne gagne pas les procès avec des épigrammes. Mon métier est de
« plaider, le vôtre est de payer. Cinquante louis
« à compte, et je vais faire peur à M. de l'Oseraie.
« — Mais, monsieur, cinquante louis !... — Oui,
« monsieur, cinquante louis ; j'en ai besoin, je
« les veux, vous me les donnerez, ou vous chercherez un autre avocat, et je vous réponds
« que vous n'en trouverez point. — Mais hasarder ainsi cinquante louis ! — Ne me restera-t-il
« pas cinq mille francs à gagner? Me croyez-
« vous assez imbécille pour ne pas les suivre
« opiniâtrement ? Supposez-vous qu'il me vienne
« souvent de ces affaires-là ? Mon intérêt vous
« répond de moi. — Voilà cinquante louis.

« — Votre billet pour le reste! — Comment,
« mon billet! — Les cliens et les malades se
« ressemblent : ils oublient l'avocat et le médecin,
« dès qu'ils n'ont plus besoin d'eux. Votre billet!
« — Conditionnel, au moins? — C'est juste. —
« — Le voici. — Je cours chez M. de l'Oseraie. »

« Monsieur, j'ai l'honneur de vous saluer. —
« Qu'y a-t-il pour votre service, monsieur? —
« C'est moi, monsieur, qui viens vous en rendre
« un. — Ah! ah! et lequel? — Vous êtes un
« homme respectable. — Monsieur! — Estimable.
« — Par grace... — Généralement respecté et
« estimé. — Au fait, je vous en prie. — Et il est
« de mon devoir de prévenir les désagrémens
« que vous attirera infailliblement l'affaire que
« vous vous proposez de suivre. — Ah! vous
« êtes un émissaire de Dupont. — J'ai l'honneur
« d'être avocat, et M. Dupont m'accorde sa con-
« fiance. — Je la crois bien placée. — Au fait, à
« votre tour, s'il vous plaît, monsieur.

« Vous allez assigner, imprimer un mémoire,
« me réduire à la dure nécessité de rétorquer
« vos argumens, et de les tourner contre vous.
« Réparation d'honneur, dommages et intérêts,
« frais, affiche du jugement à cent exemplaires;
« voilà, malgré le respect que je vous porte,
« quelles seront mes conclusions. — Elles sont
« folles. — Modérées. Écoutez-moi.

« Me croyez-vous assez gauche pour produire
« un procès-verbal de je ne sais quel capitaine,

« lorsque je suis convaincu que Robert ne s'est
« pas embarqué sur le Voltigeur, et que je sais
« que vous en avez la preuve ? Vous fournirai-je
« contre ma partie la plus terrible des armes ?
« Non, monsieur, je ne fais pas de ces fautes-là.
« Je me borne à combattre les déclarations des
« deux filles enfermées, de Milord All-is-bad et
« de M. Cammeron, et quoi de plus facile ? Ils
« attestent que ce jeune homme leur a dit se
« nommer Robert, et je ne conteste pas cela ;
« mais de ce qu'il a dit être Robert, s'ensuit-il
« qu'il le soit ? Ces femmes, milord et le prêtre
« ont-ils le moindre indice sur l'identité d'un
« personnage que le hasard a jeté dans leurs bras,
« loin de sa patrie, de ses parens, de ses con-
« naissances, et qui a pris le nom qui lui a plu ?
 « Pour vous, monsieur, si je suis forcé de pro-
« noncer le vôtre au barreau, j'observerai, avec
« les égards qui vous sont dus, combien il est
« difficile que vous ayez reconnu à l'âge de vingt
« ans, un jeune homme qui n'en avait que dix
« quand vous l'avez quitté. Réfléchissez au chan-
« gement qu'opèrent dix ans sur la taille, les
« formes, la figure d'un enfant, et dites-moi si
« votre témoignage est admissible. D'ailleurs,
« monsieur, vous êtes témoin unique, et vous
« connaissez le principe romain : *Testis unus,*
« *testis nullus.*
 « Et je vous demande bien pardon, monsieur,
« si en me conformant à ce qu'exigent de moi

« la probité et l'honneur, en me dévouant tout
« entier à mon client, et attaquant successive-
« ment les moyens développés dans votre mé-
« moire, je ne peux me dispenser d'observer
« que vous n'êtes mu que par un esprit de pas-
« sion. — Vous oseriez penser... — Permettez,
« monsieur. Pour éclaircir une question de droit,
« vous fouillez dans l'intérieur de votre adver-
« saire ! Vous l'attaquez dans ses mœurs ! Vous
« faites intervenir une sage-femme, qui déclare
« que M. Dupont est soupçonné de faire des en-
« fans à sa gouvernante. Quand cela serait, mon-
« sieur, ne vaut-il pas mieux qu'un homme libre
« vive avec une concubine qu'avec la femme de
« son prochain, et lorsqu'il a payé les frais de
« couches et satisfait l'accouchée, qu'a-t-on à
« lui reprocher ? Mais je nie que M. Dupont se
« soit oublié à ce point. Je prétends qu'en voi-
« lant les faiblesses de cette fille, en la secourant
« selon ses moyens, il s'est conduit d'après les
« principes d'une religion sainte et charitable, et
« je vous déclare, monsieur, que si vous refusez
« de transiger... — Transiger avec des fripons !
« — Si vous refusez de transiger, si vous atta-
« quez la réputation de M. Dupont, nous atta-
« querons la vôtre. — Sortez, insolent ! — L'une
« et l'autre sont intactes dans ce moment. Le pu-
« blic restera indécis entre vous, et celui-là per-
« dra la sienne, qui aura perdu le procès. Or,
« je viens de vous convaincre que vous le per-

« drez. — Faut-il que je vous fasse chasser? —
« Je me retire, monsieur, et je vais présenter
« requête, motivée sur quatorze ans d'absence du
« jeune Robert, et tendante à faire adjuger à
« M. Dupont la propriété absolue des biens de
« son épouse. »

De l'Oseraie, après avoir réfléchi à la tournure
que l'avocat donnait à sa défense, sentit la difficulté de gagner cette cause et le danger de
l'entreprendre. La réputation de Dupont était
usurpée sans doute ; mais elle existait. Il fallait
des faits positifs pour la renverser, et il n'y avait
que des présomptions. De l'Oseraie, succombant,
devait perdre beaucoup de sa considération, et
quel est l'homme capable de faire un tel sacrifice
à l'amitié ? J'avoue que je n'en connais pas.

L'intérêt que madame de l'Oseraie avait marqué à Robert, n'était que l'effet de sa condescendance pour son mari. Une certaine présomption,
suite ordinaire des conquêtes faciles ; l'insouciance, occasionée par des projets toujours flatteurs et toujours renaissans, lui avaient inspiré
pour ce jeune homme un éloignement décidé.
Elle combattit le cœur de son mari de tout l'ascendant qu'elle avait sur lui ; elle pressa, elle
pria, elle lui fit promettre de ne plus s'occuper
de cette affaire.

Cependant de l'Oseraie, sincèrement attaché à
Robert, se le représentait innocent, enfermé,
destiné à passer dans la captivité et l'infamie ses

plus belles années, et peut-être le reste de sa vie. Cette idée le poursuivait, l'affligeait. Placé entre un ami dont il était l'unique espoir, et une femme qu'il chérissait, et à qui il avait donné sa parole, il eût sacrifié une partie de sa fortune pour concilier ces deux sentimens, et faire triompher Robert sans se compromettre. Cependant il fallait plaider ou se taire : il ne voyait pas de terme moyen.

Il se rappela enfin que l'avocat avait parlé de transiger. Une transaction se fait sans éclat, et quelle que fût celle que voulait proposer la partie adverse, il en devait résulter plus ou moins d'avantages pour Robert. Il résolut de revoir cet homme, s'il n'avait pas encore présenté sa requête, et il lui écrivit un billet, qu'il eut grand soin de cacher à madame. Nos jolies femmes de Paris sont de petites souveraines, auxquelles on obéit par habitude, à qui on veut plaire par besoin, et qu'on ne désoblige pas impunément.

L'avocat, en parlant à de l'Oseraie, avait observé sa contenance, sa physionomie, ses gestes, et il l'avait vu irrésolu, intimidé. Il ne doutait pas, ou qu'il laissât Dupont jouir en paix, ou qu'il cherchât à s'en rapprocher pour finir à l'amiable. Il n'avait eu garde de présenter une requête, dont il n'avait parlé que pour effrayer davantage, et le billet qu'il reçut ne l'étonna point.

Il se rendit au lieu que de l'Oseraie indiquait,

bien loin de son domicile, de peur que madame n'eût connaissance de l'entrevue, comme si on savait quelque chose à Paris, même de ce qui se passe parmi les locataires de sa propre maison ; mais les bons maris sont si bons !

« A quelles réflexions nouvelles dois-je, mon-
« sieur, un rendez-vous de la part d'un homme
« qui voulait me faire chasser de chez lui ? —
« Monsieur l'avocat, nous nous sommes échappés
« l'un et l'autre, et il me semble qu'en affaires
« il faut s'attacher aux choses, et non aux mots.
« — Monsieur, cette réparation me suffit, et me
« voilà à vos ordres. » Il fallait que de l'Oseraie aimât bien Robert, pour s'exprimer ainsi avec un être qu'il méprisait complètement.

« —Vous m'avez pressenti, monsieur, sur une
« transaction, et j'ai cru qu'il peut être utile de
« connaître votre façon de penser à cet égard. —
« Monsieur, les circonstances sont un peu chan-
« gées. Mon client, furieux de vos inculpations,
« me prese vivement d'agir, et je vous avoue
« que je suis très-embarrassé sur la manière d'ac-
« corder ce que je lui dois, avec le désir de faire
« quelque chose qui vous soit agréable. — Mais
« encore, monsieur, quelles sont les propositions
« que vous comptiez me faire ? — Elles me pa-
« raissent maintenant inexécutables. — Peut-être,
« monsieur. De grace, détaillez-les-moi. — Je
« n'ai rien à vous refuser, monsieur.

« M. Dupont n'a pour héritiers que des arrière-

« petits cousins, qui demeurent dans le fond de
« la Bretagne, et qu'il n'a même jamais vus. Vous
« sentez qu'on tient peu à de tels parens. —
« Sans doute. — Ses biens propres sont plus que
« suffisans pour leur laisser quelque chose, et
« assurer à mademoiselle Désirée une existence
« heureuse et indépendante. — Après, après?
« — Je pensais donc qu'il pourrait reconnaître
« M. Robert, avec d'autant moins de répugnance,
« que vous affirmez positivement que c'est bien
« lui, et que vous êtes incapable de vous jouer
« et de votre parole, et de la fortune des parti-
« culiers. — Vous me rendez justice. — De son
« côté, M. Robert, par respect pour la mémoire
« de sa mère, et par attachement pour son époux,
« aurait laissé à M. Dupont l'usufruit de sa for-
« tune, pour sûreté de laquelle on lui aurait
« donné des hypothèques sûres. — Mais ces con-
« ditions me paraissent raisonnables. — N'est-il
« pas vrai? Votre ami est très-jeune. Il se serait
« occupé utilement quelques années encore, et il
« serait rentré dans ses biens, sans bruit, sans
« ces réclamations scandaleuses, qui ne serviraient
« ici qu'à amuser un public toujours méchant,
« si vous persistiez, monsieur, dans votre pre-
« mier dessein

« — Et qui empêche de revenir à ces idées
« sages, claires, qui concilient tous les intérêts,
« et qui sont très-préférables à un procès, dont
« l'issue est toujours incertaine? — Je vous l'ai dit

« M. Dupont est furieux. — Mais vous avez de
« l'ascendant sur lui, puisqu'il vous a donné sa
» confiance. — Si vous saviez, monsieur, combien
« un vieillard entêté est difficile à ramener ! —
« Vous avez tant de raisons à lui donner, tant
« de chances incertaines à lui mettre sous les
« yeux ! — Mais vous ne pensez pas, monsieur,
« aux démarches, aux allées, aux venues, que
« cet arrangement nécessite ; aux moyens qu'il
« faut classer dans sa tête, pour les développer
« avec adresse ; combien, pour persuader, il faut
« joindre d'éloquence à la solidité du raisonne-
« ment. — Croyez-vous, monsieur, qu'il faille tout
« cela ? — Oui, monsieur, je le crois, et alors il
« faut que je néglige mon cabinet, que je re-
« mette à quinzaine, et peut-être à un mois, des
« affaires prêtes à passer. — J'entends, monsieur ;
« vous désirez une indemnité. — Il me semble,
« monsieur, qu'elle m'est due. — Et quelles se-
« raient vos prétentions, si... — Vous savez,
« monsieur, qu'un avocat ne fixe jamais ses ho-
« noraires. — Il me paraît que cent louis... —
« C'est peu ; mais, je le répète, nous ne taxons
« jamais. — Observez, monsieur, que cent louis,
« qui ne vous suffisent point pour un mois, fe-
« raient supposer que votre profession vous rap-
« porte plus de trente mille livres par an, et votre
« mise annonce... — C'est par le talent et la pro-
« bité que brille un avocat, et le temps employé
« en toilettes est un larcin fait à ses cliens. J'avoue

« cependant que mon cabinet ne me vaut pas
« trente mille francs ; mais vous sentez, mon-
« sieur, qu'une affaire majeure doit dédommager
« de beaucoup de petites causes, qui occupent
« sans rapporter. — Hé bien, trouvez-vous que
« quatre mille francs... — Je n'ai plus rien à ob-
« jecter, monsieur. Je verrai M. Dupont, et je
« ferai ce qui sera en moi pour terminer à votre
« commune satisfaction. »

L'avocat avait eu une furieuse envie d'abuser de la facilité de M. de l'Oseraie, et de le pressurer au moins autant que Dupont ; mais son caractère lui en imposait, et il n'avait pas même pensé à prendre ses sûretés : il sentait que la parole de l'un valait au moins le billet de l'autre. Hommage involontaire que le vice rend toujours à la probité.

Il arrive chez Dupont, troublé, hors d'haleine, jouant l'affliction, le désespoir. Dupont s'inquiète, Désirée s'allarme ; l'avocat s'explique.

Il n'a pas vu son client depuis quelques jours, parce qu'il a tout préparé pour l'attaque ou la défense ; mais un incident nouveau, imprévu, terrible, déjoue toutes ces manœuvres, et rend un accommodement indispensable. Une femme, employée à la lingerie de Bicêtre, autrefois repasseuse chez madame Robert, a entendu nommer son fils. Elle l'a vu, elle lui a parlé, elle l'a interrogé ; elle l'a reconnu à une brûlure à l'épaule gauche, qu'elle baisait en l'habillant, en le déshabillant pendant son enfance. Robert a envoyé cette femme chez M. de l'Oseraie. Ils se sont concertés, ils vont se réunir, et ces deux témoins enlèveront à M. Dupont les deux tiers de son bien. L'avocat propose la transaction convenue entre lui et M. de l'Oseraie, et Dupont l'envoie au diable.

Point d'arrangement. L'avocat lui a garanti l'excellence de sa cause, il a reçu cinquante louis, il faut qu'il plaide. Qu'importe le dire de cette repasseuse? Que signifie une brûlure sur l'épaule droite ou l'épaule gauche? On brûle tous les jours des enfans en nourrice. Et puis, ce fripon-ci aura eu, n'importe comment, des renseignemens positifs sur la famille Robert, et il se sera rendu justice, en se faisant marquer d'un fer chaud par un autre coquin de son espèce. Voilà ce que doit dire, ce que doit crier l'avocat des mauvaises causes, lorsqu'il sait son métier, et surtout qu'il se fait payer aussi cher. Enfin une ouvrière de la lingerie de Bicêtre ne doit pas être incorruptible, et on la corrompra.

Dupont peut d'autant moins se prêter à un arrangement, qu'il se propose de finir honorablement avec Désirée. Cette pauvre petite l'aime passionnément, et veut tenir à lui de plus près que par les simples liens du cœur. Elle exprime le vœu bien naturel de jouir enfin des douceurs de la maternité. Le père de ses enfans partage le même désir, et veut rendre à leur mère une justice tardive et bien méritée. Il ne se laissera donc pas dépouiller d'un bien nécessaire à l'existence d'une famille nombreuse. Que Robert travaille, si on ne peut l'envoyer aux galères. Qu'est-il, après tout, que le fils d'une femme épousée par des vues d'intérêt? Balancera-t-il les droits des enfans de l'amour?

Tel est le résumé du discours de Dupont. Il demanda son consommé, son perruquier, et annonça qu'il prendrait un fiacre, pour aller à l'instant même trouver la repasseuse, faire briller l'or, la gagner. L'avocat, interdit, le regarde la bouche ouverte; la parole expire sur ses lèvres; il ne sait comment se tirer de ce pas difficile.

Un homme comme lui ne pouvait être longtemps embarrassé. Il proposa à Dupont de l'accompagner à Bicêtre, sans autre but que de l'écarter de la lingerie par quelque stratagême qu'il chercherait, et qu'il comptait bien trouver en route. Dupont lui répond qu'il n'a besoin de ses services qu'à l'audience, et que partout ailleurs il saura bien faire ses affaires lui-même. L'avocat le quitte de très-mauvaise humeur, parce que rien n'en donne autant à un fripon, que la certitude de voir sa fourberie découverte. Il sort, il marche, il invoque son imagination toujours fertile, et son génie, heureux ou malfaisant, lui suggère un échappatoire qu'il saisit avec ardeur, avec enthousiasme.

Il mangeait ordinairement dans une gargote,

rue de la Huchette, confondu avec l'écrivain famélique de la grand'salle, le porteur d'eau et le commissionnaire du coin, et parfois l'escroc et le filou, lorsqu'ils n'avaient pas de quoi dîner ailleurs. Le gargotier était un sot, soumis à sa femme, et n'ayant d'autre talent que de faire de détestables sauces. Madame avait commencé par être ravaudeuse; elle avait ensuite été entretenue par des huissiers, qui l'avaient passée à leurs recors, des bras desquels elle était tombée entre ceux du public crapuleux. Comme elle avait de l'ordre, elle avait économisé, en dix ans, une centaine de pistoles, et M. Fricoteau l'avait trouvée un excellent parti. En effet, personne ne s'entendait comme elle à faire du bœuf à la mode avec du cheval, et du vin blanc avec du poiré.

Elle avait su prendre dans tous les temps un air de décence qui la faisait passer, loin de son quartier, pour une bonne fortune, et quand elle n'était pas enluminée par un poisson d'eau-de-vie, on découvrait encore des traces de beauté, à travers les rides, qui commençaient à sillonner son visage.

L'avocat arrive chez elle en courant. « Marguerite, cent louis à gagner, à condition que tu me nourriras gratuitement pendant un mois. » Marguerite, qui les gagne à peine en deux ans, saute au cou de l'avocat, l'appelle son cher petit, son mignon, et colle à ses lèvres ses lèvres décolorées. L'avocat lui fait sa leçon, la lui répète.

Marguerite l'a compris d'abord : elle était digne d'être sa femme.

Il lui aide à faire une espèce de toilette; il court chercher un fiacre; il promet douze francs au cocher, s'il arrive à Bicêtre en trois quarts-d'heure. Le cocher répond de ses rosses; Marguerite reçoit le salaire du cocher en dépôt; elle part au galop d'un cheval boiteux et d'une jument aveugle.

Dupont, sûr de trouver sa repasseuse, n'avait pas mis la même rapidité dans sa course. Il aimait mieux arriver une demi-heure plus tard, et dépenser six francs de moins.

Marguerite n'était pas du tout étrangère au local et aux usages de Bicêtre. Plusieurs de ses amans étaient devenus commensaux de la maison, pour avoir soufflé des exploits, mauvaise habitude des huissiers d'alors, qui s'est communiquée, dit-on, jusqu'aux huissiers de nos jours. Marguerite avait conservé quelques relations avec certains porte-clefs, qui dînaient économiquement chez elle, quand ils allaient faire les messieurs à Paris. En conséquence, elle pouvait les appeler par leur nom, en obtenir un coup d'œil de bienveillance, aller et venir partout sans être observée, ce qui suffisait pour entretenir l'erreur de Dupont, et en tirer parti.

Il descend lentement de sa voiture. Il entre; on lui demande ce qu'il veut. « Voir Bicêtre », et on voit Bicêtre comme la Morgue, les Petites-Maisons, et autres spectacles dont se contentent ceux qui ne peuvent pas payer un billet chez Nicolet.

Marguerite, qui se promenait aux environs de la porte d'entrée, aperçoit un petit vieillard, aux jambes torses, au ventre en pointe, aux sourcils épais, à la face rubiconde. Il porte une perruque à bourse, un habit de ratine marron, à boutons d'or, à doublure de satin vert-pomme, et dans les plis se perd la poignée d'une épée à monture d'argent, dont la lame n'est jamais sortie du fourreau. « Voilà mes cent louis, dit Mar-
« guerite. »

Elle s'approche avec l'air d'honnêteté qu'elle affecte à propos, ainsi que j'ai eu l'honneur de vous le dire. Elle débute par une révérence, qui dispose toujours favorablement celui qui n'a pas de soupçons, et elle propose de conduire monsieur à la lingerie, qui est, dit-elle, la plus belle chose du monde.

Dupont ne sait trop que répondre. Ce n'est pas la lingerie qu'il veut voir, mais une lingère dont il n'a pas pensé à demander le nom à l'avocat : on ne saurait penser à tout.

Il balbutia, biaisa; il en vint assez gauchement à parler de l'administration de cette lingerie, du nombre des sujets qui y étaient employés, des qualités requises pour l'admission, et Marguerite, après lui avoir fait l'histoire de cinq à six femmes qu'elle n'avait jamais vues, dont elle n'avait pas même entendu parler, s'étendit sur les infortunes d'une ancienne repasseuse, très-honnête, qui gémit d'être obligée de vivre dans une telle maison, mais qui espère en sortir bientôt, par le produit infaillible d'une découverte importante.

De l'intérêt avec lequel elle s'exprime sur l'intéressante repasseuse, Dupont conclut qu'elle doit être la repasseuse elle-même, et on lui répond, avec un sourire modeste, qu'il ne s'est pas trompé.

Il amène la conversation sur le fond du métier, sur ses avantages et ses inconvéniens, sur les bonnes et mauvaises pratiques. Madame Robert est nommée entre cinquante autres par Marguerite : on ne parle plus que de madame Robert.

En parlant de la mère, on en vint naturellement au fils. La repasseuse plaignit le sort d'un jeune homme, en butte à des persécutions, qui n'ont pour objet que la spoliation de ses biens. Elle parla avec amertume et mépris de la conduite d'un beau-père barbare, qui outrageait, dans Robert, la mémoire d'une épouse dont il n'avait reçu que des marques d'amour. Cette sortie violente devait affermir la crédulité de Dupont, et en effet il trembla de ne pouvoir désarmer la vertu, qui se vouait aussi énergiquement au soutien de l'innocence.

Il se garda bien de se déclarer. Il se donna pour l'agent de ce beau-père, dont il s'efforça de justifier les procédés. Il prouva, à sa manière, que

Robert n'était qu'un imposteur, et ses preuves devaient être trouvées bonnes par Marguerite, qui voulait enfin se laisser dissuader. Elle déclara que si les choses étaient ainsi... si réellement on tendait un piége à un honnête homme... si elle avait cru trop légèrement à des apparences trompeuses, elle abandonnerait ce petit coquin à son sort,... pourvu toutefois que la reconnaissance du beau-père la mit en état de monter un petit négoce à Paris, et d'y mener une vie douce.

Dupont parla de vingt-cinq louis. La repasseuse observa qu'on ne peut faire avec cela qu'un commerce d'allumettes. Dupont proposa de doubler la somme, et la repasseuse répondit que M. de l'Oseraie envisageait la chose sous un autre point de vue que le beau-père; qu'il prenait ouvertement la défense de Robert; qu'il avait des manières très-engageantes, et que, pour une bagatelle, on ne se sépare pas d'un homme aussi généreux que respectable. Dupont fronça le sourcil; mais il allait en passer par ce que lui prescrirait Marguerite, lorsqu'une scène inattendue changea la position de tous les personnages.

Un homme assez bien mis aborda les deux interlocuteurs. « J'ai, je crois l'honneur de parler à
« M. Dupont? — Oui, monsieur, répondit celui-
« ci, après avoir un peu hésité. — Vous, ma mie,
« vous êtes bien Marguerite Fricoteau, de la rue
« de la Huchette. Suivez-moi tous les deux. —
« Mais, monsieur... — Pas de mais. — Un homme

« comme moi... — A la garde, » et la garde s'approche, et l'inconnu tire un bâton d'exempt, et Dupont et Marguerite sont remis dans les voitures qui les ont amenés, et devant et à côté d'eux sont placés des messieurs qui ne leur permettent pas de faire le moindre mouvement.

On descend à l'hôtel de la police. L'avocat y entrait, bien accompagné, et M. de l'Oseraie y arrivait dans sa voiture.

Comment ces fripons se trouvent-ils rassemblés là? Par quelle raison de l'Oseraie y est-il lui-même? C'est ce que je vais vous apprendre.

Vous savez déjà que Fricoteau n'était chez lui que le premier animal domestique. Il allait et venait, parlait ou se taisait, agissait ou non; on n'y faisait pas plus d'attention qu'au merle de madame.

En retournant la casserole, il avait remarqué la conférence particulière de sa femme avec l'avocat. Il n'avait pas eu l'indiscrétion de s'approcher; mais comme la curiosité est presqu'inséparable de la sottise, il prêtait une oreille attentive. La sottise entend mal; cependant Fricoteau avait fort bien compris que sa femme allait gagner cent louis, n'importe comment, et lorsqu'elle fut partie, il se mit à rire, à chanter, et à sauter dans sa salle enfumée.

Un traiteur qui chante et qui danse au milieu des dîneurs, au lieu de les servir, est une chose assez nouvelle. Le plus grand nombre le regardait, s'étonnait et riait ; mais un homme qui faisait semblant de dîner, lui demanda quel était le sujet de cette joie extraordinaire. Fricoteau répondit, en multipliant ses gambades, que Marguerite allait gagner cent louis. Cent louis, gagnés en une heure par Marguerite, devaient fixer l'attention de quelqu'un qui n'était pas là pour manger. Les questions se succédèrent. Fricoteau parla de Bicêtre, de fers à repasser, d'un pont d'osier, de l'avocat Goulin, et personne ne comprit rien à son galimatias. Cependant l'homme en question jugea, au nom seul de l'avocat, qu'il s'agissait de quelque friponnerie, et toujours interrogeant, toujours versant à Fricoteau, il comprit enfin qu'il fallait que Marguerite arrivât promptement à Bicêtre, et passât ventre à terre sur un pont de la rue St.-Louis. Or, comme il n'y a pas de pont dans la rue St.-Louis, que pour aller du quartier du Palais à Bicêtre, on ne passe pas par la rue St.-Louis, notre homme pensa que ce pont pouvait désigner la dupe qu'on allait faire. Il paya le mauvais vin auquel il n'avait pas touché; il courut prendre son cabriolet, caché aux environs de la gargote, et il se rendit en toute diligence dans la rue St.-Louis.

Le consommé ne s'était pas trouvé prêt, le perruquier s'était fait attendre, et mademoiselle Désirée mettait Dupont dans son fiacre, lorsque le cabriolet arriva. Il n'y avait pas de raison pour observer cette voiture plutôt qu'une autre ; mais quelques mots à l'oreille du maître, prononcés d'un air de mystère par la gouvernante, déterminèrent l'observateur. Il suivit le fiacre, et trouvant un moment favorable, il fit entrevoir au cocher le bout d'ivoire de son bâton, et lui demanda s'il savait qui il conduisait. « Monsieur Dupont. — D'où le connais-tu? — Oh! il est connu de tout le Marais. — Où le mènes-tu? — A Bicêtre. »

L'exempt ne trotte plus, il vole. Il descend chez le commissaire du quartier. Il comptait simplement envoyer une note à la police, et demander du monde : il apprend et les prétentions de Robert, et son emprisonnement, et l'intérêt que M. de l'Oseraie prend à ce jeune homme. Il proteste au commissaire que M. de l'Oseraie est incapable de protéger un imposteur; qu'il doit y avoir ici complication de friponnerie; que cette affaire a été jugée bien précipitamment, et qu'on ne peut trop se hâter de la soumettre aux lumières de monsieur le lieutenant de police. Le commissaire, susceptible d'une erreur, mais toujours disposé à la reconnaître, ne balance pas, et part. Son chef examine les pièces, réfléchit, suspend son jugement, fait prier M. de l'Oseraie de passer à l'hôtel, et n'hésite pas à s'assurer de l'avocat, déjà perdu dans l'opinion publique. Le reste vous est connu.

Les détenus parurent d'abord séparément, selon l'usage. Dupont, interrogé sur les qualités de la femme avec qui on l'avait arrêté, répondit qu'elle était attachée à la lingerie de Bicêtre. Interpellé de déclarer ce qu'il avait de commun avec cette lingère, il ne sut que répondre.

Marguerite, déjà très-mal notée à la police, fut sommée très-brusquement, et avec menaces, d'avouer ce qui l'avait déterminée à faire la lingère. Elle répondit que c'étaient les instances de l'avocat Goulin, dont elle ignorait le but.

Goulin, interrogé à son tour, nia les imputations de Marguerite. Marguerite, confrontée à Goulin, et placée entre la Salpêtrière et la vérité, répéta mot à mot ce que lui avait dit l'avocat.

Dupont, confronté aux deux autres, intimidé par l'air sévère du magistrat, et vivement poussé, avoua une partie de ses manœuvres. On lui opposa les dires et les attestations dont M. de l'Oseraie était porteur, et il fut forcé d'avouer le reste.

Le commissaire alla prendre chez lui le procès-verbal du capitaine du Voltigeur, et chez l'avocat, le billet conditionnel de quatre mille huit cents livres. Le faux de la première pièce fut prouvé par les extraits des registres de Lorient; la seconde prouvait la vénalité et la connivence de l'avocat avec Dupont. Ce billet, la séduction employée par lui pour faire escroquer cent louis par Marguerite, formèrent les charges d'un procès-verbal.

Autre procès-verbal contre madame Fricoteau,

qui a été sciemment l'instrument de l'escroquerie.

Troisième procès-verbal contre Dupont, convaincu de faux, de subornation de témoins, et de l'intention avouée de se défaire, par toutes sortes de moyens, d'un jeune homme qui l'inquiète.

Ordre expédié à Lorient d'arrêter le capitaine et son second. Enfin allait intervenir jugement du lieutenant de police, qui renverrait les coupables par-devant messieurs du Châtelet.

Il ne restait plus qu'à savoir ce qu'était réellement celui qui se disait Robert. Le témoignage de M. de l'Oseraie était d'un grand poids; cependant, comme la décision de cette question n'était pas du ressort de la police, il fut encore décidé de la renvoyer aux juges qui devaient en connaître, après toutefois avoir ordonné l'élargissement du soi-disant Robert.

Dupont tremblant, désolé, désespéré, se repentait et demandait grace. Il offrait de reconnaître Robert, de lui rendre ses biens sans condition, pourvu qu'on ne donnât pas de suite à une affaire, dont il ne pouvait plus se dissimuler les dangers.

De l'Oseraie triomphait. Il touchait au moment de recueillir le prix de ses démarches et de ses soins. Cependant quoiqu'il sentît que Dupont ne valait pas mieux que Marguerite, Goulin et le capitaine, il voyait avec peine celui qui avait été l'époux de la mère de son ami, exposé à une

peine capitale. Il représenta au lieutenant de police, qu'il ne pouvait déshonorer Dupont sans que sa honte réjaillit sur Robert; que cette faute était la seule qu'on pût reprocher à cet homme; que son aisance était le garant de sa conduite à venir, et que la société n'est intéressée à rejeter de son sein que ceux qui, par leur position, doivent continuer à la troubler; que la justice se relâche quelquefois de sa sévérité, lorsqu'il en résulte un bien, et qu'ici, avec de l'indulgence, on rétablirait un opprimé dans ses droits. De l'Oseraie reproduisit les certificats qu'il avait tirés de Rouen, d'Écosse et d'Angleterre. Il fit sentir au lieutenant de police, que bien qu'aucune des signatures ne pût répondre de l'identité, il était évident qu'un même individu avait parcouru toutes ces contrées, qu'on le suivait pas à pas jusqu'à son arrivée à Londres, où lui, de l'Oseraie, affirmait, sur son honneur, l'avoir parfaitement reconnu. « C'est parce que ces preuves sont suffisantes de-
« vant les tribunaux, ajoutait-il, que vous devez
« vous faire un mérite de corriger l'inflexibilité
« de la loi. Qu'avez-vous à faire pour être juste?
« Vous taire, et laisser agir Dupont. Pas une dé-
« marche, pas un écrit de votre part qui puisse vous
« compromettre. Qu'avez-vous, d'ailleurs, à ré-
« pondre à Dupont, qui déclare qu'il a été trompé,
« que de nouvelles lumières l'ont éclairé, qu'il
« renonce à ses poursuites, et qu'il reconnaît Ro-
« bert? Le procès-verbal du capitaine inculpe-

« t-il réellement un homme qui a pu le croire
« vrai, et à qui on ne saurait faire un crime de
« n'avoir pas été fouiller dans les registres de
« l'amirauté de Lorient ? Que reste-t-il donc
« à sa charge, rigoureusement parlant ? Son en-
« trevue avec cette lingère, qui n'est qu'un fait
« de police, que vous pouvez laisser tomber
« dans l'oubli. » Le magistrat paraissait ébranlé.

Robert était libre, et celui qui l'avait fait élargir, l'avait instruit de ce qui se passait à la police. Son premier mouvement fut à la reconnaissance. Il accourut, pressé du désir d'embrasser son ami. La scène fut vive, touchante, franche surtout. Le lieutenant de police se sentit ému, et l'homme de bien ne résiste pas à son cœur. Cependant celui-ci, toujours prudent, parla à Robert, et lui fit cent questions auxquelles il ne pouvait être préparé. Le jeune homme répondit à toutes, sans hésiter, et avec ce ton de vérité qui persuade toujours. Le magistrat enfin félicita de l'Oseraie sur sa conduite, sa persévérance, et leurs suites heureuses. Il ordonna qu'on relachât Dupont, et que l'on conduisît les autres en prison.

De l'Oseraie et Robert n'étaient pas sans un reste d'inquiétude. Dupont, maître de lui, pouvait ne pas tenir ce qu'il avait promis. Le bonhomme ne pensa pas même qu'il lui fût possible de revenir sur sa parole : il se laissa conduire. L'acte fut rédigé, signé, et Robert, qui, deux heures auparavant, n'était propriétaire que de *la Morale par Alphabet*, se trouva riche de douze mille livres de rente, qu'il ne devait qu'à la sage lenteur de son ami.

CHAPITRE III.

Le Libraire et l'Académie.

De l'Oseraie voyait avec plaisir que la position nouvelle de Robert le dispensait de le reprendre chez lui. Il sentait que la présence continuelle d'un homme qui ne plaît pas à madame, doit influer sur l'harmonie d'une maison. Il se félicitait de pouvoir accorder ce qu'il devait à l'amitié, avec les égards dont il était incapable de s'écarter envers sa femme.

Il donna à Robert d'excellens conseils sur la manière de conserver sa fortune et de se conduire dans le monde. Il l'engagea à travailler, parce qu'à vingt-trois ans, disait-il, il faut faire des folies ou des fautes, quand on ne s'occupe pas utilement. Il lui promit de le placer avantageusement, et il l'invita à le venir voir souvent *dans ses bureaux*.

La première chose que fit Robert fut d'oublier ce que de l'Oseraie venait de lui dire. Il alla se mettre en possession de ses biens, et il eut raison. Il demanda des avances à ses fermiers, et il n'eut pas tort, parce qu'il n'avait pas un sou, et qu'il devait à son ami ; mais il ne compta pas avec lui-même. Il dépensa d'abord sans réflexion, selon ses fantaisies, et voilà ce qu'il ne fallait pas faire.

Dans les intervalles d'une jouissance à une autre, M. Robert revoyait son manuscrit, changeait quelques tournures de phrases, créait un paragraphe, et finit par se croire l'auteur de la Morale par Alphabet. Il tenait plus que jamais à son projet d'entrer à l'Académie, parce qu'il faut qu'un homme aisé soit quelque chose, que les fonctions d'académicien n'ont rien de pénible, et que ce titre, mérité ou non, donne du relief dans le monde.

Il voyait de l'Oseraie une fois ou deux la semaine. Il écoutait peu, parlait beaucoup, ne disait rien, et faisait ses visites courtes. De l'Oseraie lui proposa une place qu'il lui avait ménagée à la cour d'Espagne. Cette place devait changer des habitudes qui n'étaient pas encore enracinées. Elle était agréable et facile à remplir. Robert répondit sèchement qu'il se plaisait à Paris, qu'il ne s'accommoderait pas de la gravité espagnole; il fit trois ou quatre pirouettes, sortit, et ne reparut pas.

Quand il crut avoir mis la dernière main à son ouvrage, il envoya chercher un libraire lettré. On en trouvait alors plusieurs à Paris. Je ne sais si aujourd'hui... Il présenta son manuscrit avec la confiance d'un auteur qui croit avoir fait un chef-d'œuvre. Le libraire en lut quelques articles, se frotta le front un moment, comme un homme qui cherche à se rappeler quelque chose; mais sa mémoire le trahissant, il crut s'être trompé, et il entra en matière

« Que veut faire monsieur de ce manuscrit? —
« Parbleu, monsieur, je veux le faire imprimer.
« — J'entends cela, monsieur; mais à quelles
« conditions? — Je vous avoue que cet ouvrage
« est mon début, et que je n'ai pas d'idées des
« conditions usitées. — Je vais vous mettre au
« courant, monsieur. Quand un livre porte le
« nom d'un homme célèbre, nous l'achetons. Bon
« ou mauvais, la première édition se vend. Quand
« un livre est fait par un auteur avantageusement
« connu, nous l'achetons encore, mais moitié
« moins. Quand l'auteur est tout-à-fait ignoré,
« nous n'achetons pas, parce que nous ne devons
« pas payer son introduction dans le monde lit-
« téraire; mais profiter plus tard de sa réputation,
« s'il s'en fait une. Voilà les principes généraux
« de notre commerce. — Hé bien, monsieur, vous
« n'acheterez pas. J'ai de l'argent, ainsi... — Un
« moment, monsieur. Si vous m'offriez un roman,
« un poëme un peu leste, une critique gaie et
« mordante, je hasarderais les frais d'une édition;
« mais un ouvrage moral! vous devez savoir,
« monsieur, que le public ne veut pas de cela,
« et par conséquent je ne peux... — Allons, allons,
« je paierai l'édition. — Beau papier? — Vélin. —

« Caractères ? — Ce qu'il y a de mieux : je ne sais
« comment vous les appelez. — Un frontispice?
« — Qu'est-ce que c'est qu'un frontispice ? — C'est
« une gravure en tête d'un ouvrage. — Oui, des
« gravures partout. — Des fleurons, des vignettes?
« — Oui, oui, — Faits par les meilleurs maîtres?
« — Sans doute. — Vous mettez votre nom? —
« Comment, si je le mets! Robert, Robert, en-
« tendez-vous, en lettres majuscules, très-ma-
« juscules, monsieur. — Y joignez-vous quelque
« qualité? — Aspirant à l'Académie française. —
« Permettez-moi, monsieur, de vous faire obser-
« ver que l'usage n'est pas... — Pas d'observations,
« je ne les aime pas, et je me mets au-dessus de
« l'usage.

« — L'ouvrage tiré à combien? — Comment,
« tiré? — Oui, à quel nombre d'exemplaires? —
« A dix mille. — Mais, monsieur, c'est beaucoup
« trop. — Non monsieur, ce n'est pas trop. J'en
« donnerai à toute la France. — Trouvez bon que
« je réfléchisse un moment. — A quoi? — A ce que
« coûtera cette édition. — Qu'importe? — Pardon-
« nez-moi, c'est très-important. »

Le libraire tire son crayon, calcule, suppute, efface, rétablit, ajoute, augmente, et trouve enfin un total de quarante mille francs, sur lesquels vingt mille seront payés comptant, et le surplus en effets à six mois, endossés par gens connus.

Robert se récrie, le libraire insiste. Le Premier marchande, le second tient ferme. Robert a le bon esprit de réduire son édition, toujours bataillant avec le libraire, à six mille, à cinq, à trois, et enfin à deux cents exemplaires. Il s'arrange pour le prix, et passe une partie de son temps à presser dessinateurs, graveurs, imprimeur. C'est le temps de sa vie qu'il a jusqu'alors employé le moins mal.

Il regardait ses courses et ses soins comme un travail important, et il trouvait tout simple de se procurer des délassemens. L'argent qu'il avait reçu de ses fermiers diminuait sensiblement; il se rappelait l'état de misère où il était plusieurs fois tombé, et il sentait la nécessité de renoncer aux plaisirs dispendieux.

Il lui en fallait cependant. L'amour se faisait entendre d'une manière très-prononcée. C'est en effet, à cet âge, le premier besoin de la vie, et le plus doux à satisfaire, celui qu'on regrette plus tard de ne plus éprouver, et dont on aime à se souvenir, tant que le cœur conserve un reste de sensibilité. Habitué aux jouissances faciles, Robert avait essayé de l'amour qu'on achète, et l'illusion n'avait duré qu'un moment. Il s'était senti humilié de n'obtenir qu'à prix d'or ce que méritaient sa jeunesse, sa beauté et ses graces. Il pensa qu'une liaison décente lui était nécessaire, et qu'une femme jolie, spirituelle, enjouée, remplirait ces momens de vide, si fréquens et si durs pour l'homme qui a douze mille livres de rente, et même pour celui qui en a cent.

Il se rappela la limonadière de la rue Saint-Louis, et, laissant de côté les principes de vertu qui l'avaient déterminé à la garantir du vice par une chute, ne cherchant plus à s'abuser sur ses motifs, s'abandonnant de bonne foi à son cœur et à son intérêt personnel, il lui parut commode de passer ses jours entiers avec sa maîtresse, sans que personne, pas même le mari, pût le trouver mauvais. Il convenait que la dame n'avait pas l'esprit orné, mais elle était fort bien ; elle avait un certain fonds de gaîté, et quand on a de la fortune, et qu'on va entrer à l'Académie Française, on peut consentir à se borner d'ailleurs. Et puis, dès qu'il serait académicien, il se verrait recherché, fêté ; il ferait un choix digne de lui, et laisserait sa limonadière avec le souvenir du bonheur qu'il lui aurait procuré. Ainsi raisonnait Robert.

Il se met dans une brouette, et se fait rouler au marais. Il entre au café avec la confiance et l'air léger que donnent les avantages qu'il réunissait. Il se présente comme un homme sûr de vaincre, et ce ton déplaît singulièrement à la petite femme, qui aimait le péché, mais qui voulait le commettre incognito. Elle était, d'ailleurs, piquée de l'espèce d'abandon qu'elle avait éprouvé, et, entre nous, il était assez naturel qu'elle trouvât mauvais qu'après un mois d'absence, on débutât comme si on s'était vus la veille, et surtout qu'on fût au mieux ensemble. Ces manières, qui réussissent quelquefois dans un boudoir, entraînent certain inconvénient dans un café, et il n'est pas de limonadière qui s'y expose.

Celle-ci répondit avec un flegme, une dignité, qui déconcertèrent l'homme à projets. Ceux qui étaient dans le café s'amusèrent de son embarras, et il crut n'avoir rien de mieux à faire que de se retirer. Qu'ils sont loin, ces plaisirs si doux et si prompts qu'il s'était promis! *Vanitas vanitatum*!

Cependant la difficulté est l'aiguillon du désir, et ce qui n'était qu'une fantaisie, devint un goût prononcé. Robert s'aperçoit que le premier moyen de réussir auprès d'une femme, est de se couvrir du masque qu'elle adopte; je crois même que celui-là dispense de beaucoup d'autres. Il s'enferme chez lui, et se dispose à écrire une lettre bien tendre, bien respectueuse. Il va entrer dans les détails qui ont occasioné sa disparition, à cela près pourtant que la Bastille remplacera Bicêtre, parce qu'on n'aime pas à avouer qu'on a habité ce dernier château. Il prend la plume; il sera élégant, pathétique, brûlant, persuasif. Quoi de facile comme cela? Un auteur!

Il s'aperçoit bientôt que *l'esprit qu'on veut avoir, gâte celui qu'on a*, et que le sien, très-brillant en monosyllabes et en phrases coupées, n'est nullement propre à un travail un peu suivi. Cette réflexion l'afflige d'abord; mais comme il doit être lu par une femme d'un genre très-inférieur au sien, pour qui l'exagération doit être du sublime, et le galimatias du sentiment, il se console en pensant que sa lettre fera autant d'effet que si madame de Sévigné lui en eût donné le brouillon, et que si une commère ou deux sont dans la confidence, son style lui fera un honneur infini dans le quartier. Il prend courage; il écrit, il rature, il déchire, il recommence; il appose enfin son cachet sur la plus extraordinaire comme sur la plus plaisante des conceptions.

Il comptait avec raison, que l'amour-propre de la dame apaisé, la rendrait facile à ses insinuations. En effet, une femme qui se croit aimée, qui a besoin d'aimer elle-même, a bien peu de chose à objecter à l'amant dont les torts n'ont été qu'apparens. Il ne restait qu'une difficulté; c'était de déterminer la limonadière, qui se croyait offensée, à recevoir l'épître et à la lire. « Je vais
« la lui envoyer par un commissionnaire. Elle
« rompra le cachet, sans savoir quel est l'é-
« crivain, et, la première ligne lue, la curiosité
« et l'amour lui feront lire le reste. Elle sera flattée
« en secret d'entrer en commerce réglé avec un
« jeune homme comme moi, et si la pruderie com-
« bat ses désirs, qu'elle refuse de répondre à cette
« lettre, elle répondra à la seconde, et ce que j'ai
« à craindre de pis, c'est la perte d'un jour. »

D'après les dispositions de la dame, les choses auraient fort bien pu s'arranger ainsi ; mais si les enfans, les buveurs, les amans ont leur dieu, les maris ont quelquefois le leur.

En précédant un de messieurs les échevins que députait son corps vers monsieur le prévôt des marchands, le mari de la limonadière, garde de la ville, ainsi que j'ai eu l'honneur de vous le dire, s'était donné une entorse, pour avoir monté trop précipitamment l'escalier. Or, comme une entorse ne permet pas à celui qui se l'est donnée d'aller plus loin, monsieur le garde s'était assis sur son derrière, et monsieur l'échevin était entré sans être précédé de personne, ce qui l'affecta singulièrement, car il était noble depuis trois semaines.

Cependant, comme un homme qui s'est donné une entorse ne gagne rien à rester assis sur un escalier, monsieur le garde de la ville s'était fait reporter chez lui, et comme un homme obligé à rester assis, s'ennuie moins à un comptoir que dans une arrière-boutique, monsieur le garde avait prié madame son épouse de lui céder sa place, et comme madame son épouse n'était pas fâchée d'aller causer avec son cœur, sur le boulevard du temple, elle avait remis à son époux la sonnette de cuivre argenté, la pince à casser le sucre, et le journal des crédits du jour, car à Paris, et même au Marais, il faut faire crédit pour vendre. Les crédits, d'ailleurs, ont cela de bon qu'ils donnent au moins un prétexte pour faire banqueroute, les mains vides ou pleines.

Le dieu des amans n'avait pas soufflé à Robert que monsieur le garde de la ville se donnerait une entorse, et que la dame de ses pensées actuelles irait rêver à lui vis-à-vis le théâtre *des grands danseurs du roi.* Ainsi point de recommandations à faire au porteur de la séduisante épître; nulle précaution à prendre par lui. Le lourd Auvergnat entre, demande madame... je ne sais plus son nom; le mari allonge le bras, prend la lettre; le commissionnaire se retire.

Il est permis aux époux du Marais de décacheter les lettres de leurs épouses. Celui-ci ouvre... Il se frotte les yeux; il croit avoir mal lu. Il relit, il pâlit, il rougit. Il voit que s'il n'est pas... ce que vous savez, il s'en faut de si peu de chose!... et personne n'aime cela.

Il envoie un petit drôle très-intelligent, et déjà assez discret pour qu'on lui donnât sans crainte de la chicorée à moudre au lieu de café, il l'envoie au corps-de-garde de l'Arcade Saint-Jean, chercher trois ou quatre camarades d'élite. Le petit drôle les trouva faisant une partie de piquet-voleur, qu'ils avaient beaucoup de peine à quitter. Cependant, quand ils comprirent qu'il s'agissait de l'honneur du corps, ils laissèrent les cartes et le poste, et suivirent le garçon limonadier, aussi lestement que le leur permit une petite épée qui leur battait dans les jambes, parce qu'ils ne la portaient qu'*aux bons jours seulement.*

Le punch au rhum n'était alors connu qu'au café de la Régence; ainsi le confrère ne put offrir qu'une terrine d'eau-de-vie brûlée, qu'il vit accepter avec une satisfaction particulière, parce qu'il savait qu'il est nécessaire de monter les têtes pour leur faire embrasser des intérêts qui ne sont pas les leurs.

La terrine vidée, et messieurs les gardes ne voyant plus rien que leur petite épée ne dût emporter, le confrère se fit porter par eux à son entresol, où il exhiba et lut la lettre de Robert, qui mit messieurs dans une colère épouvantable.

« La chose serait inouie dans notre corps ! s'é-
« cria l'un. Perdons plutôt, s'écria l'autre, notre
« drapeau de taffetas blanc, toujours neuf, quoi-
« qu'il soit de 1701. Perdons plutôt, s'écria le
« troisième, nos charges qui nous coûtent cent
« pistoles, et qui nous donnent le droit de porter
« un habit galonné, des bas de soie rouge, et un
« plumet blanc dans le chapeau. Ne perdons rien,
« s'écria enfin le limonadier; empêchez-moi seu-
« lement de gagner. »

On se consulte sur les moyens à employer dans une conjoncture aussi délicate, et après bien des débats on arrête un plan admirable. Le plus savant répond à Robert, et le billet est confié au petit drôle, qu'on veut faire jurer d'être fidèle, et qui réplique que cela n'est pas nécessaire, parce que madame lui donne des soufflets, et monsieur des pièces de six blancs.

Le conseil de guerre rassuré par cette réponse,

le petit drôle part, et trouve Robert attendant son Auvergnat, qui ne revenait point, parce qu'il avait rencontré un arrivant de la *Limagne*, avec qui il parlait du pays, le verre à la main.

Robert, en extase, lisait, relisait le billet de sa belle. Il y avait bien par-ci par-là quelques fautes d'orthographe et de langue; mais son amour-propre ne lui permettait pas de s'y arrêter : notre dernière conquête n'est-elle pas toujours la plus flatteuse? Voyons-nous les défauts d'une femme qui ne s'est pas encore donnée? Dans l'excès de sa joie, Robert donna un louis pour boire au petit commissionnaire, et le chargea d'annoncer à madame qu'il marchait sur ses pas.

Robert se pare comme si vraiment il allait être le marié. Il parfume à l'eau de lavande chemise, mouchoir, et peut-être quelque chose encore : dans ce temps-là on mettait tout à l'eau de lavande, témoin le café de madame Geoffrin. (*)

Il sortait, se balançant le corps avec grace, caressant d'une main la pomme de son épée, jouant de l'autre avec un énorme bouquet, et le premier individu qu'il rencontre, est le petit drôle, qui l'aborde avec franchise, et qui lui dit : « Madame « me donne des taloches, et monsieur de l'argent. « Il était raisonnable que je prisse parti pour « monsieur; mais monsieur ne m'a encore donné

---

(1) Allusion à un très-joli conte de M. Guichard.

« que quatre livres dix sous en quatre mois et
« demi, et vous m'avez donné un louis en une
« minute. Il m'a paru juste de me tourner du
« côté de celui qui paie le mieux, et je suis re-
« venu sur mes pas. — Je ne te comprends pas.
« — Vous allez me comprendre. Le billet que je
« vous ai apporté n'est pas de madame. — Bah!
« — Non monsieur. Il est d'un garde de la ville...
« — Et qu'a de commun ce garde?... — Madame
« était sortie, et votre lettre a été reçue par le
« mari. — Ah! diable. — Il m'a envoyé chercher
« trois camarades, dont le plus petit a au moins
« quatre pieds onze pouces. Ils sont armés jus-
« qu'aux dents, et ils vous attendent pour vous
« faire une opération... — Quelle opération, mon
« dieu? — Je ne sais trop comment ils la nom-
« ment; mais il s'agit de retrancher quelque
« chose... — Je n'irai pas. — Vous ferez bien. —
« Que j'aie été exposé à cet accident pour la fian-
« cée de M. Corambé, pour une princesse, passe;
« mais pour la femme d'un garde de la ville, ma
« foi, ce serait trop fort. » Il donne un second
louis au petit drôle, qui s'en va en chantant, et
Robert se rappelant et madame de Chedeville,
et Zilia, Robert frémissant des dangers nouveaux auxquels l'avait exposé sa liaison impar-
faite encore avec sa limonadière, renonça une
dixième, une vingtième fois au beau sexe, et
se flatta de l'oublier chez son libraire, en s'occu-

pant exclusivement de son ouvrage, de ses gravures, de ses vignettes et de ses fleurons. Vains projets! On vous gronde, on vous querelle, on vous maudit, mesdames, et on revient à vous.

Messieurs les gardes avaient fait toutes leurs dispositions, et ils attendaient avec impatience le moment de donner un exemple terrible, propre à assurer à chacun sa propriété. Le petit drôle vint leur annoncer que le monsieur avait deviné le piége à la fermeté des caractères, à l'énergie du style, et qu'il avait déclaré n'avoir aucune envie d'un tête-à-tête masculin.

Messieurs les gardes jurèrent comme s'ils eussent été soldats; ils remirent dans le fourreau leur rouillarde, qu'ils avaient aiguisée sur les chenets, sur les pincettes, sur le cul de la terrine vide, et, poussés à la fois par la liqueur spiritueuse, par la jalousie, par une fureur martiale, ils proposèrent de former, sous le titre de *retrancheurs*, une association où seraient admis tous les maris de France, et dont ils seraient, eux, les grands dignitaires, en leur qualité de fondateurs. Il ne s'agissait de rien moins que de proscrire *portion* de tous les jeunes gens qui auraient atteint l'âge de vingt-cinq ans sans avoir femme à eux, parce que, disait le *considérant* de cet article, celui qui n'a pas femme à lui, compte sur celle de son voisin.
' Par un autre article, toutes les épouses, sans exception, devaient être averties, par une circu-

laire, de la nécessité d'être fidèles à leurs maris, si mieux elles n'aimaient dire avec Héloïse :

Couvre-moi de baisers, je rêverai le reste.

Troisième article, qui ordonnait que les jeunes gens seraient pareillement avertis de se marier tout de bon, s'ils ne voulaient être réduits à l'impossibilité de se marier autrement.

Quatrième article, qui ordonnait aux époux d'exécuter la loi sur les réfractaires, partout où ils les trouveraient.

Enfin, arrêté par lequel messieurs les fondateurs s'obligeaient à colporter les statuts de la nouvelle société chez tous les maris de leur connaissance, de chacun desquels ils tireraient la promesse positive de faire des prosélytes, plus un écu pour frais d'impression des circulaires.

On est très-chatouilleux, au Marais, sur l'article en question. Aussi les premiers maris auxquels le projet fut communiqué, le trouvèrent admirable autant que neuf. Ils remarquèrent même, avec beaucoup de sagacité, que le gouvernement leur saurait un gré infini d'avoir trouvé, contre le célibat, un moyen qu'il cherchait en vain depuis trois siècles. Cependant, un apothicaire de la rue Bourgtibourg, à qui on présenta le règlement à signer, répondit que sa femme était l'amie d'un fameux chimiste, qui ne faisait pas une découverte, qu'il n'indiquât exclusivement sa boutique. Un marchand de vin répondit que sa femme était l'amie des chefs d'une société nombreuse qui se rassemblait chez lui tous les soirs. Un huissier répondit que sa femme était l'amie d'un commis-greffier qui l'avait empêché trois fois d'être pendu. Un maître perruquier répondit que sa femme était l'amie d'un chanoine qui avait payé sa charge, et un écrivain de la grand'salle, que sa femme était l'amie d'un valet-de-chambre du premier président, qui disposait des piliers.

« Ouais, dirent messieurs les fondateurs, puis-
« que l'amitié des femmes est si utile, et si gé-
« néralement tolérée, nous serions bien dupes de
« nous fâcher de ce qui fait rire tant d'autres. Tâ-
« chons que nos femmes aient aussi des amis. Je
« crois, dit l'un, que cela n'est pas difficile. Ah !
« dit l'autre, il n'y a qu'à fermer les yeux. Pourvu
« qu'on y trouve son compte, dit le troisième.
« Cela va sans dire, ajouta le dernier », et le règlement fut jeté au feu.

Ainsi périt, dès sa naissance, une institution qui eût prévenu bien des accidens, et qui eût immortalisé le corps des gardes de la ville, dont on ne parle déja plus.

L'ouvrage de Robert allait paraître. Déja il était pompeusement annoncé dans la Gazette de France et le Mercure, les seuls journaux de ce temps-là qui fissent des annonces, et le relieur finissait de décorer une centaine d'exemplaires destinés à messieurs de l'académie, et à des gens de cour et de finance, qui seraient bien aises d'avoir dans leur bibliothèque un livre de plus, relié en veau racine et doré sur tranche.

Robert avait oublié de l'Oseraie; l'amour-propre l'en rapprocha. Il se rendit dans ses bureaux, et, après avoir imputé sa longue absence à d'immenses travaux, à de profondes méditations, il tira de dessous son habit la Morale par Alphabet, et la présenta d'un air qui exprimait à la fois la confiance et la modestie. De l'Oseraie lut quelques articles au hasard, et félicita Robert sur la justesse de ses idées, la concision et la pureté de son style. Il ne put cependant s'empêcher d'observer qu'il était inconcevable qu'on pensât aussi bien, et qu'on se conduisît aussi mal. Robert répondit qu'il n'imiterait pas certains prédicateurs qui font le contraire de ce qu'ils enseignent, et que son livre serait désormais la règle de sa conduite. Il quitta son ami, persuadé que puisqu'un homme du mérite de de l'Oseraie n'avait aucun soupçon de sa supercherie, personne ne la découvrirait.

Il expédia quarante exemplaires aux quarante de l'académie. Il en envoya à tous les grands, aux princes, au roi même. Il reçut de quelques-uns de ceux qui avaient regardé le titre et les vignettes, une lettre d'encouragement. Un Mécène lui écrivit que sa manière de classer la morale était tout-à-fait commode; que son livre serait très-utile aux enfans, et qu'il allait le recommander au recteur de l'Université. La lettre parvint dans une boîte d'or, ornée du portrait du protecteur, et Robert, qui n'avait jamais pensé à prendre du tabac, en prit dès ce moment, afin de pouvoir dire à tout le monde : Cette tabatière m'a été donnée par le comte de***, enchanté de mon ouvrage.

Messieurs de l'académie ne furent pas tout-à-fait si faciles. Ils avaient été très-choqués que M. Robert, que personne ne connaissait encore, affichât la téméraire prétention d'être agrégé à leur illustre corps, et il y avait parmi eux quelques hommes qui lisaient autre chose que des madrigaux et des poèmes érotiques. Ils découvrirent le larcin, et ils allaient le dénoncer à Fréron, lorsqu'un confrère, ignoré pendant trente ans, fit tout à coup un bruit du diable, mit en l'air tous les beaux esprits, forma des cabales, opposa coteries à coteries, et occupa tellement messieurs de l'académie, qu'ils n'eurent pas un moment à donner au petit plaisir d'humilier Robert : ce confrère venait de mourir.

Robert ne manqua pas de se mettre sur les rangs. Il prit un *remise*, et fit ses visites, car vous saurez que les visites sont la condition essentielle pour être reçu de l'académie. Qu'on ait du mérite, on n'y entre que par des visites; on y entre encore par des visites, quand on n'en a pas, et il est convenu que l'homme à talens qui a fait trois fois ses visites, et qui a été trois fois éconduit, n'est pas plus déshonoré que l'académie qui lui a préféré un grand seigneur qui n'est bon à rien.

Elle venait de nommer, et, déchargée des embarras qui précèdent toujours cette importante fonction, cette auguste compagnie ne dédaigna pas de punir le petit orgueilleux qui l'avait offensée : un article foudroyant parut dans l'Année Littéraire.

Piron déjeunait avec Collé, Gallet et quelques autres qui étaient de l'académie, ou qui n'en étaient pas. On s'égayait sur le compte du récipiendaire qui quittait, pour le fauteuil, son diocèse et la chaire de vérité. Le bon vin aiguisait l'épigramme, et la belle humeur allait toujours croissant, lorsque le garçon mit sur la table le numéro du jour. Piron, lecteur ordinaire de la société, cherchait un trait malin qui tombât sur Voltaire, et trouva l'article qui parlait de Robert, et qui fit beaucoup rire cet homme assez heureux pour rire de tout. « Parbleu ! s'écria Collé, il faut nous « divertir. — Soit. Soyons les vengeurs du trône « académique, et prouvons à ces messieurs que si « nous ne sommes pas du corps, nous en avons « tout l'esprit. »

On arrange un conte, on se lève, on passe chez Piron, on donne des ordres, on prend un fiacre, on descend chez Robert, dont Fréron n'avait pas même oublié de donner l'adresse, afin, disait-il, que les amateurs du beau, du bon, et surtout du neuf, pussent lui adresser leurs complimens de condoléance.

Robert, qui ne lisait jamais, qui ne soupçonnait pas même l'existence de l'Année Littéraire, attendait avec sécurité le résultat de la séance de la veille, qui ne lui paraissait pas devoir être douteux. Il avait passé la soirée précédente à se plaindre du peu d'empressement de l'académie à lui annoncer son exaltation, et la nuit, à composer son discours de réception, *calqué* sur celui de Fontenelle, de sorte qu'il s'était endormi le matin dans sa bergère, parce que l'esprit, qui n'est pas matière, a pourtant besoin de repos, et il ronflait à faire trembler les vitres de sa chambre, lorsqu'il fut réveillé en sursaut, au bruit infernal que faisait sa sonnette.

Il se lève, il court, il ouvre. Le gros Piron se présente, suivi de ses compagnons de taverne, et adresse, au nom de l'académie, un compliment amphigourique à Robert, qui lui répond dans le même genre, ce qui ne lui était pas du tout difficile. Le cérémonial épuisé, et les prétendus académiciens assis, on simplifia le style, parce que enfin il fallait s'entendre, et que d'ailleurs messieurs les beaux esprits dérogent quelquefois jusqu'à parler la langue du peuple. Robert apprit que ceux qui avaient l'honneur de lui parler étaient députés par l'académie, pour le féliciter sur sa nomination, et le prier d'accepter un dîner de corps. Robert, enflé d'orgueil, accepta la proposition, et sourit, de l'air le plus gracieux, aux choses flatteuses qu'on ne cessait de lui adresser, et dont il se croyait très-digne.

On part, on arrive chez Piron, et quatre autres

messieurs qui attendaient à la croisée, descendent précipitamment l'escalier, et vont recevoir leur nouveau confrère à la porte. Au moment où il descendit de carrosse, deux clarinettes, un violon et une basse, que portaient quatre aveugles chamarrés de rubans, grincèrent une fanfare, et on apprit à Robert étonné, que la cécité est un des symboles de l'académie, et désigne son impartialité dans les réceptions. Robert trouva cette conception admirable, et monta entre deux files de ses confrères qui avaient, comme Musson, l'art de ne pas rire au nez de ceux qu'ils bernaient. Une jolie demoiselle, qui était la nièce du secrétaire perpétuel, et qui avait trente mille livres de rente, lui présenta la main, et le conduisit à un fauteuil élevé sur une estrade, et placé au haut bout de la table. Robert s'assit sans façon, en protestant avec dignité qu'il était reconnaissant des égards que lui marquait l'académie. Il engagea la jolie demoiselle à se placer près de lui, car, à travers le brouillard, dont l'offusquait la grandeur, il distinguait encore la beauté, et son cœur était toujours prêt à lui rendre hommage.

La nièce du secrétaire perpétuel était cette petite Manon, gouvernante du Métromane, que le commissaire du quartier mit un jour à l'amende, pour n'avoir pas balayé le devant de la maison, et que ces vers de Piron dispensèrent de la payer:

> De ma chambrière Manon,
> Que le devant soit sale ou non,
> Elle est condamnée à l'amende;
> Mais douze francs!... c'est l'égorger.
> La pauvre petite demande
> Que vous la fassiez décharger.

Un couvert élégant était mis, mais on ne servait pas. Robert, qui n'avait pas déjeuné comme ces messieurs, éprouvait le besoin de quelque chose plus solide que la gloire, et il manifes l'intention de dîner. Piron répondit que le traiteur de l'Académie se faisait souvent attendre, et Robert répliqua qu'il fallait changer ce faquin-là.

Un domestique entre tout effaré, et annonce que la voiture à bras, qui apportait le dîner, a versé dans l'égout Montmartre. Les confrères se regardent tristement, et parlent de la nécessité de se séparer. « Des académiciens se quitter sans « dîner! s'écrie Robert; n'y-a-t-il donc que ce « traiteur-là au monde? Il y en a un excellent à « deux pas, murmure Piron à demi-voix; mais « notre trésorier n'est pas ici. Hé! qu'importe le « trésorier? reprend Robert avec véhémence. « Dites-moi, messieurs, est-il dans les conve- « nances qu'un académicien aille en personne « commander un dîner? Cela arrive rarement, « répond Collé; mais il n'y a pas d'inconvénient, « quand l'académicien a de l'argent dans sa poche. « J'en ai, messieurs, répliqua Robert, » et il s'é-

lance, et le coquin de domestique court devant lui, et ils trouvent un repas somptueux qu'on allait porter chez un fermier-général. « Il n'y a
« fermier-général qui tienne, dit Robert. Qu'est
« toute la ferme comparée à une députation de
« l'Académie ? Qu'on porte tout cela ici à côté.
« — J'ai le plus grand respect pour l'Académie ;
« mais j'observe à monsieur que les fermiers-gé-
« néraux paient comptant. — Et les académiciens
« aussi, entendez-vous, mon ami ! — Je ne savais
« pas cela. — Voilà ma bourse, prenez ce qu'il
« vous faut. — Je n'ai plus rien à objecter, et le
« fermier-général dînera deux heures plus tard. »

La table est couverte ; on mange, on boit, on s'arrête pour louer le confrère qui sait si bien ordonner un repas, et qui en fait les honneurs avec tant de noblesse. Manon lui adresse de ces choses flatteuses qui coûtent si peu à une femme qui a de l'esprit, et Manon n'en manque pas, parce que Piron en a beaucoup, et que cela, dit-on, se communique. Robert est enivré de toutes les manières. Sa fortune tout entière ne lui paraît pas comparable aux délices de cette mémorable journée. « Messieurs, s'écrie-t-il en
« faisant sauter un bouchon de Champagne, je
« suis comblé des faveurs de la gloire, et je n'ai
« plus à désirer que les jouissances du cœur.
« Jusqu'ici j'ai fait des choix condamnables et
« dangereux. Une femme m'a envoyé au siége de
« Carthagène ; je me suis vu au moment d'être

« brûlé pour une autre, et de perdre pour une
« troisième ce qu'on regrette toujours, et ce
« qu'on ne recouvre jamais. La beauté, les graces,
« les vertus me fixent sans retour, et si je n'ai
« pas, comme mademoiselle, trente mille livres
« de rente, je lui offre en compensation ce que
« l'amour a de plus tendre, et un titre inappré-
« ciable. Qu'elle accepte mes vœux et ma main;
« monsieur se chargera de déterminer l'oncle à
« agréger sa nièce au corps illustre auquel j'ai
« l'honneur d'appartenir. »

Le monsieur était Piron, qui protesta que l'oncle ne pouvait qu'être flatté d'une recherche aussi honorable, et qui pressa la demoiselle de prononcer. La demoiselle baissa les yeux et rougit, parce que son rôle commençait à devenir embarrassant. Robert attribua cette rougeur à l'amour modeste, qui craint de se laisser pénétrer. Il baisa respectueusement la main de Manon. Manon rougit plus fort... peut-être de plaisir, et Gallet et Collé chantèrent cent couplets qui célébraient Apollon et l'Hymen, que Robert, sur leur parole, voulut bien prendre pour autant d'impromptus, et dont il permit complaisamment qu'on lui fît l'application.

On l'avertit que l'Académie allait ouvrir sa séance, et qu'il était indispensable qu'il allât se faire recevoir. On lui demanda s'il avait son discours en poche : il n'avait eu garde de l'oublier. Collé le prend, et en lit avec emphase quelques passages qu'il interrompt pour sabler le marasquin. On se récrie, on admire ; Robert répond qu'on est trop bon, trop indulgent, de ce ton qui veut dire : Vous êtes connaisseurs. On cherche, on trouve un prétexte pour laisser éclater le rire, qu'on ne peut plus arrêter, et Robert rit comme les autres, parce que huit académiciens ne peuvent rire que de quelque chose de très-plaisant. On lui donne à peine le temps de demander et de prendre deux baisers à sa future épouse ; on l'emmène, on l'entraîne ; on arrive au Louvre, on est dans la salle.

Piron et les autres avaient des billets d'entrée. Ils se groupent, et font passer Robert au milieu d'eux. Ils lui montrent le président, lui disent de s'aller asseoir à sa droite, et se perdent dans la foule. Robert gagne le sanctuaire, en saluant modestement à droite et à gauche. Il monte l'estrade, il est à côté du président, qui le regarde d'un air étonné, et qui lui demande ce qu'il veut. « Écoutez, lui dit Robert à demi-voix; je me flatte « que vous serez satisfait. » Il tire son discours ; il commence. On s'étonne davantage; on se parle à l'oreille ; bientôt on murmure ; la voix de l'orateur est couverte. « Silence ! crie Piron. C'est « M. Robert qui vient se faire recevoir, et qui « vous lit son discours de réception. » A ces mots une huée générale part et se prolonge. Elle n'est suspendue que par des applaudissemens dérisoires. Robert, étonné à son tour, regarde autour de lui, et cherche la cause d'un tumulte aussi extraordinaire qu'indécent.

Le président a pitié de lui. Il lui donne à lire son article de l'Année Littéraire, et lui dit : « De « mauvais plaisans vous ont joué un tour abomi- « nable. Croyez-moi, abrégez une scène humi- « liante pour vous, et désagréable pour l'Acadé- « mie. Échappez-vous promptement. » Robert, confus, troublé, hors de lui, est incapable de se conduire. L'huissier le prend par la main, et le guide à travers un auditoire qui le persifle, qui le berne impitoyablement. Le président sonne à casser trente sonnettes, et n'est pas entendu. Robert est déjà loin, et les éclats et le désordre continuent. L'Académie, révoltée de tant d'irrévérence, lève cette séance orageuse, et se sépare en disant : C'est un nouveau tour de Piron.

Robert rentre chez lui, et se jette sur son lit, accablé par la honte et le désespoir. « Apparte- « nait-il à un sot comme moi, s'écrie-t-il, de vou- « loir être académicien ? Projet insensé, et plus « funeste que les autres, par sa publicité, pour- « quoi t'ai-je conçu ? Ah ! si Riflard était dans « l'auditoire, quels avantages nouveaux n'aura-t-il « pas sur moi ? » Il avait passé la nuit précédente ivre de plaisir et d'orgueil; celle-ci se traîna lentement, au milieu des plus affligeantes réflexions.

Il avait affaire à des gens qui n'entendaient pas le tenir quitte à si bon marché. Il reçoit le lendemain dix exemplaires de la Gazette *Marin*, où

sa mystification et celle de l'Académie étaient décrites jusque dans les plus petits détails, avec l'esprit et la gaîté dont ces messieurs assaisonnaient la moindre bagatelle. « Me voilà désho-
« noré, perdu ! s'écrie Robert. Je suis le jouet de
« Paris et de toute la France. Où fuir, où me
« cacher ?... Dans mes terres, au milieu des bons
« villageois, étrangers à la littérature, ignorant
« jusqu'au nom de l'Académie, et qui ne lisent
« pas la Gazette de France. Là, je vivrai en sage,
« et j'y rappellerai l'âge d'or. J'oublierai, au sein
« des heureux que j'aurai faits, des projets tou-
« jours désastreux, et je perdrai enfin la funeste
« manie d'en faire ; je le jure par tout ce que
« respectent les hommes, par tout ce qui les en-
« chaîne. *Vanitas vanitatum !* »

CHAPITRE IV.

Le Mariage.

Robert n'osa aller prendre congé de son ami. Il lui écrivit sans prétention, sans courir après l'esprit, et sa lettre était bien. A son ordinaire, il s'accusait, il se repentait. De l'Oseraie ne comptait pas sur son repentir ; mais il espérait beaucoup de cette dernière leçon. Il répondit à Robert avec intérêt et ménagement : il faut toujours caresser ceux dont on veut conserver la confiance.

A mesure que notre héros s'éloignait de Paris,

et qu'il approchait de ses terres, le souvenir de sa dernière disgrace s'effaçait insensiblement. Il voyait sans cesse de nouveaux visages, à qui le sien était inconnu ; il était fort bien reçu partout, parce qu'il payait largement ; on le comblait d'égards, on le traitait somptueusement. Comment n'aurait-il pas perdu le souvenir du passé, que sa vanité avait tant d'intérêt à oublier ?

Il réfléchit cependant que la Gazette de France se lit partout ; que le curé de son village, au moins, aurait connaissance de sa mortifiante aventure ; et qu'il pourrait débuter avec ses paysans par être montré au doigt. Il pensa que rien ne l'empêchait d'imiter ceux qui se donnent du *de* pour avoir l'air de quelque chose. Il trouvait à un changement de nom le double avantage de passer pour un homme *comme il faut*, et de garder le plus entier incognito. Il courut une poste ou deux, en cherchant comment il s'appellerait, et il ne trouva rien de plus agréable à l'oreille que d'être M. de Roberville.

Le voilà chez lui, dans une habitation qui n'est pas un château ; mais qui est commode, d'un extérieur agréable, et que Dupont avait passablement entretenue. De ses croisées il découvrait la Marne, au-delà de laquelle s'élevait un riant coteau couvert de vignes, de vergers, à travers lesquels il apercevait tantôt la brebis bêlante, tantôt le chien fidèle, tantôt le jeune berger essayant sur son chalumeau des doigts novices encore.

Quoi de séduisant comme ce touchant spectacle ! Robert se récrie sur la beauté, sur la richesse de la nature, sur les charmes des plaisirs innocens. Il n'en goûtera plus d'autres, et il s'occupe de la distribution de son temps.

Pendant qu'il rêve coteaux, troupeaux, pipeaux, on lui annonce le curé du lieu, qui vient saluer son nouveau paroissien, se féliciter de l'avoir dans sa paroisse, et qui finit par donner à entendre qu'étant à la portion congrue, il accepte la soupe de ceux qui la lui offrent. M. de Roberville s'aperçoit que le curé n'est pas très-fin ; il pourra donc briller auprès de lui. Il s'aperçoit qu'il ne sait de latin, que ce qu'il en a appris lui-même chez M. Cammeron ; il passera donc pour un savant. Le bonhomme a dans toute sa personne quelque chose de patriarchal ; il sera donc toujours près de cette belle nature, à laquelle M. de Roberville a consacré le reste de sa vie. Le curé est l'homme qu'il lui faut ; il l'invite à dîner.

Un curé à la portion congrue a son petit amour-propre, comme un gros bénéficier. Celui-ci était bien aise qu'on sût qu'il n'ignorait rien de ce qui se passait d'important dans la capitale. Il régala M. de Roberville du récit de la dernière aventure de M. Robert. Robert écoutait en enrageant, riait, malgré lui, d'un rire gauche, forcé et bête, et se hâta de tourner la conversation sur d'autres objets. Il s'informa des voisins, et surtout des voisines. Le curé, qui trouvait l'ordinaire très-passable, et qui désirait s'impatroniser dans la maison, chercha à se rendre agréable, assaisonna même ses récits d'un peu de médisance, ce qui n'est pas très-bien pour un curé; mais il faut qu'un curé dîne.

On n'était pas encore au café, et Robert savait déja les noms et les prénoms de ceux qu'il pouvait voir. Il connaissait l'état de leur fortune, leurs habitudes et leurs goûts. On se rassemblait le dimanche chez madame Perceval, et on y jouait la bête ombrée à un sou la passe. Le lundi on se réunissait chez M. Valin, et on y dansait au son d'un violon, dont il jouait à faire peur. Le mardi et le mercredi on s'occupait d'affaires domestiques; mais il était permis aux oisifs d'aller amuser les gens laborieux. Alors on chantait la romance de *Daphné*, ou un air de *la Laitière*, en faisant une reprise à un bas, ou en repassant du linge fin. Le jeudi était consacré au plaisir. On dînait alternativement chez chaque particulier. Après le dîner, un *vingt et un* général; puis les *rondes*, les jeux innocens, et enfin les marrons et le vin blanc. Le vendredi, on allait ou on envoyait vendre ses denrées au marché voisin. Le samedi, on payait, et on préparait ce qu'il fallait pour briller à la grand'messe du lendemain.

Robert observa avec beaucoup de sagacité que, puisqu'on dansait des rondes et qu'on jouait au gage touché, il devait y avoir des demoiselles dans le village. Il apprit qu'il y en avait trois, et que les mamans dansaient, et se mêlaient aux petits jeux, en riant de leur ridicule, en protestant qu'elles le sentaient les premières, et qu'elles ne cédaient qu'au désir de contribuer aux amusemens de la jeunesse. Les trois jeunes personnes étaient une demoiselle Valin, et deux demoiselles Perceval, dont l'aînée, âgée de dix-huit ans, était la beauté du canton. Adieu coteaux, troupeaux, pipeaux, et la nature végétale, et l'air patriarchal du curé. M. de Roberville le prie d'annoncer que le lendemain il fera sa visite à ses cohabitans, et vous prévoyez que madame Perceval recevra son premier hommage.

C'était un lundi. Le curé se rend chez M. Valin. Il a bien dîné; il est enchanté de l'accueil qu'il a reçu, et il fait l'éloge le plus pompeux de M. de Roberville. Il ne tarit pas sur ses agrémens extérieurs, sur l'élégance de ses manières, et il jette la pomme de discorde entre les trois déesses, en terminant par déclarer que le beau jeune homme est garçon. Mesdames Valin et Perceval se regardent en pinçant les lèvres, et leurs yeux disaient clairement : « Vous croyez peut-être, madame, « qu'une de vos filles l'emportera sur la mienne? « — Oui, madame, je le crois. — Détrompez-« vous, ma chère; elles ne peuvent soutenir la « comparaison. — Votre Mimi n'a que des yeux. « — Vous en verrez l'effet. — Oh! je ne les crains « pas. »

Les petites filles faisaient de leur côté leur rêve de bonheur, en examinant leurs compagnes. Les plus légères imperfections étaient saisies, et ne pouvaient manquer de frapper M. de Roberville. La vérité, c'est qu'elles étaient fort bien toutes les trois.

Tous ces visages furent froids pendant le reste de la soirée; cela devait être, et le lendemain les concurrentes et leurs mamans étaient parées dès huit heures du matin. M. de Roberville n'avait pas dit quand il viendrait, et il eût été cruel d'être surprises en bonnet de nuit.

Robert, également empressé de voir les beautés du village, s'habilla à l'heure où on est à peine éveillé à Paris. Il termine sa toilette devant cette même croisée, d'où il s'extasiait la veille, à l'aspect des coteaux, des troupeaux. Il ne voit plus rien de tout cela. Tous ses sens se portent à son imagination, qui lui crée trois graces, non telles que la nature a formé mesdemoiselles Valin et Perceval, mais telles qu'il les désire.

Il tire dix fois sa montre... Huit heures un quart... huit heures vingt... vingt-cinq minutes. Il n'y tient plus; il sort. Il sent bien qu'on ne se présente pas chez des dames à huit heures vingt-cinq minutes; mais on se promène pour jouir de la fraîcheur d'une belle matinée, et si une porte est ouverte, si une maman ou un papa est dans la cour ou dans le jardin, on s'approche, on salue, on entre, en rendant grace au hasard qui avance de deux heures une jouissance que l'étiquetté ne permettait pas d'espérer encore.

Mademoiselle Valin, les demoiselles Perceval avaient toutes trois, et séparément, chargé leur petite bonne de se tenir à la porte, et de bien regarder si M. de Roberville passerait. La petite bonne ne le connaissait pas ; mais elle ne pouvait s'y méprendre : il était si beau ! Elle avait ordre de lui faire une révérence gracieuse : il est tout simple qu'une petite bonne salue un joli monsieur. Le joli monsieur ne pouvait manquer d'être arrêté par la révérence gracieuse, et de s'informer du nom des propriétaires de la maison. La petite bonne répondrait que ces *dames sont visibles*, et elle engagerait le beau garçon à entrer, car il serait humiliant pour madame Valin, que madame Perceval reçût la première visite, et pour madame Perceval, que ce fût madame Valin. Il fallait pourtant qu'une des deux familles fût humiliée, et ce fut la famille Valin.

La prédestination, la sympathie, la fortune, ce que vous voudrez enfin, poussa Robert dans la rue où demeurait madame Perceval. La petite bonne salue d'un air gauche ; mais elle sourit agréablement, et sa bouche est si fraîche ! Robert donne dans le piége innocent qu'on lui a tendu. Il s'approche, il interroge ; la conversation s'engage, et il croit voir, dans le fond de la cour, une main blanchette qui entr'ouvre et laisse retomber un rideau de mousseline, selon que ses yeux se portent vers la croisée, ou s'en éloignent. Il cède à l'invitation d'entrer, et il s'excuse auprès des dames, sur les instances de la petite bonne, qui ne connaît pas encore les usages, mais qui a secondé son empressement, et le fripon disait vrai.

Après les premiers complimens, on passa une minute ou deux à s'examiner réciproquement, et le résultat de l'examen fut avantageux pour tous. Vous savez déja que Robert est très-bien, et je vous apprends que le bon curé était connaisseur, et que les demoiselles Perceval étaient deux jolies, mais très-jolies personnes. Elles ne se mettaient pas comme les femmes de Paris; tout ce qu'elles portaient était de mauvais goût; mais on n'avait pas le temps d'en faire la remarque, et, quand on les voyait, on ne regardait qu'elles.

Madame Perceval était sortie, et rentra. Elle venait, disait-elle, de la messe, car il fallait bien qu'elle vînt de quelque part. Elle se félicita d'avoir un voisin aussi aimable; elle l'engagea à partager le déjeuner de famille. Robert ne se fit pas prier.

Ce n'est pas de la messe que venait madame Perceval. Elle avait fait porter chez le curé douze bouteilles du meilleur du crû, et elle avait suivi le panier. Le curé connaissait M. de Roberville; il pouvait le disposer favorablement, et madame Perceval connaissait la force des premières impressions. Elle parla de la difficulté d'établir des demoiselles, de l'importance de saisir une occasion favorable, et des marques de reconnaissance qu'on était disposé à prodiguer à celui qui déterminerait un mariage.

Lorsqu'elle sortit, le charretier de madame Valin apporta un dindon, et un billet conçu en termes vagues, et dans lequel le mot *reconnaissance* ne se trouvait pas. Le curé devait prendre parti pour madame Perceval, et c'est ce qu'il fit.

Le déjeuner était à peine servi, on était à peine à table, que mademoiselle Rose se lève et dit quelques mots à l'oreille de la petite bonne, qui disparait aussitôt. Le triomphe des Perceval eût été incomplet, si mademoiselle Mimi eût ignoré qu'elles avaient reçu la première visite du beau jeune homme, et qu'il déjeunait avec elles. La petite bonne avait reçu simplement l'ordre d'aller causer à la cuisine Valin, et de répondre vrai aux questions qu'on ne manquerait pas de lui faire. Mademoiselle Rose jugeait mademoiselle Mimi d'après elle, et elle ne se trompait pas.

Robert, fortement ému, balança un moment entre mesdemoiselles Rose et Félicité. L'une et l'autre avaient droit à ses hommages; l'une et l'autre cherchaient à fixer ses vœux. Rose, plus svelte, plus formée, plus jolie, l'emporta sur sa rivale, qui s'aperçut aussitôt de sa défaite : au village comme à la ville, les femmes ont un tact certain sur ce qui touche à leur vanité ou à leur cœur.

Félicité était toujours bien convaincue qu'elle méritait d'être préférée : pour voir ainsi il ne fallait encore qu'être femme. L'injustice de Robert l'affligea, la piqua; mais elle n'était pas méchante, et elle se consola en pensant qu'il ne pouvait faire qu'une heureuse, et qu'il fallait le plaindre de son peu de discernement. Elle réduisit ses prétions à obtenir l'amitié de son futur beau-frère, et elle fit dès lors ce qu'il fallait pour la mériter.

Robert passe rapidement de l'émotion à l'enchantement et à l'ivresse : nous l'avons vu plusieurs fois ivre et enchanté. Il y a pourtant ici cette différence, qu'il croit pouvoir joindre l'estime et le respect à l'amour. Le doux aveu ne s'échappe pas encore; mais il ne pense plus à contraindre ses sentimens. On le pénètre; maman lui sourit; papa se caresse le menton; Rose est vermeille et belle comme la fleur dont elle porte le nom.

Il est midi. L'usage veut qu'on termine une visite qui dure depuis trois grandes heures; mais le temps vole pour notre amant, et il craint de perdre une minute de cette délicieuse journée. Il ne trouve pas de moyen plus sûr de se l'assurer tout entière, que d'inviter l'aimable famille à dîner.

Maman répond, en minaudant, que cette démarche serait prématurée; qu'elle ferait jaser dans le village; qu'on supposerait aux uns et aux autres des vues que, sans doute, ils n'avaient pas, et qu'une mère qui a des demoiselles à marier ne peut être trop circonspecte. Les demoiselles se turent; mais elles répliquèrent par une petite moue à la réponse de maman. Papa, qui connaissait mieux l'art de faire valoir ses terres, que celui de vivre dans un certain monde, dit tout bonnement à sa femme qu'il ne voyait pas pourquoi des gens qui se conviennent ne passeraient pas la journée ensemble, et il accepta l'invitation.

C'était une lame à deux tranchans que la réponse de madame Perceval. La partie qui avait rapport aux bienséances, agit assez faiblement sur Robert; mais ces vues supposées, cette prudence d'une mère, lui imposaient presque la loi de se déclarer. L'occasion était simple, naturelle; on l'avait mis sur la voie; il ne restait qu'un mot à ajouter. Ce mot, maman grillait de l'entendre; Robert brûlait de le dire; il était sur ses lèvres, il va le prononcer. Il se rappelle tout à coup ses infortunes, toujours causées par sa précipitation. Il se lève, il sort, sous le prétexte d'ordonner le dîner, mais en effet pour combattre ses sens surpris, et leur opposer l'examen de la raison. Le voilà sage une fois : le sera-t-il long-temps?

Madame Perceval a vu le combat que se livrent le cœur et le jugement de Robert. Elle sait qu'à son âge, l'amour doit l'emporter, quand son objet est vraiment aimable. Elle félicite, elle embrasse sa fille : madame Perceval avait de l'expérience.

Les esprits étaient dans une situation bien différente chez madame Valin. On avait su que M. de Roberville était chez les Perceval. Il était désagréable sans doute qu'il eût commencé par là ses visites; mais rien n'annonçait de préférence marquée, car il ne peut y avoir de choix où on ne connaît encore personne. Bientôt on apprend que le jeune homme déjeune avec les redoutables concurrentes, et l'anxiété commence à naître, car on ne déjeune guère où on ne se plaît pas. Enfin la visite se prolonge jusqu'à midi, et l'inquiétude est au comble.

Cependant on réfléchit que M. de Roberville doit être assez poli pour ne pas laisser passer le reste du jour sans venir saluer madame Valin, et il est indubitable que les charmes de Mimi détruiront l'impression passagère qu'a produite Rose ou Félicité. Que devint-on, quand l'autre petite bonne, qu'on avait mise en sentinelle, accourut, et annonça que la famille Perceval sortait, et tournait du côté de la maison de M. de Roberville! La chose n'était pas croyable. Madame Perceval se respectait trop pour jeter ses filles à la tête d'un inconnu. On court à la porte, et on voit en effet ces dames en grande toilette, laissant éclater leur satisfaction, et le papa cherchant lourdement les pavés les plus hauts, pour ne pas salir ses souliers de castor.

Vous sentez que la famille triomphante ne pouvait passer sans écraser la famille dédaignée. On s'arrête, on se salue, on s'embrasse, on se comble d'amitiés, et maman Perceval dit à l'oreille de maman Valin, qu'elle va dîner chez M. de Roberville ; que c'est un homme charmant ; qu'il marque à Rose les plus tendres égards ; que cela sans doute ne signifie rien de positif; qu'aussi elle se gardera bien de faire part de ses observations à toute autre qu'à sa bonne et discrète amie.

On passe. Maman Valin et sa Mimi rentrent, la poitrine gonflée, les yeux humides ; elles se jettent chacune dans un fauteuil, et se regardent sans trouver la force de se dire un mot.

« Oui, disait Robert en allant chez son curé,
« qu'il voulait avoir aussi à dîner, il n'y a qu'un
« fou qui suive son premier mouvement. Le sage
« réfléchit avant d'agir ; il prévoit, il calcule, il
« pèse les inconvéniens, les dangers. Pas de plai-
« sirs pour lui, qui ne soient avoués par la pru-
« dence. C'est l'égide qu'il oppose à ses passions.
« Elle est son guide dans ses moindres affaires.
« Je serai donc réfléchi et prudent.

« Monsieur le curé, que pensez-vous de made-
« moiselle Rose Perceval ? — C'est un ange, mon-
« sieur. — Un ange, un ange, monsieur le curé !
« — Oui, monsieur ; c'est le mot. — Ce que peut
« faire de mieux une créature terrestre, c'est de
« s'unir intimement aux esprits célestes. — Tous
« nos livres le disent. — J'épouse cet ange-là. —
« Je vous le conseille. — Mademoiselle Rose est
« charmante. — Et elle est élevée... — Adorable.

« —Dans des principes... —Je l'épouse demain,
» aujourd'hui. —Il faut huit jours avec dispense
« de bans. —Comment, huit jours ! ce sera huit
« siècles. — Je n'en peux rien rabattre. — Au
« moins vous ferez la demande de suite. —Très-
« volontiers. —Avant qu'on se mette à table. —
« J'y consens. —Courez donc, curé, courez donc !
« Dispensez-moi de l'embarras et de l'inquiétude
« que j'éprouverais en voyant ces dames avant
« que la chose fût décidée. Mais allez, allez donc !

« C'est un ange, c'est un ange ! répétait-il, après
« avoir mis le curé dehors par les épaules. Quoi
« de sage, de prudent, de réfléchi, comme d'é-
« pouser un ange ! Rifflard va être enchanté et
« de mon discernement, et de l'empire que j'ai
« sur moi. »

Il écrit à Rifflard. Il ne veut, dit-il, rien faire
d'important sans le consulter. Il doit cette marque
de déférence à son affection, dont il fait le plus
grand cas, à ses qualités, qu'il honore ; il s'étend
sur les vertus angéliques de Rose, sur les grands
principes dans lesquels elle a été élevée, et en
attendant l'approbation de son ami, il finit par
l'inviter à la noce.

Le curé rencontra, à deux pas de la maison,
la famille Perceval, aussi empressée d'arriver, que
Robert l'était de la recevoir. Le pasteur adressa
le premier compliment au papa, en sa qualité de
chef de la communauté ; il fit part ensuite à la
maman des vues de M. de Roberville, et suivant

l'ordre des pouvoirs et de naissance, il annonça à mademoiselle Rose que, d'après la réponse de ses chers auteurs, elle pouvait espérer un bonheur prochain. Comme on aime à faire valoir les talens qu'on a, et même ceux qu'on n'a pas, il commença, sur les devoirs conjugaux, une exhortation pastorale, que Rose écoutait avec autant d'intérêt que de docilité, lorsque Robert, qui les attendait, qui les avait vus, arriva en trois sauts, coupa la parole à l'orateur, et commença lui-même un discours qu'il ne finit pas, parce qu'il fut déconcerté par l'air réservé qu'avait pris tout à coup madame Perceval.

Or, comme il avait dit assez pour qu'il ne restât aucun doute, et qu'il était reconnu dans la famille que maman avait plus d'esprit que papa, maman se chargea de répondre au nom de tous.

On ne pouvait qu'être flatté de la recherche honorable de M. de Roberville. On n'avait sans doute aucune objection à former contre un mariage qui semblait présenter tous les avantages que peut désirer une personne bien née; mais on ne pouvait y consentir formellement, que lorsque les prétendus se connaîtraient davantage, et qu'ils seraient certains de se convenir réciproquement. Robert répliqua qu'il suffisait de voir mademoiselle Rose, pour juger qu'elle réunissait les qualités et les agrémens de son sexe; que pour lui, il s'était montré ce qu'il serait toute sa vie. Il pria, pressa, conjura. Il s'adressait tantôt à papa, tantôt à maman, tantôt à Rose, et souvent à tous trois. Il supplia le curé de le seconder; et le curé observa très-doctement que Booz épousa Ruth, qu'il n'avait vue qu'au clair de la lune, et qu'il n'y a rien de plus louable que d'imiter un patriarche.

Madame Perceval pouvait à peine dissimuler la joie dans laquelle nageait son cœur maternel. Elle se contint cependant, et dit que l'opinion de monsieur le curé et l'exemple de Booz étaient d'un trop grand poids pour qu'elle se permît de les combattre; mais qu'il restait une difficulté à lever. « J'en leverais mille, s'écrie Robert! — Nous « sommes à notre aise, monsieur; mais, tenus à « une certaine représentation, il ne nous est pas « possible de nous dégarnir. — Que je suis loin, « madame, de vous demander quelque chose ! « Moi, je donnerais à soupçonner que j'ai pu « être guidé par des vues d'intérêt ! Je m'avilirais « jusqu'à marchander Rose et le bonheur ! Loin « de moi de semblables pensées ! C'est Rose, c'est « elle seule que j'aime ; c'est elle seule que je « désire, que je demande. »

Il eût fallu être bien difficultueuse pour résister à tant d'amour et de délicatesse. Madame Perceval laissa paraître enfin ses véritables sentimens; elle ouvrit ses bras avec le plus doux abandon, et dit tendrement : Embrassez-moi, mon gendre!

Robert embrasse maman, papa, la petite sœur pour arriver à Rose. Il allait donner et prendre le premier baiser de l'amour; madame Perceval l'arrête par le pan de son habit, et lui dit avec dignité: Je vous le permets, monsieur.

Le temps qu'on passa à table s'écoula au sein de l'ivresse et de l'espérance. Robert ne cessait de faire des projets pour le bonheur de sa femme, projets séduisans, qui se succédaient avec une telle rapidité, que les convives charmés ne pouvaient qu'admirer et jouir. Pas un intervalle qui leur permit de glisser un mot. Cependant madame Perceval avait aussi un projet, et Robert s'arrêtant enfin pour s'humecter les lèvres de quelques gouttes de Volnay, elle lui observa que les bienséances exigeaient qu'il vît, dans l'après-dînée, madame Valin et les autres *notables* du lieu : « Car enfin, ajouta-t-elle, l'amour ne doit « pas rendre impoli, et Rose seule excuserait les « fautes qu'elle aurait fait commetre. » Madame Perceval ne pouvait se refuser le plaisir innocent d'annoncer à madame Valin et à tous les habitans, que sa fille épousait M. de Roberville.

M. de Roberville n'avait rien à refuser à sa belle-maman. Il lui offrit son bras, papa Perceval donna le sien à Rose, et le curé marcha à côté de Félicité, à qui, chemin faisant, il expliquait le catéchisme, ce qui ne l'amusait pas du tout, et ce qu'elle avait l'air d'écouter, parce qu'elle savait déja qu'il ne faut pas désobliger un homme qui fait faire à une petite fille un bon mariage en vingt-quatre heures.

On commença par les visites insignifiantes. M. Lambel, la veuve Merville, le maire, le marguillier, apprirent l'établissement de mademoiselle Rose sans jalousie, parce qu'ils n'avaient pas de filles à marier, et ils la félicitèrent de très-bonne foi.

La cruelle madame Perceval cria, dès la porte, à M. Valin d'accorder son violon, parce que sa famille était dans la joie, et que sans doute la sienne la partagerait. M. Valin, bon mari et père tendre, sympathisait d'affliction avec sa femme et sa fille, et trouva la proposition de madame Perceval très-inconvenante. Madame Perceval mit l'instrument dans la main de M. Valin, et M. Valin, exaspéré par un coup d'œil furibond de sa femme, jeta l'instrument au feu. Madame Perceval, piquée, oublia son plan et les mots à l'oreille dont elle assassinait si adroitement les gens; elle dit très-haut qu'on ne se conduisait pas impunément ainsi avec la très-future belle-mère de M. de Roberville. Madame Valin, hors d'elle, dit plus haut encore, qu'il est très-facile de marier ses filles quand on fait toutes les avances, et qu'on a affaire à un jeune homme sans jugement. M. Perceval s'écria qu'on manquait à sa femme; M. Valin répliqua qu'elle le méritait. Mimi regarda Rose par-dessus son épaule, et Robert, indigné, protesta qu'il n'y avait dans ce village que la famille Perceval qu'un homme de bon ton pût voir. La famille Valin répondit en chœur par la plus bruyante et la plus aigre des clameurs. Déja papa Valin portait machinalement la main sur le balai ; papa Perceval allait prendre la pincette, et Robert regrettait d'avoir oublié son épée. Je ne sais ce qui serait arrivé si le curé, qui avait beaucoup de présence d'esprit, n'eût calmé toutes ces têtes, en parlant en ces termes :

« Oh ! le bon temps, mes frères, que celui où
« Dieu permettait la pluralité des femmes, et où
« un brave homme pouvait accorder deux riva-
« les ! Jacob épousa d'abord Rachel, qu'il avait
« vue la première, et ensuite Lia, qu'il ne vit
« que la seconde. Mademoiselle Rose est Rachel,
« mesdames, et mademoiselle Mimi serait Lia sans
« doute, si l'Éternel ne nous privait des graces
« qu'il accordait aux premiers descendans d'Abra-
« ham ; mais puisque M. de Roberville ne peut
« avoir qu'une épouse, et qu'il a fixé son choix,
« bénissons le Très-Haut de toutes choses, et
« soumettons-nous humblement à sa sainte vo-
« lonté. »

Que pouvait-on répliquer à ce discours très-chrétien, quoiqu'un peu juif? Rendrait-on le curé témoin d'une scène scandaleuse, ou se soumettrait-on à la force des circonstances? On eut l'air de se soumettre, parce qu'on sentit que c'était e parti le plus sage; mais on se promit intérieurement de jouer tous les tours imaginables à celle qui soufflait M. de Roberville à Mimi, et même au curé, qui recevait des dindons, et qui ne les gagnait pas.

Les huit jours destinés à remplir les formalités d'usage furent comptés, recomptés par l'amour impatient, et s'écoulèrent comme ceux qui les suivirent, avec cette différence pourtant, que les suivans avaient déja de moins le charme de l'espérance. Mais ne révélons pas les secrets de l'hymen.

La veille de la bienheureuse journée où Robert allait devenir le plus fortuné des époux, il reçut de M. de l'Oseraie la lettre suivante :

« Je vois avec peine, mon ami, que l'expérience
« de plusieurs années est perdue pour vous. Jus-
« qu'ici vos fautes ont pu se réparer; mais si vous
« vous trompez dans votre choix, quelle ressource
« vous restera-t-il, quand vous serez irrévocable-
« ment lié ? Différez, s'il en est temps encore. At-
« tendez que le voile de l'illusion tombe, et que
« vous puissiez juger celle que vous vous pro-
« posez d'associer à votre sort. Elle est jolie : hé !
« qu'importe cela ? On s'accoutume à la beauté
« comme à la laideur; c'est l'affaire de quelques
« jours; mais on a besoin toute la vie d'une femme
« douce et raisonnable.

« Si vous rejetez mes conseils, je désire que
« cette union, si précipitée, soit heureuse; mais
« je n'en serai pas témoin. »

« Je suis fatigué d'être sans cesse contredit par

« cet homme-là! s'écria Robert, après avoir lu
« la lettre. Il est toujours le même; toujours exi-
« geant, tyrannique. Je brise sans retour ce joug
« insupportable, et je prouverai par ma conduite
« que je n'entends plus être mené. » En effet, il
conduisit le lendemain sa Rose à l'autel.

Rose déja belle, était rayonnante d'amour et de
plaisir. Son heureux époux avait peine à contenir
ses transports. Maman Perceval regardait, du coin
de l'œil, la plaintive Mimi, enveloppée dans sa
coiffe, à demi-cachée par un pilier, et qui se retira
tristement après avoir entendu prononcer le *oui*
fatal.

A la cérémonie succéda le banquet; au banquet
le vin chaud et le ménétrier, et la jarretière enlevée, et les niches des jeunes gens aux mariés,
pour qui l'hymen fit briller enfin son flambeau,
qui, selon eux, ne devait jamais s'éteindre. C'est
ce que je leur souhaite. Ainsi soit-il.

FIN DE L'HOMME A PROJETS.

TABLE

DES CHAPITRES CONTENUS DANS CE VOLUME.

PREMIÈRE PARTIE.

Chapitre Ier. Faisons connaissance avec notre héros............................... Pages 1
Chapitre II. Premier voyage de Robert......... 8
Chapitre III. Mademoiselle Louison sera-t-elle toujours évanouie?...................... 17
Chapitre IV. Voyons un peu ce qui se passe chez madame Robert.......................... 27
Chapitre V. Retournons à la diligence........ 38
Chapitre VI. Aventures de nuit............... 48
Chapitre VII. Départ de Rouen............... 57
Chapitre VIII. Jusqu'où iront-ils?............ 67
Chapitre IX. J'ai vu l'impie adoré sur la terre, je n'ai fait que passer, il n'était déja plus...... 78
Chapitre X. Revenons à nos moutons........ 103
Chapitre XI. L'homme réduit à ses seules ressources................................ 117

DEUXIÈME PARTIE.

Chapitre Ier. Il faut pourtant le tirer de là...... 234
Chapitre II. Le bon prêtre................... 146
Chapitre III. Robert devient comédien........ 158
Chapitre IV. Robert joue la comédie, de manière à faire illusion........................... 172

Chapitre V. Projets de mariage...............	178
Chapitre VI. Nouveaux projets...............	190
Chapitre VII. Robert acquiert de l'expérience...	203
Chapitre VIII. Rencontre inattendue...........	214
Chapitre IX. Bonheur, revers.................	226
Chapitre X. Où le conduira le Bucentaure?....	245
Chapitre XI. Robert devient ce que nul homme né fut jamais................................	256

TROISIÈME PARTIE.

Chapitre Ier. Qui éclaircit bien des choses......	278
Chapitre II. Mimi-Taptap entre en fonctions...	289
Chapitre III. Grands évènemens..............	302
Chapitre IV. Catastrophe.....................	320
Chapitre V. Son retour en France............	351
Chapitre VI. Robert passe de Charenton dans le grand monde...............................	364
Chapitre VII. Choix d'un état................	380
Chapitre VIII. *Vanitas vanitatum!*............	394

QUATRIÈME PARTIE.

Chapitre Ier. Qui ne vaudra pas mieux que les autres...................................	408
La Morale par alphabet.......................	423
Chapitre II. L'avocat........................	481
Chapitre III. Le Libraire et l'Académie........	509
Chapitre IV. Le Mariage.....................	535

FIN DE LA TABLE.

www.ingramcontent.com/pod-product-compliance
Lightning Source LLC
Chambersburg PA
CBHW060757230426
43667CB00010B/1605